전정3판

Introduction to Education

교육학개론

이형행

양서원

머리말

| 전정3판을 내면서 |

이 교육학개론이 처음 출간된 것은 1988년이었다. 이 책은 교육의 본질을 이해하고 교육현상을 보다 다양한 관점에서 파악해 보려고 시도하는 교육학도와 앞으로 교원으로서 전문적인 지식과 소양을 갖추려는 학생들을 의식하고 쓴 교육학 입문서이다. 그래서 당시 저자는 교육에 관한 여러 이론에 입각해서 교육(教育)의 과정(過程)을 중심으로 이 책을 저술하였다. 그러나 출간 일정에 쫓기면서 쓰다 보니 불만스러운 곳이 여러 군데 발견되었다. 그럼에도 불구하고 이 책이 나오자 많은 대학에서 교재로 채택하여 뜻밖에 좋은 호응을 얻어 12쇄까지 나오게 되었고, 이에 힘입어 저자는 개정의 필요를 통감하고 전정판(全訂版)을 2001년에 내었다. 그러나 전정판이 출간된 이후에도 교육현실과 교육학에 적지 않은 변화가 있었다. 이런 변화를 반영하기 위하여 2007년 전정2판을, 그리고 이번에 전정3판을 내게 되었다.

전정3판에서는 제 3 장 현대 교육사조에서 '분석철학'을, 제 6 장 교육과정에서는 '잠재적 교육과정'을, 제 9 장 생활지도에서는 '상담이론과 실제'를, 또 최근 교수·학습방법에 크게 기여하는 교육공학을 제 8 장으로 새롭게 추가하였다. 나머지 장들도 학부 저학년 학생들이 교양교재나 교직과목으로 수강하는 데 이해하기 쉽도록 수정·보완하였다.

이번 전정3판도 이 책의 기존 체제를 그대로 유지하면서 보완하였다. 교육의 과정을 염두에 두고, 교육의 개념을 밝혀 보기 위하여 정의를 내리고, 학교교육을 성립시키는 기본 전제와 3요소, 그리고 교육의 과정에 관한 틀을 제시한 것이 제 1 장 '교육의 이해'이다. 교육과정(教育過程)의 첫째 단계인 교육의 목표설정과 관련해서는 교육목적 자원(資源)

으로 교육의 역사적 기초, 철학적 기초, 심리적 기초, 사회적 기초(제 2, 3, 4, 5장)를 다루었고, 설정된 교육목표 달성을 하기 위한 교수·학습경험의 선정(둘째 단계) 및 조직(셋째 단계)과 관련해서는 '교육과정(教育課程)'(제 6 장)을 썼다. 넷째 단계인 교수·학습과정 가운데 교과지도(教科指導)를 위해서는 '교수·학습지도'(제 7 장)와 교육공학(제 8 장)을, 그리고 생활지도(生活指導)를 위해서는 '생활지도와 상담'(제 9 장)을 썼다. 교육의 과정 마지막 단계인 교수·학습활동 결과의 평가와 관련해서는 '교육평가'(제 10 장)를 썼다. 이와 같은 학교교육의 중심적 과정을 둘러싼 지원체제는 교육의 과정 각 단계에서의 제반 선택과 결정을 돕는 행정적 과정으로서 '교육행정과 조직'(제 11 장)을 집필하였다. 그리고 앞으로 교직으로 나갈 것을 신중하게 생각하는 학생들을 위해서 '교사론'(제 12 장)을 추가했다.

이 전정3판에서도 되도록 평이하게 표현하려고 노력하였다. 우선 글자 크기를 키우고, 책의 크기를 키웠다. 한자(漢字)를 대폭 줄였으며, 꼭 써야 할 때는 한글 표기를 먼저 하고 한자는 괄호 속에 넣었다. 그리고 어색한 문맥과 난해한 부분을 쉽게 표현하려고 노력하였다. 전정3판을 내면서 이 책을 널리 애독해 주신 데 대하여 교육학의 동학 및 독자 여러분들에게 깊이 감사드리며, 앞으로도 배전의 격려가 있기를 간절히 바란다. 또, 이 책으로 공부하는 학생들이 교육에 대한 학문적 이해와 아울러 교육의 실천적 방법도 함께 익히게 되기를 기대한다. 특히, 장차 교원이 되어 교육자의 삶을 살아가려는 학생들이 교육을 종합적으로 바라볼 수 있는 열려 있는 관점을 형성하는 데 도움을 줄 수 있게 되기를 기대한다.

끝으로 초판부터 전정판에 이어 이번 전정3판의 출판도 흔쾌히 맡아 주신 박철용 회장님과 출판을 기획하고 실무적으로 도와준 양서원 임직원들께 감사의 뜻을 전한다.

2011년 1월

이 형행 씀

차례

5장 교육의 사회적 기초

6장 교육과정

7장 교수·학습지도

8장 교육공학

9장 생활지도와 상담

10장 교육평가

11장 교육행정과 조직

12장 교사론

제 1 장 교육의 이해

1. 교육의 개념

교육의 개념은 정의(定義)에 의해서 그 의미가 분명해진다. 즉, 개념의 의미를 구체적으로 밝히는 것이 정의라고 할 수 있다. 그런데 정의는 단순한 약속이기 때문에 사실적 진위(眞僞)를 따질 수가 없다. 그래서 정의는 언제나 정의에 의해서 진(true by definition)이다. 따라서 정의 그 자체는 진위가 없기 때문에 어떤 개념의 뜻을 밝혀 보기 위한 정의는 다양할 수가 있다.

교육에 대한 정의도 여러 학자들에 의해서 다양하게 내려져 왔고 지금도 내려지고 있으며 또 앞으로도 내려지게 될 것이다. 특정 학자의 교육에 대한 정의는 옳고, 또 다른 학자의 정의는 그르다고 할 수 없다. 그러나 교육에 대한 정의를 내린다는 것은 그렇게 쉬운 일이 아니다. 그래서 교육을 연구하는 학자들 가운데는 교육을 정의하는 데 드는 그들의 노력에 비해 그 효용가치가 희박하다고 지적하면서 교육현상의 논의에서 교육에 대한 정의를 내리는 일을 피하자는 사람들도 있다. 그러나 교육을 정의하는 것은 규명하고자 하는 교육현상이 뜻하는 바를 기본적으로 밝히는 전제(前提)작업이기 때문에 교육을 연구하고 실천하는 데 있어서 피할 수 없는 과제이기도 하다. 현재까지 내려진 교육에 대한 정의를 크게 세 가지로 정리해 보면 기능적 정의, 규범적 정의, 조작적 정의 등이 있다.

1) 기능적 정의

교육의 기능적(機能的) 정의란 한마디로 교육을 무엇을 위한 수단(手段)으로 규정하려는 입장이다. 따라서 교육이 이바지(commitment)해야 할 대상을 국가 사회로 잡느냐, 정치로 보느냐, 경제로 정하느냐, 사회 문화로 잡느냐, 종교로 보느냐, 인간 자신으로 정하느냐 등에 따라 수많은 기능적 정의가 가능하다. 아마도 이 기능적 정의가 교육현상을 지배해 왔다고 해도 과언이 아니다.

'교육은 국가 사회발전을 위한 수단이다', '교육은 경제발전에 필요한 수단이다', '교육은 사회 문화의 계승 및 발전의 수단이다', '교육은 신의 뜻을 실현하는 수단이다', '교육은 개인의 사회적 출세를 위한 수단이다' 등 교육이 기여해야 한다고 생각되는 대상에 따라 수많은 기능적 정의를 내릴 수 있다. 이러한 기능적 정의는 교육의 도구적 가치(價値)를 중요시하는 입장이다. 그러나 기능적 교육관에 치중하다 보면, 그 가능성과 당위성이 인정된다고 해도 교육 본래의 가치나 의미를 훼손할 가능성이 있다. 또 교육을 개인의 출세를 위한 수단으로 봄으로써 교육의 여러 가지 부조리 현상을 초래할 가능성도 있다.

2) 규범적 정의

규범적(規範的) 정의는 교육을 그 궁극적 목적과 결부시켜 규정한다. 교육의 궁극적 목적으로서 어떤 가치와 진리를 내세우느냐에 따라 역시 수많은 규범적 또는 목적론적 정의가 가능하다. 이 정의에 의하면 '교육은 민주적 시민이 갖추어야 할 자질을 함양하는 과정이다', '교육은 영원한 진리나 가치에로의 접근 과정이다', '교육은 인간을 인간답게 형성하는 과정이다' 등이 대표적인 예이다. 마지막 정의에서 인간을 '인간답게' 형성한다는 것은 도덕적·인격적 목표에 접근시키는 과정으로 볼 수 있다.

규범적 정의는 교육의 가치실현을 위한 교육 자체의 발전에 더 비중을 두는 입장이다. 따라서 규범적 또는 목적론적 정의는 국가 사회적 차원에서나 개인적 차원에서 모두 인격완성이나 자아실현이라는 내재적 가치의 실현 또는 영원한 진리나 가치를 추구하는 것을 교육의 중요한 목표로 내세우고 있다. 교육에 대한 규범적 정의는 기능적 정의와 대조적인 입장에 있음을 알 수 있다.

그러나 교육의 기능적 정의나 규범적 정의는 우리가 교육의 한 측면을 이해하는 데는 도움을 주지만 교육의 과정(過程)이나 실제적 현상(現象)을 분석적으로 파악하는 데는 그다지 도움이 되지 않는 정의들이다.

3) 조작적 정의

조작적(操作的) 정의란 교육을 기술적(記述的) 또는 조작적 견지에서 정의하는 것을 말한다. 이러한 입장에 속하는 학자들에 의하면 '교육은 인간행동 특성을 계획적으로 변화시키는 과정'이라고 정의한다.

이 정의 속의 인간행동 특성은 심리학적 개념의 용어로서 넓은 영역을 포함한다. 이 행동에는 뛴다 · 말한다 · 기뻐한다 등의 비교적 관찰하기 쉬운 외현적(外顯的) 행동뿐만 아니라, 관심 · 사고력 · 자아개념 등과 같이 안면적(顏面的) 관찰에 의해서는 포착하기 힘든 내면적 행동도 포함한다. 교육은 학생의 이와 같은 모든 행동특성을 변화의 대상으로 한다. 더욱이 교육이 보다 더 관심을 갖는 행동특성은 밖으로 표출되는 현시적 행동(overt behavior)보다 포착하기는 어려우나 과학적으로나 교육적으로 보다 의의 있는 내면적 행동(covert behavior)이다.

다음 이 정의 속의 변화도 육성 · 함양 · 계발 등을 포함하는 포괄적인 개념이다. 교육은 다른 사회과학 분야와 같이 인간행동에 관심을 갖되, 특히 인간행동 특성을 변화시키는 데 관심이 있다. 그리고 교육은 인간의 성장 · 발달 · 조성 등 변화의 길이 개인에게 선천적으로 결정되어 있지 않다고 전제한다. 왜냐하면 교육은 인간행동이 자연적으로 변화해 가는 것에 관심이 있는 것이 아니라, 그것을 의도적으로 변화시켜 나가는 데 관심이 있기 때문이다. 이것이 교육을 인간행동 특성을 계획적인 변화라고 정의하는 이유이다.

다음으로 이 정의 속에서 계획적이라는 것은, 기르고자 하는 또는 길러야 할 인간행동에 관한 명확한 목적의식이 있고, 또 그것을 기를 수 있는 이론과 실증이 뒷받침되는 계획과 과정이 있다는 것을 의미한다. 이런 교육의 개념에 의하면 비의도적 과정을 거쳐서 이루어진 학습이나 유전적인 요소들이 저절로 발현되는 성숙과 같은 것은 교육으로 간주하지 않게 된다.

교육에 대한 이와 같은 조작적 정의가 다른 정의보다 더 포괄적으로 잘 정의된 것이라고 하기는 어려울지도 모른다. 그러나 교육(教育)의 과정(過程)이라는 관점에서 보았을 때 비교적 합리적이고 과학적이며 조작적으로 내려진 정의라고 할 수 있다.

2. 교육의 기본 전제

교육을 '인간행동 특성을 계획적으로 변화시키려는 과정'이라고 본다면, 이러한 교육은 인간이 변화한다는 것을 염두에 두고 하는 말이다. 물론 그 변화는 의도적이고 계획적인 추진에 의해서 바람직한 방향으로 이루어진 발전적인 변화를 뜻한다. 그런데 이러한 교육이 이루어지기 위해서는 몇 가지 기본 전제가 충족되어야 한다. 마치 농부가 가을의 추수(秋收)를 염두에 두고 씨를 뿌릴 때 씨앗의 특성에 대한 믿음, 씨앗의 발아(發芽)와 성장에 대한 믿음, 씨앗의 싹을 가꾸어 가려는 기술적인 믿음이 전제되어야 가능한 것과 마찬가지이다.

1) 인간에 대한 신념

교육에 대한 기본 전제로서 인간에 대한 신념(信念)이 최우선 조건이다. 인간에 대한 깊은 믿음은 여러 측면에서 생각할 수 있으나 그중에서도 인간의 존엄성에 대한 신념, 인간의 주체성에 대한 신념, 인간의 성장 가능성에 대한 신념, 그리고 인간의 과학적 이해 가능성에 대한 신념은 교육을 성립시키는 대전제가 되는 신념들이다.

먼저, 인간의 존엄성은 인류 역사상 최선의 생활철학인 자유민주주의의 기본신념이다. 이 신념이 전제되지 않는 한 자유민주주의 사회는 성립되지 않는다. 물론 경제 우선론자는 부(富)를 가장 가치로운 것으로 생각하고 그것을 위하여 노력하며, 정치 우선론자는 권력에 관련된 것에 가장 높은 가치를 부여하고 이를 위하여 전념할지도 모른다. 그러나 좀 더 깊이 생각해 보면 부나 권력도 인간을 위하여 필요한 것이며, 인간의 존엄성을 전제로 할 때 가치로운 것이다. 그러므로 인간사회에서 인간들이 노력하는 그 어떤 대상도 어디까지나 인간을 목적으로 하여 있는 것에 지나지 않는다.

교육도 마찬가지이다. 예를 들어 과학기술 교육을 강화하는 목적은 과학기술의 발전을 통하여 보다 질 높은 인간의 삶을 영위하기 위함에 있다. 따라서 모든 사람들이 인간답게 잘 살기 위하여 과학기술을 가르친다면 인간의 존엄성을 전제한 교육이 되는 것이다. 그리고 인간의 존엄성에 대한 신념은 인간의 능력이나 지위에 초점을 두는 것이 아니고 모든 인간 그 자체가 존엄하다는 것이다.

두 번째는 인간의 주체성에 대한 믿음이다. 이것은 인간이 자연환경을 움직이고 개조할 수 있으며, 그것에 따라서 자신의 운명을 스스로 결정할 수 있다는 믿음이며, 따라서 인류의 역사는 인간이 결정할 수 있다는 신념을 포함하는 것이다. 만일 인간이 자연환경에 대하여 무력하다든지 인간의 운명은 어떤 초인적인 힘에 의해서 좌우된다고 믿는다면 교육의 필요성은 강조될 수 없을 것이며 결국 의도적인 교육은 성립할 수도 없다. 따라서 인간이 자연에 도전하여 자연을 극복할 수 있는 주체라는 전제가 성립될 때 교육이 가능하다. 인간이 자연환경에 적응해 나간다는 것은 자연에의 예속(隷屬)을 의미하는 것이 아니라 오히려 자연과의 조화를 이룬다는 뜻이며, 적극적으로는 자연을 극복하고 자연 위에 선 인간이라는 것을 의미한다. 교육은 '미래는 수동적인 자세로 인간을 기다린다'는 가정에서 성립된다. 교육의 존재가치는 미래를 개척하는 인간을 만드는 데 있다. 따라서 인간이 자연환경을 지배한다는 인간의 주체성에 대한 신념을 전제로 하여 교육은 성립되는 것이다.

인간에 대한 세 번째 신념은 인간의 성장 가능성에 대한 믿음이다. 교육은 인간의 성장 가능성이 풍부하다는 전제 아래 성립된다. 만일 인간의 성장 가능성이라는 전제를 부정한다면 교육은 그야말로 벽에 부딪치게 된다. 인간의 신장이나 지능 등은 유전적으로 결정되기도 하지만 생후의 환경과 경험에 따라서 상당한 영향을 받으며, 의식이나 성격은 더 큰 영향을 받는다고 믿고 있다. 이와 같이 인간의 성장은 생후의 경험이나 환경에 따라서 변화한다는 가능성에 대한 인식은 인간의 잠재능력(潛在能力)이 풍부함을 의미하는 것이다.

여러 면에서 증명되고 있지만 인간과 동물과의 근본적인 차이의 하나는 동물은 극대의 현실성과 극소의 가능성을 가지고 태어나는 데 반하여, 인간은 극소의 현실성과 무한한 가능성을 가지고 태어난다는 것이다. 인간은 이 무한한 가능성을 하나씩 하나씩 현실성으로 바꾸어 가면서 인간이 되어 간다. 즉, 교육은 인간의 가능성을 현실성으로 옮겨 가는 과정이며, 그 성장 가능성을 계발하고 신장시키는 것이다. 따라서 교육은 인간에게 무한한 잠재능력이 있다는 것을 전제하고 성립되는 것이다.

인간에 대한 마지막 신념은 인간의 과학적 이해 가능성에 대한 믿음이다. 이것은 인간 자신도 과학적 이해의 대상이 될 수 있다는 신념이다. 그러나 이 신념에 대해서는 오늘날까지도 일부에서 상당히 완강하게 반기(反旗)를 들고 있다. 그 이유는 첫째, 인간은 과학만으로는 온전히 이해될 수 없다는 것이다. 사실 인간을 과학적으로만 이해할 수는 없다. 그러므로 인간의 과학적 이해 가능성에 대한 신념은 교육 실제에서 인간의 과학적 이해가 꼭 필요하다는 것을 의미하는 것으로 해석되어야 한다. 두 번째 이유는 인간을 물건처럼 과학적으로 연구하는 것은 인간의 존엄성을 깨뜨린다는 것이다. 그러나 현대의학의 시조인 하아비(W. Harvey, 1578 ~ 1657)가 인간 생리에 관한 과학적 연구를 위해 숨어서 인체해부를 한 일, 프로이트(S. Freud, 1856 ~ 1939)가 한때 인간을 성욕의 노예로 만드는 패륜아(悖倫兒)라고 박해를 받았지만 신경증 · 정신병의 수많은 사례를 토대로 새로운 이론을 발표한 일 등은 결국 인간을 무지로부터 구해냄으로써 인간의 존엄성을 높이는 결과를 가져왔다. 교육도 인간을 과학적으로 연구함으로써 인간의 존엄성을 올리면 올렸지 깎아내릴 리는 없다. 세 번째 이유는 인간현상은 너무 복잡하고 신비롭고 오묘해서 과학적으로 알 수 있는 대상이 아니라는 주장이다. 이것은 회의론적인 주장이다. 그러나 교육이 인간을 과학적으로 알 수 있다고 가정하지 않으면, 그를 과학적으로 알려고도 하지 않으며 또 그를 과학적으로 알지 못하면 올바른 교육은 기대할 수 없을 것이다.

2) 변화에 대한 신념

인간의 성장 가능성을 믿는다는 전제는 또 하나의 전제를 낳게 한다. 즉, 인간의 가능성을 현실성으로 옮겨가는 과정이 교육이라면 인간이 변화한다는 전제 또한 부인할 수 없다.

교육이 인간행동 특성을 계획적으로 변화시키는 일이라면, 교육은 인간이 변화한다는 신념을 전제로 하고 성립될 수 있다. 인간을 변화시킬 수 없다면 교육은 성립될 수 없는 것이다. 인간을 변화시킬 수 있다는 전제하에서 성립되는 교육은 인간을 바람직하게 변화시킴으로써 이것이 원동력이 되어 사회 · 세계 · 자연도 변화시킬 수 있다는 신념과 연결된다. 즉, 사회개혁 · 국가발전 · 자연개발도 실현 가능하다는 전제가 성립되는데, 이 모두가 인간의 변화로 말미암아 가능한 것이다.

교육은 인간을 육성 개조하고 이를 통하여 사회 · 국가 · 세계를 계속적으로 개혁하려고 한다. 따라서 교육은 변화라는 신념에 바탕을 둘 수밖에 없다. 그러나 교육은 기본적으로 인간을 변화시킬 수 있고, 사회를 변화시킬 수 있다는 전제에서 한 걸음 더 나아가야 할 것이다. 변화할 수 있다는 전제는 변화 자체가 발전적일 수도 있고 퇴보적일 수도 있다는 것을 예상해야 하고, 그렇기 때문에 변화라는 신념의 전제는 발전적이고 진보적인 변화만을 의미해야 한다는 뜻이다. 여기에 교육의 생명이 있는 것이다. 따라서 교육은 그 방향 여하에 따라 인간과 사회를 긍정적 · 발전적 · 진보적으로 변화시킬 수 있다는 전제하에서만 성립하는 것이다.

3) 계획에 대한 신념

교육이 인간의 존엄성 · 주체성 · 성장 가능성 · 과학적 이해 가능성에 대한 신념을 바탕으로 하고 변화를 전제로 하여 성립된다고 하더라도 이를 실천해 가는 데는 계획성(計劃性)이 필요하다. 어떻게 변화시킬 것이며, 어떤 방법으로 변화시킬 것인가를 의미하는 것이 계획성이다.

인간의 행동특성은 여러 가지 형태의 경험에 의해 변화된다. 가만히 있어도 시간의 흐름에 따라 저절로 변화가 일어나는 성숙이라는 현상도 있고, 길거리의 라디오에서 흘러나오는 노래를 흥얼거리다 배우게 되는 학습이라는 변화도 있으며, 학교에서 교수(teaching)를 통해 배우게 되는 교육내용이라는 것도 있다. 이 중 교육이 계획적이라는 말은 전자의 두 가지 경우, 즉 성숙에 의한 변화와 자연적 · 무의도적인 경험에 의한 학습은 교육의 범주 속에 넣을 수 없다는 관점을 시사한다. 계획적이라는 말이 뜻하는 의미는 여러 가지 관점에서 고찰해 볼 수 있다.

첫째, 계획적이라는 개념 속에는 교사가 기르고자 하는 인간의 행동특성에 대한 명확한 목적의식(目的意識)을 갖고 있다는 것이 전제되어야 한다. 즉, 교사가 어떤 행동특성을 기르려고 하고 있으며, 그것이 구체적으로 무엇을 의미하는지, 그리고 그러한 행동특성을 기르려는 명확한 의식을 갖고 교육을 하고 있는지와 같은 목적의식이 선행되어야 함을 의미한다.

둘째, 이렇게 하면 이 행동특성은 변화한다는 명확한 이론과 경험적 실증의 뒷받침이 있는 것을 뜻한다. 이러한 특징은 교육이 과학적인 패러다임(paradigm) 속에서 이론과 경험적 실증의 체계화를 이루어야 한다는 것을 뜻한다. 이러한 과학적 체계의 조직이 없다면 짐작·추측·관례 등에 의한 무계획적인 교육이 될 수밖에 없다. 교육은 철저하게 과학의 경험적 실증의 토대 위에 서야 한다. 물론 교육한다·가르친다라는 것에 철저하게 경험적 실증을 요구하는 것은 교육의 과학적 한계를 규정하려는 것일 뿐 그 속에서 혹은 그 토대 위에서 교육을 할 때는 교육하는 사람의 기예(技藝)가 허용될 여지는 얼마든지 있다. 이 말은 교육을 보는 시각, 교육에 관한 인식과 의지의 체계는 철저하게 과학적이어야 하지만, 교육한다·가르친다라는 실천의 세계 속에서는 가르치는 사람의 개성적·예술적·직관적·상황적 특성이 얼마든지 허용되고 또 되어야 한다는 것을 의미한다.

셋째, 흔히 과학적·계획적이라고 하면 과학, 수치, 기계, 질서정연, 로봇, 컴퓨터, 인공수정, 우주전쟁 등과 같은 단어를 연상하고 인간을 과학적으로 교육한다는 말에 대하여 강한 거부감을 나타낸다. 사실 인간의 교육만큼 과학적 실증의 논리(論理)로는 설명하기 어려운 것도 없다. 그러나 과학적이라는 말이 결코 인간을 기계나 로봇처럼 혹은 동물처럼 다룬다는 뜻이 아님을 명심해야 한다. 교육현상을 과학적으로 보자는 것은 인간의 자유·평등·복지를 위해 곧, 인간화(人間化)를 위해 과학의 논리와 과학적 지식의 패러다임을 이용하려는 것에 불과하다. 이것은 모든 과학이 갖는 공통된 논리라고 할 수 있다.

3. 교육의 필요성과 가능성

1) 교육의 필요성

인간은 모든 동물 가운데 성장의 한계에 가장 늦게 도달한다. 또 인간은 자립해서 살 수 있는 능력이 가장 결여된 무능한 존재로 태어난다. 그리고 이 무능한 기간이 다른 어느 동물보다도 길다. 인간은 스스로 살아갈 수 있는 능력을 갖추고 태어나지 못했기 때문에 다른 사람의 도움이 없이는 생존이 불가능하다. 따라서 인간은 그 길고 무력한 기간 동안 다른 사람의 보호와 양육을 필요로 할 뿐만 아니라 보다 아름답게 살아가기 위해서는 일생 동안 어떤 형태로든지 교육을 필요로 하는 존재이다.

인간과 동물의 근본적인 차이는 동물은 커다란 현실성(現實性)과 극히 작은 가능성(可能性)을 가지고 태어나는 데 반하여, 인간은 극히 커다란 가능성과 작은 현실성을 가지고 태어나는 데 있다. 이 문맥에서 현실성이란 다 갖추어진 것, 성장 발달의 여지가 없는 것을 의미하며, 가능성이란 갖춰져야 할 것, 성장 발달의 여지가 있는 것이라고 해석하면 된다. 망아지는 분만 직후 어미와 비슷하게 걸어다닌다. 그러나 망아지에게 아무리 많은 시간을 들여도 산수나 물리는 가르칠 수 없다. 사람의 신생아는 걸을 수 있는 데만도 1년여 정도가 걸린다. 그러나 그는 거의 무한한 성장 가능성을 가진 존재이다.

이처럼 인간은 다른 동물에 비해 성장시기가 현저하게 길기는 하지만 무한한 성장 가능성을 소유한 존재라는 본질적 특성 때문에 인간에게만은 교육이 필요하다. 즉, 인간은 교육을 받을 수 있는 교육가능성(educability)인 가소성(plasticity)을 안고 태어난다. 루소(J. J. Rousseau, 1712~1778)는 그의 저서 『에밀』에서 "우리들은 연약하게 태어난다. 우리들에게는 힘이 필요하다. 우리들은 커 가면서 필요한 모든 것을 교육을 통해 얻는다"고 말했다.

인간은 교육에 의해서만 그 생명을 보존하고 가치를 발휘할 수 있는 존재라는 것은 아베롱(Aveyron)의 야생아(野生兒)에 관한 다음과 같은 실험적 사례가 가장 잘 설명해 줄 것이다.

1799년 남부 프랑스의 아베롱 숲 속에서 12~13세로 추정되는 한 소년이 발견되었다. 소년은 옷을 입지 않은 불결한 몸에 가시에 찔리고 다른 동물에게 물려서 무수한 상처가 나 있었다. 소년의 모습은 인간의 따뜻한 보살핌과 교육을 받지 못하고, 숲 속에서 다른 야생동물들과 힘겨운 생존경쟁을 해왔음을 말해 주는 것이었다. 이 소년은 파리(Paris)로 옮겨져서 얼마 후 국립 농아원에 들어가게 되었고, 당시 25세 되는 의욕적인 젊은 의사 이따르(J. M. G. Itard, 1774~1838)가 전적으로 교육을 담당하게 되었다.

이따르가 처음 본 소년의 감각기능은 활발하지 못했다. 눈은 안정되어 있지 않았고 아무런 표정도 없었다. 귀는 각종 음향에 무감각하였고 발성은 벙어리 상태로서 짐승의 소리를 낼 뿐이었다. 후각(嗅覺)도 원시적이고 오물이나 향수에 대해서도 반응을 표시하지 못하였다. 지능은 매우 낮았을 뿐만 아니라 기억력 · 판단력 · 사고력도 결여되어 있었다. 소년은 인간을 두려워하고 사람들이 있는 곳에서는 발작적인 동작이나 경련을 일으켰으며, 우리 속에 갇힌 동물과 같이 부단히 몸을 뒤흔들며 마음에 안 드는 것을 물어뜯었다. 소년은 글자 그대로 야만인이었다.

아베롱 숲 근처 마을 사람들의 증언에 의하면, 이 소년은 약 5년 전부터 숲 속을 배회하고 있었다고 하므로 약 6~7세경에 버림받은 것으로 추정되었다. 그리고 그가 보인 백치(白痴) 상태는 오랜 방황과 고독한 생활의 결과라고 진단하였다. 그 때문에 교육의 기회는 물론 그가 버림받기 전까지 지니고 있었던 사고 · 언어 · 관습까지도 전부 잊어버렸을 것이라고 생각하였다. 즉, 이 소년은 태어날 때부터 저능아는 아니었고 오랫동안 사회생활로부터 격리되어 있었기 때문에 사회적인 관념 · 태도 · 관습 등을 습득할 수가 없게 된 것이었다. 만약에 이 소년을 다시금 사회생활 안에 끌어들여 잠자고 있는 성장 가능성에 자극을 주고 적절한 교육을 실시한다면 아베롱의 야생아도 보통의 어린이가 되리라고 확신하고, 이따르는 5년간에 걸친 헌신적인 교육에 착수하였다. 이따르는 우선 다섯 가지 교육목표를 세웠다.

첫째, 생활에 안정을 주고 특히 사회생활에 흥미를 갖게 하는 일

둘째, 강한 자극을 주어 둔해진 감각을 일깨우는 일

셋째, 사회적 접촉을 증가시키고 새로운 욕구나 관념을 만들어 내는 일

넷째, 언어를 사용해서 자기의 필요를 표현하게 하는 일

다섯째, 간단한 심리적 작업을 할 수 있게 만드는 일 등이었다.

이러한 목표를 설정하고 목표 달성을 위한 교육을 5년 동안 계속해 본 결과 다섯째 목표를 제외하고는 처음에 설정한 교육목표를 달성하였다고 다음과 같은 보고를 하였다.

① 인간은 고유의 기능과 감각을 빼앗기게 될 때 다른 동물에 비하여 더 열등하다.

② 인간이 본래부터 가지고 있는 것으로 생각되었던 사회성 · 도덕성은 실은 문명의 혜택이다. 문명은 인간을 다른 동물의 생활로부터 이끌어 올린 것이다.

③ 기관(器官)의 발육, 언어의 습득은 나이가 어릴 때일수록 효과가 크다. 특히, 음성의

결합은 유아기 이후가 되면 비능률적이며 많은 장애에 부딪치게 된다.

④ 인간의 욕구(慾求)와 관념(觀念) 사이에는 일정한 관계가 있으며, 욕구가 증가하면 관념의 범위도 확대된다. 문명은 인간의 욕구에 의해서 만들어진 것에 불과하다.

⑤ 교육의 진보는 현대의학에 의하여 이루어진다. 모든 과학 가운데서도 의학은 개인의 신체적·지능적·정서적 특질을 밝히고, 인간을 사회적으로 높일 수 있다.

이 야생아에 대한 실험연구보고는 인간이 인간으로서 생명을 보존할 뿐만 아니라 인간으로서의 제반 가치를 발휘하며 살아가기 위해서는 교육이 절대적으로 필요함을 분명하게 보여주는 사례이다.

칸트(I. Kant, 1724~1804)는 "인간은 교육을 필요로 하는 유일한 존재이며, 인간은 교육적 산물 이외에 아무것도 아니다(Man is the only being who needs education. He is merely what education makes of him)"라고 하였다. 森昭도 "개나 원숭이는 교육하지 않더라도 개일 수 있고 원숭이일 수 있지만 인간은 교육 없이는 인간다운 인간일 수 없다"고 명쾌하게 지적한 바 있다.

우리는 앞에서 인간은 교육가능성인 가소성(可塑性)을 지니고 태어나기 때문에 교육이 필요한 유일한 존재라고 규명하였다. 그렇다면 인간을 교육시킨다는 것이 과연 가능한가, 그리고 가능하다면 어느 정도 가능한가가 문제이다.

2) 교육의 가능성

앞에서 우리는 인간에게 교육이 필요함을 논의하였거니와 이는 동시에 교육의 가능성을 전제하였다고 볼 수 있다. 왜냐하면 교육의 가능성이 없다면 교육의 필요성도 느끼지 않을 것이기 때문이다. 랑게벨트(M. J. Langeveld)는 인간을, 교육을 필요로 하는 존재로 보는 동시에 그 교육이 가능한 존재라고 보았다.

그러면 인간에게 어느 정도까지 교육이 가능한가? 교육의 가능성은 적어도 이상적인 상황 속에서는 인간이 각자 타고난 성장 가능성만큼이나 크고 넓다고 할 수 있다. 그러나 실제로 많은 사람들은 자신의 가능성을 최대한 실현시키지 못한 채 생을 마감한다. 사람의 교육적 상황이 성장을 극대화할 수 있는 좋은 조건만으로 되어 있지 않기 때문이다. 그러나 교육의 환경만 개선된다면 오늘날 우리가 성취하는 교육보다는 훨씬 높은 교육의 가능성을 기대할 수 있을 것이다.

여기서 성장이라고 하면 신체적인 성숙도 포함하는 말이지만, 교육에서의 보다 큰 관심은 지적·정서적·사회적 성숙에 있다. 신체적 성숙이란 주로 자연적 결과라고 할 수 있기 때문이다. 다만, 지적·정서적·사회적 성숙조차도 신체적 성숙과 무관하게 진행되는 것은 아니기 때문에 신체적 성숙이 교육적 관심에서 제외되는 것은 아니다.

교육의 관심이 인간의 행동변화에 있고, 그것은 곧 성장을 의미한다고 할 때, 교육의 가능성은 바로 인간이 얼마나 성장할 수 있느냐에 달려 있다고 할 수 있다. 즉, 교육의 가능성은 인간의 성장 가능성과 직결된다는 것이다. 사실 인간이 성장할 수 있는 가능성은 우리가 생각하고 있는 것보다 훨씬 크다고 한다. 인간의 발달과 학습을 연구하는 사람들에 의하면 인간은 그가 일생 동안에 개발하고 발휘할 수 있는 것보다도 몇 배 이상의 가능성을 가지고 있다고 한다.

듀이(J. Dewey, 1859~1952) 같은 학자는 90세가 넘어서도 집필활동을 계속할 정도로 지적 생산의욕이 왕성했으며, 우리 주변에서도 노년기에 이르러 새로운 의욕을 가지고 성인교육 프로그램을 이수하여 만족할 만한 성취를 하는 사람을 보기도 한다.

인간은 신체적으로 건강하고 강인한 체력과 운동기능과 건강습관을 가지고 장수할 수 있는 가능성을 가지고 태어난다. 심지어는 유전적 영향을 크게 받는 것으로 알려져 있는 신체의 크기조차도 생후 영양의 질 여하에 따라서 일정한 한계 내에서는 더 크게 자랄 수 있는 가능성을 인정하고 있다.

인간은 지적으로도 많은 학자들의 유전설(遺傳說)에도 불구하고 생후의 양육과정에서 만나게 되는 복잡한 환경과의 상호작용 속에서 오늘날 보통 사람들이 발휘할 수 있는 것보다 몇 배나 더 많은 지식을 배우고 더 월등한 사고력을 키우게 되며, 세계를 크게 변화시킬 창의력을 가진 인간으로 자랄 수 있다는 것이다. 인간은 성장하는 과정에서 만나게 되는 과정변인(過程變因)에 의해서 크게 좌우된다는 것이다. 로마클럽에서 최근에 펴낸 『끝이 없는 배움(*No Limits To Learning*)』에서도 인류가 아직 뚜껑조차 열어 보지 못한 재능이 있다는 것을 전제로 논의를 전개하고 있다.

정서적인 면에서의 성장 가능성이라면 정서적 안정성과 관계된다. 사람들은 과도한 긴장이나 공포·불안·증오심에서 해방되어 마음의 평안을 가지고 살 수 있는 가능성을 가지고 태어난다는 것이다.

사회적인 면에서의 성장 가능성은 사회적 성숙성으로 나타나게 된다. 나는 내가 속해 있는 집단과 사회의 통합적 일부를 차지하는 존재로서 나의 존재 의미를 전체와의 관계 속에서 찾는다. 사회적으로 성숙한 사람은 나의 생각이나 행동이 전체를 구성하는 이웃들에게 미치는 영향에 대해서 민감하며, 이웃을 남이라는 생각보다는 나와 함께 전체를 구성하는 나와 똑같이 중요한 존재로서 나와 운명을 같이하는 사람이라는 의식이 높다. 이런 사람을 두고 사회적 민감성(敏感性)이 강한 사람 또는 공동체 의식이 높은 사람이라고 한다.

이처럼 인간이 신체적·지적·정서적·사회적으로 죽음의 순간까지도 멈추지 않고 계속 성장할 수 있다는 사실은 교육의 가능성 또한 무한함을 말해 준다. 인간에게 무한한 교육이 가능하다는 것은 곧 인간이 무한히 성장할 수 있는 힘을 지녔다는 말이 된다. 성장 가능성은 오히려 소극적인 개념이지만 성장할 수 있는 힘(성장력)은 인간이 그 가능성을 능동적으로 실현하고자 하는 적극적인 개념이 된다. 인간의 성장 가능성은 그것이 소극적으로 가만히 묻혀 있는 것이 아니라 그 가능성을 실현하고자 하는 자체 추진력(推進力)을 가지고 있는 것이다. 인간은 모르는 세계를 탐색하고, 배우고 알고자 하는 강렬한 생득적 욕구를 가지고 있다. 물건을 뜯어 보고, 높은 데 올라가 보고, 구멍을 쑤시고, 끊임없이 질문하고, 문제를 풀거나 새로운 발명을 위해 식음을 잊고 몰두하며, 깨닫거나 문제가 해결되었을 때 뛸 듯이 좋아하는 어린이나 어른들의 행동에서 우리는 인간의 호기심 또는 알고자 하는 내적 충동을 엿볼 수 있다. 이것은 인간의 호기심, 탐구심, 모험심, 그리고 현재보다는 더 나은 미래를 향유하고자 하는 인간의 욕구를 말하는 것으로, 인간의 성장력은 이런 것을 통해 실현된다. 또 인간의 성장력은 비단 지적 분야처럼 특수한 영역에 국한된 것이 아니라 신체적·정서적·사회적 측면에서도 마찬가지로 작용한다. 즉, 인간의 성장력은 생명체의 에너지와 같아서 가능한 한 모든 방향으로 성장하고자 하는 것이다.

이러한 인간의 성장력에 대한 생각은 교육 자체에 대한 기존의 관념을 상당히 변화시킬 수 있다. 즉, 학습자를 단지 무력한 존재, 도움을 받아야만 하는 존재로 보고, 교육자 입장에서 일방적으로 결정된 지식과 기술을 전달하던 교육관은 더 이상 지탱할 수 없는 것이다. 루소 이후 전개된 아동중심 교육운동은 곧 교육관에 있어서의 이러한 극적인 전환을 이루는 계기였다고 볼 수 있다. 일단 아동의 내재적 성장력을 인정할 때, 교육자가 할 역할이란 그 잠재력이 최대한으로 발현(發顯)되도록 하는 것이며, 또 그들이 교육자가 제시한 것 이상으로 학습할 수 있음을 허용하는 것이다. 따라서 교육의 결과를 임의로 한정짓거나 획일화시킬 수 없으며, 끊임없이 성장할 수 있도록 호기심과 탐구심, 그리고 창의적 노력을 격려해 주는 것이 진정한 교육이 된다.

3) 교육의 한계성

인간의 성장 가능성이 무한하고 또 그 가능성을 실현시킬 수 있는 자체 추진력을 가지고 있다고 해서 인간이 온전하게 성장하는 것은 아니다. 듀이가 말했듯이 인간의 경험이란 환경과의 끊임없는 상호작용을 통해서 형성되는 것인데, 이때 환경이 어떻게 작용하느냐에 따라 경험의 양과 질이 크게 좌우되기 때문이다.

인간의 성장은 다른 사람과의 상호작용, 그를 둘러싸고 있는 문화 그리고 다양한 물리적 환경의 개입을 필요로 한다. 곧, 인간이 배우고 자란다는 것은 인간 유기체와 그를 에워싸고 있는 인간적·문화적·물리적 환경과의 끊임없는 상호작용을 통해서만 가능하다.

그러면 인간의 성장 가능성을 최대한으로 실현시킬 수 있는 조건들은 무엇인가? 이것은 좋은 교육을 위해서 명확하게 대답되어야 할 질문이다. 그러나 이러한 질문에 대한 확실한 대답은 매우 힘들다. 왜냐하면 거의 무한할 정도의 개인차(個人差)를 보이는 인간 유기체의 다양한 성향·가능성·에너지와 함께 개인들이 만나서 상호작용하게 되는 환경요인의 다양성과 가변성(可變性) 때문에 각 개인이 갖게 되는 경험의 종류와 양과 질이 각각 독특한 것이 되기 때문이다. 그러므로 구체적인 수준에서 보편적으로 적용될 수 있는 조건이나 처방을 제시한다는 것은 거의 불가능한 일이다. 따라서 우리가 성장을 위한 필요조건을 이야기할 때에는 그것은 일반적인 수준에서 가능한 이야기가 된다.

일반적으로 인간의 성장 가능성에 한계를 짓는 조건으로 소질(素質)과 환경(環境)을 들고 있다. 소질이란 인간의 신체적 기능 내지 정신적 기능의 잠재적 능력을 말한다. 이 잠재적 능력은 유전(遺傳)에 의해서 결정되는 부분이 많으나, 환경의 영향에 따라 신장되는 범위도 적지 않다고 보고 있다. 그리고 유전에 의해서 결정되는 신체의 강약, 지능의 우열, 의지의 강온 등은 교육에 의해서 변화시킬 수 없거나 극히 미약한 효과만 기대되는 것이다. 물론 영양과 운동에 따라 체질과 체능의 개선이 어느 정도 가능할 뿐 아니라 오늘날은 지능마저 개발 가능성이 상당 수준 인정되고 있다. 그러나 그것도 일정한 수준에 도달한 유전적 소질이 갖추어졌을 때의 경우이지 극단적인 경우에는 심한 좌절을 경험하게 된다. 우리가 흔히 I.Q.(Intelligence Quotient)라고 하는 것은 정신연령을 생활연령으로 나눈 것에 100을 곱해서 얻어진 지능지수(知能指數)를 말한다. 즉,

$$\text{I.Q.} = \frac{\text{정신연령(M.A.)}}{\text{생활연령(C.A.)}} \times 100$$

이다.

인간 지능의 분류와 분포에 관해서는 학자들 간에 약간의 차이는 있으나 일반적으로 지능지수 100을 보통인의 지능으로 보고 있다. Stanford-Binet 지능검사(知能檢査)의 예를 들면 다음과 같다. 이 검사는 지능지수에 따라 140 이상은 천재, 120 ~ 139까지는 최우수 지능, 110 ~ 119까지는 우수 지능, 90 ~ 109까지는 평균 지능, 80 ~ 89까지는 우둔, 70 ~ 79까지는 정신결함 경계, 70 이하는 정신박약이라고 분류한다(제 4 장 교육의 심리적 기초 중 지능 참조).

지능뿐만 아니라 인간의 행동특성에 대한 유전론적 관점을 지지하는 증거는 많다. 이와 같은 연구결과를 보면, 인간의 행동특성이란 유전에 의해 결정될 개연성(蓋然性)이 크다는 쪽으로 생각하기 쉽다.

한편 인간의 성장·발달의 속도와 특성에 환경의 영향이 크다는 것도 일반화된 사실이다. 환경은 인간 유기체와 관련을 맺고 있는 인간적 환경·문화적 환경·물리적 환경으로 대별할 수 있으나 한 인간의 성장·발달에는 그 모든 환경들이 상호작용한다. 이렇게 보면 한 인간이 생득적으로 타고난 소질도 그 개체가 경험하는 환경에 의하여 그 개발의

속도와 정도가 제한받는다고 보는 것이 옳겠다. 예를 들면, 같은 종류의 콩을 비옥한 땅에 심었을 때와 척박한 땅에 심었을 경우에 성장 상태가 다른 것처럼, 동일한 소질을 가지고 태어난 일란성 쌍생아(identical twins)를 서로 분리해 대조적인 환경에서 기른다면 그들은 분명히 차이를 나타내게 될 것이다.

어떤 사람이 성장 가능성을 훌륭하게 타고났다 하더라도 그가 경험한 인간적·문화적·물리적 환경이 교육적으로 부적합했을 때 그 사람의 잠재능력의 계발활동인 교육은 제한을 받게 된다. 콩 심은 데 콩 나고, 팥 심은 데 팥 난다는 속담은 유전적 소질이 한 인간의 성장 가능성을 제한한다는 의미요, 맹모삼천지교(孟母三遷之敎)와 같은 고사성어는 성장 가능성을 타고났다 하더라도 계발할 수 있는 환경이 올바로 주어지지 않으면 결코 바른 인간으로 자랄 수 없다는 것을 뜻한다. 그러면 교육을 하는 데 있어서 유전과 환경 중 어느 편이 더 크게 작용하는가? 이에 대해서는 한 마디로 단정짓기가 어렵다.

우드워즈(R. S. Woodworth, 1869 ~ 1962)는 인간의 성장 가능성은 환경을 세로로, 유전을 가로로 한 직사각형 속의 구형(矩形) 면적과 같다고 보아 유전과 환경과의 관계는 더하기의 관계가 아니라 유전과 환경의 상호작용의 함수라고 하였다. 즉, D=f(H·E)이다. 이 관계를 그림으로 나타내면 **그림 1-1** 과 같다.

그림 1-1
유전과 환경과의 상호관계

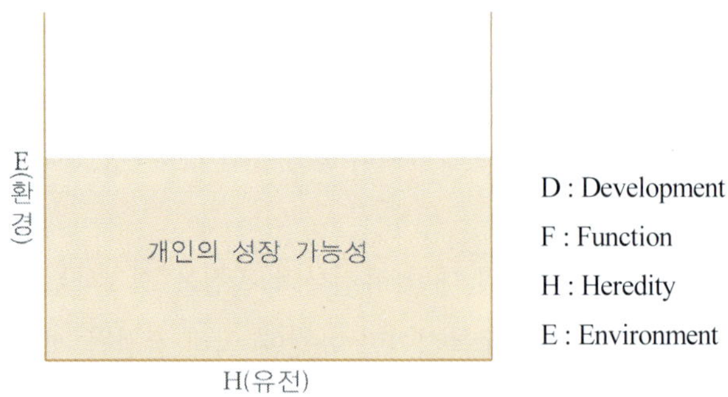

고트샬트(K. Gottschaldt)도 비슷한 관점에서 유전과 환경과의 상호관계는 E를 환경 극점으로 하고 H를 유전 극점으로 삼을 때, 한 인간의 성장 가능성은 E-H선상에 자리잡은 X와 X_1이라고 하였다. 이 관계를 그림으로 나타내면 **그림 1-2** 와 같다. X의 경우는 유전의 힘보다 환경의 힘이 더 크게 작용하는 것이며, X_1의 경우는 환경의 힘보다 유전의 힘이 더 크게 작용하는 경우이다.

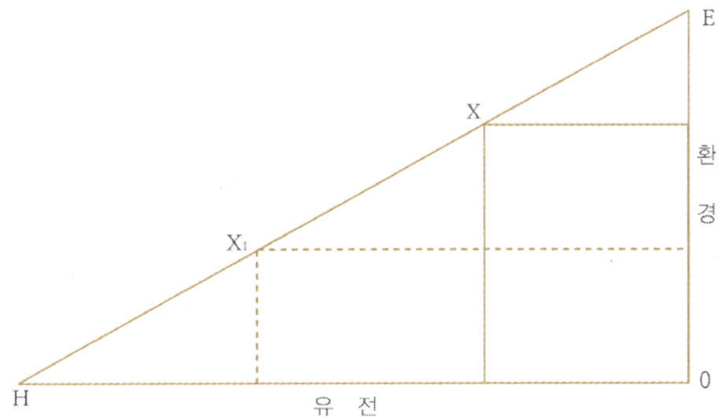

그림 1-2
유전과 환경과의 상호관계

여기서 우리는 유전과 환경이 각각 독립된 요소적인 힘이 아니라 어디까지나 상대적인 힘이라는 사실을 발견하게 된다. 따라서 유전적 소질은 그 실현을 위하여 반드시 환경을 필요로 하고 또 환경은 반드시 유전적 소질의 존재를 전제한다고 볼 수 있다. 소질을 자극하고 이를 신장시켜 줄 수 있는 환경 없이는 유전적 소질의 존재는 무의미하며, 환경 역시 어떤 소질의 신장과 발달을 떠나서 생각할 때는 무의미한 환경이 된다는 것이다.

김종서(金宗西) 교수 등에 의하면 인간은 유기체이기에 갖는 짧은 수명과 유전적 한계 말고도 인류가 만들어 놓은 힘들고 복잡한 삶의 문제들로 인해 그 성장 가능성을 저해당하고 있다는 것이다. 즉, 인간의 성장을 돕기 위해 마련된 학교교육 제도까지도 그 구조적 모순과 비교육적 요인들로 인하여 인간의 건전한 성장을 해치는 많은 역기능적 작용을 하고 있다. 오늘날의 치열한 입시경쟁에서 빚어지는 일들, 이를테면 계속적인 긴장과 불안, 지적 호기심을 죽이는 강요된 기계적 학습(learning by rote), 과도한 경쟁의식 등은 인간의 진정한 자아실현을 해치는 독소(毒素)가 아닐 수 없다.

좋은 성장조건, 즉 좋은 교육조건은 교사만 훌륭하다고 되는 것이 아니며 교육자료가 좋은 것만으로 되는 것도 아니다. 가정을 위시한 생활의 전 장면에 있어서 삶의 조건들이 교육적이어야 하기 때문에 교육을 학교에만 맡기는 사회에서 좋은 교육을 기대하기는 어렵게 된다.

4. 교육 성립의 3요소

학교교육이 이루어지기 위해서는 교육을 하는 교사와 교육의 대상인 학생이 있어야 한다. 교육을 하는 교사를 교육의 주체(主體)라고 하고, 교육을 받는 학생을 교육의 객체(客體)라고 하며, 교육의 주체와 객체가 상호작용을 할 수 있도록 양자를 연계해 주는 교재를 교육의 매개체(媒介體)라고 한다. 교육활동이 이루어지고 있는 학교에는 반드시 이 세 가지 요소가 존재하며, 이 중 어느 것 하나라도 빠지게 되면 학교교육은 성립되지 않는다. 그러므로 교사와 학생 그리고 교재는 학교교육을 이루는 3요소(three elements of education)가 된다.

여기에서 학교교육의 3요소가 어떻게 변천되어 왔는지를 살펴보겠다. 학교교육을 성립시키는 3요소 간의 관계는 전통적으로 교육의 주체가 객체에게 교재를 전달함으로써 성립한다고 오랫동안 인식되어 왔다. 즉, T(교사) → M(교재) → S(학생)라는 정식(formula)으로 나타내었다. 그러나 학교교육의 3요소 간의 이와 같은 관계는 20세기로 접어들면서 많은 변화를 경험하게 된다. 오늘날의 학교교육은 위의 정식과 같이 일방적으로만 작용하는 것이 아니라 학생이 교재에 대하여 적극적인 학습관심을 일으키고(T → M ← S), 또 학생이 교재를 자기 것으로 적극적으로 학습하여 이해하고, 학생이 교사로부터 독립하여(T → M = M ← S) 나아가서는 동등하게(T = S) 되기도 한다.

전통적인 학교교육에서는 교육의 주체인 교사위주, 교사본위로 교육이 이루어졌다. 교육의 객체인 학생은 피교육자로서 글자 그대로 피동적, 수동적, 타율적으로 교육을 받아왔다. 이때 교육의 매개체인 교재는 지식(知識)의 체계(體系)를 중요시하는 교과중심 교육과정(subject-centered curriculum)이 주를 이루었다. 교과중심 교육과정은 교육의 주된 내용을 교과에서 구하며, 풍부한 지식을 가진 사람으로 키우는 것을 강조한다. 교육을 통하여 학생들에게 제공할 많은 지식은 오랜 역사 속에서 축적된 문화유산이며, 그 가운데서도 가장 가치 있고 가장 심오한 내용을 정선(精選)하여 교과를 논리적 · 체계적으로 조직해 놓은 것이다.

전통적인 교육에서 강조했던 교육방법은 설명적 교수(teaching)활동이다. 설명적 교수는 기계적 학습과는 다르다. 기계적 학습이 사전에 관련 지식도 없이 단편적인 지식을 기계적으로 암기하는 학습이라면 설명적 교수는 지식을 명료하고 의미가 확실하게 부각되도록 최종 형태로 조직하여 제시하는 유의한 교수활동이다. 교사는 권위를 가지고 교과의 내용을 설명하며 해석하는 사람인 동시에 사회적 가치 기준에 의하여 학생의 훈육을 담당하는 사람이기도 하다. 교육방법에 있어서 교사의 설명적 교수활동이 무엇보다도 중요하며, 수업의 진행은 교사의 주도하에 이루어진다. 이러한 교수활동의 결과로 일어나게 되는 학생들의 행동변화의 양을 확인하고 평가하는 방법은 임의평가(任意評價)이었을 가능성이 크다. 임의평가는 교사의 권위와 판단에 의하여 실시된다. 교육의 내용을 통달하고 있는 사람으로서 교수되어야 할 교육내용을 선정하고 조직하여 이에 대한 평가의 기준을 정하며, 학생 개개인에 대한 교수활동의 결과인 행동의 변화의 양을 임의로 평가하고 판정하였다.

교육목적으로서 변화시키려고 하는 인간행동의 영역(領域)을 인지적(cognitive) 영역과 정의적(affective) 영역으로 구분하고, 각 영역을 지식 · 사고 · 창의력, 감정 · 태도 · 가치관이라는 3층 구조로 개념화할 때, 전통적인 교육에서는 인지적 영역의 행동변화에 치중한 교육이었다. 그것도 독창력이나 스스로 생각할 수 있는 사고력을 길러 주기보다는 단순한 지식을 전달하는 식의 교육을 하였다. 정의적 영역쪽 교육도 했다고 한다면 감정 수준의 교육을 했을 것이다.

교육사(教育史)를 일별해 보면 이런 식의 교육이 참으로 오랫동안 행해져 왔다. 교과중심 교육과정이 간단 명료하게 구성되어 있어서 일반적으로 교사 · 학생 · 학부모에게 익숙할 뿐만 아니라 이해하기도 쉬웠고, 또 사람들의 경험을 해석하고 문제를 해결하는 데도 어느 정도 체계적인 지식이 필요했기 때문이다. 또 교수활동의 결과를 평가하기가 비교적 용이하였고, 우리나라의 경우 상급 학교의 입학 요건이 교과중심으로 되어 있는 데다가 교육과정(教育課程)에 대한 중앙집권적 통제가 용이한 점도 들 수 있겠다.

교육을 기술적(記述的)으로 정의해서 인간행동 특성의 바람직한 방향으로의 계획적인 변화라고 한다면 학교교육을 통해서 더 크고 더 많은 행동의 변화를 일으켜야 할 쪽은 학생들이다. 따라서 전통적인 교육에서처럼 교사위주 · 교사본위의 교수활동을 통한 교육은 잘못이다. 이러한 잘못에 대한 지적은 이미 18세기 루소 이래 계속되어 왔으나 교육을 통해서 행동에 더 큰 변화를 경험해야 하는 학생위주·학생본위의 교육은 20세기에 들어와서야 실현되었다. 교사중심 교육에서 학생중심 교육으로의 전환에는 심리학(心理學)의 공헌이 컸다. 심리학을 통하여 학생들의 독특한 심리세계를 이해하게 되었을 뿐만 아니라 교육의 과정을 통하여 항상 학생의 내면세계가 고려되고 존중되어야 한다는 사실을 인식하게 되었다. 특히 지능검사를 비롯한 각종 표준화 검사가 제작·보급되면서 교사가 이러한 검사에 기초해서 학생들을 과학적으로 근거 있게 이해할 수 있게 된 점도 교육의 전환에 크게 기여하였다.

20세기에 들어와서도 교사는 여전히 교육자임에는 틀림없으나 그가 학교교육에서 담당하는 역할로 미루어 볼 때 교육의 주체의 자리에서 객체의 위치로 물러나게 되었고, 반대로 학생은 교육의 객체에서 주체로 바뀌면서 피교육자가 아닌 학습자(學習者)로 불리게 된다. 이제 학교교육은 더 이상 교사위주·교사본위의 교육이어서는 안 된다. 교육을 통하여 행동에 보다 더 큰 변화를 가져와야 하는 사람은 학생이 되지 않으면 안 되기 때문이다.

바뀌어진 교육의 주체와 객체를 연결하는 교재도 교과중심 교육과정에서 경험(經驗)의 계열(系列)을 중시하는 경험중심 교육과정(experience-centered curriculum)으로 바뀌게 된다. 사실 교과중심 교육과정에 회의를 품기 시작한 것은 1930년 전후의 일이었다. 듀이의 진보주의 교육사조가 풍미하게 됨에 따라 교과중심 교육과정으로는 학생들이 급변하는 사회에 잘 적응할 수 없으며, 현실 생활과의 거리가 너무 멀다는 비판이 일게 되었다. 특히, 당시는 경제공황으로 시련을 겪던 시기였으므로 더욱 기존 교육과정에 큰 회의를 느끼게 하였으며, 학교교육은 자아의 실현, 원만한 인간관계, 경제적 능률, 공민적 책임이라는 교육목표 아래에 잘 사는 생활인을 육성하는 데 역점을 두어야 할 필요를 절감하게 되었다.

그러나 경험중심 교육과정의 초기 개념이 교과중심 교육과정을 전적으로 배격한 것은 아니었다. 캐스웰(H. L. Caswell)이 지적한 바와 같이 교과중심 교육과정이라고 해서 경험의 계열을 아주 도외시한 것은 아니며, 경험중심 교육과정이라고 해서 지식의 체계를 전연 무시한 것도 아니다. 다만 교육과정 구성의 중심을 교과와 교재에 두느냐 혹은 학생의 경험과 생활에 두느냐에 의한 구분일 뿐이다. 그러나 두 입장은 교육과정을 생각하는 관점에서 큰 차이를 보였다. 경험중심 교육과정은 사회생활에 원만히 적응하고, 산업사회의 필요에 부응할 수 있도록 실생활에 필요한 교육내용이 교과로 채택되고, 교과의 구성에 학습자인 학생의 기본적인 욕구나 흥미가 크게 반영되었다.

이 당시 학교교육에서 강조했던 교육방법은 학습(learning)활동이다. 교육내용이 학생들에게 의미 있고 풍부한 생활경험이어야 하는데 이러한 경험은 주입이나 암기로써 습득되는 것이 아니라 수업의 장(field)에서 행함으로써 배울 수 있는 것이다. 이러한 수업이 이루어지기 위해서는 학생 스스로가 학습의 주체로서 능동적 · 적극적 · 자율적으로 학습을 해나가야 한다. 교사의 역할은 지시를 최소로 제한하거나 혹은 전혀 없이 학생들이 독자적으로 학습목표를 세우고 학습활동이 효율적으로 이루어질 수 있도록 지도하는 일 즉, 학습지도가 주가 된다.

교육목적으로서 변화시키려고 하는 인간행동의 영역 중 인지적(認知的) 영역보다는 정의적(情意的) 영역의 행동변화에 더 관심을 둔 교육이었다. 그러나 가치관 교육이나 내면화된 태도 교육이기보다는 감정 수준의 교육을 해왔을 가능성이 크다. 인지적 영역쪽 교육도 했다고 한다면 단편적인 지식 수준의 교육을 했을 것이다. 학습활동의 결과로 나타나게 된 학생들의 행동변화의 양을 측정하고 평가하는 방법은 규준참조평가(norm-referenced evaluation)이다. 즉, 학생들의 학습활동 결과를 평가하는 척도는 교사가 임의로 정한 기준이 아니라 학생집단의 성취수준(成就水準)이 된다. 다시 말하면 학생집단의 성적분포를 기준으로 하여 학생 개개인의 성취 정도를 상호 비교하는 상대적 평가이다.

학습자인 학생을 교육의 주체로 보고 그에게 보다 큰 행동의 변화를 경험하게 할 수 있도록 학생위주 · 학생본위의 학습활동을 강조했던 교육은 1950년대에 이르러 상당히 공고하게 정착되는 듯하였다. 그러나 1960년대로 접어들면서 교육의 양상은 또 한 번의 변화를 겪게 된다. 이러한 변화의 직접적인 원인으로 흔히 1957년 10월 4일 구소련이 발사한 인공위성 스푸트니크(sputnik)에 의한 충격을 드는 사람들이 많다. 그러나 지나친 학생중심 · 학생위주 · 학생본위의 교육을 성찰해 보고 반성해야 한다는 여론은 1950년대 초부터 일어나고 있었다.

그래서 1960년대 들어서서는 교수활동을 하는 교사나 학습활동을 하는 학생 중 어느 한 쪽이 교육의 주체이고 객체인 때는 지났다고 본다. 이제 교사는 교수하는(가르치는) 사람으로서의 주체이고, 학생은 학습하는(배우는) 사람으로서의 주체로서 양 주체가 대등한 입장에서 교수·학습활동을 전개해 나가게 되었다. 양 주체를 매개시켜 주는 교재도 경험중심 교육과정에서 지식(知識)의 구조(構造)를 중요시하는 학문중심 교육과정(discipline-centered curriculum)으로 다시 한 번 바뀌게 되었다. 학문중심 교육과정이 대두하게 된 경위에 대해서는 사람들마다 약간씩 견해를 달리하고 있으나 대체로 보아 다음 두 가지로 요약할 수 있다. 그중 하나는 20세기 후반에 들어와 폭발적인 증가를 보인 지식과 기술 발전을 들 수 있다. 따라서 한정된 학교교육 기간에 무엇을 가르칠 것이냐 하는 것이 심각한 문제로 제기되었다. 폭주하는 지식과 기술 중에서 선별해 가르쳐야 하기 때문에 선정의 기준이 문제가 된 것은 논리적으로 당연하다. 이때에 선정기준은 각 학문에 내재해 있는 전이가치(轉移價値)가 높은 지식이 되어야 한다는 것이다. 이처럼 전이가치가 높은 지식을 지식의 구조라고 한다. 그래서 학문중심 교육과정은 단순한 교과지식이나 생활경험을 강조하는 것이 아니라 학문의 골격을 이루고 있는 기본적인 개념인 지식의 구조를 강조한다. 즉, 각 학문에 내재해 있는 전이가치가 높은 지식으로서 지식들 중에서도 가장 핵심적이고 기본적인 지식과 일반원리가 이와 같은 지식의 구조를 이룬다. 이러한 지식의 구조를 교수·학습함으로써 각 학문의 특유한 사고방식이나 사물을 보는 시각을 확대해 나가는 것이다.

이럴 때 학교교육에서 강조하는 교육방법은 교수·학습(teaching-learning)활동이다. 학생들이 지식의 구조에 접근하기 위해서는 학생 스스로가 관찰이나 실험 또 탐구활동을 통하여 접근하여야 한다. 그러나 이러한 탐구나 발견의 과정은 학생들의 능동적이고 적극적인 활동만으로 소기의 성과를 거두기 어려우며, 치밀하게 계획된 수업설계에 의한 안내가 필요하다. 교사는 교과를 가르칠 때 그 교과에 내재해 있는 핵심 개념이나 기본 원리를 찾아내어 이것을 학생들에게 주입하는 것이 아니라 해당 전공분야 학자들이 한 것과 똑같은 '눈'과 '방식'으로 학생들로 하여금 탐구하여 찾아내도록 해야 한다. 따라서 수업의 장(場)에서는 교사의 교수활동과 학생의 학습활동이 함께 강조되는 교수·학습활동으로 전개된다.

이때에 와서야 교육목적으로 변화시키려고 하는 인간행동의 영역으로 인지적 영역과 정의적 영역 양쪽 모두에 관심을 쏟는다. 인지적 영역에서는 단순한 지식보다는 사고력과 때로는 그만의 독특한 창의성을 높이는 교육을, 그리고 정의적 영역에서도 감정 수준보다는 내면화된 행동인 태도와 가치관 형성에 도움이 되는 교육을 하게 되었다. 우리 식으로 표현해서 지·덕·체의 조화로운 발달이고, 블룸(B. S. Bloom) 등이 분류한 인지적·정의적·심체적(psychomotor) 영역의 균형잡힌 발달을 위한 전인교육(全人敎育)을 하였다.

이러한 교수·학습활동의 결과로 일어나게 되는 행동의 변화의 양을 측정하고 평가하는 방법은 준거참조평가(criterion-referenced evaluation)가 된다. 이 평가방법은 준거지향평가로서 평가의 기준을 다른 사람과 비교하는 데 두지 않고 달성하려고 하는 수업목표 그 자체에 두는 평가이다. 즉, 학생들의 교수·학습결과를 판정하는 기준은 수업의 설계과정에서 분명하게 세워 놓은 수업목표 그 자체가 된다. 이 기준은 교사가 임의로 정해서도 안 되고 집단의 규준 점수에 예속되어서도 안 되며 오직 학습자 개개인에게 성취시키려는 수업목표 그 자체에 두는 형태로 설정되어야 한다. 이 수업목표는 모든 교수·학습결과를 평가하고 판정하는 절대기준이 된다.

이렇게 학교교육은 인간행동의 바람직한 방향으로의 계획적인 변화를 가져오기 위하여 교사가 교육에 주체가 되었다가 객체도 되어 보고, 학생 또한 교육의 객체와 주체를 다 경험해 보게 된다. 그러나 오늘날은 교사와 학생 중 어느 한쪽만이 교육의 주체가 아니라 그 둘이 모두 주체가 된다. 교사는 교수하는 사람으로서의 주체이고 학생은 학습하는 사람으로서의 주체이다. 교사와 학생을 연결시켜 주는 매개체로서의 교재도 지식의 체계를 중요시하는 교과중심 교육과정에서 경험의 계열을 존중하는 경험중심 교육과정으로 바뀌었고, 다시 이것으로부터 이번에는 지식의 구조를 강조하는 학문중심 교육과정으로 변천하여 왔다. 교육방법 면에서 볼 때에도 교사가 가르치는 교수활동을 강조하다가 학생이 배우는 학습활동을 강조하게 되었고, 그 후에는 교수활동과 학습활동을 다 같이 강조하게 되었다. 학생들의 행동변화의 양을 확인해 보기 위한 측정방법도 임의평가에서 규준참조평가로, 다시 규준참조평가로부터 준거참조평가로 바뀌었다. 이러한 모든 변천들은 결국 인간의 행동특성을 가치지향적인 방향으로 계획적으로 변화시키기 위한 일련의 노력들이다.

이와 같은 학교교육의 일련의 흐름을 표로 나타내면 **표 1-1** 과 같다.

표 1-1 학교교육의 흐름

구 분	~1900	1900 ~1 950	1950 ~
교육의 주체	교사	학생	교사와 학생
교육의 객체	학생	교사	·
교육목표	인지적 영역 중시	정의적 영역 중시	인지적 · 정의적 영역 동시 중시
교육내용	교과중심 교육과정	경험중심 교육과정	학문중심 교육과정
교육방법	교수활동 강조	학습활동 강조	교수 · 학습활동 동시 강조
교육평가	임의평가	규준참조평가	준거참조평가

학교교육의 흐름을 이런 식으로 도식화(圖式化)하는 것은 다양한 교육의 줄기들을 지나치게 단순화했다는 비판이 따를 수 있으나 학교교육의 흐름을 파악하고 이해하는 데 도움이 되리라고 본다.

5. 교육의 과정

1) 교육과정의 각 단계

교육(敎育)의 과정(過程)이란 기르려는 인간행동 특성으로서의 목표를 설정하고, 설정된 목표를 달성하기 위한 교수 · 학습경험을 선정하여 조직한 다음, 교수 · 학습과정을 통하여 길러진 행동특성의 정도를 확인 · 평가하는 일련의 과정이다. 이런 정의(定義)는 교육의 과정이 목표설정, 경험선정, 경험조직, 교수 · 학습과정, 결과평가의 5단계로 구성됨을 시사한다. 교육의 과정을 이루는 각 단계는 독립적으로 존재하는 것이 아니라 서로가 서로를 규제하는 관계에 있게 된다. 즉, 교육목표가 무엇이냐에 따라 선정해서 조직해야 할 교수 · 학습경험이 좌우되고, 교수 · 학습과정과 결과평가가 결정된다. 평가결과는 환류

(feedback)되어 교육목표의 타당성, 교수·학습경험의 적절성, 교수·학습과정의 효율성을 확인하게 된다.

(1) 교육목표의 설정

일정한 시간이 흐르는 동안 어떤 특별한 교육적 작용이 가해져서 나타나기를 바라는 교수·학습의 결과를 교육목표(教育目標)라고 한다면, 교육의 과정에서 교육목표를 설정하는 일이야말로 첫 단계의 작업이라 하지 않을 수 없다. 교육에서는 때로 뚜렷하게 의도하지 않은 우연한 교육성과가 나오는 수도 있다. 별로 뚜렷하지 못한 어떤 학교, 어떤 교사에게서 신기한 교육성과가 나올 때도 있고, 과학적 사고를 기른다는 것이 협동정신이나 협동적 태도가 길러지는 수도 있으며, 민주적 정신을 기른다는 것이 반대로 전제적인 정신을 길러내게 되는 경우도 있다. 이처럼 뜻하지 않은 우연한 교육성과가 있을 수 있다 해도 뚜렷한 교육목표 없이 그저 잘 해나가면 된다는 식의 생각을 교육적이라 할 수는 없다. 왜냐하면 교육이란 계획적이며 동시에 목적적인 것이라야 진정한 교육일 수 있기 때문이다. 계획력이 미치지 못하는 곳에서도 우연한 교육성과가 나온다고 하여 계획 자체를 포기하고 무엇이 길러질는지 모르는 것에 교육을 내맡길 수는 없는 노릇이다. 따라서 교육의 과정에서 교육목표의 설정은 필수불가결한 제 1 단계 작업임에 틀림없다. 이것 없이는 교육의 과정이 성립되지 못한다. 사실 교육목표가 일정한 서식으로 진술되어 있든지 않든지 간에, 또 교육의 전 과정을 이끄는 교사에게 명료하거나 불명료하거나 간에, 어떤 목표는 있게 마련이다. 그런데 그 목적의식이 구체적이고 행동적 시사성(示唆性)이 높으면 높을수록 그것은 다음에 따르는 교육의 과정 각 단계에 있어서의 판단과 결정에 보다 큰 도움을 줄 수 있다.

(2) 교수·학습경험의 선정

교육의 과정에서 두 번째 단계로 해야 할 일은 설정된 교육목표를 달성하기 위하여 어떤 교수·학습경험(교육내용)을 선정할 것인가를 결정하는 일이다. 우리가 의도하고 기대하는 행동의 변화가 학생에게 나타나게 하려면 그에게 어떤 교수·학습경험을 마련해 주어야 한다. 따라서 교육의 과정에서 교수·학습경험을 선정하고, 선정된 교수·학습경험을 조직하는 일은 가장 중요한 작업이라 할 수 있다.

교육목표가 시사하는 교육의 기능이 문화유산의 전달에 있든, 새로운 발전적 행동특성에 있든 교육을 위해서 사용되는 자료는 문화 속에서 뽑아 오게 마련이다. 교육목표를 위해서 문화유산으로부터 선정하여 조직한 지식을 우리는 교과(敎科)라고 부르고 있으며, 그것은 교육의 과정에서 취급되는 중요한 경험내용을 차지하게 된다.

형식을 갖춘 학교가 설립·운영되면서부터 교과는 학교교육의 주요 내용을 차지해 왔다. 교과를 무시한다고 널리 알려진 미국의 진보주의(進步主義) 교육자들도 교육의 과정에서 교과가 차지하는 역할을 인정하지 않았던 적은 한 번도 없었다. 하나의 교과내용을 계통에 따라 학습하든 또는 여러 교과영역에서 필요한 지식을 찾아오는 식으로 학습하든 간에 교과 그 자체와 인연을 끊어 본 학교는 하나도 없었다고 해도 과언은 아니다. 이처럼 교육의 과정에서 교수·학습경험은 빠질 수 없는 뚜렷한 자리를 차지하고 있다.

(3) 교수·학습경험의 조직

교수·학습경험이 선정되었으면, 세 번째 단계로 선정된 교수·학습경험을 조직하는 일이 필요하다. 즉, 선정된 경험들을 어떻게 종적으로 체계(體系)를 세우며, 횡적으로 관련(關聯)을 시키느냐 하는 문제이다. 하나는 경험들의 수직적 조직이고, 다른 하나는 수평적 조직이라고 할 수 있다.

수직적(垂直的) 조직은 선정된 경험들을 종적으로 순차적으로 배열하여 조직하는 것을 말한다. 예를 들면, 초등학교 1학년 때에는 더하기와 빼기를 배우도록 하고, 2학년이 되면 곱하기와 나누기를 배우도록 하는 경우이다. 이러한 수직적 조직에는 계속성 원리와 계열성의 원리가 적용된다. 계속성(繼續性)은 선정된 교수·학습경험이 학생들의 내면에 정착되기 위해서는 일정 기간 동안 계속적인 반복학습이 이루어져야 한다는 원리이다. 계열성은 계속성과 마찬가지로 선정된 경험의 수직적 조직의 문제와 관련되어 있으나 계열성은 동일한 경험의 단순한 반복 수준을 넘어서 계속되는 줄기는 있되 동시에 그 줄기에 좀 더 깊은 의미가 붙어갈 수 있게 조직하는 원리이다.

수평적(水平的) 조직은 선정된 경험들을 횡적으로 나란히 배열하여 조직하는 것을 말한다. 예를 들면, 중학교에서 배울 정치, 경제, 지리, 일사 등을 묶어서 하나의 통합된 사회과로 조직하는 경우이다. 이러한 수평적 조직에는 통합성의 원리와 범위의 원리가 적용된다. 통합성(統合性)은 어떻게 하면 학생들에게 통합된 교수·학습경험을 제공할 것인가에 관심을 갖는다. 그래서 선정된 경험들은 그 수평적 관계에서 서로가 서로를 보완하고 강화할 수 있도록 조직되어야 한다는 원리이다. 범위(範圍)의 원리는 교수·학습경험을 조직하는 데 있어서 선정된 경험의 폭과 깊이와 관련된다. 즉, 교육과정은 어떠한 경험을 얼마나 폭넓게 깊이 있게 다루어야 하느냐에 관심이 있다.

(4) 교수 · 학습과정

교육목표를 설정하고 교수·학습경험을 선정하여 조직하는 일은 모두 사전 결정 사항이지만 교수·학습과정은 실제로 교육이 이루어지는 현장 상황이다. 따라서 교수·학습과정은 교육의 과정 중 절정(絶頂)을 이루는 단계이다. 교육목표가 설정되고 이에 일치되는 교수·학습경험이 선정·조직되었다고 해서 교육의 과정이 끝나는 것은 아니다. 특정한 교수·학습상황 속에서 학생들이 갖게 되는 구체적인 학습경험 여하가 그들이 학습한 내용과 성격 그리고 질(質)을 결정해 주는 것이기 때문이다.

이를테면 동일한 교과내용을 가지고 공부한다 해도 교과서에 담겨져 있는 과학적 사실이나 원리를 읽고 이것들을 기억해 두는 학습과정을 거칠 수도 있고, 과학적 사실이나 원리를 찾아내기 위한 탐구과정과 방법을 경험할 수도 있을 것이다. 학습된 결과는 전자의 경우 단순한 기억에 그치겠지만 후자의 경우에는 이들의 이해에 더하여 과학적 탐구능력과 태도가 학습될 가능성이 크다. 교육과정을 단순히 교과내용의 조직으로보다는 학생이 가지게 되는 경험(經驗)으로 보아야 한다는 주장의 근거가 여기에 있다.

교육목표의 설정이나 교수·학습경험의 선정 및 조직과는 달리 교수·학습과정은 교사와 학생들이 실제로 갖게 되는 경험과정이기 때문에 이에 관련되는 다양한 요인의 상호작용 관계를 의미 있게 통제·조정하는 종합적 사고체계(思考體系)가 필요하게 된다.

(5) 교수 · 학습결과의 평가

교육의 과정 마지막 단계인 평가는 계획된 변화의 성취도 정도를 검증하는 일이다. 교육의 과정 그 자체의 계획과 운영은 가설적인 신념에 기초한 활동이라 볼 수 있으며, 그 타당성과 적합성을 검증하고 필요한 개선책을 찾는 데 요구되는 경험적인 자료는 교수·학습활동이 진행되는 과정(過程)과 교수·학습활동 결과(結果)의 평가에서 구할 수 있다. 따라서 인간행동의 계획적인 변화를 목표로 하는 교육을 수행하는 과정에 있어서 평가는 가장 중요한 역할을 담당한다.

교육의 과정에서 평가는 두 가지 측면에서 이루어진다. 하나는 교육의 과정 각 단계에 대한 평가이고, 다른 하나는 학업성취에 대한 평가이다. 전자의 경우는 교육목표의 설정, 교수·학습경험의 선정 및 조직, 교수·학습과정 그리고 교수·학습결과의 평가 자체에 대한 평가이다. 그러나 교육의 과정에서 평가라고 하면 학생들의 학업성취 평가가 중심을 이룬다. 교육이 학생 행동의 바람직한 방향으로의 계획적인 변화라고 한다면 그 변화의 정도를 알아보는 학업성취도 평가가 교육평가의 중핵(中核)이 되는 것은 당연하다.

2) 교육의 과정 각 단계들 간의 관계

교육의 과정을 이루는 각 단계들 간의 관계는 두 가지로 논의할 수 있다. 하나는 순환적(循環的) 일관성의 관계이고, 다른 하나는 각 단계들 간의 상호작용적 관계이다.

(1) 순환적 일관성의 관계

순환적 일관성의 관계라는 것은 설정된 교육목표에서 출발하여 그 목표가 교수·학습경험의 선정에로, 선정된 교수·학습경험의 조직에로, 교수·학습과정에로, 교수·학습결과의 평가에로, 다시 교육목표의 수정(修正)에로의 순환적 이동을 뜻한다. 교육이 의도적이고 계획적인 작용인 이상, 학생들의 학습활동과 교사들의 교수활동은 설정된 교육목표에 의해서 규제되어야 하며, 평가는 설정된 교육목표를 기준으로 그 성취 정도를 평가해야 한다.

이와 같은 개념적 도식(圖式)은 교육 실제에 심각한 도전을 던진다. 교육목표와의 구체적인 관련 없이 교수·학습경험을 선정하고 조직하는 일 혹은 교육목표에 대한 특별한 고려 없이 하나의 교과서를 채택하는 일, 또 그 목표가 속속들이 반영되어 있어야 할 교수·학습경험의 성격과는 무관한 교수·학습방법을 반복하는 일, 목표에의 타당성을 고려함이 없이 평가하고 학생을 심판하는 일, 평가의 결과를 새로운 교육적 사고(思考)에 활용하지 않는 일 등은 오늘날 학교교육에서 흔히 볼 수 있는 잘못된 현상들이다. 튼튼한 기초 위에서 설정되고 명확히 정의된 교육목표가 교육의 전 과정에 일관되게 의식되고 반영될 때 비로소 교육의 과정은 과학적 타당성과 전문적 수준을 갖추게 될 것이다.

(2) 각 단계의 상호작용적 관계

교육의 과정을 구성하는 다섯 단계인 목표의 설정, 경험의 선정, 경험의 조직, 교수·학습과정, 결과의 평가는 순환적 일관성만을 이루는 것은 아니다. 교육의 과정 다섯 단계는 순환적 일관성을 유지하는 동시에 각 단계들 간에 상호작용적 관계에 있다.

① 교육목표는 교육과정(教育過程)의 다음 단계들인 교수·학습경험 선정 및 조직, 교수·학습과정, 그리고 평가활동에 계속적인 작용을 하는 한편 다른 네 가지 단계들의 실시 결과에 따라 교육목표가 수정·보완되기도 한다. 즉, 선정되고 조직된 경험은 교육목표 설정을 위한 중요한 자원(資源)의 역할을 하며, 교수·학습과정은 교육목표의 타당성을 검증해 줄 준거(準據)의 역할을 한다. 또 교육목표는 평가계획 및 실시의 주된 기준이 되는 동시에 평가에서 얻어진 정보는 목표 설정의 자료로 활용된다.

② 선정되고 조직된 경험의 성격이 교수·학습방법의 구상(構想)에 큰 영향을 끼치고 평가방식에도 변화를 주는 반면에 교수·학습과정을 지배하는 여러 법칙과 조건을 충분히 고려하지 않으면 효과적인 교수·학습경험을 결정하기가 어렵다. 학생들이 실제로 내면화(內面化)하게 될 학습경험의 성격과 교수·학습과정에 대한 정확한 통찰 없이 경험이 결정된다면 그 경험의 타당성은 믿기 힘든 것이 된다. 아무리 학문적으로 중요시되는 경험이라고 해도 학습자의 지적 수준이나 문화적 배경과 너무 거리가 먼 것이어서 잘 학습되지 못한다면 그 경험은 학생에게 타당한 것이 될 수 없다. 평가의 기능은 경험의 선정 및 조직 과정 속에 항상 있게 마련이고, 결과에 대한 평가결과는 경험의 선정과 조직에 길잡이 역할을 하게 된다.

③ 교수·학습과정이 갖는 다른 단계와의 상호작용적 관계는 이미 목표의 설정과 경험의 선정 및 조직에 관한 설명에서 다루었고, 평가와의 관계는 평가를 교수·학습과

정의 통합적 부분으로 규정하는 입장에서 그 상호작용적 관계를 이미 설명하였다.

④ 교수·학습결과의 평가는 평가의 기준인 설정된 교육목표로 환류(還流)된다. 만약에 목표가 달성되지 못한 것으로(행동에 변화가 일어나지 않은 것으로) 평가결과가 나왔다면 설정된 목표의 타당성(妥當性)을 타진하게 된다. 교육목표는 이상적인 동시에 달성 가능한 목표이어야 한다. 목표설정에 잘못이 없었던 것으로 확인되면, 평가결과는 선정된 교수·학습경험으로 환류된다. 학교에서 학생들에게 교수·학습시켜야 할 많은 경험들 중에서 설정된 목표를 달성하기 위한 경험만을 선정원리에 입각하여 엄선(嚴選)했는지 여부를 타진하게 된다. 경험 선정에 이상이 없었던 것으로 확인되면 평가결과는 조직된 교수·학습경험으로 환류된다. 선정원리에 의하여 엄선된 경험은 조직의 원칙에 입각하여 조직되었고, 조직된 경험은 적절성(適切性)을 지니고 있는지의 여부를 타진하게 된다. 경험조직에 있어서 조직원칙을 잘 지켰던 것으로 확인되면, 평가결과는 교수·학습과정으로 환류된다. 목표 달성에 적합한 경험을 아무리 잘 조직했다 하더라도 교수·학습방법이 적절하지 못하면 목표하는 행동변화가 일어나지 않으므로 교수·학습과정의 효율성(效率性)을 타진하게 된다. 교사와 학생이 열심히 교수했고 학습했던 것으로 확인되면 평가결과는 끝으로 결과평가 자신에게로 환류된다. 교육목표를 달성하고도 평가과정 자체가 잘못되어 행동의 변화가 일어나지 않은 것처럼 평가될 수도 있기 때문이다.

그림 1-3

교육의 과정 각 단계들 간의 순환적·상호작용적 관계

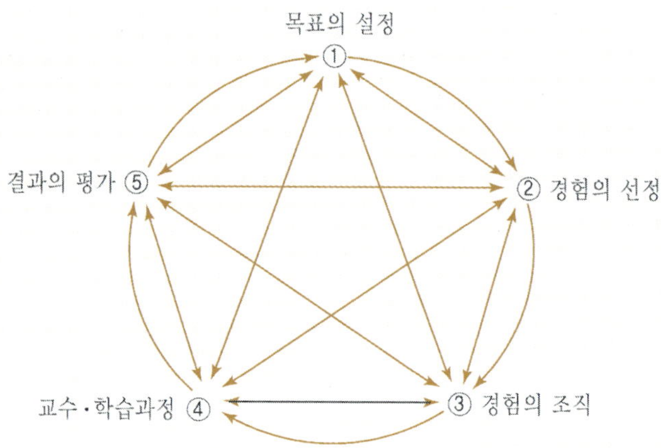

따라서 평가과정의 타당성, 신뢰성, 객관성을 타진하게 된다. 이렇게 평가결과는 교육의 과정 각 단계에 환류되므로 교육의 과정에 역동성과 통합성을 불어넣어 주게 된다. 교육의 과정에 대한 두 가지 관계를 그림으로 나타내면 그림 1-3 과 같다.

이상의 논의를 종합해 보면 다음과 같다.

첫째, 교육의 과정은 변화시키려는 행동특성으로서의 교육목표가 설정되고, 행동특성을 변화시키기 위한 교수·학습경험이 선정되고, 조직되며, 실제로 변화를 일으키는 교수·학습과정이 있고, 변화된 행동특성의 정도를 확인·평가하는 과정이 있다.

둘째, 교육의 과정을 구성하는 각 단계는 다시 몇 개의 기본적인 준거와 변인을 가진 개념체계를 이루며 각 단계들은 순환적 일관성의 관계, 상호작용적 관계를 갖는 하나의 사고체계로 통합된다.

이 책은 교육(教育)의 과정(過程)을 중심으로 쓰여졌다. 우선 교육을 무엇으로 보는지를 밝히기 위해서 교육의 개념이 지닌 뜻을 구명(究明)한 것이 제 1 장 교육의 이해이다. 그 다음 교육의 목표설정과 관련해서 교육목적 자원으로서 교육의 역사적·철학적·심리적·사회적 기초를 다루었고, 교육목표 달성을 위한 교수·학습경험의 선정 및 조직과 관련해서는 교육과정(教育課程)을, 교수·학습과정과 관련된 교과지도를 위해서는 교수·학습지도를, 생활지도를 위해서는 생활지도와 상담의 장을 별도로 다루었다. 교육의 과정 마지막 단계인 교수·학습결과의 평가와 관련해서는 교육평가의 장을 썼다.

이와 같은 교육의 중심적 과정을 둘러싼 지원체제는 교육과정(教育過程) 각 단계에서의 제반 선택과 결정을 돕는 행정적 과정으로서 교육행정과 조직을, 그리고 장차 교직(教職)으로 나갈 것을 신중하게 생각하는 학생들을 위해서는 교사론을 마지막 장으로 썼다.

제 2 장

교육의 역사적 기초

1. 한국교육
2. 서양교육
3. 현대교육

1. 한국교육

1) 원시시대 교육

원시시대에 학교라고 부를 만한 교육기관이 따로 있었을 것 같지는 않으나, 교육이 어떠한 형식으로든지 이루어졌을 것임에는 의심의 여지가 없다. 할아버지나 아버지는 손자나 아들에게 수렵술이나 농경법을 가르쳤으며, 할머니나 어머니는 손녀나 딸에게 길쌈과 가사를 가르쳤을 것이니, 학교라는 특별한 기관은 없었더라도 농장에서 혹은 가정에서, 즉 현장에서 교육이 이루어졌을 것이다. 사회학적으로 본다면 사회적 아버지가 사회적 아들에게, 사회적 어머니가 사회적 딸에게 각각 그 사회가 자라나는 성원들에게 요구하는 바를 가르쳤던 것이다. 따라서 교육은 반드시 육친(肉親)이 아니더라도 상관없으며 연장자가 연소자에게 필요한 것들을 가르쳤던 것이다.

원시시대 교육은 한 개인을 가르친다기보다 성인층이 미성숙자들을 집단적으로 훈련시키는 것이 특징이었다. 외적(外敵)으로부터 그 부족을 방어하기 위해서는 기술 이외에도 성원 간의 단결력이 필요했고, 이 단결력을 위해서는 일정한 장소에서 일정한 의식(儀式)을 통한 사상 통일이 필요했던 것이니, 이러한 것들은 분명히 교육이라고 할 수 있을 것이다. 원시시대 교육이야말로 실생활과 직결된 교육이었다는 점에서 현대의 학교교육보다 실제적이었다고 할 수 있다. 원시시대에 있었던 교육적 상황에서 우리는 몇 가지 중요한 교육원리들을 찾아볼 수 있다.

첫째로, 원시인들의 교육은 생존을 위한 절실한 필요에서 이루어진 것이라는 점에서 우리는 그들이 뚜렷한 목적의식을 가졌다는 것에 주목해야 한다. 그리고 생활에 필요한 것이 교육내용이 되었으므로 교육내용의 타당성·적합성의 원리를 찾을 수 있다. 생활을 보다 더 만족스럽게 해나가기 위해서는 자연히 학습해야 할 필요성이 높은 것일수록 중요한 교육내용이 되었기 때문에 교육적 필요와 교육내용 간의 일치도(一致度)가 높았던 것이다. 문화내용의 홍수 속에서 충분한 선택의 과정을 거치지 못한 많은 교육내용을 교육과정 속에 포함시킴으로써 배울 필요가 없거나 혹은 배워서 좋지 않은 내용들을 무리하게 학습시키는 오늘의 교육 현실과 비교해 본다면 원시인들의 교육내용은 오히려 교육 목적과의 연관성이 분명했던 것이다.

둘째로, 학습동기의 원리를 들 수 있다. 그들에게는 지식이나 기술을 배워야 하는 이유가 분명했다. 즉, 그것을 배우지 못하면 생존이 힘들어지고 질병과 고통에서 벗어날 수 없다는 것을 알고 있었던 것이다. 새로운 지식이나 기술을 배운다는 것은 곧 생존과 직접 연결되었으므로 목적의식도 뚜렷하였고 따라서 학습동기도 높을 수밖에 없었다.

셋째로, 원시인들의 교육에서는 낭비나 결손 없는 학습의 흐름을 유지할 수 있었다. 필요에 의해서 학습이 시작되고 필요와 흥미에 따라 학습시간이 자유자재로 길어질 수도 짧아질 수도 있었다. 수업시간과 휴식시간을 구분하는 타종(打鐘)도 없었으므로 흥미와 학습의욕이 지속되는 동안 학습이 계속되고 학습밀도 또한 높았을 가능성이 크기 때문에 학습의 효과도 높을 수 있었다.

이러한 원리들은 학교가 설립되고 학교의 규모가 커지며, 교육이 지나치게 규격화되어 가르치는 내용이 실생활과 먼 교과에 얽매이게 되면서부터 점차로 지켜지지 않게 되었다. 실생활과 유리된 공부를 위해서 경쟁적인 높은 성취에의 압력에 찌들다 보니 인간에게 본래 있는 것으로 믿어지는 알고자 하는 지적(知的) 호기심과 학습 흥미마저 도망가버린 것인지도 모른다. 오늘의 교육을 성찰하는 자리에서 우리는 자연스럽게 이루어지던 원시시대의 교육적 상황에서 교육원리에 대한 새로운 통찰을 얻게 된다.

2) 삼국시대 교육

삼국시대는 기원 1세기부터 고구려 · 백제 · 신라 세 나라가 정립하던 7세기 중엽까지를 말하는데, 여기에서는 신라가 삼국을 통일(676년)한 통일신라시대까지를 포함해서 말한다.

삼국시대 초기에는 고조선(古朝鮮) 시대와 같이 형식교육(formal education)인 학교교육이 성립되었다는 기록이 없다. 다만 학교교육과 직접 · 간접으로 깊은 관련을 맺고 있는 문자 사용에 대한 기록은 볼 수 있는데, 삼국 중 고구려에서 “국초(國初)에 비로소 문자를 사용하였다”라는 기록이 있다. 이러한 삼국의 교육을 개괄적으로 살펴보면 다음과 같다.

고구려는 삼국 중 중국과 가장 가깝다는 지리적 이점 때문에 일찍부터 중국 문화의 영향을 받아 학교교육이 발달하였다. 기록에 나타나는 학교교육의 시작은 제 17 대 소수림왕 2년(372년)에 태학(太學)의 설립으로부터이다. 태학은 우리나라 기록에서 볼 수 있는 학교교육의 시초로서 또 한국 유학(儒學)의 기원으로서 교육사적 의의가 크다. 태학의 설립 목적은 관리의 양성에 있었으며, 입학할 수 있는 사람의 신분도 상류계급의 귀족자제들이었다. 태학의 교육내용은 유교의 경전인 오경(五經)과 삼사(三史)가 주류를 이루었다.

고구려의 교육기관으로 태학 이외에 경당(扃堂)이 있었다. 태학이 오늘날의 고등교육 정도의 관학(官學)인데 비하여, 경당은 초등교육에서 고등교육까지를 겸한 사학(私學)이었다. 이 점에서 경당은 우리나라 사학의 시초라고 할 수 있다. 경당의 입학자격은 일반 서민자제와 지방 호족의 미혼 자제들이며, 교육내용은 독서와 습사(習射)였다. 특히 고구려 시대 경당의 교육은 통경과 습사를 함께 하는 문무일치의 교육이었다.

백제는 660년에 멸망할 때까지 학교를 세웠다는 기록이 없다. 그러나 여러 가지 사료(史料)로 미루어 보아 고구려보다 앞서서 학교교육이 성립되었을 것으로 짐작된다. 그 근거로서는 첫째, 박사제도가 있었다. 박사란 교학지임(敎學之任)을 맡은 관직, 즉 벼슬의 이름을 말한다. 이들은 유학의 경전에 정통한 학자들로서 가르치는 것을 주 임무로 하였다. 둘째, 백제의 중앙관제를 살펴보면 학교가 성립되었을 가능성이 발견된다. 백제의 육좌평(六佐平)이라는 중앙관제 가운데 내법좌평(內法佐平)은 의례(儀禮)를 관장하는 부서인데 이것은 조선왕조의 육조 가운데 예조(禮曹)에 해당한다. 예조는 오늘날의 교육과학기술부인 바, 중앙의 교육행정 기구는 존재하면서 학교가 없다는 것은 논리적인 모순이다. 이상 두 가지 논거로서 백제에는 기록상으로만 학교가 없을 뿐 어떤 형태로든 학교교육이 있었을 것이라고 믿어진다.

신라는 지리적 위치로 보아 고구려와 백제를 통하여 중국 문화를 받아들였던 만큼 그 문화의 수입도 삼국 중에서 가장 늦었다. 제 27 대 선덕여왕 9년(640년)에 비로소 당나라에 유학생을 파견하여 국학(國學)에 입학시킨 기록이 교육적 접촉의 시초이다.

그러나 통일 전 신라에 있어서는 비록 학교교육과 같은 형식교육은 없었다 할지라도 신라 고유의 교육적 전통을 수립한 화랑도 교육이 있었다. 화랑도는 고구려의 경당이 통경·습사하는 문무일치의 교육을 했던 것과 마찬가지로 신라 고유의 사상에다 유(儒), 불

(佛), 선(仙) 등 외래사상을 받아들여 세속오계(世俗五戒)를 수양의 지침으로 삼고, 국가에 보국충사(報國忠死)할 수 있는 인재를 양성하여 그중 우수한 자를 택해서 국가관료로 등용하는 신라 고유의 교육단체라고 할 수 있다. 그러므로 화랑도는 평화 시에는 사회적 지도자를 기르는 수양단으로서의 기능을 수행하는 청년단체였던 것이다. 화랑도의 교육내용 및 방법으로는 대자연을 교육도장으로 하는 다음의 세 가지 방식을 지적할 수 있다. 즉, 도의를 연마하고, 시와 노래를 즐기고, 산수를 오유(娛遊)하는 것이었다.

신라가 드디어 삼국통일의 대업을 이룩한 것은 제30대 문무왕 16년(676년)의 일이다. 이로부터 당나라와의 문물 교류가 더욱 활발해지면서 학교교육에 눈을 돌리게 되었다. 그리하여 제31대 신문왕 2년(682년) 6월에는 유학대학인 국학을 설립하였다. 당나라의 국자감(國子監) 제도를 그대로 모방한 국학의 교육목적과 교육내용은 당(唐)의 그것과 별 차이가 없었다. 신라는 차츰 국학이 정비되고 학문이 성하여짐에 따라서 유교주의적 관료화로 변질되어 갔다. 제38대 원성왕 4년(787년)에는 일종의 과거제도를 도입하여 인재등용의 방법으로 삼았다. 이때부터 신라는 제도교육을 통한 인재등용법이 채택되어다. 즉, 통일 전의 화랑도 교육을 통한 인물본위 인재등용 제도가 통일 후에는 학벌본위, 지식위주의 인재등용 제도로 바뀐 것이다. 이것은 신라가 점점 관료적 봉건제도로 자리 잡기 시작한 출발점이 되었다.

3) 고려시대 교육

고려의 교육은 태조 13년(930년)에 서경(지금의 평양)에 학교를 창설한 것에서 비롯된다. 이는 고려가 서경을 북방정책의 중심지로 삼고 이를 중요시한 때문이었다. 광종 9년(957년)에는 중국 후주인(後周人) 한림학사 쌍기(雙冀)의 건의에 따라 과거법을 실시하여 인재를 등용하였다. 국가 또는 민가에서 불교가 커다란 세력을 지니고 있었음에도 불구하고, 과거(科擧)를 통해 인재를 선발하게 된 것은 봉건제도를 강화하고 신진 지배층을 등용하기 위해 유학의 장려가 요청되었으며, 유교식 교육이 요구된 결과이다.

고려의 교육제도는 초기에는 신라 제도를 계승하였으나, 성종 11년(992년)에 수도 개경(지금의 개성)에 최고 학부인 국자감(國子監)을 창설하여 유교식 교육을 실시하였다. 그러나 교육열이 지방에도 전파되어 인종 5년(1127년)에는 전국에 향교(鄕校)를 세워 지방교육에 힘썼으며, 원종 2년(1261년)에는 향교와 동등한 학교로서 동서학당과 오부학당을 세웠다. 한편 사학(私學)으로 최충(984~1068)에 의하여 세워진 문헌공도(文憲公徒)를 비롯한 십이도(十二徒)라고 하는 고등교육 기관과 일반 서민자제들의 교육을 위하여 세워진 서당(書堂)이 성행하였다.

고려시대는 위로는 국자감으로부터 아래로는 서당에 이르기까지 수많은 교육기관들이 있어서 교육의 발전을 위하여 많은 공헌을 하였다. 그러나 이러한 교육기관들은 오늘날처럼 어떠한 체계와 계통이 있는 것이 아니라, 교육기관 간에 서로 연계가 없는 상태로 독립기관의 성격을 띠고 발달해 온 것이다. 즉, 국자감, 동서학당, 오부학당과 같은 것은 대체로 특권계급의 교육기관이었고, 향교, 12도, 서당은 서민계급의 교육기관으로서 계급성을 띤 복선형 학교제도이었다. 교육내용은 유학중심 · 유교주의가 지배적이었으며, 시대의 변천에 따르는 것이나 창의적인 것은 거의 없었다.

그러나 한 가지 특색 있는 것은 12도와 서당과 같은 민간교육기관의 등장으로 특권계급이 독점해 온 교육이 일부 서민계급에게까지 개방되었다는 것이다. 특히 서당은 서민계급의 교육에 신기원을 이룩했던 것이다.

4) 조선시대 교육

조선의 교육제도는 고려의 제도를 그대로 계승하였다고 볼 수 있다. 우선 고려시대에 있었던 국자감이 성균관(成均館)으로 명칭만 바뀐 채 조선조에 그대로 계승되었다. 성균관은 태조 7년(1398년)에 세워졌다. 태종 11년(1411년)에는 중앙에 사학(四學)과 지방에 향교를 각각 관학으로 세웠고, 사학(私學)으로는 중종 36년(1541년)에 풍기 군수 주세붕(周世鵬)이 세운 백운서원(白雲書院)을 비롯하여 많은 서원이 생겼다. 서원은 명유공신(名儒功臣)을 숭배하고 청년자제를 모아 학문과 덕행을 연마하는 수도장이었다. 그러나 순수한 사숙(私塾)으로서 대중의 식자교육을 도왔던 것은 서당이었다. 이렇게 볼 때 성균관은 오늘날의 고등교육 기관으로, 향교와 서원은 중등교육 기관으로, 서당은 초등교육 기관으로 볼 수 있다. 조선사회는 척불숭유(斥佛崇儒)의 사회였으므로 학교교육도 자연히 유학중심의 교육이었다. 따라서 학교교육은 숭유사상(崇儒思想)을 철학화하고 보편화하는 데 노력하였고, 일부 귀족계급을 위한 관리양성에 주력하였으며, 배우는 사람들의 목적도 과거에 급제하여 고급관리로 입신양명하는 데 있었다.

지금까지 살펴본 역대 학교교육은 주로 중국의 것을 모방한 것이었다. 그러나 19세기 중엽에 이르러 새로운 현대식 교육이 태동하기 시작하였다. 조선조 말기에 쇄국정치의 중심세력이었던 대원군이 실각하자 고종 13년(1876년)에 일본과 수호조약(강화도 조약)을 맺었고, 다시 1882년에는 한미(韓美) 수호통상조약을 맺었으며, 1883년에 한영(韓英), 한독(韓獨), 1884년에 한이(韓伊), 한로(韓露), 1886년에는 한불(韓佛) 수호조약을 각각 체결하게 되어 우리나라는 완전히 문호를 개방하고 국제사회에 참여하게 되었다. 따라서 무엇보다도 시급한 것은 통변(通辯) 양성이었다. 그리하여 어학훈련을 위한 교육기관으로서 1883년에 당시 한국 정부의 외교고문이었던 독일인 묄렌도르프(P. G. von Möllendorff, 1848 ~ 1901)에 의해 통변학교가 설립되었다. 영국인 헬리팩스(T. E. Halifax)가 주무교사였던 이 학교가 우리나라 근대식 교육기관의 시초이다.

우리나라의 문호가 개방되자 가장 빨리 외래문화를 전달한 사람은 신교파(新教派)의 선교사들이었다. 특히 선교사들은 문화활동으로 교육에 힘썼으며, 그 결과 현대식 학교교육의 발전에 크게 기여하였다. 1885년에 감리교파인 아펜젤러(H. G. Appenzeller, 1858 ~ 1902)가 배재학당을, 이듬해에는 같은 교파인 스크랜턴(M. Scranton, 1832 ~ 1909)이 이화학당을 설립하였다. 또 1886년 장로교파인 언더우드(H. G. Underwood, 1859 ~ 1916)가 경신학교를 설립한 것을 비롯하여 이후 전국 주요 도시에 각 교파의 남·여학교를 설립함으로써 우리나라 교육사상의 새로운 전기를 만들어 놓았다. 특기할 만한 사실은 1886년에 정부가 육영공원(育英公院)을 설립한 것인데, 이 학교는 귀족의 자녀나 국왕이 선정한 사람들을 위하여 세워지기는 하였으나 국립의 성격을 띤 최초의 근대적인 학교였다는 점에서 그 의의가 자못 크다고 할 수 있다.

그러나 이 당시 교육은 세습적인 계급사회를 유지해 나가기 위한 수단으로서 주로 상류계층을 위한 교육이었고 또 입신출세의 길인 과거를 보기 위한 교육이었다. 이와 같은 폐단이 쇄신된 것은 고종 31년(1894년) 갑오개혁에 의해서였다. 갑오개혁은 오랫동안에 걸쳐 이 나라를 지배해 온 구 질서에 종지부를 찍었다. 과거제도를 폐지하였고 학사를 관장하던 예조를 폐지하고 대신 학무아문(1895년에 학부로 개칭)을 내각 안에 두었으며, 국정 쇄신에 있어 영재교육이 시급함을 인식하여 학교관제(學校官制)와 학교령(學校令)을 내려 신분의 차별 없이 누구든지 교육을 받을 수 있도록 하였다.

그러나 1905년 11월 17일 을사조약이 체결되고 1906년에는 일제의 통감정치가 실시됨으로써 학제와 명칭이 바뀌면서 식민지 교육이 시작되었다. 일제의 식민지 교육이 본격적으로 시행된 것은 1910년 8월 22일 조인되고, 29일 공포 시행된 한국병합 이후 교육에 관한 칙어(勅語)의 취지에 기초하여 충량한 제국신민으로서의 자질과 품성의 도야를 주안점으로 한 조선교육령(朝鮮教育令)이 1911년 8월에 반포되면서부터였다.

일제는 한국에서의 교육정책을 조선교육령을 중심으로 시행하였는데 이것은 네 차례에 걸쳐 개정되었다. 제1차 조선교육령 시행기(1911년)에는 한국 민족의 우민화(愚民化)에 그 정책적 중점이 있었고, 제2차 조선교육령 시행기(1922년)에는 문화적 회유책을 취했으나, 근본적인 피지배 민족화로서의 교육정책에는 변함이 없었다. 제3차 조선교육령 시행기(1938년)에는 중일전쟁 · 태평양전쟁 수행을 위하여 한국의 인적 · 물적 자원을 침략전쟁에 이용하려는 목적으로 교육 기회를 어느 정도 확대하였다. 그러나 제4차 조선교육령 시행기(1943년)에는 교육체제를 전시체제로 전환하고, 군사교육 · 근로교육 및 학병징집 등을 강행하면서 민족말살을 위한 황국신민화 교육정책을 자행하였다. 1944년에 이르러서는 민족사학의 명문인 연희전문학교와 보성전문학교를 폐지하고, 그 대신 연희전문학교 자리에 경성공업경제전문학교를, 보성전문학교 자리에 경성척식경제전문학교를 세웠다. 또 이화여자전문학교를 폐지하여 농촌지도원양성소로 개편하기까지 하였으며 경성법학전문학교와 경성고등상업학교를 없애고 경제전문학교를 신설하였다.

그러나 1945년 8월 15일 마침내 일본이 항복하고 우리나라에서 물러나면서 우리에게 자주독립과 민주국가를 수립할 기회가 왔다. 그리하여 종래의 일본식 복선형 학제와 교육을 폐지하고 개인의 기본적인 자유와 평등을 기반으로 한 단선형의 민주주의 교육제도를 마련하게 되었다. 미군정기에 단선형 학교제도를 정책적으로 도입한 이후 1948. 8. 15. 정부수립과 함께 계속적으로 추진한 교육의 방향은 민주주의 교육이었다.

2. 서양교육

1) 그리스와 로마 교육

(1) 그리스 교육

기원전 1200년경 그리스인의 조상인 아리안(Aryan)족이 흑해의 북방 초원지대로부터 남쪽 발칸반도에 이주해 온 후로 그리스 문화가 형성되었다. 이 지역은 산이 많아서 서로 교류가 어려웠으며 이들은 각기 작은 도시국가(polis)를 이루며 발전하였다. 이렇게 일찍부터 작은 정치단위로 나뉘어 있었기 때문에 생활양식이 다양했고, 독립정신이 강했으며 민주적 과정을 중요시하였다. 그러나 작은 도시국가들로 나뉘어져 있기는 하였지만 같은 언어를 썼고, 같은 신을 믿었다. 화창하고 좋은 기후에서 절제(節制)의 습관을 기르고 야외에서의 운동을 즐겼으며, 활기 있고 건강한 그리스인들은 개인의 행복을 추구하고 즐거움을 찾는 전통을 만들었다.

그리스 교육의 목적은 지혜와 행동이 겸비된 사상인(思想人)을 키워 내는 데 있었다. 당시 교육은 귀족계급을 위한 것이었기 때문에 이들로 하여금 개인적 수월성(秀越性)을 지니게 하는 것을 교육의 이상으로 삼았다. 그리스인들에게 이상적인 인간은 오뒷세우스(Odysseus)로 대표되는 명석한 판단력과 통찰력, 현명함과 재치, 그리고 웅변술을 가진 지혜로운 인간과 아킬레스(Achilles)로 대표되는 힘과 용기, 담력과 인내심을 가진 행동인을 겸한 조화된 사람을 뜻했다. 이러한 이상인(理想人)을 기르는 것이 그들 교육의 궁극적 목적이었지만 중요한 것은 그 이상인의 특성이 어디까지나 실생활에 있어서의 공공적인 유용성에 기초했다는 사실이다.

그리스 문화의 중심은 아테네(Athens)와 스파르타(Sparta)였다. 아테네는 그리스의 도시국가 가운데 가장 문화가 발달한 국가로서 아테네의 교육은 수 세기 동안 솔론(Solon)의 법에 의하여 실시되었다. 아테네 교육 역시 그리스의 이상인 공공적 유용성을 위한 개인의 수월성을 강조하였다. 아테네 사람들에게 있어서 개인적 수월성은 정신과 육체가 조화된 전인적인 성장을 의미했다.

아테네 교육의 목적은 시민의 자격을 얻기 위하여 개인적 교양에 힘쓰는 것이었는데, 시민자격을 취득하기 위한 최선의 준비는 항상 심신의 조화로운 발달을 도모하는 데 있었다. 그래서 적절한 운동경기를 통하여 신체를 단련하는 한편 문학과 음악, 미술과 철학을 학습시키고 국가 행사에 참여시킴으로써 개성이 풍부하고 심신이 건전한 시민을 양성하는 데 힘썼다.

한편, 스파르타 사람들은 도리아(Doria)족의 한 갈래로서 기원전 1100년경에 발칸반도 남단인 펠로폰네소스에 이르러 원주민들을 정복하고 거기에 정착했다. 기원전 900년경에 스파르타인의 총 가구수가 900호 정도였는데 주변에 사는 그들의 약 30배나 되는 수의 사람들을 지배하였다. 스파르타인들은 그들의 지배를 받고 사는 사람들의 반란과 외적 침입의 위험 속에서도 리크르구스(Lykourgos)에게 법률 제정을 입안하게 하여 그 법을 기초로 해서 스파르타 교육제도를 마련하였다.

스파르타 교육의 목적은 강인한 군인을 양성하는 것이었고, 스파르타를 하나의 영구적 훈련소 겸 무장한 요새(要塞)로 만드는 데 있었다. 스파르타에 있어서도 그리스적인 개인의 수월성이 강조되었지만 그것은 어디까지나 국가적 유용성을 위한 수월성으로 받아들여졌다. 교육내용은 체육과 군사훈련이 주가 되었고 도덕적 · 사회적 습관 형성을 강조했다. 읽기 · 쓰기는 최소한의 필요를 충족시키는 정도였고, 음악은 군가나 전장에서 죽은 영웅들을 찬양하는 것들이 대부분이었다. 훈육은 무자비할 정도로 엄격했고, 출생에서 죽을 때까지 교육은 국가가 담당했다.

그리스시대의 대표적인 교육사상가로는 진리의 보편타당성을 주장하고 대화법의 교육방법으로 유명한 소크라테스(Socrates, B.C. 469 ~ 399), 국가론(國家論)을 써 이상국가론을 편 플라톤(Platon, B.C. 428 ~ 348), 그리고 그의 제자였던 아리스토텔레스(Aristoteles, B.C. 386 ~ 322) 등을 들 수 있으며, 이들의 사상은 교육에 지대한 영향을 미쳤다. 특히 기원전 4세기경의 유클리드(Euclid)의 수학과 기원전 3세기경의 아리스토텔레스의 논리학, 그리고 기원전 2세기경의 아르키메데스(Archimedes, B.C. 287 ~ 212)의 물리학 등은 오늘날까지 학교 교육과정 속에 남아 있다.

(2) 로마 교육

기원전 7세기경 이탈리아 반도 중턱에 자리 잡고 소도시 국가로서 발전하였던 로마인들은 그들의 독특한 민족성을 발휘하여 기원전 270년경에 전 이탈리아 반도를 장악하고 아울러 서지중해의 패권(覇權)을 잡기에 이르렀다. 지리적으로 새롭고 신기한 문화들을 가진 이웃 나라들과의 접촉이 빈번해지면서 로마 사람들은 매우 실제적이고 공리적(功利的)인 성격을 지니게 되었다. 로마 사람들은 그리스인들처럼 지적이거나 예술적이지도 않았고, 히브리인들처럼 종교적이지도 않았지만 뛰어난 조직력을 발휘하여 세계 문화에 크게 공헌했다. 현대 서양사회의 가치체계가 주로 그리스와 히브리에서 물려받은 것이라면 사람들의 이상(理想)을 실현시키는 도구 역할을 하는 제도, 조직, 행정체제의 발전은 로마인들의 공헌이 매우 컸다.

전기 공화정(共和政) 시대 로마의 교육은 실용성에 중점을 두고 나라에 유익한 시민으로서 능률적이고 활동적인 인간 육성에 목적을 두었다. 즉, 산업에 필요한 지식과 기술을 체득하고 도덕을 존중하며 애국적이고 근면하고 검소한 생활태도를 가진 사람을 길렀다. 교육내용은 12동판법이었고 축제일의 노래와 종교의식 등이었다.

이처럼 전기 로마 교육은 생활과 행동에 의한 교육으로서 민족적 덕성을 함양하였다. 이러한 로마 교육의 유일한 도장은 가정(家庭)이었고, 기원전 3세기경에 서민 대중의 자제를 위한 초등교육 기관으로서 루두스(Ludus)가 생겨 간단한 읽기 · 쓰기 · 셈하기 정도의 교육을 하였다.

후기 제정(帝政) 시대 로마 교육은 기원전 2세기 중엽부터 흘러들어 온 그리스 문화의 영향 때문에 점차적으로 그리스화하는 경향이 농후해졌다. 교육목적은 지적인 인간의 양성과 도덕적이고 연설에 능숙한 웅변가를 기르는 것이었다. 그러나 말기에 이르러서는 이러한 목적이 사라지고 개인의 허영을 위한 수사학의 훈련이 있었을 뿐이었다. 초등교육의 내용은 간단한 읽기 · 쓰기 · 셈하기였고, 중등교육은 초기에는 문법이 주였으나 점차 실질적인 내용과 일반적 교양을 추가하게 되어 문법 · 수사학 · 논리학 · 산술 · 기하 · 천문학 · 음악 등 7자유학예과(seven liberal arts)를 가르쳤다. 고등교육에서는 수사학이 중요한 과목이었다. 그러나 상류계급을 위한 고등교육만이 번창하였을 뿐, 서민들의 교육은 방임되었으며, 그리스화한 교육은 형식적이고 인위적이며 언어주의화한 경향을 보여

주었다.

로마시대의 대표적 교육사상가로는 카토(Cato, B.C. 234 ~ 149), 키케로(Cicero, B.C. 106 ~ 43), 세네카(Seneca, B.C. 4 ~ A.D. 65), 퀸틸리안(Quintilian, 35 ~ 95), 플루타르크(Plutarch, 46 ~ 120) 등을 들 수 있다.

2) 중세 교육

(1) 기독교 교육

중세(中世)는 476년 서로마제국의 멸망으로부터 15세기 문예부흥운동이 싹트기까지 약 1000년간을 말하며, 중세사회는 로마 교황을 중심으로 한 기독교와 민족적인 봉건국가에 의해서 유지되었다.

야만적인 게르만 민족의 침입, 상류계급의 사치와 향락, 기아와 전염병의 만연 등으로 로마인들의 사회적 불안과 생활의 위협은 물심양면으로 지대한 것이었다. 이러한 사회 실정 속에서 그들은 자연히 정신적 안식처를 구하게 되었고, 종교적 생활로서 이를 충족시켜 보려는 심정을 갖게 되었다. 이러한 로마사회의 시대적 요청을 만족시킨 것이 기독교였다.

기독교는 예수 그리스도(Jesus Christ)가 혼탁한 로마의 신앙을 정복하고 나아가서는 로마제국보다 더 위대하고 영속적인 정신적 왕국의 기초를 닦은 데서 출발하였다. 기독교는 오랜 수난시대와 고난기를 거쳐 313년에 로마의 황제 콘스탄틴(Constantine)에 의해서 로마의 국교(國教)로 공인되었고 세계적 종교로 발전하게 되었다. 이러한 기독교에서 생각하는 교육이란 다음과 같은 것이었다.

① 교육은 어린이를 신에게로 인도하는 사랑의 사업이다.

② 교육적 차이를 깨뜨리고 노예 · 성별 · 종족을 불문하고 모두 평등한 가치를 인정하여 개인주의와 세계주의를 기반으로 한다.

③ 현세는 내세생활을 준비하는 것이므로 초세속적인 종교적 도덕교육이었다.

④ 사회생활에 필요한 지식과 기능을 배척하고 성경을 중심으로 한 박애 · 경건 · 극기 · 복종 등의 종교적 도덕교육이었다.

⑤ 금욕생활에 의한 정신의 구제를 위하여 영혼을 높이고 육체를 천시하여 체육을 중시하지 않았을 뿐만 아니라 가혹한 훈련법을 사용하였다.

⑥ 자연적 교육기관으로서의 가정과 국가와의 조화를 거부하지는 않았으나 초자연적 교육기관인 교회의 교육이 주가 되었으며, 교회는 교리(教理)에 따라서 학교를 세우고 신자들을 교육할 수 있는 자유와 권리를 가졌다.

교육에 대한 교회의 관심은 중세 전반에 걸쳐서 잘 나타나 있다. 교구교회(parish church)는 교구학교나 음악학교를 설립하여 읽기·쓰기·셈하기·음악 등 초등교육 정도를 실시하였는데 빈곤한 아이들도 공부할 수 있었다. 또한 교회마다 초신자학교(catechumenal school)를 세워 아직 세례를 받지 못한 사람들에게 하나님, 예수, 부활, 심판 등에 관한 기독교의 기본적인 교리들을 가르쳤다. 따라서 이 학교에는 남녀노소 누구나 입학할 수 있었으며, 이 학교를 거쳐야 세례를 받고 교회의 정규 구성원이 될 수 있었다. 문답학교(catechetical school)는 초신자학교 및 교구학교의 교사를 양성하기 위한 것으로, 이곳에서는 신학과 함께 철학·수사학·천문학·문학 등의 그리스-로마적 학문도 가르쳤는데, 그것은 기독교의 진리는 지성과 이성이 상호 보완적이어야 한다고 믿었기 때문이었다. 교회의 성직자들을 양성하기 위한 고등교육 기관으로서는 본산학교(cathedral school)가 있었는데 이곳에서도 문답학교와 마찬가지로 성경 이외에 그리스-로마의 학예(學藝)가 가르쳐졌지만 문답학교보다 훨씬 전문적이었다. 특히 중세의 사상계를 주도하였던 스콜라 철학은 이 본산학교(本山學校)를 중심으로 이루어졌던 것이다.

(2) 기사교육

교회 이외에 중세 교육의 새 질서를 건설한 것은 민족적인 봉건국가로서 서로마제국의 붕괴 이후 중앙집권이 해체되면서부터 필연적으로 이루어진 것이다. 이러한 봉건사회에서 핵심을 이루었던 기사계급들에게는 특유의 생활사상과 생활내용을 가지는 기사도(騎士道)가 발달하였고, 이에 따라 그들의 교육도 특수한 형태로 발전하게 되었다.

기사교육(騎士教育)의 사상은 고상하고 용감한 인격자를 육성하여 신과 군주 그리고 귀부인에게 봉사하며 무사로서의 본분을 수행함에 있었다. 교육내용은 지적인 것보다는 활동적인 신체훈련과 종교교육 그리고 연장자에 대한 복종과 예법에 관한 것으로서 주로 무인(武人)으로서의 수련과 칠예(七藝), 즉 승마·수영·궁술·검술·수경·작시·장기와 읽기·쓰기·셈하기·무용·음악 등이었다.

실제 교육은 대체로 6~7세까지는 가정에서 어머니와 시녀들에 의해서 강건한 신체와 쾌활·순종·경건한 정신을 길러서 기사와 신과의 이상에 부합되도록 하는 종교 위주의 교육을 받았고, 7~13세에는 궁정이나 명성 있는 기사의 가정에 들어가 상류사회의 풍습과 예법 등을 익히고 간단한 읽기와 쓰기도 배웠다. 14세부터는 기사의 종자(從者)로서 기사를 시중하며 기사가 되는 직접교육을 받았다. 이 시기에는 기사로서 필요한 칠예와 신사로서 필요한 문예에 관한 교육을 받는다. 21세가 되면 장엄한 의식에 의하여 비로소 기사로서의 인정을 받았다. 이러한 교육에 의한 기사도는 신사도(紳士道)의 원천으로서 오늘에 이르기까지 영향을 미치고 있다.

(3) 대학교육과 시민교육

중세 유럽의 대학은 본산학교가 모체가 되어 사라센 문화의 자극으로 12세기 이후에 발달하였다. 본산학교를 기반으로 하여 일반 연구소(studium generale)가 성립하였고, 이 일반 연구소들이 모체가 되어 중세 대학들이 발달하게 되었다. 일반 연구소의 '일반'이라는 뜻의 제네랄네(generale)는 연구의 보편성이나 근원성을 의미하는 것이 아니라 여기에 배우러 오는 사람들에게 자격의 제한을 가하지 않는다는 것을 뜻하였다. 중세 대학은 교수와 학생이 자유로이 결성하는 일종의 조합(guild) 조직에 의하여 이루어진 단체(universitas)였는데 이것이 오늘날의 종합대학교(university)의 호칭이 되었으며, 학생들의 기숙사(collegium)가 오늘날의 단과대학(college)의 명칭이 된 것은 매우 흥미 있는 일이다. 이와 같이 처음에는 사사로운 일반 연구소로 출발하였으나 그 세력이 점차 확대되자 황제나 교황이 대학을 자기의 세력권 내에 넣기 위하여 여러 가지 특권(병역과 납세의 면제, 처벌권, 자치권, 기부금 모집의 권리) 등을 부여하여 공인하게 되었다.

남이탈리아의 살레르노(Salerno) 대학은 의학의 연구로 유명하였고, 북이탈리아의 볼로냐(Bologna) 대학은 법학으로 유명하였다. 또 파리(Paris) 대학은 신학과 철학으로 유명하였다. 영국에서는 12세기 후반에 옥스포드(Oxford) 대학과 13세기 초엽에 케임브리지(Cambridge)

대학이 종교와 관련하여 설립되었고, 독일에서도 14세기 후반에 하이델베르크(Heidelberg) 대학이 설립되었다.

당시 대학의 수업은 주로 강의와 토론으로 진행하였다. 문과는 7자유학예과(seven liberal arts)를 위시해서 아리스토텔레스의 논리학 · 심리학 · 자연철학 · 도덕철학 등을 가르쳤고 법학과는 로마법과 현행법, 신학과는 성서와 페트루스(L. Petrus)의 명제집, 의학과는 유태인이나 사라센인이 저술한 의학서가 교육내용이었다. 학위에는 학사와 석사, 박사가 있었는데 각 대학과 학과에 따라 학위를 얻는 수학연한은 달랐다.

중세 대학은 순수한 지적 탐구에 열중하여 많은 사람들의 지적인 흥미를 자극하고 지식의 존엄성을 확립하였으나 이러한 지적 탐구는 전통적인 것에 국한되었고, 창조적인 것은 찾아보기 어려웠다. 십자군의 원정으로 새로운 도시가 발달하고 상공업이 더욱 번창하게 되자 신흥 상공계급인 시민들은 그들의 생활상에 필요한 교육을 요구하였고, 이러한 요청에 부응하여 일반 시민을 위한 교육이 나타나게 되었다. 시민교육은 종래의 특권계급을 위한 종교교육 · 기사교육 · 대학교육 등과는 달리 일반 시민계급에 필요한 생산교육 · 직업교육을 하는 학교를 발달시켰으며, 점차로 대학입학 준비 교육기관으로 문법학교와 공중학교(公衆學校)라는 새로운 성격을 가진 학교가 출현하게 되었다. 그리고 도시의 조합학교는 상공업자들의 자제를 위한 학교로서 두 종류가 있었는데, 하나는 대학 준비를 위한 라틴 중학교로 경제적으로 부유한 가정의 자제들이 다녔고, 다른 하나는 직업학교로서 어려운 가정의 자제들이 다녔다. 그러나 도시학교가 시민의 실생활과 멀어지게 되자 많은 도시에서는 습자학교(習字學校)가 등장하였다. 그리고 신부들이 교구(教區)의 어린이들을 위하여 마련한 교구학교도 보통교육을 실시하는 교육기관이었다.

3) 근대 교육

(1) 문예부흥과 교육

문예부흥(Renaissance)의 근본사상은 중세의 기독교적 복음주의와 내세주의의 제약에서 벗어나, 인간 본연의 자세로 복귀하려는 인문주의(Humanism) 사상(思想)이라고 할 수 있다. 인간의 선천적인 성장 가능성을 최대한으로 발전시켜, 오직 인간본위·인간중심의 문화를 이룩하려는 것이다. 즉, 신의 세계에서 인간의 세계로, 내세주의에서 현세주의로, 금욕주의에서 자연주의로 옮겨 인간을 구속하는 모든 외부적 권위를 박차고, 인간으로 하여금 스스로의 주인이 되게 하려는 사상이다.

문예부흥(文藝復興)운동의 원인 및 그 시대의 사상에 영향을 준 요소를 들어 보면 다음과 같다.

첫째, 너무나 길고 단조롭고 내세(來世)에만 집착했던 중세적인 것에 대한 반발이다. 약 1천년간 한 길로만 걸어왔기 때문에 그 외길로부터 빠져나오려는 충동이 생겼고, 내세적이고 주정적(主情的)인 것 외에 현세적이고 이지적(理智的)인 것에 대해 눈을 뜨게 되었던 것이다.

둘째, 중세기 말의 물질적·경제적인 변화이다. 십자군 원정은 종교적인 면에서뿐만 아니라 경제적·사회적인 면에서도 변화를 일으켰다. 새로운 상공업 도시의 발달, 동방문화의 유입, 새로운 평민계급의 형성은 모두 새로운 이상을 추구하는 생활방식을 지향하게 하였다.

셋째, 지적 발달이나 인쇄술의 발명은 고전(古典)의 대량 출판을 가능하게 하였으며, 마젤란(F. Magellan, 1480~1521)의 지구의 구형(球形) 실증과 코페르니쿠스(N. Copernicus, 1473~1543)의 지동설(地動說) 논증 등은 종래의 독단적·교권적·형이상학적인 추상론 대신에 실증적인 것을 요구하게 되었다. 또 스콜라 철학이 제공하는 새로운 분석적 사고방식도 지적 발달에 밑받침이 되었다.

넷째, 교회의 부패를 들 수 있다. 교회가 그 자체의 안일 때문에 도리어 타락하고 죄악과 부패의 온상을 이루게 되었으므로 자연히 각 개인은 이탈심이 생겨 교회에서보다 오히려 현실생활에서 흥미를 찾으려고 하였다.

이상의 원인과 요소는 곧 새로운 인간의 이상과 활동을 가져오게 되었으니 그것이 바로 문예부흥운동인 것이다.

문예부흥의 근본사상은 인문주의 사상이며, 교육도 또한 인문주의 교육이었다. 인문학자들은 중세의 종교 중심의 교육사상에 반대하여 인간성을 존중하며, 인간이 선천적으로 타고난 성장 가능성을 최대한 발현시킬 것을 교육목적으로 하였다. 이러한 이념을 근본사상으로 하여 인간을 도야(陶冶)하려는 것이 인문주의 교육이다. 즉, 인문주의 교육은 인간을 인간답게 교육하려는 것으로서 그리스적인 자유교육에 그 이상을 두고 개인의 교양을 풍부하게 하자는 교육이었다.

신체의 단련을 존중하는 체육이 새로운 교육내용으로 등장하였고, 일상생활을 영위하는 데 필요한 새로운 도덕교육과 문학과 미술의 감상과 표현이 부활되었다. 그리고 학생의 명예와 자유를 존중하는 생활지도를 실시했고, 경험적 · 직관적 학습을 강조하여 학습의 흥미를 꾀하였으며, 자주적 사고를 중시하는 근대적인 교육방법을 활용하였다.

그러나 16세기 말에 이르러 점차 인문주의의 근본정신인 고전(古典)의 내면적인 연구보다 고전의 외면적인 표현형식에 치우치게 되어 키케로주의(Ciceronianism)로 전락하고 말았다

(2) 종교개혁과 교육

문예부흥운동이 자아의 발견을 통한 인간(人間)의 재생운동이라면, 종교개혁(Reformation)운동은 형식적 교권주의에서 탈피하여 오직 성서에 의해서만 구원을 얻을 수 있다는 신앙(信仰)의 해방운동이라고 볼 수 있다.

종교개혁(宗教改革)의 도화선이 된 것은 로마 교황(教皇) 레오 10세(Leo X)가 성 베드로 사원을 개축하는 데 필요한 막대한 자금을 조달하기 위하여 속죄부(贖罪符)를 발행하여 신도들에게 강매하자, 비텐베르크(Wittenberg) 대학 신학교수였던 루터(M. Luther, 1483~1546)가 1517년 10월 31일 95개조로 된 항의서를 발표한 데서 비롯되었다. 루터는 이 항의서에서 속죄부의 불합리성을 비판하고 인간은 오직 성서와 신앙에 의해서만 그리스도의 구원이 가능하다는 것을 주장하였다. 따라서 신도들은 성서를 직접 읽지 않으면 안 되는데 기존의 성서는 모두 라틴어로 되어 있었다. 이에 루터는 일반 대중을 위하여 성서를 독일어로 번역하여 종교의 대중화를 꾀하였고, 모든 사람들이 일정한 교육을 받아야 할 필요성을 느껴 초등교육(初等教育)의 터전을 닦았던 것이다.

루터의 종교개혁운동을 지지한 사람 중에는 츠빙글리(U. Zwingli, 1484~1531)와 칼빈(J. Calvin, 1509~1564)이 있다. 특히 칼빈은 현실생활과 도덕적 실천을 중요시하여 직업의

평등함과 근면·절약을 역설하고, 재산의 소유를 허용하였기 때문에 많은 지식계급과 일반 시민들의 지지를 받았다. 이러한 루터와 칼빈의 신앙주의와 성서주의는 종교개혁의 최대 교리가 되었다. 이 새 교리를 가톨릭에 대하여 신교(Protestant)라고 불렀고, 그 이후 신교와 구교는 양립하여 오늘에 이르고 있다.

종교개혁은 교권을 배격하고 신앙에 입각한 양심의 자유와 이성의 권위를 강조한 것이었다. 루터와 츠빙글리는 학교 설립의 시급함을 역설하였고, 멜란히톤(P. Melanchthon, 1497 ~ 1560)은 교과서를 편찬하였으며, 의무교육(義務敎育) 제도의 기초를 다지는 한편 빈민의 자제도 대학에 진학할 수 있는 길을 열어 주었다.

신교가 교육개혁과 보급에 주력하고 그 세력을 확대 강화해 나가자 가톨릭 성당은 반성운동을 전개하여 1545년 트리엔트 종교회의에서 교황의 신성, 성당의 전통 존중, 신부의 자숙을 요망하고 신교의 박멸을 선언하였다. 그리하여 소위 반종교개혁(The Counter Reformation) 운동을 전개하는 한편 교육의 중요성을 인정하여 학교교육에 힘쓰고 도덕 및 교회의 유지 발전을 꾀하게 되었다. 이에 뜻을 같이하는 단체가 많이 나타나서 세계적인 전도와 선교에 노력하였고 교육에도 큰 영향을 미쳤다. 그중 예수회 교단(Society of Jesuit)의 활동이 가장 현저하였는데 그 교육활동이 전 세계로 뻗어나가 오늘날까지 이어지고 있다.

문예부흥에 이은 종교개혁운동의 결과, 관심의 초점이 신학(神學)에서 과학(科學)으로, 초자연에서 자연으로 옮겨짐으로써 근세개화의 길이 열렸으나, 교육의 내용과 방법은 여전히 언어주의, 암기와 훈련위주의 형식적인 교육의 굴레에서 벗어나지 못하고 있었다. 이러한 형식주의 교육에서 벗어난 교육의 내용과 방법에서 새로운 바람을 불어넣기 위해서는 17세기의 실학주의(實學主義) 교육사상을 기다리지 않으면 안 되었다.

(3) 실학주의와 교육

문예부흥운동과 종교개혁운동은 인문주의 교육을 하도록 하였다. 이러한 일련의 교육사조와 함께 새로운 과학운동이 전개되어 과학적 탐구가 시작되고 인간생활의 실용적 가치에 관심을 갖게 되었는데 이것을 실학주의(Realism)운동이라고 한다. 실학주의 교육은 관념보다는 사물을 중요시하는 교육을 말한다. 교육은 현실의 실재와 관련되어야 한다는 주장으로 형식화된 키케로주의 교육의 편협성에 대한 반발로 일어난 것이다.

실학주의자들은 과학적 지식을 이용하여 현실 사회에 유용한 인간을 양성함을 목적으로 하였기 때문에 고전어보다도 현재 사용하고 있는 모국어를 존중하였다.

실학주의 교육운동은 그 발전 분야에 따라서 다음과 같은 세 흐름으로 나누어 생각할 수 있다.

① 인문적 실학주의

인문적(人文的) 실학주의자들은 그리스-로마의 고전(古典)을 교재로 하는 점에 있어서는 인문주의자들과 같으면서도 형식적·언어적 방면에만 치중하지 아니하고 고전의 내용 습득을 중요시한다.

인문적 실학주의는 실제 사회생활의 수단으로서 필요한 언어와 문자를 배우고, 고전을 이해하기 위하여 고전어를 학습하는 것이므로 문법·어구·문장의 형식 그 자체는 별로 문제가 되지 않으며, 고전어도 절대적 권위가 없다고 본다. 다시 말하면 고전은 인생의 교양을 쌓기 위한 원천에 불과하기 때문에 고전 그 자체는 목적이 될 수 없다는 것이다. 프랑스의 라블레(F. Rabelais, 1484~1553)와 영국의 밀턴(J. Milton, 1608~1674)은 이 사상의 대표자들이다.

② 사회적 실학주의

고전과 같은 서적에 의한 교육을 배격하고 사회생활의 경험을 중요시한다. 사회적(社會的) 실학주의의 교육목적은 학자나 전문가를 양성하는 것이 아니라 귀족계급의 자제들을 훌륭한 신사로 육성하는 데 있었다. 이 교육은 모국어를 중시하였으나 상류계급의 교육이었으므로 꼭 필요한 라틴어만은 예외로 인정하였다. 사회적 실학주의는 교양 있는 신사로서 사람들과 접촉하고 사회생활에 직접 참여하여 경험함으로써 교훈을 얻으려 하였다. 프랑스의 몽테뉴(M. E. de Montaigne, 1533~1592), 영국의 로크(J. Locke, 1632~1704)가 이 사상의 대표자이다.

③ 감각적 실학주의

과학적 실학주의(Scientific Realism)라고도 하며, 엄밀한 의미에서 실학주의라면 이 감각적(感覺的) 실학주의를 말한다. 감각적 실학주의자들은 자연법칙에 의한 새로운 사실의 발견을 중요시하였고, 교육의 원리도 모두 자연 속에서 발견하려고 하였다. 따라서 자연과학적 지식을 존중하고 자연현상을 탐구하기 위하여 감각에 의한 사물의 관찰을 중요시하였다. 또 이들은 고전어나 비현실적 관념 대신에 모국어・자연과학・사회과학 등을 가르쳤고 관찰과 추리, 사고력과 비판력을 길러 주도록 하였다. 이 사상의 대표자로는 영국의 멀캐스터(R. Mulcaster, 1530 ~ 1611)와 베이컨(F. Bacon, 1561 ~ 1626), 독일의 라트케(W. Ratke, 1571 ~ 1635), 그리고 현대교육의 예언자로 불리는 모라비아(현재 슬로바키아)의 코메니우스(J. A. Comenius, 1592 ~ 1670) 등을 들 수 있다.

(4) 계몽운동과 교육

근대적 정신의 흐름은 15세기의 인문주의, 16세기의 신교주의, 17세기의 실학주의 운동을 거쳐 18세기에 이르러서는 계몽운동(Enlightenment)으로 전개된다.

계몽운동(啓蒙運動)은 이성(理性)에 의한 비판을 그 기본으로 하고 있다. 문예부흥운동을 통해서 재생되고 실학주의 운동을 통해서 보다 기반이 굳어진 이 운동은 18세기에 구체적으로 나타나 교육에 큰 변화를 가져오게 하였는데, 합리주의・자연주의・신인문주의 등 세 가지 교육사상의 배출이 그것이다.

① 합리주의

합리주의(合理主義) 사상은 전제적・종교적・사회적 속박으로부터 인간성을 해방시키고, 개인의 자유와 권리를 신장시키기 위하여 이성에 호소하였다. 이성에 의존한 것은 당연한 일이었으나 일반 시민계층의 요구와 권리는 거의 반영되지 못한 감이 있다. 즉, 그 당시는 모든 사람들이 자유로이 사색하며 행동할 수 있기를 원했으나, 합리주의가 소수의 귀족계급에 국한되었기 때문에 그 능력이 충분히 발휘되지 못했다.

합리주의 교육은 모든 능력을 단련시킴으로써 이성의 발달이 이루어진다고 생각하였다. 이와 같이 능력의 형식적 단련에 치중한 것이 형식도야설(形式陶冶說)이다. 형식도야설은 17세기 말부터 19세기 중엽까지 학교교육을 지배하였다. 합리주의와 형식도야설은 실용적 가치가 없는 고전어를 옹호하고, 습득되는 과정의 단련성을 중요시하였기 때문에 민주적 교육사상과 실용적 교육사상의 발전을 지체시키기도 하였다.

합리주의 사상이 가장 발달된 곳은 프랑스였으며, 특히 볼테르(F. M. A. de Voltaire, 1694 ~ 1778)는 로크의 경험론과 데카르트(Descartes, 1596 ~ 1650)의 합리주의 철학의 영향을 받아 프랑스에서 합리주의 운동을 일으켜 큰 지지를 받았다.

② 자연주의

18세기의 자연주의(自然主義)는 교육의 목적・내용・방법을 많이 변경시켰다. 자연주의 교육사상은 감각적 실학주의의 계승인 동시에 심리학적 발달주의의 선구(先驅)가 되었다. 자연주의 교육은 자연의 여러 법칙을 발견하여 교육과정에 적용하고, 인간발달의 자연법칙에 따라 교육을 해야 한다는 주장이다. 한 개인을 교육하려면 그의 성장의 자연적 법칙을 알아야 한다는 것이다. 극단적으로 교육목적이나 과정도 모두 어린이의 성장 발달에 관한 연구를 토대로 해서 결정해야 한다는 생각이다. 이러한 입장은 19세기의 심리학적 발달론자들인 페스탈로치(J. H. Pestalozzi, 1746 ~ 1827), 프뢰벨(F. W. A. Fröbel, 1782 ~ 1852), 헤르바르트(J. F. Herbart, 1776 ~ 1841)에 이르러서는 꽃을 피우게 된다.

자연주의 교육은 모든 인공적인 것에 반대하여 자연으로 돌아가자는 것이다. 자연주의자들의 교육목적은 소박한 평등의 미덕과 우애와 단순성과 자유가 모든 사람들에 의해서 실현될 수 있는 그러한 사회를 만들어 내는 데 있었다. 이 입장의 자연주의가 교육에 가장 많은 영향을 끼쳤는데 루소(J. J. Rousseau)가 가장 대표적인 사람이다. 루소는 그의 저서 『에밀』의 첫머리에서 인간은 조물주의 손에서 나올 때는 선하나 사람의 손에 의해서 악해진다고 하였다. 그는 귀족층 자녀 교육의 인공성(人工性)을 신랄하게 공격했다. 즉, 어린이들의 자연성(自然性)을 무시하고 인형 취급을 하고 있으며 온실 재배식 교육을 한다고 비난했다. 사회의 인위성(人爲性)이 세상을 불평등하게 만들었고, 그리하여 사람들이 각자 참다운 자아실현을 하지 못하게 되었다는 것이다. 따라서 사회의 인공성과 형식성에서 어린이들을 구출하는 일이 교육의 사명이라고 주장하였다.

자연이 준 성장 가능성을 최대한으로 계발시켜 전인(全人)으로 발달하도록 돕는 일이 교육의 중요한 역할이므로 일반 교양교육을 중요시했고 직업교육도 일반 교양교육의 목적을 위해서 이루어져야 한다고 주장하였다. 예를 들어, 상업교육은 사회관계를 이해하기 위해서이고, 기술교육은 손으로 노동하는 사람을 존중하는 마음가짐을 가지게 하기 위해서였다.

극단적으로 표현해서 자연현상 그대로가 어린이들의 교육과정(教育課程)이고, 그들의 관심을 끌게 되는 순서가 교육과정의 계열이 되는 것이다. 루소는 에밀이 열 살이 지났지만 아직 읽기 교과서를 주지 않았다. 어린이의 관심과 흥미가 아직 거기까지 미치지 않았기 때문이라는 것이다.

교육에 있어서의 자연주의 사상은 계속 발전하여 앞서 언급한 대로 19세기 심리학적 발달주의를 거쳐 20세기의 진보주의(進步主義) 교육운동과 그 일환인 아동중심 교육과정 운동으로 이어진다.

③ 신인문주의

신인문주의(新人文主義)는 18세기 말부터 19세기에 걸쳐 독일을 중심으로 일어났던 사상운동이다. 이 운동은 15세기의 인문주의가 키케로주의로 전락했던 오류를 지적하고, 17세기 실학주의의 공리성(功利性)을 비판하는 동시에 18세기 계몽사상의 이성지상주의(理性至上主義)에 반발하는 운동이다. 문예부흥 시대의 인문주의자들이 인간성을 존중하고 그 해방을 부르짖으면서 고전을 중시한 나머지 고전어를 단순히 모방하는 데 그쳤음에 반하여, 신인문주의자들은 고전을 연구하되 그 속에 담겨져 있는 과학적 · 역사적 · 사회적 지식을 얻는 것을 고전 연구의 목적으로 삼았다. 또 계몽사조가 냉철한 이성과 지식을 가지고 인생 또는 사회를 해석하려는 경향인 데 비해서, 신인문주의는 이성이나 지성으로써 해명할 수 없는 인간의 신비를 감성적 · 심미적인 태도로 탐구하려는 사상이다. 신인문주의자들이 가장 존중한 것은 그리스 문화였다.

그리스 문화는 모든 면의 조화를 그 이상(理想)으로 하였으므로, 그 속에는 지식 · 감정 · 의지 · 문예 · 개인 · 국가 · 기타 사회적인 여러 가지 요소들이 내포되어 있었다. 그러므로 신인문주의자들은 이러한 여러 가지 요소들을 조화적으로 발전시키는 것을 이상으로 하였다. 이 사상의 대표자로는 칸트(I. Kant, 1724 ~ 1804)를 들 수 있다.

(5) 국가주의와 교육

19세기에 많은 영향을 미친 교육사조로는 국가주의(Nationalism)와 발달주의(Deve lop-mentalism)를 들 수 있는데, 국가주의는 주로 교육제도에 그리고 발달주의는 교육내용 및 방법에 영향을 끼쳤다.

프랑스 시민혁명을 목격한 다른 절대주의 군주국가들은 이 혁명사상이 자국에 침투되는 것을 두려워하여 여러 나라가 연합하여 프랑스에 무력으로 간섭하였다. 부당한 외국의 간섭을 받게 된 프랑스에서는 자유와 평등을 침해하는 자에게 무력으로 대항하고, 결사적으로 이를 물리치지 않으면 안 된다는 애국주의 · 국가주의 사상이 고취되었고, 나폴레옹(B. Napoleon, 1769 ~ 1821)은 이러한 사상을 이용하여 침략전쟁을 일으키게 되었다. 이 전쟁에 참가한 각국들도 프랑스의 애국주의 · 국가주의 사상을 모방하여 이를 고취하는 데 전력을 다하였다. 특히 가장 큰 타격을 받은 독일은 국력을 만회하고 국가를 존속 · 번영시키기 위하여 극단적인 국가주의를 국시(國是)로 채택하였는데, 애국자 피히테(J. G. Fichte, 1762 ~ 1814)가 '독일 국민에게 고함'이라는 연설을 행한 것도 바로 이 때문이었다.

이리하여 각국은 국민들에게 국가주의(國家主義) 정신을 강조하여 침투시키고, 국가에 대한 충성심을 고취시키기 위하여 교육을 이용하였다. 공교육(公敎育) 제도를 확립하는 방향으로 국책을 수립하고 근대적인 국민 보통교육의 실시를 위하여 노력하였다. 교육과정도 국어 · 국사 · 지리 · 건국신화 · 애국가 · 군가 등을 중요한 교육내용으로 삼아 편성하였다. 따라서 지금까지 종교단체나 개인이 해왔던 교육을 정부가 직접 관리 · 통제하는 공교육 제도로 발전시켰다.

(6) 발달주의와 교육

국가주의자들이 국가적 이상을 실현하기 위한 교육기관의 조직(組織)에 관심을 쏟고 있는 동안에 페스탈로치, 헤르바르트, 프뢰벨, 홀(G. S. Hall, 1846 ~ 1924), 제임스(W. James, 1842 ~ 1910), 듀이(J. Dewey, 1859 ~ 1952), 손다이크(E. L. Thorndike, 1874 ~ 1946) 등의 사상가 · 교육자 · 심리학자들은 인간발달의 원리에 일치하도록 교육과정 그 자체를 개혁하는 데 헌신하고 있었다. 이런 운동은 주로 인간정신의 본질과 그 작용에 중점을 두었기 때문에 심리학적 운동이라고 하며, 교육은 성인본위로 하여 아동에게 강요할 것이 아니라 인간 내부의 계발을 지도하는 것이라는 신념에 있기 때문에 이 운동을 발달주의(發達主義)라고도 부른다.

발달주의자들은 교육을 환경 속에서 활동하고 환경에 반응하는 결과로서 인간 내부에 진행되는 발달의 과정으로 보고, 아동과 그를 자극하는 환경과의 계속적인 상호관계에서 생기는 발달에 주로 관심을 가졌다. 따라서 이들의 교육은 인간양육설과 자연성장설의 절충론이다.

발달주의자들은 교육을 생득적인 잠재능력을 계발하는 자연적 성장과정이라고 생각하였다. 그러나 이 발달은 자연적 능력과 활동력을 다루는 심리학적 방법 여하로 억제할 수도 있고 도와줄 수도 있어서 원하는 방향으로 지도할 수 있다고 믿었다.

오늘날 심리학자들은 심신일원론(心身一元論)을 신봉한다. 신체와 정신이 하나라는 신념에 따라 형이상학적 사변(思辨)은 그 자리를 주의 깊은 관찰과 실험에 양보하게 되었다. 발달주의의 중요한 특징의 하나는 관찰과 실험의 방법에 의하여 교육방법의 근거가 되는 심리학적 원칙을 발견할 수 있다고 확신하는 점이다. 19세기 후반 과학적 결정론자들이 모든 교육방법의 기초는 마음을 면밀하게 과학적으로 연구하는 데 두지 않으면 안 된다고 주장하였는데, 이는 발달주의와 일맥상통하는 점이다. 이와 같은 과학적 연구의 결과로 새로운 동적·생물학적 심리학이 능력심리학(能力心理學) 대신 교육의 이론과 실제의 근거가 되었다.

발달주의의 영향은 초기에는 초등교육에 미쳤다. 심리학자들은 어린이와 아동발달 연구에 깊은 관심을 가졌다. 교육은 인간발달의 과정(過程)이므로 초기 발달단계가 가장 중요한 것이었다. 이러한 심리학적 운동의 결과로 교육방법의 개혁은 근 1세기 동안 초등교육에만 국한되었고, 최근에 이르러서야 그것이 중등교육에까지 미치게 되었다.

발달주의의 교육사상은 다음과 같은 다섯 가지 기본 교수법(敎授法)으로 정리할 수 있다.

① **학생활동의 원리**: 학습은 자극에 대한 학생 자신의 반응에서 이루어지는 것이므로 학생의 활동을 바른 방향으로 조정(調整)해 주어야 한다.

② **흥미의 원리**: 학습의 강도는 흥미에 좌우되므로 흥미를 자극하는 환경을 조성(造成)해 주어야 한다.

③ **유화(類化)**(예비와 마음의 태세)**의 원리**: 학습반응은 과거의 경험과 현재의 심리적 태

도에 의존하게 되므로 학생의 과거의 경험과 심리적 태도에 적합한 자극을 나타내도록 해야 한다.

④ **개인차의 원리**: 학습반응은 개인의 능력에 의해서 결정되고 제한되므로 개인차에 적합하게 교수해야 한다.

⑤ **사회화의 원리**: 모든 반응은 사회적 의의를 가지므로 모든 학습은 자연스러운 사회적 환경 속에서 발달되도록 해야 한다.

3. 현대교육

20세기는 교육의 기회균등(機會均等)과 교육의 과학화(科學化), 교육의 민주화(民主化), 교육의 인간화(人間化)로 발전한 시기다. 그것은 전 세기의 시민혁명과 산업혁명의 결과로 탄생한 교육의 제도적 민주화에 대하여 교육내용의 민주화를 가져온 세기임을 뜻한다. 즉, 모든 사람에게 교육의 기회를 부여하는 제도적 민주화에서 진정한 인간을 완성하고자 하는 교육내용의 민주화로 옮겨진 것을 의미한다.

참된 인간을 육성하고자 하는 교육내용의 민주화는 구체적으로 근대적인 민주적 시민사회에 상응하는 자유스러운 인간을 말한다. 봉건적인 구속에서 탈피하여 자유스럽게 사고(思考)하며 스스로의 운명을 개척하는 인간형성을 목표로 한다. 그렇기 때문에 지금까지의 권위주의적 교수방법을 배격하고, 그 대신 경험적인 학습을 중시하는 한편, 교사와 아동과의 인간적 유대를 통한 정서적 생활의 순화(醇化)를 지향하는 새로운 교육운동이 일어나지 않을 수 없었다. 이러한 교육내용의 민주화로 지향하는 일련의 새로운 교육개혁의 움직임을 새교육 운동(New Education Movement)이라고 지칭한다.

1) 교육의 과학화 운동

20세기로 접어들면서 과학적 연구와 실험정신이 교육자의 사고를 지배하게 됨에 따라 과학이 교육발전에 큰 공헌을 하게 되었다. 이제 교육자들의 사변적(思辨的) 사고는 현대 과학의 정확하고 정밀한 방법과 엄정한 과학적 정신에 의한 탐구 때문에 힘을 쓰지 못하게 되었다. 교육에 대한 과학적 연구는 주로 미국 대학들이 중심이 되어 이루어졌다.

과학주의 교육자들에 의하면 모든 교육문제는 과학적 태도로 논의되어야 하며, 과학적 정신과 방법에 의한 연구결과를 가지고 결정해야 된다고 주장하였다. 이들에게 과학적 방법이란 객관적이어야 하고 공정해야 하며, 수학적으로도 정확할 것 등을 의미하였다. 교육자들은 교육의 목적·내용·방법·기관·조직 등을 결정하는 데 이 방법을 사용하기 시작하였다. 또 기초과학의 내용과 일반적 원칙 그리고 통계적 연구방법까지도 교육에 적용하였다.

과학적 방법은 처음에 심리작용에 관한 구체적인 사실을 결정하기 위하여 심리학 분야에 적용되었다. 1879년에 분트(W. Wundt, 1832~1920)는 최초로 심리학연구소를 설치하였고, 세기가 바뀔 무렵에는 주로 감각과 지각분야에 대한 각종 심리검사(心理檢查)가 독일에서 행해졌다.

그러나 진정한 의미에서 교육통계학의 창시자는 손다이크(E. L. Thorndike)이며, 그는 양적 연구방법을 교육에 처음으로 적용한 사람이다. 1902년 그는 처음으로 컬럼비아 대학에서 교육측정에 관한 강의를 하였고, 1904년에 『지능측정과 사회측정 이론에 관한 입문』이라는 획기적인 책을 발간하였다. 한편 지능검사(知能檢查)는 1905년 비네(A. Binet, 1857~1911)가 일반 지능측정의 척도로 정신연령을 고안한 때부터 시작하였다.

과학적 측정운동의 급속한 발달에 수반하여 보다 과학적인 어린이 연구가 이루어졌으며, 뒤를 이어 발달된 학교조사(school survey)와 직무분석(job analysis)도 과학적 운동의 산물이다. 과학주의 교육자들은 교육 자체를 과학화하려고 하였다. 손다이크 등은 성실한 교육학도의 주요 임무는 과학적 연구방법을 습관화하고 통계학적 논리(論理)와 기법을 익히는 것이라고 주장하면서, 과학적 연구방법을 교육에 적용하였다. 이들은 교육에 있어서 사실의 발견, 실험, 통계처리 등에 관한 기술을 확립하고 그것을 보급시킨 공적이 크다.

2) 어린이 해방 운동

교육의 과학화 운동으로 첫 출발을 한 새교육 운동의 다음 단계는 어린이 해방 운동으로 나타났다. 이것은 각국에서 거의 동시적으로 전개되었다. 미국에서의 새교육 운동은 1896년 존 듀이가 설립했던 시카고 대학의 실험학교(Experimental School)에서 출발한다. 이 실험학교에서는 아동을 억압하는 모든 요소를 제거하는 동시에 지금까지의 전통적인 교과와 그 교과에 의한 교수활동을 거의 찾아볼 수 없었기 때문이다. 따라서 근대적인 아동중심 교육과정이 처음으로 이곳에서 성립되었다.

또 1900년에 스웨덴의 케이(E. Key, 1849~1926) 여사는『아동의 세기』를 발간함으로써 글자 그대로 20세기는 어린이의 세기임을 강조하고 어린이의 해방과 어린이에로의 복귀를 주장하였다.

또 1901년에는 인도의 시성(詩聖) 타고르(Rabindranath Tagore, 1861~1941)가 벤카르에 '평화의 집'이라고 하는 조그마한 학교를 세워 아동이 자연을 벗삼아 숲 속에서 자유로운 생활과 학습을 하게 하였다.

어느 날 이 학교의 수업을 참관하러 온 어떤 교장이 이 학교의 어린이들이 나무에 올라가서 가지에 걸터앉아 책을 읽고 있는 광경을 보고 깜짝 놀라 의아스러운 표정을 짓는 모습을 본 타고르가 "어린이 시절은 문화인의 생애 중 공부할 때 나뭇가지든, 서재의 걸상이든, 어디에서 하든 자유롭게 선택할 수 있는 유일한 시기이다. 내가 어른이 되었기 때문에 이 자유를 상실하였다고 해서 어린이로부터 이 자유를 박탈할 수 있는 권리가 나에게 있을까"라고 말하였다. 타고르의 학교에서 볼 수 있는 어린이의 천국과 같은 학교가 20세기 초에 잇달아 생겨났다. 이러한 학교는 몬테소리 방법(Montessori Method)을 따르는 학교에서도 볼 수 있다.

몬테소리 방법은 이탈리아의 여류 교육가이자 의사인 몬테소리(M. Montessori, 1870~1952)가 1907년 로마에 빈민 자제를 대상으로 하는 '어린이의 집'을 창설하고 이곳에서 자신에 의하여 창안된 몬테소리 놀잇감을 이용하여 처음으로 실시한 교육방법을 말한다. 이 방법은 어린이의 자유활동에 호소하여 심신의 유기적 제 능력을 충분히 연습시키는 것을 기조(基調)로 하는 새로운 교육방법이다. 이 교육방법은 철저한 자유주의적 교육을 시행하는 것이다.

몬테소리 방법의 근본원리는 자유, 정리된 환경, 그리고 감각교육의 중시에 있었다. 그녀에 의한 자유(自由)의 원리(原理)는 어린이의 자기발전에 적합한 환경을 전제로 하여 성립된다. 그러므로 이 교육방법에서는 읽기 · 쓰기 · 셈하기 등 특색 있는 방법을 제시하고 있다. 또 몬테소리는 이와 같은 방법 외에 7세부터 11세까지의 어린이들에게 적용하는 또 하나의 몬테소리 방법을 안출(案出)하였는데 이것이 고등 몬테소리 방법이다.

몬테소리 방법과 고등 몬테소리 방법은 어린이를 전통적인 교육의 구속에서 해방하려는 몬테소리의 의도(意圖)로 마침내 몬테소리 운동(Montessori Movement)으로 발전하여 구미 각지에 많은 영향을 미치게 되었다.

3) 교육의 사회화 운동

새교육 운동의 발전과정에 나타난 마지막 단계는 일명 향토학교(鄕土學校)라고 불리는 지역사회 학교(community school)의 등장이다. 19세기 말에는 심리학(心理學)이 교육사상을 지배했으나 20세기에 들어와서는 사회학(社會學)이 심리학과 더불어 교육의 이론과 실제에 많은 공헌을 하였다.

심리학자들은 교육을 개성의 계발이라는 입장에서 다루었는 데 비하여, 사회학자들은 개성의 범위를 뛰어넘어 사회 전체를 바라보면서, 교육이 사회의 유지와 발전을 가져올 수 있다고 믿고 있다. 이 양자는 서로 의존하고 있어서 개인의 발전은 사회환경에 의존하게 되고 사회의 발전은 개인의 추리력에 의존하게 된다는 것이다.

교육의 사회화 운동은 1940년대부터 진보주의 교육운동의 발전으로서 교육의 사회화와 학교의 사회화를 부르짖는 지역사회 학교운동으로 미국을 중심으로 나타나게 되었다.

올센(E. G. Olsen)은 그의 저서 『학교와 지역사회』에서 지난 50년간 미국 교육의 발전과정을 학구적(學究的) 학교에서 진보적 학교로, 그리고 지역사회 학교로 옮겨 왔다고 지적하고, 특히 교육내용이 학구적 학교의 교과중심 교육과정에서 진보적 학교의 아동중심 교육과정으로, 그리고 다시 지역사회 학교의 생활중심 교육과정으로의 발전과정을 거쳤다고 주장하였다.

또 올센은 "학구적 학교와 진보적 학교 간의 차이는 진보적 학교와 지역사회 학교 간의 차이보다 크다. 그러나 지역사회 학교는 진보적 학교와는 명백하게 다르다. 왜냐하면 지역사회 학교는 진보적 학교가 기초를 닦아 놓은 여러 원리를 넘어선 어떤 부가적인 원리에 따라서 운영되기 때문"이라고 하였다. 지역사회 학교가 추구하는 것은 다음과 같은 것들이다.

① 학교교육의 목표를 아동·학생의 흥미와 필요에서 찾는다.

② 학교교육 프로그램 중에서 지역사회가 가지고 있는 많은 자원을 이용한다.

③ 학교와 지역사회의 모든 활동에 민주주의를 실천하고 촉진시킨다.

④ 인간생활의 중요한 문제를 중심으로 하여 교육과정의 중핵(中核)을 만든다.

⑤ 공통의 흥미와 상호 관심 있는 협동적인 단체계획 속에 어른이나 어린이를 모두 참여시킨다.

올센은 다시 "학구적 학교는 배우기 위하여 준비된 교과중심 지식에 강조점을 두었기 때문에, 아동의 흥미에 강조점을 두는 진보적 학교에 길을 양보해야만 했으나 이 학교는 다시 지금 당장 충족되어야 할 인간의 욕구에 강조점을 둔 지역사회 학교에 길을 양보하지 않을 수 없었다. 교과중심의 학교에서 아동중심의 학교를 거쳐 생활중심의 학교로 옮겨온 것이 20세기 초기 40년간의 교육사상과 교육경험이었다"라고 주장했는데, 그의 말에서 우리는 지역사회 학교가 등장하게 된 철학적·사상적 배경을 알 수 있게 된다.

4) 현대교육의 발전방향

오늘날 사회는 학습을 계속하고, 교육은 개혁을 계속하고 있다. 교육에 있어 세계는 '교육개혁 시대'라는 큰 물결 속에 각 나라들은 총력을 기울이고 있다.

제2차 세계대전 이후 냉전과 이데올로기의 대결로 국제관계가 불안정한 가운데서도 선진국을 중심으로 세계 각 국가들은 고도의 경제발전을 통한 국력배양 및 국가경영의 증진을 위하여 최대의 노력을 기울여 왔다. 교육의 재건을 위해서도 그에 필요한 교육정책, 교육계획, 교육개혁을 여러 차례에 걸쳐서 단행하고 교육의 발전에 힘써 왔다.

과거에 비해 사회가 급격하게 변화하고, 특히 삶의 질(質)이 강조되는 복지사회를 지향하는 가운데 일어난 구소련의 붕괴는 역사적 전환기에 있어서 필연적으로 교육의 또 다른 변화를 가져오게 되었다.

선진국을 포함한 세계 여러 나라들이 추진하고 있는 교육개혁의 배경에는 교육이 그 나라의 정치, 경제, 사회, 문화 등 국가발전의 원동력이 된다는 '발전론적 시각'이 전제가 되고 있다. 그러한 시각의 바탕에는 미래사회가 고도 산업화 사회, 지식·정보화 사회의 방향으로 나아갈 것이라는 예견과 이러한 사회를 주도해 나갈 질 높은 고급인력을 양성해 내지 못하고는 치열한 국제경쟁에서 뒤처진다는 정책적 판단이 깔려 있다. 나라마다 다소 차이는 있지만 교육체제 내에서 발견되는 비능률과 질 저하도 각 국가의 교육개혁 경쟁을 촉진시키는 중요한 요인이 되고 있다.

제 3 장 교육의 철학적 기초

1. 철학의 연구영역
2. 전통적 철학과 교육
3. 현대 교육사조

임마누엘 칸트가 일찍이 제자에게 "철학이란 배울 수 있는 것이 아니라 철학하는(philosophieren) 것을 배울 수 있을 뿐이다"라고 말한 것과 같이, 철학은 자신이 철학함으로써 스스로 체득(體得)할 수 있는 학문이다. 따라서 우리가 철학이 어떠한 학문인가를 알려면 철학이 지닌 의미를 생각해 볼 필요가 있다. 우리가 지금 쓰고 있는 철학이라는 말은 독일어의 'Philosophie'를 옮겨 놓은 것이다. 이 독일어는 그리스 말인 'Philosophia'에서 유래되었다.

Philosophia라는 말은 Philos(사랑)와 Sophia(지혜)라는 두 말이 합쳐서 된 것이다. 그러므로 philosophia는 '지혜를 사랑하는 것(愛智)'이라는 뜻이 된다. 'Philosophia'라는 명사가 먼저 있었던 것이 아니라 '철학한다'는 'philosophieren'이라는 동사가 먼저 사용되었기 때문에 철학은 결국 '인생에 관한 지혜를 사랑하는 학문'이라고 할 수 있다.

앞에서 철학을 스스로 체득하는 학문이라고 말했거니와 철학의 의미는 철학을 하는 사람 자신이 '내가 어떤 존재인가?'에 관심을 갖는 데서 시작된다. 이와 같이 철학이 인생문제와 밀접한 관련이 있으므로 참다운 철학은 인간의 존재를 어떤 입장에서 생각하느냐 하는 문제를 우선 규명하여야 한다. 인간을 개인적인 존재로 생각하느냐 또는 하나의 집단원, 즉 계급·사회·민족 및 인류의 일원으로서 생각하느냐에 따라 철학의 의미도 달라지기 때문이다.

다음으로 철학이 하나의 학문인 이상 어떤 독특한 내용을 가지고 있어야 할 것이다. 이러한 내용은 곧 철학이 무엇이며 어떠한 의미를 지니고 있는가를 설명하여 줄 것이다. 이와 같이 철학은 인간존재의 문제에서부터 그 내용·대상·방법에 이르기까지 여러 가지 문제들을 이해해야 그 개념을 충분히 파악할 수 있다. 그러나 이러한 여러 문제들은 철학을 어느 정도 이해한 뒤에야 가능한 것이 많으며, 그러한 이해 없이 철학의 개념을 일의적(一義的)으로 정의한다는 것은 무리한 일이다.

철학은 역사가 오래된 학문이다. 처음으로 철학을 시작한 그리스의 탈레스(Thales, B.C. 624 ~ 547)로부터 오늘날에 이르기까지 2500여 년 이상이나 되는 긴 역사를 지니고 있는 학문이다. 동양에서도 같은 시기에 인도에서는 우파니샤드(Upanischad) 철학이 있었고, 중국에서는 공자(孔子, B.C. 552 ~ 479)를 비롯한 유가(儒家)의 도덕철학이나 노장(老莊)의 도가철학이 있었다. 이러한 철학사상들은 고대의 자연철학이나 도덕철학, 중세의 종교철학 및 근대의 계몽철학이나 이성철학 등을 거쳐서 현대의 실용철학이나 실존철학에까지 이르렀다. 철학은 이러한 오랜 역사과정에서 서로 융합되거나 대립하면서 여러 갈래로 변하여 왔으며, 주체인 인간의 변화에 따라서 철학자의 사고방식도 변화를 거듭해 왔다. 그러므로 사람이 다르면 철학도 다르게 마련인 것이다. 요컨대, 철학은 인생의 근본문제를 그 기조(基調)에서 파헤침으로써 이를 해결하는 데 목적이 있다고 하겠다.

즉, 인간에게 삶이란 무엇이며, 가치란 무엇인가? 또 계승하여야 할 참다운 지식이란 무엇이며 그것은 어떠한 탐구(探究) 과정을 거쳐 얻어지는 것인가? 이러한 문제들에 대한 자각이 없다면 우리는 가치로운 삶과 이상(理想) 실현의 대열에 참여하고 기여할 수 없게 될 것이다. 철학이란 삶과 앎 그리고 탐구에 대한 이러한 근본적인 문제들을 그 연구대상으로 하고 있기 때문에 교육에 있어서 철학적 기초가 없다면 우리는 참다운 교육을 받을 수도 없고 할 수도 없게 된다. 물론 철학이 그러한 문제들에 대한 모든 해답을 줄 수 있는 것은 아니다. 단지 우리로 하여금 그 의미를 생각해 보게 하며 스스로의 힘으로 보다 가치롭고 타당한 의미를 찾아 나갈 수 있도록 도움을 주려는 것일 뿐이다. 왜냐하면 소크라테스의 말한 바와 같이 삶의 의미가 검토되지 않은 삶은 살 가치가 없기(The unexamined life is not worth living) 때문이다.

1. 철학의 연구영역

철학의 연구영역은 크게 네 가지로 구분할 수 있는데 존재론(ontology), 인식론(epistemology), 가치론(axiology), 그리고 논리학(logic)이 그것이다. 존재론(存在論)은 이 우주의 궁극적인 본질 혹은 실재란 무엇인가를 파악하려는 철학적 노력이다. 이 세계에 변화하지 않고 그대로 있는 것은 하나도 없다. 그러나 이렇게 변화하는 세계를 가능하게 하는 그리고 변화하는 세계 저 너머에 있는 변화하지 않는 존재 또는 실재는 무엇일까? 이것이 바로 존재론이 가지고 있는 가장 중요한 질문이다. 이 세계의 모습은 무한히 다양하지만 실재는 하나라고 보는 입장을 일원론(一元論)이라 한다. 그

것이 정신 혹은 영혼이라고 보는 입장을 관념론(觀念論)이라고 하고, 물질 또는 객관적으로 파악될 수 있는 것으로 보는 입장을 실재론(實在論)이라고 한다. 또한 우주의 본질이란 끊임없는 변화와 발전 그 자체이며, 그 너머에 어떠한 본질이 따로 있는 것이 아니라는 입장을 실용주의(實用主義)는 취하고 있다.

인식론(認識論)은 진리 또는 지식의 근거를 밝히려는 철학적 노력이다. 즉, '진리와 비진리는 어떻게 구별되며, 안다는 것과 모른다는 것은 어떻게 구별되는가? 도대체 안다는 말의 의미는 무엇인가? 과연 우리는 참다운 앎에 다다를 수 있는가?'라는 질문이 인식론의 큰 과제이다.

참다운 앎에 도달할 수 있다고 보는 입장이 있는가 하면 참다운 앎에 결코 도달할 수 없다는 입장이 있다. 전자의 입장에서는 자명하고 확실한 지식이야말로 의심할 수 없다고 주장한다. 후자의 입장에서는 지식은 단순히 의견(意見)에 불과한 것이며, 자명하고 확실한 지식은 없고 단지 우리가 그렇게 생각하고 있을 뿐이라고 주장한다. 이 양극단 사이에 또 하나의 입장이 있을 수 있는데 그것은 '알 수 있다. 그러나 그 앎이란 절대 불변적인 것이 아니라 상대적이고 확률적이며 개선 가능하다'는 입장이다. 이러한 입장에서는 인간의 지식이란 광석을 발굴해 내듯이 어디엔가 숨겨져 있는 것을 찾아내는 것이 아니라, 이 세계 안에서 이루어지고 있는 현상을 설명하기 위해 인간들이 만들어 낸 인식의 도구(道具) 또는 설명의 도구에 불과하다는 것이다.

가치론(價値論)은 선악 · 정사(正邪) · 미추 · 정의와 불의 · 목적과 수단 등의 문제와 관련지어 그 근거와 판단기준 등을 밝히려는 철학적 노력이다. 윤리학과 미학이 이러한 노력의 대표적인 분야들이다. 윤리학은 인간의 개인적 · 사회적 행위의 질과 도덕성의 문제를 다룬다. 착한 사람, 좋은 사회, 훌륭한 삶의 본질과 기준을 밝히는 일을 하게 된다. 미학에서는 예술과 경험과 인간과 환경과 삶 속에 있는 미의 본질과 기준의 탐구에 힘쓴다.

논리학(論理學)은 우리가 어떤 철학적 결론에 도달하였을 때 그 결론에 도달하기까지의 사고과정이 과연 타당한 것이었는가를 검토하는 여러 가지 규칙과 기준을 밝히려는 철학적 노력이라고 할 수 있다. 논리적 사고에는 연역법(deduction)과 귀납법(induction)이 있다. 연역법은 보편적인 원리로부터 구체적인 사실에 대한 지식을 이끌어 내는 추리의 과정이고, 귀납법은 개개의 구체적인 사실들에 대한 관찰을 통하여 어떤 보편적인 법칙이나 원리를 이끌어 내는 추리의 과정이다.

그러나 현대에 이르러서는 어떤 주장의 타당성을 논리학에만 의존하는 철학적 탐구방법에 회의를 갖게 되었다. 왜냐하면 어떤 결론에 도달하기까지의 추리의 과정이 아무리 논리적이라 하더라도 그 결론이 근거로 삼고 있는 전제가 진위(眞僞)를 검증할 수 없는 종류의 것이라면 그 결론도 참인지 거짓인지 밝혀 낼 수가 없으며 따라서 그 결론은 무의미한 주장이라는 것이다.

이러한 입장을 취하는 것이 논리실증주의(logical positivism)인데 이러한 입장의 큰 문제점은 어떠한 진술이 단지 진위를 검증하기가 어렵다는 사실만으로 과연 무의미한 것으로 볼 수 있겠는가 하는 점이다. 따라서 오늘날에는 어떤 문장이 그 진위를 검증하기 어렵다고 해서 무의미한 것으로 단정짓기보다는 하나의 진술이나 개념이 그 인간과 사회 및 문화 등의 맥락 안에서 어떠한 의미를 갖는 것인가를 밝히려고 하는 방향으로 기울어지고 있다. 이러한 입장에 서 있는 것을 분석철학(analytic philosophy)이라고 하는데, 이것은 철학의 이론체계라기보다는 철학적 방법으로 여겨지고 있다((6) 분석철학 참조).

교육철학에는 철학의 각 연구영역에서의 탐구결과를 교육적 상황에 적용시켜 보려는 입장과, 철학적 방법인 분석적 방법으로 교육의 중요한 개념의 의미를 밝혀 보려는 입장이 있다.

2. 전통적 철학과 교육

철학사에 있어서 가장 큰 두 사상적 조류(潮流)로는 관념론(idealism)과 실재론(realism)을 들 수 있고, 최근에 와서는 실용주의(pragmatism)도 하나의 큰 조류를 형성하게 되었다. 관념론은 플라톤의 사상과 기독교적 종교관에 그 기원을 두고, 실재론은 아리스토텔레스로부터 비롯된 자연주의적 입장에, 실용주의는 퍼스(C. S. Peirce, 1839 ~ 1914) · 제임스(W. James, 1842 ~ 1910) · 듀이(J. Dewey, 1859 ~ 1952) 등 여러 철학자들의 노력과 자연과학의 발달에 힘입었다고 할 수 있다.

1) 관념론적 교육설

관념론에 의하면 궁극적 실재는 마음 또는 정신이며, 물질적 사물들은 정신적 실재의 표상(表象)에 불과하다는 것이다. 따라서 관념론은 마음이나 정신에 최우선권을 부여한다.

마음 또는 정신이라 할 때는 두 가지 뜻이 있다. 첫째는, 생각하는 경험의 주체로서의 마음·정신·이성·생명 등으로 우주의 섭리자·절대자로서의 신과 관련된 것이다. 둘째는, 존재하는 모든 실재는 최종적으로 분석될 때 심적(mental)이거나 정신적(spiritual)인 것이라는 뜻이다.

그러나 실재에 대한 관념론의 해석이 모두 동일한 것은 아니다. 관념론의 창시자라 볼 수 있는 플라톤은 현실과 실재 사이의 구별을 강조하고, 이데아(idea)만이 참된 실재라고 하였다. 18세기에 들어와서 버클리(G. Berkeley, 1685 ~ 1753)는 물리적인 모든 사물이란 그것을 보는 사람의 마음에서 지각되고 수집된 표상이라고 해서 참실재가 이데아의 세계에만 존재한다는 플라톤의 생각에서 크게 벗어나게 되었다. 칸트는 자연법칙이 지배하는 인식대상으로서의 경험적 세계와 이를 초월한 물자체(物自體)로서의 본체의 세계를 동시에 인정하였으며 도덕적 인간은 신을 전제하고 따라서 참된 세계의 실재는 정신적이라고 했다. 칸트의 관념론은 후에 헤겔(G. W. F. Hegel, 1770 ~ 1831)의 철학에서 더욱 발전되었다. 헤겔은 경험 안에 감각적인 것과 정서적인 것이 모두 포함되며, 실재는 마음에서 자연과 신에 이르는 변증법적인 발전과정으로 절대적이고 전체적이며 통일된 정신이라고 하였다.

관념론자들은 절대적인 실재와 그렇지 못한 것을 구별하듯이, 인간의 육체와 마음도 구별한다. 그들은 마음과 정신의 능동성을 믿고 인간의 육체는 마음에 비해 열등한 것이므로 마음이 육체를 지배할 수 있어야만 인간다운 인간이 될 수 있다고 보았다.

이러한 관념론이 교육에 미친 영향은 여러 가지로 나타나고 있다. 관념론에 입각한 교육은 마음을 훈련하고 정신을 함양하며 이데아에 숙달되게 하는 것을 강조한다. 관념론적 입장을 취하는 교육자들에 의하면, 지식이란 실재의 기초가 되는 정신적 원리이며, 이 지식은 이데아의 형태를 취한다. 그들은 만일 지식이 선험적(先驗的)이고 보편적 이데아에 관한 것이라면 교육은 이데아를 학습자의 의식 속에 가져오는 지적 과정이라고 말한다. 그리고 학교는 학생들이 진리를 탐구하고 발견하는 사회기관으로 본다. 그들에 의하면, 이 지적 기관에서 교사와 학생은 기본적 이데아를 다룸으로써 플라톤이 처음으로 질문을 던진 '진리란 무엇인가'에 대한 해답을 찾게 된다는 것이다. 이 해답은 비록 잠재되어 있지만 우리의 마음속에 존재하고 있기 때문에 그 해답이 나타나도록 깊이 반성하고 성찰할 필요가 있다고 주장한다. 또한 그들은 비록 모든 학생들이 동일한 지적 적성(適性)을 보이는 것은 아닐지라도 그들의 능력껏 마음을 함양할 필요가 있다고 주장한다.

2) 실재론적 교육설

실재론에 의하면 이 세계는 인간의 마음으로부터 독립해서 그 자체의 법칙에 의해 존재하며 변화하고 발전한다는 것이다. 따라서 이 세계를 파악하고 이해하기 위해서 절대적인 존재에 접근함으로써가 아니라 물질세계를 관찰하여 그 법칙을 발견함으로써 가능하다. 즉, 인식의 대상은 인식작용의 의식이나 주관에서 독립하여 존재하며 그것에 대한 객관적 파악에 의해서만 참다운 인식이 성립한다는 것이다.

실재론에 있어서 하나의 명제(命題)가 참이기 위해서는 그것이 과학적으로 증명된 지식과 일치되어야 한다. 그것은 곧 관찰 가능하며 관찰자와 독립적으로 그 본질들이 증명될 수 있어야 한다는 것이다. 존재한다는 것은 곧 질과 양을 가지고 있음을 말한다. 이데아와 현실은 동일하며 따라서 모든 것을 알 수 있다. 자연은 발견될 수 있는 계획과 질서와 구조 및 법칙을 가지고 있다는 것이다. 세계와 자연질서는 그것이 생성되는 중에 있지만 영구적인 것이며 예측·예견·통제가 가능하다고 본다. 가치는 자연의 법칙 속에 내재하며 자연의 우아함과 법칙성 속에 미(美)가 깃들어 있고, 자연과의 조화는 곧 선(善)을 이룬다.

대부분의 실재론자들은 기본 가치들이 근본적으로 영원하다는 점에서 관념론자들과 의견을 같이한다. 그러나 그렇게 생각하는 이유에 있어서 실재론자들은 그들 서로 간에 의견을 달리한다. 실재론은 주장하는 입장에 따라 합리적(合理的) 실재론과 과학적(科學的) 실재론으로 나눌 수 있다. 합리적 실재론은 다시 고전적 실재론과 종교적 실재론으로 분류된다. 또 과학적 실재론은 20세기에 와서 미국에서 신실재론과 비판적 실재론으로 나누어졌다.

고전적 실재론자들은 아리스토텔레스의 의견을 받아들여, 인간의 이성(理性)에 의해서 발견될 수 있는 보편적인 도덕적 법칙들이 있으며, 그러한 법칙들은 이성적인 존재로서의 모든 인류를 하나로 묶는 일을 한다고 생각한다.

종교적 실재론자들은 우리가 이성을 사용하여 많은 도덕적 가치를 이해할 수 있다고 생각하지만, 그들은 신이 그 법칙을 만들었으며 동시에 우리 인간에게 그 법칙들을 이해할 수 있는 이성적 능력을 주었다고 주장한다. 그리고 그들의 주장은 우리가 신의 도움 없이 도덕적 법칙을 이해할 수 있을는지는 모르나 원죄(原罪)에 의해서 우리의 인간성이 부패되어 있기 때문에 신의 도움 없이는 그 법칙을 실천할 힘이 없다는 것이다.

과학적 실재론자들은 가치에 대한 초자연적 개입을 부인한다. 선(善)은 인간을 환경에 적응하고 조화시키는 것이며, 악(惡)이란 인간과 환경과의 화해 혹은 조화를 깨뜨리는 것이다. 인간성도 자연성도 향상적인 것이기 때문에 이 양자를 조화시키는 가치들 또한 향상적인 것이다. 사회제도 및 운영방식은 나라마다 지방마다 다르기는 하지만 기본가치에 있어서는 동일하게 남아 있다는 것이다.

실재론자들은 어린이들에게 잘 정선된 가치를 가르치는 데 동의한다. 고전적 실재론자들은 학교교육에서의 과학 편중의 경향에도 불구하고 아리스토텔레스가 주장하는 바와 같이 매사에 절제와 중용을 지키는 원만한 인간으로 키울 것을 주장한다. 어린이들은 절대적이고 보편적인 도덕표준에 따라 생활하도록 교육되어야 하는바 인간에게 진정 옳은 것은 특수 인종이나 사회에 대해서만이 아니라 전 인류 일반에게 옳은 것이어야 하기 때문이다.

종교적 실재론자들은 자연주의적 윤리만으로는 충분하지 않다고 믿는다. 인간은 자연을 초월하는 초자연성을 획득하도록 창조되었으므로 참다운 도덕교육의 목표는 영혼의 구원(救援)에 두어야 한다는 것이다. 종교적 실재론자들은 인간의 의지(意志)와 지성(知性)의 훈련을 다 같이 강조한다. 신은 인간에게 구원을 제공하지만 인간은 그의 자유의지로 그것을 받아들일 수도 거절할 수도 있다는 것이다. 따라서 우리의 의지가 올바른 선택을 할 수 있도록 습관을 들이는 것이 중요하다.

과학적 실재론자들은 옳고 그름은 우리의 자연 이해에서 오는 것이지 종교적 원리에서 온다고 생각하지 않는다. 도덕성은 과학적인 연구를 통해서 인간에게 유익하다고 밝혀진 바에 기초해야 한다. 질병은 나쁜 것이고 건강은 좋은 것이다.

실재론자들의 의견을 종합하여 교육에 적용한다면 다음의 두 가지를 중요시하게 된다. 첫째는 인간 유기체를 포함하는 물질세계 속의 자연법칙을 발견하는 일이며, 둘째는 모든 존재하는 것 속에서 질서와 조화를 발견해 내는 인간의 지성을 중요시하는 일이다. 그러므로 실재론자들은 인문(人文)과 과학(科學) 교과들을 중심으로 한 교육과정을 강조한다. 또 이들은 관념이나 이데아를 무시하지는 않으나 그 관념이나 이데아는 반드시 감각적 경험에 의해서 증명될 것을 요구한다. 어떤 이념도 구체적이고 물질적인 존재와 일치되어야 하는 것이다. 그러므로 학생들은 과학적·실험적 방법을 잘 배워야 하며 합리적 과정에 대한 충분한 소양을 쌓아야 한다.

3) 실용주의적 교육설

실용주의자들은 우주를 움직이는 것은 물질이라고 보며, 변화는 계속하여 확산되는 것이라고 생각한다. 실재는 변하고 있을 뿐만 아니라 가치도 시간·장소·환경에 따라 상대적이다. 이러한 생각은 일찍이 그리스의 헤라클리투스(Heraclitus, B.C. 544 ~ 483)가 "같은 사람이 같은 강물을 두 번 건널 수 없다"고 한 사회유전설(社會流轉說)에서 그 기원을 찾아볼 수 있다. 실용주의는 종종 미국 고유의 철학으로 간주되지만 사실은 '우리의 감각기관이 경험한 것만을 알 수 있다'고 주장한 영국의 경험주의적 전통의 소산이다.

그러나 흔히 실용주의는 19세기 중엽 퍼스에 의해 시작되어, 20세기 초엽 제임스가 발전시켰고, 듀이에 이르러 완성되었다고 보고 있다. 실용주의는 특히 다윈(C. R. Darwin, 1809 ~ 1882)의 진화론(進化論)에 의해 많은 영향을 받은 것으로 평가받고 있다. 따라서 실용주의는 가치의 상대성과 인류 및 사회의 발전과 진보를 중요한 논점으로 다루고 있다

실용주의자들에게는 가치란 상대적인 것이다. 윤리적·도덕적 규범은 영원불변한 것이 아니라 사회와 문화의 변동에 따라 수정된다는 것이다. 그렇다고 해서 도덕적인 기준이 수시로 달라져야 한다는 것은 아니다. 실용주의자들이 주장한 것은 어떠한 계율이나 원

칙도 그것이 적용되는 상황에 대한 고려 없이 일률적으로 강요될 수 없다는 것이다. 예를 들어, '살인하지 말라'의 경우, 정당한 자기방어를 위해 혹은 많은 사람들의 생명을 구하기 위해서 어떤 사람을 죽이는 일이 상황에 따라 옳을 수도 있다는 것이다. 그러므로 어린이 교육에 있어서는 힘든 도덕적 결정을 하는 학습을 시켜야 하는데, 사전에 엄격히 규정된 규칙이나 원리에 무비판적으로 의존하는 방식이 아니라 어떤 행동방향이 최대 다수에게 최대의 효과를 가져다줄 것인가를 판단함으로써 결정을 내리는 방식을 배워야 한다는 것이다.

지식과 지식학습에 대해서도 이들은 마찬가지 원칙을 내세운다. 실용주의자들에 의하면 이 세계는 가만히 정지하여 있는 것이 아니라 끊임없이 변화하며 발전하기도 하고 소멸하기도 하는 것이다. 또 물질계뿐만 아니라 정신계와 가치까지도 시간과 장소와 환경에 따라 변화하는 것이다. 그런데 지식은 이러한 물질계와 정신계를 대상으로 하고 있는 것이기 때문에, 만약 이들 물질계와 정신계가 끊임없이 변화한다고 하면 절대불변하고 완전한 지식이란 있을 수 없고 시간과 장소에 따라 그 지식도 변할 수밖에 없다는 것이다. 따라서 교육은 단순히 지식을 가르치고 전달하는 것보다는 지식을 획득하고 적용하고 개선할 수 있는 능력을 길러 주는 일에 보다 더 중점을 두어야 한다. 이렇게 우리의 지식과 경험을 계속적으로 재구성(再構成)함으로써 인류가 발전하고 진보한 것이므로 교사는 학생들의 경험의 폭을 넓혀 주고 그들이 그러한 경험을 재구성해 나갈 수 있도록 도와주어야 한다.

또 교수·학습과정에 있어서 학생의 능동적인 역할과 참여를 중시하고 문제해결 학습을 장려해 주어야 한다. 지식은 그 자체가 목적이 아니라 인간이나 인류가 당면하는 문제들을 해결하기 위한 하나의 도구라고 생각한다. 다시 말하면, 지식이란 인류가 그들의 문제를 해결해 오는 과정에서 얻어진 정보나 생각들을 체계적으로 정리해 놓은 것이다. 그러나 인간의 삶에 있어서는 문제해결 능력보다도 어떤 문제를 자신이 해결해야 할 문제로 받아들이느냐 하는 것이 보다 더 중요한 경우가 많다. 그러므로 그 해결이 인류의 삶에 보다 가치 있는 기여를 할 수 있는 문제들을 발견해 낼 줄 아는 능력을 키워 주는 교육도 또한 중요하다 하겠다.

3. 현대 교육사조

1) 진보주의

진보주의(progressivism)는 종래의 교사중심적이며 교과중심적인 교육에 대해 불만을 품고, 아동중심적이며 생활중심적인 교육을 할 것을 주장하고 있다. 진보주의자들에 의하면 아동은 성인의 축소판(縮小版)이 아니며, 성인의 세계와는 다른 아동 나름대로의 고유한 세계를 가지고 있다는 것이다. 아동의 진정한 성장이란 아동의 생활과 세계를 포기한 채 성인들의 생활과 미래의 생활을 준비함으로써 이루어지는 것이 아니라 오히려 아동이 각 발달단계에 맞추어 훌륭하고 만족스럽게 생활하는 과정을 통해서 이루어지는 것이다. 따라서 교사는 아동의 특성과 그들의 욕구 및 필요 그리고 그들이 가지고 있는 흥미와 생활상의 문제점들을 파악하고, 그 결과를 토대로 하여 아동의 자연스러운 성장을 도울 수 있는 교육과정(教育課程)을 마련해야 한다. 바로 이러한 특성 때문에 진보주의 교육을 아동중심 교육 또는 생활중심 교육이라고도 한다.

진보주의자들은 1918년에 진보주의교육협회(Progressive Education Association)를 결성하였는데 여기에서 다음과 같은 7개 항의 강령(綱領)을 채택하여 선포하였다.

① 학생은 외적 권위에 의하지 않고 자신의 사회적 필요에 의하여 자연스럽게 발전할 자유를 누려야 한다.

② 흥미(興味)가 모든 학습활동의 동기(動機)가 되어야 한다.

③ 교사는 학생의 모든 활동을 고무하고 적절한 정보를 제공해 주는 안내자이어야 한다.

④ 학생에 대한 평가는 교과에 대한 평가뿐만 아니라 학생의 신체 · 지성 · 사회성을 포함하는 넓은 것으로서 학생의 지도를 돕는 자료가 되어야 한다.

⑤ 가장 중요시해야 할 것은 학생의 건강이며 따라서 학교의 시설 · 환경 · 인적 조건은 밝고 명랑해야 한다.

⑥ 학교는 학생의 교육을 학부모와의 긴밀한 협조관계 속에서 수행해야 한다.

⑦ 진보주의 학교는 좋은 전통 위에 새 것을 첨가하는 실험학교로서 교육개혁 운동의 중핵(中核)이 되어야 한다.

진보주의자들은 학생 개인을 매우 중요시하며 학생이 지니고 있는 흥미·관심·욕구·호기심·모험심·탐구심의 강력한 작용을 인정하고 존중한다. 학생이 지니는 이러한 것들은 곧 그의 창조적 지성의 내재적 성장력의 표현이므로 그것은 변화와 진보의 핵심을 이루는 것이다. 교육에 있어서 아동을 중요시하고 그들의 흥미와 필요를 교육의 출발점으로 삼아야 한다는 이들의 주장은 이러한 근거에서 나온 것이다.

진보주의자들에 의하면 교육이란 미래의 생활을 준비시키거나 아동들에게 필요하다고 어른들이 생각한 것을 주입하는 것이 아니다. 오히려 교육은 아동의 성장을 도와주기 위한 것이며, 아동의 성장이란 경험(經驗)의 계속적인 재구성(再構成)에 의해서 이루어진다고 본다. 경험의 재구성이란 단순히 아동에게 여러 가지 경험을 제공해 주고 그들의 자발적인 활동에의 참여를 보장해 주는 것만으로 이루어지는 것이 아니다. 아동들이 자신의 활동성과를 스스로의 비판적 사고과정(思考過程)을 통해 검토하고, 이러한 검토과정을 통해 이때까지 자신이 소유하고 있던 생각을 재구성하여 보다 새롭게 확충된 개념을 형성함으로써 가능하게 되는 것이다. 진보주의 교육철학의 체계를 세운 듀이(J. Dewey)는 이러한 검토과정을 반성적 사고(reflective thinking)라고 하였는데, 진보주의 교육은 그들의 본래 의도와는 달리 교육 실제에 있어서 이러한 반성적 사고를 효과적으로 가능하게 하는 일에 미진했던 것으로 평가되고 있다.

진보주의자들이 강조한 교육원리를 넬러(G. F. Kneller)는 다음과 같이 요약하고 있다.

① 교육은 생활 그 자체이며 미래 생활을 위한 준비가 아니다. 교육은 경험의 재구성과정이기 때문에 훌륭한 생활경험은 그대로 학습이 된다. 따라서 학교는 어린이가 장차 겪어야 할 생활환경과 비슷한 경험을 통해 교육을 해야 한다.

② 학습은 아동의 흥미가 학습의 동기에 직접 연결되어야 한다. 어린이는 전인(全人)으로 이해되고 교육되어야 한다. 학습과정은 개인 아동에 의해 주로 결정된다는 점에서 학교는 아동중심적이어야 한다. 어린이는 자기의 흥미와 관련된 학습을 하고 문제해결을 하고자 하는 자연적 성향(性向)을 갖고 있으며, 외부로부터 강요되는 일에

대해서 저항하게 되어 있다. 따라서 어린이는 자기가 원하고 필요해서 학습을 해야 되지 어른이 그래야 한다고 해서 공부하는 것으로는 만족하지 않는다.

③ 문제해결을 통한 학습이 교과내용의 주입(注入)에 우선되어야 한다. 지식은 그 자체가 목적(目的)이라기보다 경험을 관리하는 도구(道具)이며, 계속해서 전개되는 새로운 삶의 사태에 대응하기 위해 사용되는 것이다.

④ 교사의 역할은 지시하는 일이 아니라 조언(助言)해 주는 일이다. 어린이들이 무엇을 공부할 것인가는 그들의 필요와 욕구에 따라 결정되는 것이므로 어린이들이 그들 자신의 발달을 계획하게 하고 교사는 그 학습을 도와주어야 한다.

⑤ 학교는 경쟁보다는 협동(協同)을 강조하고 격려해야 한다. 인간은 본래 사회적 존재이므로 다른 사람들과의 조화적인 관계에서 큰 만족을 얻는다. 사랑과 협력이 경쟁과 개인적 이득(利得)보다 더 교육에 합당하다.

⑥ 민주주의는 안배(按配)된 경험을 뜻한다. 민주주의의 성장과 교육은 서로 떨어질 수 없게 연관되어 상호작용한다.

이러한 교육원리를 기반으로 진보주의자들은 미국의 공교육(公敎育)에 뿌리를 내려 1930년대 미국의 교육에 절대적 영향을 주었다. 그러나 초창기부터 진보주의 교육원리에 비판을 가한 사람들도 있었다. 그들은 곧이어 소개할 본질주의와 항존주의자들이었다. 그러던 차에 1957년에 놀랍게도 구소련이 미국을 앞질러 인공위성 스푸트니크를 발사했다. 이에 미국의 조야(朝野)는 들끓었다. 미국의 교육에 허점이 있지 않았나 그리고 그것은 진보주의의 아동중심·생활중심 교육 때문이 아닌가 하는 비판이 일어났다.

진보주의 교육을 비판하는 관점을 요약해 보면 다음과 같다.

① 아동에게 지나친 자유를 부여하고 그의 흥미를 너무 존중한 나머지 아동으로 하여금 어려운 교과목을 피하고 비교적 쉬운 교과목만을 택하게 하였다.

② 자유를 존중한 나머지 방향감각 도야(陶冶)를 경시했고, 생활화를 중시하는 나머지 미래에 대한 교육의 준비성을 너무 소홀히 했으며, 민주방식을 과신한 나머지 가치의 절대적인 측면을 보는 눈을 키워 주지 못했다.

③ 아동중심·생활중심 교육이 지나쳐 교육의 명확한 목표 설정을 하기가 힘들었고,

문제해결 방식은 비효율적인 시행착오와 산만한 수업 분위기를 낳기 일쑤였다.

④ 학교는 본래 특수한 훈련기관이 되어야 하는데 도리어 현재 사회의 복사판·축소판이 되었고, 다수의 협동적 노력을 강조한 나머지 우수한 소수자의 지도성을 반영시키지 못했으며, 민주주의 이외의 사상체계(思想體系)에 대한 객관적 이해를 소홀히 했다.

⑤ 진보주의는 사회를 경시하고 지나치게 개인만을 중요시하였다. 그러나 사회를 떠난 개인이란 존재할 수 없기 때문에 사회를 경시한 채 개인을 강조하는 것은 모순이 아닐 수 없다.

그러나 이와 같은 진보주의 교육에 대한 비판은 진보주의 사상 그 자체에서 비롯된 것이기보다는 진보주의의 이름 아래에 행하여진 왜곡된 교육의 탓에 기인한 것이라고 보는 관점도 있다. 사실 듀이는 사회를 개인 못지않게 중요시하였다. 다만 지난날 교육이 지나치게 학습자를 무시하고 억압한 데 대해 학습자의 비중을 강조한 것이었다. 진보주의 교육은 많은 비판에도 불구하고 미국 교육과 세계 교육에 심대한 영향을 주었던 한 시대의 교육사상이었음을 과소평가할 수 없을 것이다.

2) 본질주의

본질주의(essentialism)는 현대문화가 물려받은 전통적인 신조(信條)라든가 제도는 실질적일 뿐만 아니라 진리이며, 동시에 선하다는 생각에서 출발한다. 따라서 교육은 인류의 귀한 경험을 다음 세대에 전하며, 또 그들에게 정선(精選)된 문화유산을 접하게 함으로써 앞으로 닥쳐올 사회 문화의 위기를 극복할 수 있는 정신적 자세와 과학적 지식을 갖추게 해주는 일이라고 보았다. 본질주의는 어떤 특정한 철학적 전통을 이어받지 않았다. 오히려 철학적인 견해들이 종합되었다고 보는 것이 옳다. 본질주의는 전통주의적인 교육철학이라는 점에서 뒤이어 살펴보게 될 항존주의와 일부 공통된 점도 있지만 항존주의자들의 일부 주장을 그들은 거부한다. 한편 진보주의자들에 대해 도전적인 주장을 하면서도 어떤 면에 있어서는 진보주의자들과 맥을 같이하는 것도 있다. 이런 의미에서 이 입장을 절충주의(eclecticism)라고 부르는 이도 있다.

본질주의 교육운동을 본격적으로 추진한 학자는 배글리(W. C. Bagley)이다. 본질주의 교육운동은 1936년 배글리가 중심이 되어 미국교육향상을 위한 본질파위원회(The Essentialist Committee for the Advancement of American Education)를 창설하고, 1938년에는 다음과 같은 본질파 선언을 선포하면서부터 시작되었다.

> 미국의 교육은 오래 전부터 학문적 훈련이란 어휘를 추방해 버렸다. 진보주의자들은 미성숙한 어린이들에게 그가 무엇을 배워야 할 것인지를 선택할 권리를 주자고 소리를 높여 외치고 있다. 어린이들은 교사가 부과한 모든 과제를 권위적이라고 배척하며 인류가 큰 희생을 치르면서 얻은 교과를 체계적으로 이수(履修)할 가치를 거부하고 있다. 어린이들은 흥미 없는 공부는 할 필요가 없다고 거부하며, 그러한 거부행위를 합리화하려고 든다. 결과적으로 그들은 힘도 안 들이고 노력도 않게 되었다. 그들은 복종을 약자의 표시라고 낙인찍는다. 그런데 이 모든 것을 그들은 민주주의와 자유라는 신비스러운 이름으로 자행(恣行)하고 있다.

이러한 진보주의 교육의 문제점을 극복하고자 나타난 본질주의자들은 교육내용으로 개인적 경험보다 민족적 경험이 포함된 전통적 교과과정을 중요시하며, 교육방법에 있어서도 진보주의자와는 대조적으로 이해보다는 습득을, 학생의 자율적 학습보다는 교사의 체계적인 지도를, 자유보다는 훈련을, 학생의 일시적 흥미보다는 지속적인 노력을 강조한다.

이상의 것을 정리하면 본질주의 교육원리는 학습의 훈련성, 교사의 주도성(主導性), 문화유산의 계승성, 그리고 교육내용의 조직성이라고 요약할 수 있다.

넬러(G. F. Kneller)는 본질주의의 교육원리를 다음과 같이 요약하였다.

① 학습은 본래 힘들여 해야 하고 싫어도 적용해야 하는 요소를 내포한다. 본질주의자들은 단련 또는 도야를 매우 중시한다. 어린이의 당장의 흥미보다 먼 데 있는 목표에 충실하도록 요구한다. 교과에 대한 흥미가 그 습득에 필요한 에너지를 방출해 내는 데 큰 역할을 한다는 주장에 동의를 하면서도 보다 고차원적이고 오래 지속될 수 있는 흥미는 학습 초기에는 흔히 나타나지 않는다. 그러한 학습흥미는 학습 초기부터 열심히 공부해 나가는 과정(過程)에서 생기게 된다는 것이다.

② 교육에 있어서의 주도권은 학생이 아니라 교사가 가져야 한다. 교사의 역할은 성인

세계와 어린이 세계를 연결해서 중개해 주는 일이다. 교사는 이 일을 위해 준비했기 때문에 어린이의 성장을 돕는 일에 있어서 어린이보다 훨씬 더 자격을 갖추고 있다.

③ 교육과정의 중심은 지정된 교과를 이해하고 소화시키는 데 있다. 본질주의자들은 교육이 학생의 자아실현(自我實現)을 도와주어야 한다는 생각에 동의하면서도, 자아실현은 인간이 그 법칙들에 복종해야 하는 세계, 즉 개인을 넘어서서 존재하는 세계 속에서 이루어진다는 것이다. 학생들은 세계를 있는 그대로 알며 자라야 한다. 본질주의자들은 개인의 경험보다는 인류의 경험, 즉 사회적 유산(遺產)을 더 중요시한다.

④ 문제해결을 강조하는 진보주의적 교육방법의 장점을 인정하면서도 모든 학습과정에 문제해결 방법을 통용시킬 수는 없다고 한다. 많은 지식은 그 본질상 추상적이어서 여러 단절된 구체적인 문제로 갈라놓을 수 없는 것들이다. 따라서 실천에 의한 학습(learning by doing)이라는 진보주의의 학습원리는 어떤 학습 상황에서는 적절하지만 그것이 모든 학습사태에 일반화될 수는 없다고 주장하였다.

그러나 본질주의자들은 지나친 아동중심 교육을 주장한 진보주의 교육의 모순점을 지적하여 나름대로의 바람직한 교육관을 제시하고자 하였지만 여기에도 몇 가지 허점이 있다. 그것을 요약하면 다음과 같다.

첫째, 사회과학을 경시했다는 점이다. 본질주의자들은 학문적 훈련을 중요시하기 때문에 학문 중에서 가장 체계화되어 있는 자연과학을 중시하고 사회생활과를 소홀히 하였다. 이것은 진보주의자들이 사회과학 혹은 사회적 감각 도야를 과도하게 중요시한 데 대한 반발로 나타났다. 그러나 사회과학은 오늘날의 인류문화의 양상과 그것이 지니는 문제와 병폐를 인식시켜 줌으로써, 앞으로 우리가 지향해야 할 방향을 제시하여 주는 것이기 때문에 자연과학 못지않게 중요시되어야 한다.

둘째, 참여의식을 고취시키지 못했다. 본질주의는 체계적인 지식의 전수(傳受)와 교사의 주도권을 강조한 나머지 어린이의 자발적 참여의식과 학습동기를 가볍게 여김으로써 민주시민으로서 필수적으로 갖추어야 할 독립심, 비판적 사고, 협동정신 등을 소홀히 하였다.

셋째, 항존성(恒存性)을 배척하였다. 본질주의는 기본적인 지식과 기술의 전수에만 급급하여 시·공간을 초월한 영원한 진리와 가치를 탐구하고 외경(畏敬)하는 진지한 종교적 수준의 교육을 소홀히 하였다.

넷째, 미래지향적 자세를 길러 주지 못하였다. 본질주의는 오늘날 우리 인류가 풀어야 할 과제가 무엇이며, 또 교육이 그것을 위하여 어떻게 공헌해야 할 것인가에 대한 미래 전망과 사회혁신적 자세가 부족했다.

비록 이런 약점들을 지니고 있지만 본질주의자들이 교육에 이바지한 긍정적 측면 또한 높이 평가해야 한다. 진보주의도 과도한 면이 있었고, 이것을 극복하고자 나타난 본질주의에도 과도한 면이 있었다. 이 두 학파가 그 과도한 면을 시정하고 서로 한 발자국씩 다가선다면 비슷해질 수도 있다. 사실 최근에는 그렇게 되어 가고 있다.

3) 항존주의

항존주의(perennialism)의 교육목적은 시대에 따라 변하지 않는다는 뜻에서 영원주의(永遠主義)라고도 불린다. 항존주의도 진보주의에 정면으로 도전한 교육철학이며, 1930년대에 시작되어 오늘날에 이르고 있다. 본질주의와 항존주의는 똑같이 진보주의를 견제하기 위하여 나타났지만 근본발상을 달리하고 있다. 왜냐하면 진보주의와 본질주의는 강조하는 점은 다르지만 과학주의·세속주의·물질주의인 데 반하여, 항존주의는 종교적 세계관 위에 서서 철저한 반과학주의·탈세속주의·지성주의를 부르짖기 때문이다.

항존주의의 철학적 배경은 고전적 실재론에서 찾을 수 있으며, 대표적 철학자로는 아리스토텔레스와 아퀴나스(T. Aquinas, 1225~1274) 등이 있다. 항존주의자들에 의하면 아무리 진보주의 교육철학이 사회적인 변화를 내세우고, 또 현대사회가 급격하게 변화한다고 하더라도 영원성(永遠性)이라는 것이 변화보다는 좀 더 궁극적인 실체라고 주장한다. 그들에 의하면 인간의 본성이란 변화하지 않으며, 본질적으로는 동일하게 남는다는 것이다. 따라서 항존주의자들은 교육의 기본원리도 변하지 않고 영원불변한 것이라고 주장한다.

항존주의의 대표자인 허친스(R. M. Hutchins, 1899~1977)는 그의 저서 『민주사회에서의 교육의 갈등』에서 "인간다운 인간의 모습은 모든 시대와 모든 사회에 같은 것이다. 그것은 인간의 본질에서 비롯되기 때문이다. 교육의 목적도 모든 시대와 모든 사회에 동일한 것이어야 한다. 왜냐하면 교육이란 인간을 인간답게 형성시키려는 것이기 때문이다"라고 말하였다. 또 그는 오늘날의 문명이 물질 지상주의(至上主義)로 전락하여 인간을 파멸로 몰아가고 있다고 외치며, 이런 시련을 극복하기 위해서 교육의 장(場)에서 과학 숭배주의·활동 숭배주의·사회 밀착주의를 추방해야 한다고 주장하였다. 이런 입장에서 교육철학을 대성한 사람이 아들러(M. Adler)이다. 그는 교육의 제 1 원리는 절대적이고 보편적인 것이라야 한다고 주장한다. 즉, 교육의 목적은 만인에 동일한 것(언제나, 어디서나, 어떤 사회·어떤 생활방식에 있어서나)이 되어야 한다. 이 명제(命題)는 교육의 목적이 절대적·보편적이어야 한다는 주장과 그 의미에 있어서 같은 것이다. 절대적·보편적이라는 말은 만인에게 동일하다는 뜻이다.

항존주의자들은 인간의 본질이란 항상적인 것이며 그 가운데서도 자유로운 지성이야말로 가장 중요한 특징이라고 본다. 따라서 이들은 지성을 불완전하고 상대적이며 변화무쌍한 사회적 요구나 환경적 구속에 억압시키기보다는 그것을 해방시키고 계발시켜야만 참다운 자유인, 참다운 사회인을 길러낼 수 있다고 믿는다. 그런데 이때의 자유로운 지성이란 편협한 합리성이 아니고 상당히 포괄적인 의미로서 윤리적·심미적인 측면까지도 포함한 인간사(人間事)의 전 영역에 걸쳐 발휘될 수 있는 능력이다. 이들에게 있어서 교사란 모든 아동들에게 내재해 있는 지성적 능력을 자극시키고 고양시키는 역할을 하는 사람이다.

자유로운 지성의 계발은 그러한 지성과의 만남을 통해서, 다시 말하면 오랜 세월을 거치는 동안 위대한 지성을 담고 있는 것으로 평가되어 온 명저(名著)들을 정독함으로써 가능하다고 믿는다. 따라서 이들은 고전(古典) 가운데서 가장 가치롭다고 인정되는 100여권을 선정하여 '고전명저(The Great Books)'라고 이름짓고 이들 고전을 통한 지성교육을 실천해 왔는데 그 명저 가운데에는 플라톤·아리스토텔레스·어거스틴·아퀴나스·코페르니쿠스·갈릴레오·에라스무스·셰익스피어·베이컨·뉴턴·칸트·헤겔·다윈·프로이트 등의 저술이 포함되어 있다. 그러나 이 '고전명저'를 교육과정으로 채택하지는 않았다.

G. F. Kneller가 본 항존주의 교육원리를 요약해 보면 다음과 같다.

① 인간의 본성은 각기 다른 환경에도 불구하고 어디에서나 동일하기 때문에 교육 또한 어디에서나 동일해야 한다. 허친스에 의하면 시민적 기능은 사회에 따라서 다를 수 있으나 인간으로서의 기본 기능은 어느 시대 어느 사회에서나 동일하다. 왜냐하면 인간의 기본적인 기능은 인간의 본성에서 나오는 것이기 때문이다. 그러므로 교육목적은 어느 시대 어떤 사회에서나 동일할 수밖에 없다. 지식 또한 어디서나 동일하다. 만일에 그렇지 못하다면 교육받은 사람들은 어떤 일에서든지 합의를 볼 수 없을 것이다. 의견은 물론 다를 수 있을 것이다. 지식을 얻는다는 것은 쉬운 일이 아니며 이에 저항하는 어린이도 있을 것이다. 어떤 어린이는 다른 어린이들보다 더 긴 학습시간이 소요될 것이다. 그런 어린이들을 위해서는 더 많은 시간을 들여 가르치면 된다. 지적 성취를 기준으로 하지 않고, 연령에 따라서 진급시키는 일은 평등개념(平等槪念)을 잘못 해석하고 있는 것이다.

② 인간은 자유롭지만 그의 이성을 계발하고 그의 욕망을 제어(制御)하는 것을 배워야 한다. 학습의 실패를 불행한 환경이나 불운한 심리적 경험의 누적으로 돌려서는 안 된다. 교사가 할 일은 모든 학생들에게 본질적으로 동일한 지적인 학습에 접근하게 함으로써 그러한 장애들을 극복하게 하는 일이다. 학생들이 자기들의 교육경험을 결정하도록 해서는 안 된다. 학생들이 원하는 것이 그들이 해야만 할 것이 아닐 수도 있기 때문이다.

③ 교육은 교수(teaching)를 의미하며, 교수는 지식을 가르치는 일이고, 지식이란 곧 진리를 뜻한다. 교육은 영원한 진리를 전해 주는 일이다. 진리는 어디에서나 동일하기 때문에 교육 또한 어디에서나 동일해야 한다.

④ 교육은 생활을 모방하는 것이 아니라 생활을 위해 준비하는 것이다. 학교는 결코 실제 생활상황이 될 수는 없고 또 그렇게 되어서도 안 된다. 학교는 학생으로 하여금 인류 문화유산의 정수(精髓)를 배우고 익히게 하기 위하여 인위적으로 꾸며진 곳이다.

⑤ 학생들은 세계 속의 영원한 것들과 익숙해질 수 있는 기본적인 교재를 배워야 한다. 어떤 특정한 시대에 중요한 것으로 보이는 것을 공부하도록 강요해서는 안 된다. 또 특정한 연령에서 그에게 매력적으로 보이는 것을 학습하도록 해서도 안 된다. 학생들은 영어, 언어학, 역사, 수학, 자연과학, 철학, 순수예술 등을 공부해야만 한다.

⑥ 학생들은 오랜 시간을 통해서 인류가 그의 위대한 포부와 성취를 나타낸 문학 · 철학 · 역사 · 과학에 있어서의 위대한 고전을 연구해야 한다. 선인(先人)들의 문화적 유산은 결코 낡은 것이 아니다. 그것을 탐구하는 가운데 학생들은 흥미 추구나 시류(時流)를 탄 공부에서 얻을 수 있는 것보다 훨씬 더 중요한 진리를 배우게 된다.

항존주의자들의 교육에 대한 이러한 비판적 관점들은 뜻을 높이 그리고 삶을 의의 있게 살려는 사람들의 심금(心琴)을 울리는 바가 있다. 그러나 이들의 생각에도 몇 가지 취약점이 있음을 간과할 수 없다.

첫째, 지적 훈련을 지나치게 강조하는 항존주의 교육철학은 비민주적이다. 지적 훈련을 위한 교육은 소수의 엘리트를 위한 귀족교육이 되기 쉽다. 민주주의는 각 개인을 절대적인 존재로 보기 때문에 평범한 인간들의 다양한 가치체계(價値體系)를 존중한다. 그런데 항존주의는 유일 · 절대불변의 가치체계를 숭상한 나머지 민주주의 사회의 절대다수의 구성원인 평범한 사람들의 다종다양한 가치체계에 회의를 품고, 결과적으로는 민주적인 생활방식 자체를 위협하게 된다.

둘째, 항존주의 교육철학은 현실을 경시한다. 시간은 과거에서 현재로, 현재에서 미래로 흐른다. 인간은 일차적으로 현재적 존재이다. 과거를 아는 것도 현재를 위함이고, 미래를 설계하는 것도 현재의 삶을 충실하게 하기 위함이다. 그런데 항존주의자들은 현재를 순간적인 과정으로 여기고, 이 삶을 영속성과의 관련에서만 보고, 현실에 충실하고자 하는 모든 인간적인 노력과 활동을 과소평가한다.

셋째, 항존주의 교육철학은 귀족적이다. 항존주의자들은 모든 인간이 다 고전(古典) 속의 위대한 인물들처럼 생각하며 행동할 것을 기대한다. 만일 모든 학교에서 이런 교육을 한다면 이에 따르지 못하는 절대 다수의 평범한 학생들은 낙오자가 되고 말 것이다. 그리하여 학교는 능력 있는 정신적 귀족들만이 영원을 노래할 뿐 그렇지 못한 절대 다수의 학생들은 학교의 혜택을 받지 못하고 말 것이다. 그러나 사람은 누구나 자기가 개척할 수 있고 도달할 수 있는 수월(秀越)의 정상이 있다. 수월로 가는 길도 여러 갈래다. 누구나 다 자기 나름대로의 절정을 향하여 그가 선택한 길로 전진할 수 있는 것이다.

4) 재건주의

재건주의(reconstructionism)는 인류와 문화의 위기의식에서 출발하여 오늘날의 문화를 재검토함으로써 새 문화에 대한 전망을 밝히고 이를 위하여 교육이 선도적 · 혁신적으로 이바지할 수 있다는 확신을 가지고 그 바탕을 마련하자는 교육이념이다.

재건주의 교육철학의 제창자인 브라멜드(T. Brameld, 1904 ~ 1971)에 의하면 현대는 인류문화사적 측면에서 하나의 중대한 위기에 직면하고 있으며, 이 인류문화사적 위기를 극복하고 사회의 지속적 발전을 유지하기 위해서는 힘이 강한 교육이 필요한데, 바로 이 힘있는 교육철학이 재건주의라는 것이다. 따라서 재건주의자들은 교육은 사회개혁의 역군이 되고 선봉이 되어야 한다는 것을 전제로 하며, 이에 미진했던 기존의 진보주의 · 본질주의 · 항존주의의 교육사상을 비판 · 절충 · 중용 · 종합하는 입장을 취하고 있다. 그러므로 재건주의는 진보주의로부터 수단과 과정을 중시하는 사상을, 본질주의로부터 문화보존의 인류학적 가치를, 그리고 항존주의로부터 생의 목표를 추구하는 사실들을 수용하는 입장을 취하였다. 이 점과 관련해서 브라멜드는 진보주의로부터 실험정신(實驗精神)을, 본질주의로부터 체계적 지식(知識)을, 그리고 항존주의로부터 합리적 분석(分析)을 배웠다고 하였다.

브라멜드는 1956년에 『재건주의 교육철학을 지향하며』라는 저서를 발간하여, 그가 구상하는 문화적 재건주의 교육이념을 다음과 같이 밝혔다. 즉, 재건주의는 무엇보다 먼저 현대문화의 부흥에 전심한다. 그렇다고 해서 다른 교육사상들이 이루어 놓는 업적을 부인하는 일은 없다. 우리는 혁명기의 한복판에서 살고 있다. 바로 그러한 이유로 문화적 재건주의에 입각한 교육은 새 사실을 찾아내려 하고 지식을 보급하려 하며, 진 · 선 · 미를 인간답게 깨닫고자 하는 열의를 품고 있는 것이다. 다시 말하면, 미국과 그 밖의 모든 민주사회의 학교를 통해서, 교육이라는 것이 문화의 재건에 보조(補助)가 아니라 주역(主役)을 감당할 능력을 가지고 있다는 것을 꼭 보여주겠다는 것이 문화적 재건주의 교육인 것이다.

재건주의 교육원리에 대해 넬러(G. F. Kneller)가 종합한 것을 요약하면 다음과 같다.

① 교육은 우리 문화의 기본가치를 충족시킬 수 있는 새로운 사회질서를 현재 우리가 살고 있는 사회 속에 창조함과 동시에 현대세계의 정치 · 경제 · 사회적인 여러 세력과의 조화를 추구하는 일에 앞장서야 한다.

② 새로운 사회는 진정으로 민주주의 사회이어야 하며, 그 사회의 제도와 자원은 국민에 의해서 통제되어야 한다. 새로운 이상적인 사회는 민주사회이기 때문에 그 실현 방법도 민주적이어야 한다.

③ 학교교육의 성격은 사회·문화적 여러 세력에 의해서 크게 영향받고 결정된다. 재건주의자들은 사회 속에서 어떻게 하면 개인이 최대한으로 자아실현을 성취할 것인가에 대해서 큰 관심을 갖는다. 교육은 사회적 자아실현(social self-realization)에 그 목적이 있기 때문에 그것을 통해서 개인은 인격의 사회적 측면을 발달시킬 뿐만 아니라 사회계획에 참여하는 방법까지 학습하게 된다.

④ 교사는 학생들이 재건주의자들의 문제해결 방식의 긴급성과 타당성에 대한 확신을 갖도록 해야 한다. 그러나 교사는 민주적 절차를 신중히 고려하여 이를 수행해야 한다. 교사들은 공평하게 대안을 제시하여야 하며, 학생들은 그들 자신의 생각을 옹호할 수 있도록 허용해야 한다.

⑤ 교육의 목적·내용·방법은 오늘의 문화위기를 극복할 수 있는 방향에서 재구성되어야 하며, 행동과학적 연구가 발견해 낸 여러 원리들에 맞는 것이어야 한다. 행동과학의 중요성은 그것이 우리로 하여금 인간에게 가장 가치 있는 것들을 발견할 수 있도록 도와준다는 데 있다.

그러나 재건주의자들이 현대문명의 위기의식을 교육을 통해 사회개조를 주장하였다는 점에서 상당한 공헌을 하였으나 이들에게도 다음과 같은 약점은 있다.

첫째, 새로운 사회질서를 수립하기 위한 교육의 설계를 누가 어떻게 하며, 교육의 힘만으로 과연 새로운 사회질서 확립과 같은 거창한 일을 할 수 있는가 하는 문제가 제기된다. 새로운 사회질서의 확립이란 정치·경제·사회·도덕·종교적 요소까지를 고려해야 하는 참으로 어렵고 복잡한 문제이기 때문이다. 이렇게 볼 때 재건주의 교육철학은 교육의 힘을 과신(過信)하고 있다고 볼 수 있다.

둘째, 재건주의는 확고한 미래의 설계를 그려 놓고, 학생들을 그 방향으로 강제로 몰고 갈지도 모른다. 물론 교육방법에 있어 흥미와 경험을 중시한다고 하지만 실질적으로는 승복(承服)을 기대하고 있기 때문이다. 또한 기성세대가 설계한 미래사회가 장차 학생들이 살아가야 할 사회로 정당화되기 때문에 학생의 의지와는 무관할 수도 있으며, 학생들이 자라서 과연 그 사회가 그들에게 이상사회(理想社會)라고 합의하게 될 것인가에 대해서도 의문을 제기할 수 있다.

셋째, 행동과학적 지식을 지나치게 중요시하며 맹종하는 데서 오는 한계성이다. 행동과학적 지식을 지나치게 중시할 때 인간을 통제 가능한 존재로 전락시킬 수 있는 위험을 내포한다고 할 수 있다. 행동과학은 합리성에 의해 인과관계(因果關係)를 밝히고 행동의 결과를 예측한다. 그러나 인간은 행동적인 존재인 동시에 영혼적인 존재이며, 합리적 존재인 동시에 모순적인 존재이며, 사회적인 존재인 동시에 탈세속적인 존재이기도 하다. 인간은 본래 양면을 지닌 이원구조적(二元構造的)인 존재임을 보다 근원적으로 이해해야 할 것이다.

넷째, 자본주의 체제의 경제와 물질과학 문명의 최상을 걷고 있는 미국사회의 위기에 준해서 착안되었다는 점을 고려해야 한다.

이상에서 현대 교육사조(教育思潮)의 네 가지 흐름을 살펴보았다. 이들 간에는 서로 상반되는 주장이 있는가 하면, 서로 공통되는 점도 없지 않다. 브라멜드는 이들 사조의 상호관계를 다음과 같은 그림으로 간단하게 설명해 주고 있다.

그림 3-1

교육사조의 상호관계

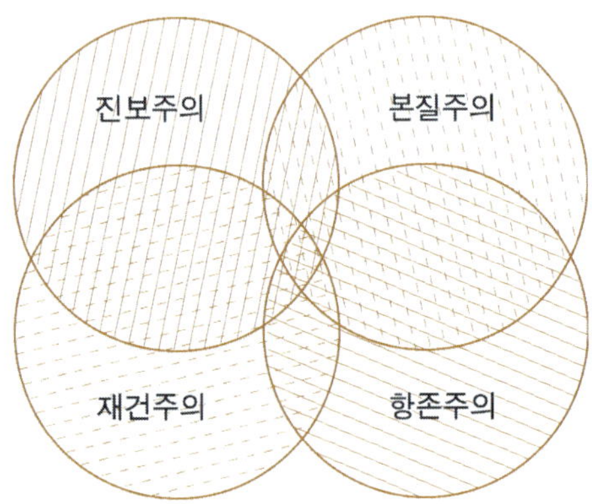

그림 3-1 에서 보면 진보주의와 재건주의가 서로 많은 공통점을 가지고 있는 반면, 본질주의와 항존주의 역시 서로 공통되는 점이 많음을 알 수 있다.

5) 실존주의

실존주의(existentialism)는 제 2 차 세계대전 이후 유럽에서 형성된 철학사조인데 이에 앞서 이미 19세기 중엽에 키에르케고르(S. Kierkegaard, 1813~1855)·니체(F. Nietzsche, 1844~1900)·도스토예프스키(F. Dostoevsky, 1821~1881) 등의 작품에서도 이러한 실존주의적 경향을 찾아볼 수 있다. 그러나 본격적인 실존주의 철학은 1920년대 후반부터 제 2 차 세계대전이 시작되기 전까지 하이데거(M. Heidegger, 1889~1976)와 야스퍼스(K. Jaspers, 1883~1969)를 중심으로 활발했다가 전쟁으로 일시 중단된 후에 제 2 차 세계대전 직후부터 다시 사르트르(J. P. Sartre, 1905~1980) 등에 의해 널리 유행하게 되었다.

실존주의는 문자 그대로 인간의 존재를 실존(實存)이라고 규정짓고, 그 실존의 문제를 사상의 중심으로 삼았다. 일찍이 키에르케고르는 진리(眞理)는 객관적·합리적인 것이 아니라, 구체적인 것이라고 하여 내면적인 주체성에서 진리를 찾으려 했다. 이때 거짓 없는 자기의 내면생활에 충실한 주체(主體)가 곧 실존이다. 누구나가 대신할 수 있는 평균화된 군중의 일원으로서의 사람, 또 투철한 자각 없이 그저 남이 하는 대로 살아가는 사람이 아니라, 어떠한 고난이라도 회피함 없이 고독과 예외자로서의 쓰라림을 용감하게 스스로의 책임 아래 감당하여 나아가는 주체가 실존이라는 것이다.

니체의 짜라투스트라(Zarathustra) 역시 남의 흉내나 내며 주체성을 상실하고 있는 대중생활을 배격하고, 보다 세차게 각자가 자기의 길을 개척하여 나아갈 것을 외쳐댔다. 사르트르는 실존이란 어떤 것의 제약도 받지 않는 자유로운 것이며, 스스로 선택하여 자기의 결단에 의하여 자기의 길을 걷는 것이라고 했다. 사르트르는 "실존은 본질(本質)에 선행(先行)한다"고 하였다. 여기서 실존이란 현실적·구체적·개체적 현실의 존재를 말하며, 반면에 본질은 추상적·보편적·영원불변한 실재를 말한다. 이런 실존의 의미를 인간의 문제에 적용하면, 전통적 철학과는 달리 실존주의는 인간을 먼저 구체적인 개체로서 존재하는 것으로 보고, 그 사람의 존재방식인 본질의 문제는 밖으로부터 규정되는 것이 아니라, 자기 스스로의 선택에 의해서 이루어져야 한다고 본다. 다시 말하면, 인간의 본질을 먼저 규명함으로써 인간을 일반화하지 않고, 개별성과 주체성, 독자성이 포함된 현실의 존재로서 인간을 인정한다. 이처럼 인간존재는 수많은 선택을 해야 하는 상황에 놓이게 되며, 자신의 선택에 의해 자신의 본질을 창조한다는 것이다. 따라서 인간은 선택의 자유(自由)가 있는 동시에 선택에 대한 모든 책임(責任)도 진다.

실존주의에 의하면 인간은 운명이나 혹은 환경에 의해 만들어지는 것이 아니라 자기 자신의 선택과 결단에 의해 만들어지는 것이며, 어느 누구도 그 일을 대신해 줄 수 없다는 것이다. 선하게 되느냐 악하게 되느냐, 천국을 건설하느냐 지옥을 건설하느냐 하는 것은 전적으로 자기 자신의 자유로운 선택에 의한 것이며 자기 자신 이외에는 그 누구도 거기에 대하여 책임을 질 수 없다는 것이다. 따라서 사르트르는 "인간은 자유롭도록 정죄(定罪)받았다"고 말했던 것이다. 인간은 이러한 독존(獨存)을 깨닫게 될 때 깊은 고독감에 빠지게 되는데 이러한 고독감을 극복하는 최선의 길은 자신의 삶에 대하여 책임을 질 수 있는 능력과 의지를 갖추는 일이며, 다음으로는 대화와 참여와 만남을 통해 서로를 격려해 주는 일이라고 했다.

실존주의의 입장에서 교육문제를 체계적으로 논의한 학자는 볼르노(O. F. Bollnow)이다. 그는 『실존철학과 교육학』이라는 저서를 통해서 실존에 맞는 새로운 교육관을 정립할 것을 역설하였다. 볼르노는 '비연속적 형식교육의 가능성'을 강조하면서 교육에서의 만남을 중요시하였다. 즉 '만남이 교육에 선행한다'고 했다. 교육 이전에 만남이 있었다는 것이다. 만남으로 인해서 일깨워져 비로소 진정한 교육이 이루어진다는 것이다. 실존주의 교육철학자들은 만남을 통한 인간의 전인격적 변화를 강조하고, 오늘날 기능화(機能化)한 교육방법 그리고 몰개성화, 몰인격화(沒人格化)되어 가고 있는 교육의 과정에 새로운 숨결을 불어넣고자 하는 사람들이다. 이들은 실존주의의 진정한 높은 수준의 교육은 의도적 · 계획적 · 계속적으로 이루어지기보다는 비연속성의 원리에 의해 이루어진다고 보고 있는데, 이것은 실존주의의 획기적인 공헌이라 할 수 있다. 왜냐하면 이 세상을 밝고 아름답게 살 수 있도록 하는 일, 이웃을 사랑하는 마음을 기르는 일, 믿음을 갖게 하는 일 등은 연속성의 원리에 입각한 교육으로는 이루어지기 어렵고 비연속성의 원리에 의한 교육에서 보다 효과적이고 바람직한 결과를 가져올 수 있기 때문이다.

실존주의의 입장에서 보면 교육이란 인간으로 하여금 자기 자신이 되게 하는 데 있다. 실존주의가 개개인의 자유와 더불어 책임을 중시하는 것은 교육의 목적을 외부적으로 규정하지 않는다는 의미를 내포하고 있다. 브라우디(H. S. Broudy)가 말하는 자아결정 · 자아실현 · 자아통합은 그 대표적인 예이다. 이것은 자유 · 선택 · 책임과 같은 실존주의적 가치가 내포된 교육이념이라 하겠다.

따라서 교육은 단순히 지식을 전달하는 것만으로는 무의미하며, 학생들 각자가 자신의 선택을 현명하게 하고 그것에 대해서 책임질 수 있도록 도와주는 것이어야 한다. 교사는 지성적이기보다 학생들의 심리적 갈등과 어려움을 깊이 공감적 이해를 하고 그들을 도와줄 수 있는 정열을 소유한 사람이어야 한다. 결국 실존주의 교육철학은 지적인 교육보다는 도덕교육 분야에, 교과중심적 교육방법보다는 인간중심적인 교육방법에 더 많은 중점을 두고 있다. 그리고 무엇보다도 교사의 사람됨과 그의 역할을 어느 교육철학보다 중요시하고 있다.

그러나 실존주의 교육철학에 대해서도 몇 가지 취약점을 지적하지 않을 수 없다.

첫째로 실존주의는 개인의 개별성, 주체성, 독자성을 존중하고 개성을 소중히 여기는 등 개인의 존재의의에 치중한 나머지 개인의 사회적 측면을 경시하는 경향이 있다.

둘째로 실존주의는 자유로운 창조적 개인의 성장과 개성을 존중하기 때문에 교과지도 전문교사보다 자유인으로서의 교사를 더 강조한다. 그러나 이러한 교사를 통한 교육은 인류의 귀중한 문화유산 전달에 취약할 가능성이 있다.

셋째로 만남의 중요성에 대한 강조나 인간주의 교육방법 등을 주장하고 있으나 그러한 방법에 대한 구체적인 실천수단에 대한 적절한 방안을 제시하지 못하고 있다.

넷째로 실존주의 교육철학에 기초한 체계적인 교육이론을 제시하지 못하고 있기 때문에 현대교육의 모순점을 지적하고 있지만 개선을 위한 구체적인 대안을 제시하는 데는 미흡하다.

6) 분석철학

5절에서 살펴본 실존주의가 주관적 성향으로 흐르는 데 반하여 분석철학(analytic philosophy)은 객관성을 주장하면서 엄격한 과학정신과 논리적 방법을 중시한다. 실존주의와 더불어 20세기 철학의 새로운 조류를 형성한 분석철학이 대두하게 된 배경에는 두 가지 요인이 있다. 하나는 철학의 본질에 대한 성찰이고, 다른 하나는 형이상학을 배제하고 논리나 검증을 철학하는 방법으로 규정하려는 움직임에서 비롯된 것이다.

이와 같은 분석철학은 크게 논리실증주의와 언어분석주의로 대별할 수 있다. 논리실증주의는 명제 진술의 논리적 구조나 문법적 구조를 논리적으로 분석하고자 한 반면, 언어분석주의는 일상언어의 의미를 명료히 하고자 하였다. 이들은 둘 다 언어와 그 의미에 관심을 두고 있고, 가치와 규범적인 문제에는 관심을 배제하려고 하며, 철학은 주로 학문적인 언어인 이차 언어를 연구의 대상으로 한다는 점에서 유사하다.

논리실증주의자들은 철학의 주요 임무를 특정한 이론체계를 구성하는 데 있는 것으로 보지 않고 문제를 논리적으로 분석하는 데 있다고 본다. 따라서 논리실증주의자들은 형이상학을 거부한다. 형이상학은 우주의 근원, 우주의 목적 등 초감상적인 것을 탐구의 대상으로 한다. 그런데 논리실증주의자들은 이와 같은 형이상학의 언어표현을 분석하여 형이상학의 무의미함을 밝힌다. 즉, 형이상학에서 사용하는 언어들은 주관적이고 추상적인 것들로서 객관적으로 증명할 수 없기 때문에 무의미하다는 것이다. 논리실증주자들은 어떤 명제의 진위(眞僞)를 판별할 수 있는 기준으로서 경험성과 논리성을 제시한다. 즉, 어떤 명제가 진이 되기 위해서는 관찰 가능한 것이어야 하며, 논리적으로 표현될 수 있어야 한다는 것이다.

논리실증주의자들이 철학적으로 유의미한 것을 판가름하는 기준으로 논리성과 경험성을 제시한 것에 반하여 언어분석주의자들은 언어와 문장과의 표현에 의미를 보다 정확하게 하여 올바른 사고에 도달하도록 한다. 언어분석주의자들에 의하면 철학의 목적은 우리가 사용하는 언어 의미의 모호성을 밝혀 언어의 참된 의미를 탐구함으로써 올바른 사고를 가능하게 하도록 하는 데 있다고 본다. 따라서 언어분석주의자들은 철학이 어떤 이론을 창출하거나 정립하는 데 있는 것이 아니라 올바른 사고를 할 수 있도록 치유적 기능을 해야 한다는 것이다. 언어분석주의자의 대표자라고 할 수 있는 비트겐슈타인(L. Wittgenstein)은 언어의 구조는 세계의 구조를 반영하고 있다고 보고 언어의 분석을 통한 실재의 진리를 탐구하고자 하였다. 이렇게 볼 때 분석철학은 확고한 이념이나 우주와 인생에 대한 체계적 이론으로 구성된 철학이라기보다는 하나의 철학적 방법론이라고 보는 것이 타당할 것이다.

20세기의 철학이 분석철학이라고 한다면, 교육철학은 1960년대 이후 영국과 미국에서 일어난 분석적 교육철학일 것이다. 분석적 교육철학은 영미 학자들 간에도 관심사나 성격에 따라 다르기는 하지만 개념 분석방법을 통하여 교육의 주요 개념이나 의미를 명료히 하고, 교육적 주장과 논의에 들어 있는 각종 논리적 가정과 함의(含意)를 드러내며, 나아가 교육에 관한 주요 주장들을 검토하고 정당화하는 일에 관심을 가지고 있다는 점에서 영미 학자들 간에 공통적이다. 분석철학의 방법론을 강조하는 분석적 교육철학은 철학적 이론이나 주장에서 교육적 함의를 찾거나 교육사상사를 탐구하는 기존의 교육철학과는 그 성격이 다르며 그러한 전통적 교육철학에 대한 대안으로 제시된 것이다. 그래서 분석적 교육철학은 형이상학적 가정을 사변적으로 탐구하는 교육철학의 방법을 비판하고, 교육을 과학적 · 경험적 · 논리적 방법으로 탐구함으로써 교육철학을 객관적인 체계를 갖춘 독립 학문으로 발전시키려고 하였다. 이 입장에서는 교육철학이 하나의 학문으로 성립하기 위해서는 주관적 신념체계로서가 아니라 객관적이고 보편타당한 이론체계를 갖추어야 한다고 보고 교육철학을 새롭게 정립하고자 하였다. 이를 위해서 교육철학에서는 가치중립적이라고 생각되는 언어와 논리의 타당성 여부만을 연구대상으로 다루어야 한다고 보았다.

분석적 교육철학은 교육에서 사용되는 언어와 논리는 가치가 전혀 개입되지 않은 객관적인 것이기 때문에 그것을 분석적으로 탐구하여 의미를 명확히 하는 것이 교육철학을 객관적인 독립 학문으로 성립시키는 방법이라고 생각했다. 교육철학이 교육 · 교수 · 학습 · 수업 등의 교육 논의에서 사용되는 중요한 개념들이 갖는 의미를 명료하게 밝힘으로써 교육이론에 내재해 있는 모순성과 모호성 그리고 불명료성을 제거해야 한다는 것이다. 그렇게 함으로써 언어나 논리 개념에 담긴 오류와 편견에서 벗어날 수 있으며, 교육이 무엇을 추구하고 어떻게 이룰 것인가를 보다 명확하게 밝힐 수 있다고 보았던 것이다.

그러나 실존주의와 마찬가지로 분석철학도 교육철학으로서 체계화된 사상은 아니다. 다만 이와 같은 분석철학이 교육에 시사점을 제시하고 있을 뿐이다. 분석철학이 교육에 시사하는 바를 정리하면 다음과 같다.

① 분석적 교육철학은 교육철학을 하나의 독립적이고 객관적인 학문분야로 성립시키기 위해 노력하였다는 점을 인정할 수 있다. 교육적 논의에 사용되는 개념들을 명료히 하고, 그 타당성을 검토함으로써 이론적 혼란을 해결하고자 했던 시도는 오늘

날에도 계속 추구되어야 할 교육철학의 기본적인 방법론을 제시한 것이라고 보아야 할 것이다.

② 분석철학은 사고의 엄밀성·명료성을 가져다주었다. 분석철학은 우리가 교육에서 사용하는 개념에 대한 정의를 명료화할 수 있도록 하였다. 교육학 연구에 분석적 방법이 적용됨으로써 교육학에서 사용해 왔던 모호한 이론들이 다듬어졌으며, 교육학 자체의 학문적 성격도 더 분명해질 수 있었다.

③ 분석철학은 교사들의 태도에도 영향을 주었다. 분석철학은 교사들에게 명료하게 생각하고 논리적으로 설명하도록 하였다.

그러나 분석적 교육철학에도 여러 측면에서 취약점을 드러냈다.

첫째, 분석적 교육철학자들이 객관성을 확보하기 위하여 언어와 논리라는 탐구 대상을 설정하였지만 그 언어와 논리가 가치중립적인 것이 아니라는 점이다. 언어는 그 언어를 사용하는 사람의 신념과 가치관 등이 이미 개재되어 있기 때문에 언어와 논리를 분석함으로써 교육철학을 객관적 학문으로 정립하고자 하였던 것은 그릇된 가정에서 출발하였다고 볼 수 있다.

둘째, 교육철학을 객관적 학문으로 정립하여야 한다는 데에 지나치게 집착하여 언어의 의미와 논리적 전개과정에 대한 분석을 지나치게 강조함으로써 교육철학의 실천적 성격을 외면하였다는 점이다. 교육철학은 기본적으로 교육활동과 관련되어 그 의미를 규정하고 구체적인 교육활동에서 발생하는 교육적 문제를 해결하는 데에 기여하고자 하는 실천학문이다. 그러나 분석적 교육철학은 언어와 논리의 탐구만을 중요시함으로써 교육철학을 교육활동과 무관한 것으로 만들어 실천학문으로서의 교육철학의 성격을 퇴색시키고 있다.

셋째, 교육이 전인의 육성을 그 목적으로 한다는 점을 고려할 때 교육활동에는 정의적인 측면과 의지적인 측면이 수없이 내포될 수밖에 없다. 그러나 분석철학은 이러한 교육활동의 정의적·의지적 차원을 올바르게 수용하지 못하는 한계를 지니고 있다.

제 4 장

교육의 심리적 기초

1. 인간의 이해
2. 인간발달과 교육
3. 인간행동과 교육

1. 인간의 이해

1) 인간 본성에 대한 과학 이전의 사고

인간의 본성(本性)에 대한 과학 이전의 생각은 오늘날 과학에서 요구하는 기준에 비추어 볼 때 타당한 이론은 아니다. 인간 본성에 대한 논리의 대부분은 피상적인 관찰이나 몇몇 사상가(思想家)의 독단적인 주장에 기초를 두고 있기 때문이다. 그러므로 그와 같은 기초에 전개된 이론은 그것을 지지할 만한 객관적이고 과학적인 증거를 제공하지 못하였다. 어떤 것은 인간의 본성을 특정한 사상가의 사상체계에 들어맞도록 연역(演繹)하였거나 순전히 철학적인 사유(思惟)에 의존하여 논리를 전개한 것에 불과하다.

인간 본성에 관한 과학 이전의 견해는 크게 세 가지로 구분할 수 있다. 소위 성악설(性惡說)과 성선설(性善說) 그리고 백지설(白紙說)이 그것들이다.

(1) 성악설

인간의 본성이 악하다는 생각은 역사적으로 긴 전통을 갖고 있다. 성악설이라 불리는 이 견해에 의하면 인간은 태어날 때부터 도덕적으로 보아 악한 충동을 지니고 있기 때문에 본능적으로 악한 행동을 하도록 된 존재라는 것이다. 따라서 교육적인 제재(制裁)를 가하지 않는 한 선한 행동은 없고 악한 행동이 나타나게 된다고 보고 있다.

이와 같은 성악설의 확실한 근원을 찾기는 어렵다. 다만 고대 중국에 있어서는 맹자(孟子, B.C. 372~289)의 성선설에 대비시켜 순자(荀子, B.C. 315~230)의 성악설이 널리 알려져 있다. 순자는 맹자와는 달리 인간의 본성은 악하다고 보았고, 그렇기 때문에 인간의 본성을 그대로 따르면 악에 빠지게 된다고 하였다.

서양에 있어서 성악의 생각은 거의 지배적으로 내려온 사상적 전통이다. 고대 히브리 사람들도 인간의 본성에 대하여 부정적인 태도를 지니고 있었다는 증거가 구약성서의 여러 곳에서 발견된다. 고대 그리스의 철학자에게 있어서도 성악설은 보편적으로 받아들여졌던 생각이었다. 그들은 인간은 육신과 영혼으로 구성되어 있다는 이른바 이원론(二元論)

의 선구자적 사상가들이었다. 그들은, 육신은 불순하고 악한 반면 영혼은 순결하고 선한 것이라고 생각하였다. 영혼이 인간을 지배하면 선한 행동을 기대할 수 있으나 육신이 위로 올라와서 인간을 차지하게 되면 악하게 된다고 보았다. 그러나 대부분의 인간에게 있어서는 육신이 인간을 지배하게 되기 때문에 인간은 근본적으로 악하다는 생각을 하게 되었다.

서구사회에 있어서 기독교의 전통은 성악의 견해를 더욱 뒷받침하였다. 특히 5세기의 성(聖) 어거스틴(A. Augustine, 354 ~ 430) 이후 기독교의 교리(教理)는 명백히 성악의 입장을 취하고 있다. 인간은 아담으로부터 내려오는 악한 본성을 물려받아 출생한다는 원죄의식(原罪意識)은 기독교의 중요한 교리로 등장하게 되었고, 그것은 16세기의 캘빈(J. Calvin)에 이르러 극단적인 성악사상으로 고정되었다. 그 후 성악설은 기독교를 대표하는 신학사상으로서 교회를 지배하게 되었다. 인간의 본성이 악하다고 본 사상가들은 근대에 와서 마키아벨리(N. Machiavelli, 1469 ~ 1527), 홉스(T. Hobbes, 1588 ~ 1679), 마르크스(K. Marx, 1818 ~ 1883), 심리학자로는 프로이트(S. Freud) 등을 들 수 있다.

인간이 선천적으로 악한 본성을 나타낸다는 생각은 아동의 양육과 교육에 지대한 영향을 미쳤다. 엄한 규율을 가지고 훈련을 시키지 않으면 인간의 본질적인 악한 성향을 제압하거나 제거할 수 없다고 생각하였기 때문에 엄격한 훈육이 강조되었고, 또 그렇게 함으로써만이 영혼이 구원을 받을 수 있다고 생각하였다. 엄한 훈육(訓育)과 고행(苦行)을 강조함으로써 어린이의 악한 충동을 제거하고 이기적이고, 난폭하고, 거짓말하는, 부정직한 성향을 시정할 수 있다고 생각한 것이다. 더욱이 인간의 악한 성향은 되도록 일찍이 바로 잡아야 한다고 생각하였기 때문에 어린이에 대한 엄격한 훈육이 강조되었다.

오늘날의 교육 실제에서도 찾아볼 수 있는 사례로서 '사람은 때려야 사람이 될 수 있다', '악한 마음은 뿌리째 뽑아야 한다'는 등의 표현에는 인간의 본성을 악하게 보려고 하는 생각이 밑바탕에 깔려 있다.

(2) 성선설

성악설과 대비되는 성선설은 인간의 본성을 선하게 보려는 입장이다. 맹자는 인간은 본래 성인(聖人)이나 범인(凡人)이나 다 같이 그 성품이 선하니 각자가 성선을 토대로 하여 착한 행동을 해나가면 누구나 성인이 될 수 있다고 하였다. 맹자의 성선설에 대한 논적(論敵)으로서 고자(告子, B.C. 4세기경)가 있었는데, 어느 날 고자가 다음과 같은 말로써 맹자의 성선설을 논박하였다. "성(性)은 마치 빙빙 도는 물과 같습니다. 동방으로 트면 동쪽으로 흐르고 서방으로 트면 서쪽으로 흐릅니다. 인성에 선(善)과 불선(不善)의 구분이 없는 것은 마치 물의 동서(東西)의 구분이 없는 것과 같지 않습니까?" 이에 대하여 맹자는 다음과 같이 대답하였다. "물에는 정말 동서의 구분은 없지만 상하(上下)의 구분도 없겠는가? 인간의 본성이 선한 것은 마치 물이 아래로 내려가는 것과 같으니, 사람 치고 선하지 않은 사람이 없고, 물 치고 아래로 내려가지 않는 물이 없는 것일세. 이제 물을 쳐서 위로 튀어오르게 하면 사람의 이마를 넘어가게 할 수도 있고, 아래를 막아서 역류시키면 산에까지도 올라가게 할 수는 있으나 이것이 어찌 물의 본성(本性)이겠는가? 외부의 힘으로 그렇게 되는 것일세. 사람을 불쌍하게 만드는 것도 그 경우가 이 물과 같은 것일세." 이렇게 맹자는 그의 성선의 지론(持論)을 고수하는 답변을 하는 가운데 인간의 본성 자체는 반드시 선의 성향이 있으며, 불선의 소행(所行)이 있는 것은 일시적인 외적 환경에 의한 것이라고 하였다.

서양에 있어서 전통적으로 내려오던 성악설에 대하여 본격적인 비판을 시도한 사람은 18세기 중엽 루소(J. J. Rousseau, 1712~1778)였다. 루소는 인간은 본래 악한 것이 아니라 선하다고 주장하였다. 루소는 그의 교육소설 『에밀』의 제 1 편 서두에서 다음과 같이 기술하고 있다. "신은 인간을 선하게 창조하였다. 인간이 만물에 간섭하여 모든 것이 악하게 되어 버렸다. 인간은 억지로 A의 토지에서 B의 토지의 산물을 생산하려 하고, C의 나무에서 D의 나무열매를 얻으려 한다. 인간은 기후·장소·자연의 순서 등 모든 것을 뒤섞고 혼동해 버린다. 인간은 모든 것을 깨뜨려서 보기 싫게 만든다. 인간은 불구와 기형을 즐겨서 무엇 하나 자연이 만든 그대로 두려고 하지 않는다.… 그러나 교육조차 없었더라면 인간 만사가 점점 나쁘게 되어 인류는 지금의 반도 되지 않았을 것이다."

이처럼 루소의 주장은 전통적으로 인간을 죄악시하려고 하는 성악설에 대하여 정면으로 반기를 들고, 어린이를 혹독한 훈육으로 다루어서는 안 된다는 점을 주장하여 큰 공헌을 하였다. 그러나 루소의 주장 역시 인간발달에 관한 실증적인 증거의 뒷받침이 있는 것은 아니다. 단지 루소는 전통적인 성악설에 대하여 극단적으로 반대되는 입장을 취하였을 뿐 과학적인 근거를 갖추지는 못하였던 것이다. 루소 이외에 서양의 철학사상에서 인간 본성이 선한 것으로 주장한 사상가로는 소크라테스, 페스탈로치, 헤겔 등이 있으며, 같은 관점에 서 있는 심리학자로는 게젤(A. Gesell), 피아제(J. Piaget, 1896~1980) 등을 들 수 있다.

(3) 백지설

백지설은 인간이란 출생 시에 이른바 악이니 선이니 하는 선택적 본능이라는 것을 가지고 태어나지 않으며, 다만 후천적으로 만나게 되는 환경의 자극을 수동적으로 받아들일 수 있는 태세만 갖추고 있다는 주장이다.

서양에 있어서는 17세기 후반 영국의 철학자이며 심리학자였던 로크(J. Locke, 1632~1704)가 1690년에 「인간이해에 관한 논문」을 발표하는 가운데 인간의 마음은 출생 당시에 타불라 라사(tabula rasa)와 같다고 주장함으로써 백지설의 대표자가 되었다. '타불라 라사'라는 고전어는 '아무것도 적혀 있지 않은 백지'라는 뜻을 가지고 있다. 따라서 인상(印象)이 기록되기 이전의 상태라는 뜻이다. '타불라 라사'의 개념에 의하면 환경이 동적이고 능동적이며, 인간은 정적이고 수동적인 존재가 된다. 그러므로 환경 또는 교육 여하가 백지와 같은 인간의 본성에 작용하여 선한 사람으로도 악한 사람으로도 그려낸다는 것이다.

이와 같은 존 로크의 사상은 다분히 경험주의(經驗主義)의 발로라고 볼 수 있는 한편, 그것은 극단적인 환경론의 한 양식이라고 해석될 수도 있다. 이것은 인간이 본능을 가지고 있다는 이론과 실질적인 대조를 이루고 있는 입장이며, 나아가서 인간의 역동성과 자주성을 주장하는 입장과도 반대된다. 이처럼 경험을 통하여 인간의 본성이 결정된다고 주장한 로크는 한 걸음 더 나아가 그와 같은 경험은 감각・반사・연상에 의하여 이루어진다고 생각하였다. 그러므로 '타불라 라사'는 단순한 카메라와 같이 감각을 통하여 인상지어지는 것을 그대로 기록하기도 하고, 또 과거의 경험을 반사시켜서 새로운 의미를 기록하기도 한다고 생각하였다. 인간의 마음은 특수하게 만들어진 카메라와도 같아서 환경으로부터 오는 경험을 그대로 기록하기도 하고, 어떤 때에는 두 개의 경험을 합쳐서 하나의 사진으로 만들기도 하는 것과 같다는 것이다. 로크 이외에 인간 본성의 중립성을 강조한 대표적인 심리학자로는 왓슨(J. B. Watson, 1878~1958)과 스키너(B. F. Skinner, 1904~

1990) 등이다.

이상에서 고찰한 성악설과 성선설 그리고 백지설은 개인적인 사유와 논법에 따라 전개되었으나 그중 어느 한 인간관이 특별히 옳고 다른 것은 그르다고 부정할 근거를 제시하기는 어렵다. 따라서 인간의 문제가 끝없이 제기될 수밖에 없는 교육의 입장에서 볼 때 어느 하나도 소홀히 넘겨버릴 수 없는 생각들이다.

2) 현대 심리학의 인간관

현대 심리학에서는 인간을 어떻게 보고 있는가? 이것도 그렇게 쉽게 대답할 수 있는 질문은 아니다. 현대 심리학이라 하여도 그 속에는 인간에 대하여 각각 견해를 달리하는 여러 학파가 있기 때문이다. 현대 심리학의 세 가지 조류(潮流)와 그 학파를 검토함으로써 인간 이해에 대해 생각하고자 한다. 세 조류 중 첫째는 연합주의(Associationism) 또는 자극-반응연합설 학파이다. 이는 특히 강화이론(强化理論)으로 대표되며 행동주의 심리학이라고도 불린다. 둘째는 정신분석학인데 창시자 프로이트(S. Freud)의 이름을 따서 프로이디안니즘(Freudianism)이라고도 한다. 셋째는 위의 두 조류에 반발하여 미국에서 일어난 것인데 제3세력의 심리학이라고 부른다. 이것은 인본주의적이며, 자아심리학·현상학적 심리학·지각주의 및 실존주의 심리학 등을 망라한 것으로 최근에 대두된 심리학파이다.

(1) 행동주의 심리학의 인간관

심리학에서 연합주의라 함은 헤르바르트(J. F. Herbart)와 같은 철학자의 사상을 이어받아 19세기 말엽에 발전된 학설이다. 헤르바르트는 인간의 마음은 독립된 감각·사상·사고·결단·정서들의 혼합체로서, 이들은 연합이라는 과정을 통하여 서로 통합된다고 생각하였다. 행동주의 심리학은 동물을 실험과 관찰의 대상으로 하여 심리학을 연구했던 손다이크(E. L. Thorndike) 학파에서는 강화이론을 도입하여 생체행동이론을 자극(stimulus)과 반응(response)을 결합시켜 S-R이라는 공식으로 표현되는 행동주의 이론을 형성하였다. 그리하여 손다이크는 모든 새로운 사고·감정·감각 등은 과거에 가지고 있던 것들에 대한 반응의 형태로 일어난다고 하였다. 이 학설에서는 기억이나 학습이 자극과 반응의 연결이라는 관계로 표시되며, 어떤 특정한 자극은 특수한 반응을 야기한다고 하였다. 이 원리에서 수많은 법칙과 이론이 도출되었으며, 이들 모든 법칙은 인간의 행동을 자극과 반응의 연결로써 설명하였다. 예를 들면, 상이나 벌·반복·욕구충족·강화·조건형성 등은 모두 학습을 효과 있게 이끄는 것으로, 어떤 바람직한 행동을 도출한다고 하였다. 이 학파는 그 이론을 수정하고 발전시켜서 오늘날 가장 우세한 심리학 이론으로 이끌어 나가고 있으며, 그 영향력은 대단히 큰 것이라고 할 수 있다. 오늘날 미국의 각급 학교에서 널리 사용되고 있는 프로그램 학습, 학습기계의 이론도 이 학설에 근거를 두고 있다. 또한 광고, 정치적 설득, PR 프로그램 등에서 조건형성(條件形成)의 원칙은 매우 유효적절하게 활용되고 있다. 행동주의 심리학자들은 사회의 여러 가지 문제를 풀이할 때, 인간의 행동은 그 사람의 환경에서 부과되는 힘의 결과라고 믿으며, 사회문제와 인간문제를 해결하기 위해서는 이 환경의 힘을 조작하는 사람, 즉 이 사회에서 인간들이 어떠한 방향으로 가야 하느냐 하는 것을 결정할 위대한 인물이 존재해야 한다고 한다. 따라서 학교생활에서는 여러 교과(教科)에서 학생들에게 무엇을 가르칠 것인가를 결정짓는 교과 전문가가 생기고, 학습기계에 집어넣을 프로그램을 짜는 특수 전문가가 생기게 된다.

인간이란 무엇인가에 대한 이 관점의 대답은 비교적 간명하다. 즉, '인간은 복잡한 기계'라는 것이 이 견해의 답변이다. 그러나 인간행동은 복잡하기는 하나 원칙적으로 예측이 가능하다고 본다. 그리고 인간의 현재 행동은 어떤 선행조건에 의해서 결정되기 때문에 인간형성에 있어서는 환경적 결정론이 지배적인 작용을 한다고 본다. 따라서 기본적으로 개인의 의식세계는 믿을 수 없고, 중요한 것은 표출된 행동뿐이라고 주장한다. 이와 같은 입장에서는 행동의 조건화(條件化)가 지배적인 지도방법으로 등장하게 된다.

(2) 정신분석학의 인간관

정신분석학적 인간관은 그 근원을 프로이트(S. Freud)의 사상에서 찾을 수 있다. 프로이트의 이론으로 대변되는 정신분석학적 인간관은 행동주의적 인간관과는 달리 인간의 심층적인 무의식(無意識)의 세계를 중요시한다. 인간의 부적응 행동은 의식의 작용에 의하여 일어나는 것이 아니라, 무의식적 충동에 의해서 일어난다는 것이다. 따라서 인간행동의 이해는 인간의 심층적인 무의식의 세계를 통찰할 때 비로소 가능하다는 주장이다. 이

점은 정신분석학이나 심층심리학의 중추적인 개념이며, 그것은 기억의 재생과 복구의 개념으로 정리된다. 심리치료나 상담은 환자나 내담자(counselee)에게 파묻혀 있던 어떤 동기 또는 억압되었던 정신적 충격을 드러내 보여줌으로써 이루어진다. 따라서 부적응 행동의 치료 가능성은 이러한 기억의 재생 여부에 달려 있다고 한다. 그러나 이 관점은 개인과 재생된 기억 사이의 상호작용을 전혀 허용하지 않는다. 프로이트는 단순한 기억의 재생 그 자체가 정신분석의 요체(要諦)라고 명백히 기술하고 있다.

이와 같은 프로이트의 관점은 행동주의적 인간관과 마찬가지로 현재의 인간행동의 원인(原因)을 과거에 두고 있다는 점에서 양자가 모두 개인의 미래 의식현상과 자유의지(free will)를 완전히 무시하고 있다. 자아(ego)는 반응하는 기관이며, 그 자체는 아무런 힘도 갖고 있지 못하다는 것이다. 따라서 인간이 행동하는 데 필요한 에너지는 본능적 욕구에서 비롯되며, 욕구의 구조는 불변하기 때문에 미래는 기껏해야 목적의 방향 전환이 있을 뿐 변형이란 있을 수 없다고 본다. 따라서 정신분석학적 인간관은 인간의 방어적 자아과정에만 치중하고, 인간의 고유한 창의적인 인지능력과 미래에 대한 새로운 의식현상과 변형된 자아의식에 대한 배려가 결여되어 있다.

이 학설에서 파생된 다른 하나의 이론은 인간의 행동은 무의식과 비합리적인 것에서 유래된다는 결정론적 이론이다. 인간의 동기는 표면에 나타난 것과는 다른 것이며, 스스로 깨닫지 못하는 내적 욕구로 말미암아 쉽사리 왜곡된다는 것이다. 그렇다면 인간의 행동은 자기의 자유의지나 합리적인 힘에 의하여 결정된 것이라고 생각될 수 없으며, 자기가 한 일에 대하여 책임질 수도 없다는 문제가 제기된다. 즉, 인간을 자기가 통제할 수 없는 외부의 힘에 의한 피조물로 본 것으로 인간 상호 간의 민주적 관련성을 부인하는 이론이라고 볼 수 있다.

(3) 인본주의 심리학의 인간관

지난 80여 년간 심리학이 하나의 독립된 학문으로 발전해 오는 동안에 많은 심리학자들은 지금까지 설명한 결정론적이며 분석적인 심리학에 대하여 은연중에 반감을 가져왔다. 그러나 최근에 이르기까지 그것이 어떠한 조직화된 움직임이나 학파로서 형성되지는 못하였다. 그러던 것이 근래에 와서 이러한 여러 갈래의 움직임이 종합적인 인간 본질의 문제로 한데 어울리게 되어 마슬로우(A. Maslow, 1908 ~ 1970)가 이름붙인 소위 '제 3 세력의 심리학'을 형성하기에 이르렀다. 이 학파는 인간의 본성은 생물학적인 것이 아니라, 사회적 · 문화적인 데 있다고 주장하는 소위 신프로이트학파, 인간은 환경과의 상호작용에서 그 행동을 규정하고 이해할 수 있다는 형태심리학파, 개개인의 전인적 배려를 강조하는 유기체(organism) 심리학파, 개인의 특수성과 통합을 주장하여 생활과 환경을 매우 개인적으로 특수하게 해석하려는 지각주의 및 실존주의 심리학파들을 망라한 것이라고 할 수 있다. 다시 말하면, 이들은 앞서 말한 행동주의적이며 자연과학적 방법만을 존중하는 연합주의와 지나친 분석적 경향으로 흐르는 정신분석학에 반발하여, 개개인의 인간과 각자의 독특한 특성에 대하여 지대한 관심과 중점을 두는 것이 특색이며, 이들의 공동 관심사는 인간의 존재(being)와 성장(growth)에 있다. 그들에 따르면 인간은 역동적(力動的)인 생명체이며, 각기 독특하게 성장하는 과정을 가지는 특수체인 것이다.

인본주의 심리학에서는 인간을 어떤 좁은 인과(因果)법칙 속에 집어넣을 수 없는 역동적 체제로 보며, 유형 · 무형의 문화에 반응하고 항상 새로운 이념을 추구하며, 인간 스스로에 대해서는 다른 동물에게서 볼 수 없는 '나는 무엇인가?'라는 의문을 부단히 제기하는 존재라고 규정한다. 즉, 인간은 그 본성에 있어서 진 · 선 · 미와 같은 보다 나은 것을 추구하는 끊임없는 마음의 움직임, 즉 가치의식이 항상 작용하는 특성이 있을 뿐만 아니라, 그에 따른 과정이나 결과로서 문화(文化)라는 것을 향유하게 된다는 사실에 주목한다. 그리고 탄생 시에는 연약 · 무력 · 무능하기 짝이 없지만, 긴 성장기를 통하여 무한한 성장 가능성을 현실적으로 계발할 수 있는 유일한 존재라는 점을 중요시하는 관점이다.

다시 말하면, 인간 이외의 동물들은 그 본성에 있어서 극대의 현실성과 극소의 가능성을 가진 존재임에 비하여, 인간만은 극소의 현실성과 극대의 가능성을 가진 점을 주목하고, 그 점을 계발의 근원적 힘으로 보려는 관점이다.

그러므로 이와 같은 관점에서 인간에게 있어서는 과거보다도 미래가 더 중요하고, 인간의 현재 행동은 과거의 어떤 선행조건이 결정해 주기보다도 그가 지니고 있는 이성 · 이념 · 목적 · 가치체계가 결정해 준다는 견해를 나타낸다. 이 점은 행동주의적 관점이나 정신분석학적 시각과 크게 입장을 달리하는 것으로서 인간적인 특유한 자질과 능력을 강조하는 것이다. 인간의 미래지향적인 성격을 강조함으로써 당연히 무의식보다도 의식현상을 중요시하게 되었다. 따라서 인간행동은 무의식이나 어떤 선행조건의 필연적인 산물이 아니라 개인의 자유의지가 작용하는 의식의 발로(發露)로 본다.

이제 우리는 어떤 인간관을 택할 것인가 하는 문제에 직면하게 된다. 인간을 단순히 반응하는 존재로 규정하느냐, 심층적인 무의식의 세계를 어느 정도 인정하느냐 또는 인간의 목적지향적인 의식현상을 어떻게 받아들이느냐에 따라서 교육의 실제는 크게 달라질 수 있기 때문이다.

위에서 제시한 세 가지 현대 심리학적 인간관은 어느 하나도 인간의 모든 면을 충분하게 설명해 주지는 못한다. 그렇다고 어느 하나의 인간관도 전적으로 부정할 수도 없다. 세 가지 인간관이 모두 인정됨과 동시에 어느 하나도 충분하지는 못하기 때문이다. 인간의 본성과 발달 그리고 행위동기의 역동성(力動性)은 어느 하나의 관점이나 이론에 의하여 완전하게 설명될 수 있을 만큼 단순하지가 않다. 결국 절충식 관점이 나올 수밖에 없는 것이다.

2. 인간발달과 교육

1) 발달의 의미

무력한 유기체로 출생한 신생아는 비교적 장기간의 성장과 발달과정을 거쳐서 독자적인 인격을 지닌 인간으로 형성된다. 그 발달과정은 유기체와 그를 둘러싸고 있는 환경과의 부단한 상호작용으로 이루어지며, 그것은 성숙(成熟) 과정임과 동시에 많은 것을 배우는 학습(學習) 과정이라고 할 수 있다. 이러한 어린이의 발달과정을 살펴보는 것은 인간이해의 기초를 이루며 교육적으로도 의의가 크다고 하겠다.

코프카(K. Koffka, 1886 ~ 1941)는 발달이란 유기체의 기관이 양적으로 증대하고 구조(構造)에 있어서 정밀화되며, 기능(機能)에 있어서도 유기화되는 것이라고 정의하였다. 한 어린이에게 있어서 신장과 체중, 혹은 손발이 커졌다고 하면 그것은 양적인 증대인 것이고, 모태에서 떨어져 생을 시작할 시기에는 그렇게 무력하기만 하던 갓난아기가 점차 걸을 줄 알고, 몸의 균형을 잡기도 하고, 뛸 줄도 아는 것을 보면 기능 면에서 얼마나 변하였는지를 이해하게 된다. 또 그들이 변화해 가는 과정에서 뇌세포 · 신경조직 · 근육조직을 구조적 측면에서 관찰하면 상상할 수 없을 정도의 정밀성을 발견하게 된다. 이러한 일련의 변화, 즉 양적 증대와 질적 변화를 동시에 수반한 심신의 변화를 발달(發達)이라고 한다.

코프카는 이런 발달을 성숙과 학습으로 구분하여 성숙은 유기체의 유전적 내재법칙(內在法則)을 따르는 발달과정이고, 학습은 유기체가 개인적인 경험에서 얻게 되는 행동변화의 과정이라고 하였다. 즉, 성숙은 신장 · 체중 · 체력 등과 같은 선천적 혹은 유전적 분야의 발달이고, 학습은 언어 · 계산 · 습관 등과 같이 후천적으로 유기체 자신이 끊임없는 훈련과 경험을 통하여 행동수준을 높여 가는 발달이다. 한편 성장(成長)이란 용어는 일반적으로 신체적 측면에서의 양적 증대 혹은 변화를 지칭하는 것으로 흔히 '자라난다'라는 말의 의미인 것이며, 경험이나 환경적 도전에 크게 영향을 받지 않는 변화를 뜻한다.

2) 발달의 원리

인간발달의 일반적 원리는 대체로 다음과 같이 정리할 수 있다.

첫째, 발달은 연속적이며 점진적인 과정이다. 어린이의 발달을 자세히 관찰해 보면 여러 측면에서 차이가 나타나지만 모두가 일련의 연속선상에서 지속적 · 점진적으로 변화되어 가는 과정이라는 것을 인정하게 된다. 그것은 양적인 성장에서도 그렇지만 질적인 면의 변화과정에서도 마찬가지로 연속적 과정으로 나타나는 것이다. 물론 발달에는 결정적 시기(critical period)가 있어서 영아기(嬰兒期)나 사춘기의 급격한 신체적 발달, 유아기(幼兒期)의 언어발달과 같이 특정시기에 발달 정도가 급속히 신장되는 시기가 있는 것은 확실하다. 그러나 비록 그러한 시기에 있어서도 인간발달은 연속성 · 계속성 · 지속성을 유지하며 발달해 나간다. 따라서 발달의 연속성을 상실하거나 결정적 시기에 발달장애를 수반하는 경우에는 결과적으로 발달상에 결함을 나타내게 되는 것이다.

둘째, 발달은 성숙과 학습의 상호작용의 결과이다. 앞에서 성숙은 유기체가 유전적 내재법칙을 좇아서 발달하는 과정이고, 학습은 유기체 자신이 후천적으로 교육과 경험을 통해서 행동수준을 높여 가는 발달과정이라고 설명하였다. 따라서 인간의 발달은 생물학적인 유전적 특성과 후천적으로 쌓게 되는 교육과 경험의 상호작용의 결과라고 볼 수 있다. 즉, 생물학적 특성과 환경적 요인과의 상호작용의 결과로 형성되는 것이다. 우리의 신체발달을 보더라도 생물학적 특성으로서의 유전요인과 환경으로부터 주어지는 영향이나 혹은 경험과 훈련의 상호작용에 의한 소산임을 알 수 있다.

셋째, 발달에는 일정한 방향과 순서가 있다. 어린이가 발달하는 모습에서 흥미로운 사실을 여러 가지 발견할 수 있다. 신생아의 경우에서 쉽게 발견할 수 있는 것은 머리가 대단히 크다는 사실, 또 유치(乳齒)가 발생하는 순서, 옹알이[補語] 따위를 유심히 관찰한다면 발달의 방향과 순서가 있음을 확실히 인정하게 된다. 특히 신체의 발달을 보면 이른바 두미형(頭尾型)의 발달과 중심말초형의 발달의 경향을 인정할 수 있는데, 두미형의 발달이라는 것은 신체의 어느 부분보다도 머리가 먼저 발달하고, 그 후 점차로 아래쪽으로 옮겨진다. 따라서 신생아를 보면 어느 부분보다도 머리 부분에 있는 기관들, 가령 눈·코·입·귀 따위가 가장 성숙된 기관이 되며, 그것이 어느 정도 이루어진 후에는 신체의 중심으로부터 말초기관이나 모세혈관 쪽의 방향으로 발달이 이루어져 나가는 것이다. 그러면서도 그 순서, 즉 유치의 발생순서라든가 혹은 언어의 발달에서 모음으로부터 자음으로의 발달 등은 모두 순서적으로 이루어져 나간다. 이러한 사실은 인간발달에 일정한 방향과 순서가 있음을 말해 주는 것이다.

넷째, 발달은 전체적 반응으로부터 특수한 부분반응으로 분화·발달한다. 신생아들의 반응은 전체적이나 나중에 가서는 점점 특수하고 분화된 부분반응으로 나타난다. 가령 신생아들의 신체 일부분에 자극을 주면 팔이나 다리가 아무렇게나 움직이는 것을 볼 수 있을 것이다. 그러나 시간이 지남에 따라 어린이들은 필요 없는 동작을 하지 않고 자극을 받은 부분만 보다 특수한 반응을 하게 된다. 이러한 현상은 신경계통의 발달 결과이다. 손으로 바늘과 같은 작은 물체를 잡는 행동을 관찰해 보면, 초기에는 손바닥으로 그 물체를 잡으려고 하다가 점점 팔과 손의 근육을 조절하게 되면서부터 엄지와 검지로 물체를 잡을 수 있게 된다.

다섯째, 발달은 나이가 많아짐에 따라 발달경향의 예언(豫言)이 점점 어려워진다. 발달에는 개인차가 있으나 동시에 방향과 순서가 있다는 것을 인정한다면 발달은 누구나 비슷한 과정과 형태로 이행(移行)된다는 것을 알 수 있다. 그러나 어린이들이 성장함에 따라 경험의 종류가 달라지고 환경이 변화함에 따라 그의 발달경향과 행동의 예언은 점점 더 어려워진다.

어린 아동들의 행동발달의 순차성(順次性)은 마치 시간표와 같다는 것이 미국의 인디언 연구(indian study)에서 밝혀진 바 있다. 한 종족의 어린이들은 하루 한 시간 이상씩이나 등에 업혀서 걷기 연습을 할 기회가 없었고, 다른 한 종족의 어린이들은 온종일 일어서고 걷는 연습을 할 수 있었다. 그러나 이 두 종족의 아이들이 거의 같은 시기에 걷기 시작한다는 사실을 발견하였다. 따라서 초기의 신경근육의 성숙은 유기체 내의 요인에 의해서 조절된다는 결론을 내릴 수 있다. 신체적 · 정서적 결손(缺損)이 극도에 달하지 않는 한, 어린아이의 성장속도는 환경의 영향을 그리 많이 받지 않는다고 할 수 있다.

그러나 고등학교 학생의 경우에는 행동발달의 주요 결정요인으로서 환경 요인이 성숙보다 중요한 역할을 한다. 우선 그의 생활범위가 엄청나게 넓고 수많은 사람과 접촉하게 되므로 그의 감정 · 태도 · 가치관 등은 대단히 복잡하다. 더구나 그의 신체발달의 계열은 이미 완성기에 들어서기 때문에 성숙요인은 거의 영향을 미치지 못한다. 환경이 이처럼 복잡하고 다양하며, 유전적으로 결정된 시간표는 이미 큰 영향을 미치지 못하기 때문에 사춘기의 학생들의 행동은 성숙의 지배를 받는 어린 아동들의 행동에 비해 변화가 심하며 따라서 예언이 더욱 어려워진다.

여섯째, 발달에는 개인차(個人差)가 있다. 사람마다 여러 가지 특성의 차이가 있고 각기 다른 행동을 한다는 사실은 누구나 인정한다. 즉, 인간은 출생 시부터 내재한 유전적 요인(要因)이 다를 뿐만 아니라 그것이 노출되는 환경이나 주어진 경험이 각기 다를 수밖에 없기 때문에 그 상호작용으로 나타나는 발달도 어쩔 수 없이 차이가 나는 것이다. 물론 생물학적인 유전적 특성과 후천적인 환경적 요인이 작용하는 범위나 우열에 대한 결론은 아직 불확실하나 그로 인해서 인간발달에 개인차가 발생한다는 사실은 아무도 부인할 수 없다.

3) 발달의 단계와 특징

인간의 발달은 발달특징에 따라 여러 측면에 걸쳐 몇 단계로 나누어 연구할 수 있다. 발달단계는 기준에 따라 학자들 간에 구분을 달리하기도 한다. 지적 특성·신체적 특성 등 어떤 특성에 강조를 두느냐에 따라 다를 수가 있으나 일반적으로 신체적·성적·운동적·지적·정서적·사회적·언어적·인지적·도덕적 발달별로 다양하게 단계를 나누어 연구할 수 있다. 이제 가장 보편적이고 종합적인 방향에서 인간발달의 단계와 특징을 살펴보면 다음과 같다.

(1) 태아기

태아기(parental period)란 성숙한 남녀의 성교에 의한 정자와 난자의 수정(受精)에서 출생 시까지의 평균 9개월(40주, 280일)을 말한다. 태아교육의 중요성은 동서고금을 막론하고 인정되고 있다. 특히 어머니의 건강과 정서적 안정은 태아의 건강한 발육뿐만 아니라 정서 상태에 중요한 영향을 끼친다는 것이 의학적으로 증명되고 있다.

(2) 신생아기

갓난아이가 출생할 때의 고통에서 회복되는 때까지의 기간을 특별히 구별하여 신생아기(neonatal period)라고 한다. 생후 2주, 길게는 1개월 정도까지의 아이를 유아와 분리하여 신생아라고 부른다. 신생아를 보육하는 데 주의할 점은 그의 생활이 거의 잠을 자면서(하루 생활의 73%) 이루어지고 있기 때문에 가능한 한 편안하고 안정된 주위 환경을 조성해 주는 것이다.

(3) 영아기

신생아기를 포함하여 통상 유아기(乳兒期)라고 쓰고 있으나, 유아기(幼兒期)와 한글 표기와 발음을 구분하기 위해서 영아기(infant period)로 쓴다. 영아기는 엄격히 구분해서 신생아기 말부터 2세 전까지를 말한다. 이 시기는 인간의 어느 시기보다 발달속도가 가장 빠른 때이다. 즉, 신체적·심리적·정서적·사회적·정신적 기타 인간의 여러 행동발달이 현저하고 왕성한 때이다. 직립보행과 언어의 시작 그리고 이유(離乳)를 계기로 자기의 세계를 넓히고, 타인과 사회적 접촉이 활발해지며, 독립하여 영양을 섭취하기 시작한다. 이 시기의 수유(授乳)와 이유의 상태와 방법 여하는 인간발달에 중요한 의미를 가진다. '영아는 우리의 최대 기업이다'라는 표현이 말해 주듯 영아는 우리의 싹이요, 꽃이요, 희망이기 때문에 성의와 지혜를 다하여 교육적인 보육(保育)에 최선을 다해야 한다.

(4) 유아기

보통 2세 전후에서 6세 전까지, 즉 영아기를 지나 취학 전에 이르기까지를 유아기(early childhood)라 말한다. 신체적 성장이 영아기에 가장 현저하다면 유아기는 신체운동 및 의식(意識)에 있어서 가장 현저한 발달을 하는 시기이다. 프로이트는 이 시기의 중요성을 "어린이는 어른의 아버지"라는 말로 표현함으로써 인간의 기본적 특징이 유아기에 결정된다고 하였다. 즉, 유아기는 기본적인 인간행동의 형성시기이며, 의학적으로나 심리학적으로 가늠하기 어려울 만큼 중요한 시기이다. 헤퍼만(H. Hefferman)도 어린이들의 태도·습관·언어 등 전인격을 형성하는 데 그 속도가 이때처럼 빠른 시기는 없다고 하였다. 이러한 이유에서 공산주의 세계는 사회주의 건설을 위하여 유아교육을 매우 중요시하고 있으며, 자유진영의 선진 여러 나라들도 취학 전 교육의 중요성을 강조하고 있다.

(5) 아동기

생활연령으로 만 6세부터 12세까지, 즉 초등학교 시기를 말한다. 아동기(childhood period)는 영·유아기의 여러 발달을 토대로 기본적 인간특성이 많이 나타나며, 지적 호기심이 왕성하여 무엇이든지 알고 싶어 한다. 그리고 활발하고 민첩한 행동을 특징으로 한다. 또한 아동기에는 유아(幼兒)의 심리적 특성인 자기중심성으로부터 서서히 벗어나고, 사회성이 발달하여 또래집단과 어울리는 것을 좋아한다. 흔히 말썽꾸러기요, 개구쟁이로 통하는 시기이지만 그 의의는 크다. 이 시기를 학동기(學童期) 또는 1차 반항기라고도 부른다.

(6) 청년기

사춘기를 포함하는 시기로서 청년 전기(12 ~ 15세), 청년 중기(15 ~ 18세), 청년 후기(18 ~

22세)로 세분하기도 한다. 이 시기는 어린이 상태에서 어른의 상태로 이행을 의미하는 시기로서, 심신의 모든 부분이 과도기적인 현상을 나타낸다. 그러므로 대부분의 사고과정(思考過程)이 불안정하여 질풍노도기라든가 심리적 이유기(離乳期) 또는 2차 반항기 등으로 표현한다. 루소는 이 시기를 제2의 탄생기라고 했다.

청년기(adolescence period)의 특징이라고 할 수 있는 여러 가지 과도기적 현상인 모순과 혼란, 반항성 · 비판성 · 내면적 생활의 발견, 자아의식의 고양(高揚), 정신적 독립 등은 새로운 것을 만드는 싹으로서 성인체제에로의 진입화 또는 인간 성숙화의 과정이라고 말할 수 있다.

이 외에 성년기(약 23 ~ 60세경), 노년기(약 60세 이후)의 단계가 있다. 여기서 성년기는 전기(前期) 단계로 청년기 이후 갱년기 이전의 45세경까지로 재적응과 성취가 이루어져 발전하는 시기와, 후기(後期) 단계로 전기 이후부터 60세경까지로서 안정된 성취로 결실을 거두는 시기인 장년기를 포함한다.

노년기는 성년기 이후 특히 신체적으로 노쇠하는 시기부터 죽음에 이르는 인생을 정리하는 시기를 의미한다. 의학이 발달하고 건강관리가 발전하면서 노년기가 늦어지고 길어지기도 하는데 이는 고령화 사회의 특징을 가져오게 한 계기가 되었다.

4) 발달과업

인간발달 과정에는 각 발달단계마다 달성해야 할 과업이 있다. 그것을 발달과업(發達課業)이라고 하며, 그 과업의 성공적인 달성이 이루어져야 다음 단계에서 해야 할 과업을 훌륭하게 처리할 수 있다. 그러므로 각 발달단계별로 어떤 과업을 달성해야 하는가를 이해하는 일은 교육적으로 대단히 중요하다.

이 발달과업의 대표자는 헤비거스트(R. J. Havighurst)이며, 그는 『발달과업과 교육』에서 각 단계별 발달과업을 다음과 같이 제시하였다.

(1) 영아기와 유아기의 발달과업

① 걸음걸이 배우기

② 고형(固形) 음식물 먹기

③ 말 배우기

④ 배설물 통제 익히기

⑤ 성차(性差)와 성적 성숙 학습

⑥ 생물적 안정성 유지 훈련

⑦ 사회적 · 물리적 환경에 대한 간단한 개념 형성

⑧ 자신을 부모, 동기 및 타인과 정서적으로 관련 맺기

⑨ 선악(善惡)의 구별과 양심(良心)의 발달

(2) 아동기의 발달과업

① 일반적인 놀이에 필요한 신체적 기능 학습

② 성장하는 유기체로서 자신에 대한 건전한 태도 형성

③ 친구와 사귀기를 배움

④ 남성과 여성으로서의 사회적 역할 학습

⑤ 읽기 · 쓰기 · 셈하기의 기초기능의 발달과 학습

⑥ 일상생활에 필요한 개념의 발달과 구사(驅使)

⑦ 양심 · 도덕성 · 가치관 발달

⑧ 인격적 독립의 성취

⑨ 사회집단 · 제도에 대한 태도의 발달

(3) 청년기의 발달과업

① 남녀 간에 새롭고 보다 성숙한 관계 형성

② 남성 또는 여성으로서의 역할 학습

③ 자신의 체격을 인정하고 효과적으로 구사

④ 부모와 다른 성인으로부터 정서적 독립

⑤ 결혼과 가정생활 준비

⑥ 직장에 대한 대비

⑦ 경제적 독립의 확신

⑧ 시민적 자질로서 지적 기능과 개념의 발달

⑨ 행동의 지표로서 가치관과 윤리체계 습득

⑩ 사회적으로 책임 있는 행동을 원하고 수행

(4) 성년 초기의 발달과업

① 배우자 선택

② 결혼 후 배우자와의 동거생활

③ 가정생활의 시작

④ 자녀의 양육

⑤ 가정의 관리

⑥ 직업의 선택

⑦ 시민적 책임을 감당

⑧ 마음에 드는 사회집단의 모색

(5) 중년기의 발달과업

① 성인으로서 시민적·사회적 책임 수행

② 생활의 경제적 표준 설정 및 유지

③ 10대 청소년들이 책임감 있고 행복한 성인이 되도록 도와줌

④ 성인에 필요한 여가(餘暇)활동

⑤ 배우자와 인격적인 관계 맺기

⑥ 중년기의 생리적 변화를 인정하고 이에 적응하는 일

⑦ 연로한 부모에 대한 적응

(6) 노년기의 발달과업

① 체력 감소와 건강에 적응하는 일

② 은퇴와 수입 감소에 적응하는 일

③ 배우자의 사망에 적응하는 일
④ 동년배와 친밀한 관계 맺기
⑤ 사회적 · 공민적 책임의 이행
⑥ 만족스런 생활조건의 구비

5) 인간발달과 교육

앞에서 인간발달에 관한 의미와 원리, 발달단계와 특징 그리고 발달과업에 대하여 고찰하였다. 이러한 고찰은 무엇보다도 인간이 어떻게 발달해서 성인이 되는가를 말해 준다. 지적인 면에서 어떤 단계를 거쳐 발달하며, 인격적인 면에서는 어떻게 발달하는가를 제시해 주고 있을 뿐만 아니라 교육에 주는 시사점(示唆點)이 크다는 것을 알 수 있다.

인간발달의 특징과 과업은 학교교육에 있어서 교육과정 구성을 위한 기초자료가 된다. 무엇을 언제 학습하도록 할 것인가를 결정함에 있어서 인간발달에 관한 지식은 대단히 중요하다. 교육을 인간발달의 여러 가지 현상과 부합시켜야 하기 때문이다. 인간발달과 관련하여 다음에 제시하는 세 가지 개념을 이해하는 것도 매우 중요하다.

(1) 준비성

현대교육에서 적시성(適時性)이라는 것이 중요한 개념으로 등장한다. 학생들이 어떤 지식이나 기능(技能)을 습득할 수 있는 최적 시기가 있다고 보는 것이다. 교육은 아무 시기에나 가능한 것이 아니라 그 학습을 할 수 있는 신체적 · 정신적 조건이 성숙되어야 하는 것이다. 이것을 교육의 준비성(readiness)이라고 한다. 즉, 준비성이란 특정한 교육을 하는 데 필요한 조건의 성숙 상태를 말한다. 읽기를 배우기 위해서는 읽기 학습에서 요구되는 성숙 상태가 이루어져야 하며, 수영을 배우기 위해서는 신체적으로 성숙되어 있어야 가능한 것이다.

이와 같은 준비성의 개념에서 생각하면 학교 교육과정은 학생들의 준비성을 염두에 두고 구성되어야 한다고 할 수 있다. 대부분의 학교제도가 6세부터 학교교육을 시작하도록 되어 있는 것도 바로 그와 같은 준비성을 고려한 것이다. 평균적으로 6세가 되어야 신체적으로나 정신적으로 학교학습을 할 수 있는 준비성이 구비된다고 보는 것이다. 이러한 준비성의 개념에 대하여 이견(異見)이 없는 것도 아니다. 즉, 어린이들의 준비성이 자연적으로 달성되도록 기다릴 수만은 없다는 견해가 그것이다. 그러나 준비성의 개념은 인간발달에 관한 지식이 학교교육을 위하여 제공하는 중요한 개념이라고 할 것이다.

(2) 결정적 시기

교육에 있어서의 적시성의 문제와 관련해 고려해야 할 또 하나의 개념이 있다. 그것은 결정적 시기라는 개념이다. 결정적 시기란 특정한 심리적 특성이 학습되는 시기가 있고, 만일 그 시기에 학습이 되지 못하면, 후에는 학습이 제대로 되지 못한다는 개념이다. 이 개념은 처음에 동물실험을 통해서 얻어진 것이다. 로렌츠(K. Lorenz)는 「새끼오리의 각인(刻印)에 관한 연구」에서, 새로 출생한 새끼오리가 부화(孵化) 수 시간 내에 어떤 종류의 움직이는 물체를 만나게 되면 그것을 그들의 어미로 알고 따라다니는 현상을 발견하였는데, 그 움직이는 물체에 집착하는 경향이 일정한 짧은 시간 안에 나타나기 때문에 결정적 시기라는 말을 붙이게 된 것이다.

이러한 현상은 인간에게서도 발견되며, 일정한 시기에 특정한 행동을 습득해야 된다는 생각을 가지게 되었다. 일찍이 프로이트도 인간발달 과정에는 결정적 시기가 있다는 것을 시사하였고, 그것이 개인에 따라 3~5세에 있다고 주장한 바 있다. 이와 같은 결정적 시기의 개념은 인간발달 과정에서 초기 경험의 중요성을 시사하는 근거가 되고 있다. 어떤 시기에 특정한 행동을 학습할 수 있는 조건이 주어지지 못하면 발달의 결손(缺損)이 오게 되고 또 그 결손은 새로운 결손을 낳게 하며 결손이 누적되기 때문에 어릴 때의 초기 경험이 중요하다는 근거가 된다.

(3) 문화적 결손

인간발달 과정에서 초기 경험이 대단히 중요하다는 관점에서 문화적 결손(cultural deprivation)이라는 개념이 나오게 된다. 문화적 결손은 발달과정의 초기에 문화적으로 결손된 환경에서 성장한 아동은 발달상의 어떤 결손을 가져오게 된다는 것이다. 문화적 결손이란 인간발달에서 요구되는 심리적 요소의 결핍, 과잉 및 시기적 부적당성에서 일어나는 지적·사회적·인격적 발달의 부분적 상실, 지연 및 왜곡의 현상을 의미한다. 이 개념이 뜻하는 것은 어떤 생물적 요소의 결핍에서 발생하는 영양실조의 신체적 현상과 대비시켜 보면 쉽게 이해할 수 있다.

이와 같은 문화적 결손의 현상은 어린이의 발달과정에서 주어지는 초기 경험과 밀접하게 관련되어 있다. 이에 관한 연구는 초기 경험의 여하에 따라서 지능발달의 촉진제가 될 수 있고, 또 반대로 발달의 저해요인이 된다는 점을 지적하고 있다. 블룸(B. S. Bloom)도 인간발달에 관한 광범위한 문헌을 조사한 결과, 지능과 인격의 변화는 환경조건과 밀접한 관계가 있으며, 환경의 차이는 가장 빠른 변화를 가져오는 시기에 가장 큰 양적 변화를 보인다는 결론을 내리고 있다. 이것은 환경의 영향이 초기 경험을 하게 되는 시기에 가장 크게 작용한다는 점을 지적하는 것이다.

어린 시절에 문화적인 혜택을 받지 못한 이른바 문화적 결손 어린이에 대한 보완교육(remedial education) 프로그램이 가능한 한 빨리 주어지고, 또 잘 짜여진 프로그램일 때에는 상당한 정도의 회복이 가능하다는 여러 연구결과가 나와 있다. 이러한 연구결과는 어릴 때에 결손을 입은 어린이에 대한 교육의 가능성을 말해 주는 것이다.

3. 인간행동과 교육

1) 인간의 지적 특성

교육의 대상이 되는 학생을 이해하기 위하여 인간의 지적 특성을 파악하는 일은 필수적이다. 인간의 지적 특성은 교수·학습과정과 깊은 관계가 있기 때문이다. 그러한 지적 특성 중에서 교수·학습과정과 보다 밀접한 관계에 있는 것이 지능(知能)이다. 지능의 성질과 그 발달에 관한 복잡한 이론이 있으나 그것을 이 책에서 자세히 검토할 수는 없다. 다만 여기에서는 지능의 개념을 간략히 검토한 후에 그것이 교수·학습과정과 어떤 관계에 있는지를 알아보기로 한다.

(1) 지능

지능이란 용어가 최초로 사용된 것은 역사적으로 키케로(Cicero, B.C. 106 ~ 43)까지 거슬러 올라가며, 학계에서 정식으로 쓰기 시작한 것도 이미 15세기경부터라고 알려져 있다. 그러나 지능에 대한 철학적 의미의 정의(定義)에서 벗어나 지능을 과학적인 개념으로 정의한 사람은 갈턴(F. Galton, 1822 ~ 1911)이며, 그 이후 지능에 대한 과학적인 연구는 비네(A. Binet, 1857 ~ 1911)에 의해서 괄목할 만한 연구들이 이루어졌다고 할 수 있다.

지능이란 인간의 일반적인 고등정신 능력이라고 할 수 있다. 그러나 지능이 정확히 무엇을 의미하는지를 밝히는 것은 그리 간단한 일이 아니다. 그동안 수많은 연구자들이 지능이라는 개념을 정의하려고 노력해 왔지만 단일한 정의에 이르지는 못했다. 그 실제의 예로서, 1986년에 개최되었던 지능에 관한 심포지엄에 참가한 24명의 세계적인 지능학자들이 24개의 서로 아주 다른 지능에 대한 정의를 제시하였던 것이다. 그러나 지금까지 내려진 지능에 대한 정의를 정리하면 네 가지 유목으로 나누어 볼 수 있다.

첫째, 새로운 환경에 적응하는 능력을 강조하는 정의

둘째, 학습하는 능력을 강조하는 정의

셋째, 추상적 사고 능력을 강조하는 정의

넷째, 여러 가지 능력의 혼합을 지능이라고 하는 정의

또한 지능의 구조에 초점을 두는 학자들도 있다. 스피어먼(C. Spearman, 1863 ~ 1945)은 지능을 구성하는 요인(要因)으로서 한 개의 일반요인(g-factor)과 여러 개의 특수요인(s-factor)을 들었고, 더스톤(L. L. Thurstone, 1887 ~ 1955)은 공간요인 · 지각요인 · 언어이해력 · 수리요인 · 언어유창요인 · 기억요인 · 추리요인 등 7개의 요인이 기본 정신능력을 구성한다고 보고 다요인설(多要因說)을 주장하였다. 근래에 와서 길포드(J. P. Guilford)는 120개의 요소가 지능을 구성한다고 보는 복합설(複合說)을 제안한 바 있다.

이처럼 지능의 정의는 다양하며 그 본질이 무엇인지 파악하기가 어려울 정도이다. 여기에서는 지능에 관해서 위에서 살펴본 정의에 근거하여 부연 설명해 보고자 한다.

첫째, 지능의 적응적 능력을 강조하는 정의방법이다. 이에 따르면 지능이란 한 개인의 전체 환경에 대한 적응력이며, 생활의 새로운 문제 및 새로운 상황에 대한 일반적인 정서적 적응력이다. 즉, 개인이 새로운 상황에서 문제에 부딪쳤을 때 개인의 행동을 보다 효과적이고 보다 적절하게 재조직하는 능력이 지능이라고 보는 관점이다.

둘째, 지능을 학습하는 능력으로 보려는 정의방법이다. 이 정의에 따르면 개인의 지능이란 개인이 교육받을 수 있는 혹은 학습할 수 있는 능력의 정도이다. 추상적인 것을 학습할 뿐만 아니라 그것을 구체적인 사실과 관련시키는 능력이라고 보는 관점이다.

셋째, 추상적인 사고를 하는 능력을 강조하는 정의방법이다. 추상화의 최저단위인 언어와 수를 통해 얼마나 문제해결을 효과 있게 하느냐, 추리력이 얼마나 있느냐 등으로 지능을 보는 관점이다.

넷째, 합리적으로 사고하고, 유목적적으로 행동하며, 새로운 환경에 효과적으로 적응하는 개인의 종합적 능력이라는 정의방법으로 웩슬러(D. Wechsler)의 정의가 대표적이다.

지능의 개념과 관련하여 한 가지 지적되어야 할 것은 지능이 유전(遺傳)에 의하여 결정되느냐, 그렇지 않으면 환경(環境)의 영향에 의하여 결정되느냐 하는 문제이다. 이른바 유전-환경 논쟁이 그것이다. 이 논쟁은 대단히 오래된 쟁점으로서 아직도 논쟁이 지속되고 있다. 유전론자들은 지능을 결정해 주는 것은 유전적 요인이며 따라서 환경적인 요인은 크게 영향을 미치지 못한다는 주장을 한다. 이에 반해서 환경론자들은 물론 환경적인 작용이 더욱 큰 역할을 한다고 주장한다.

이러한 논쟁은 아직도 계속되고 있으나 오늘날의 일반적인 견해는 유전적인 요인이 지능발달의 생물학적 한계를 결정해 주되 그 한계 내에서 환경의 작용이 결정적이라고 보는 유전-환경 상호작용론(相互作用論)으로 귀착되고 있다. 이런 점에서 환경의 중요성이 강조되며, 특히 어린 시절에 주어지는 초기 환경의 중요성은 더욱 강조되고 있다. 그러나 이러한 논쟁의 실마리도 지능 측정에 있어서 무엇을 측정하고 있느냐에 따라서 그 의미가 달라질 수 있다.

개인의 지능은 표준화된 지능검사를 이용하여 측정한다. 한 번에 피검사자 한 사람을 대상으로 실시하도록 된 개인 지능검사도 있고, 한 번에 여러 사람을 대상으로 실시하도록 된 집단 지능검사도 있다. 어떤 형태의 지능검사이건 검사결과는 지능지수(Intelligence Quotient)라는 수치로 환산되어 표시된다. 이때 IQ점수는 정신연령 수치를 실제 생활연령 수치와 비교하여 계산해서 그 결과에 소수점을 없애기 위해 100을 곱하여 표시한다. 공식으로 나타내면 다음과 같다.

$$IQ = \frac{\text{정신연령(mental age: MA)}}{\text{생활연령(chronological age: CA)}} \times 100$$

이 방식으로 지능을 측정하면 IQ 100은 평균지능이다. 이 방식은 아동의 정신연령과 생활연령이 같고 따라서 그 나이 집단의 표준표집의 평균점수와 같다는 의미가 된다. IQ가 100 이상이면 평균보다 우수한 지능이고 100 이하이면 평균보다 떨어지는 지능으로 해석한다. 이 IQ 개념은 터먼(L. Terman)이 프랑스의 Binet검사를 스탠퍼드(Stanford) 대학에서 미국판으로 개정한 Stanford-Binet 검사에서 채택하여 사용하였다. 이 검사를 비율 IQ 혹은 고전적 IQ라고 한다. 그러나 이 검사도 완전하지 않았다. 문제는 Binet 검사에서 정신연령 측정의 맨 위 단계가 16세였다는 데 있었다. Stanford-Binet 검사에서는 좀 더 높아지긴 했지만 근본적인 문제는 지능이 언제까지나 성장하는 것이 아니라는 데 있다. 생활연령은 해마다 계속해서 늘어나는 데 비해 정신연령은 대개 13 ~ 14세까지 급격히 증가하다가 차츰 완만해지고 20세 이후는 거의 멈추기 때문에 생활연령이 정신연령의 한계를 넘어서는 때부터 IQ는 내려가기 시작한다. 예를 들면, 50세인 성인의 지능지수는 32가 나온다(16/50 × 100 = 32)는 문제점이 있다. 결국 이런 불합리한 점을 개선하기 위하여 편차 IQ가 도입되었는데, 편차 지능지수의 점수는 한 개인의 점수가 동일한 연령집단의 평균에 비추어 정확하게 얼마나 위로 혹은 아래로 떨어져 있는가를 나타낸다. 즉, 동일한 연령집단에 검사를 실시하여 평균과 표준편차를 계산한 다음 정상분포 곡선의 성질에 따라 규준(規準)을 표로 만들어 이에 따라 해석한다. 이 검사에 의하면 지능지수란 인간의 변치 않는 절대적인 능력을 나타내 준다기보다는 비슷한 또래집단과 비교하여 일반적 지적 능력이 상대적으로 어느 정도의 위치에 있는가를 알려 주는 지수에 불과하다. 이를 그림으로 나타내면 **그림 4-1** 과 같다.

그림 4-1
지능의 분포곡선

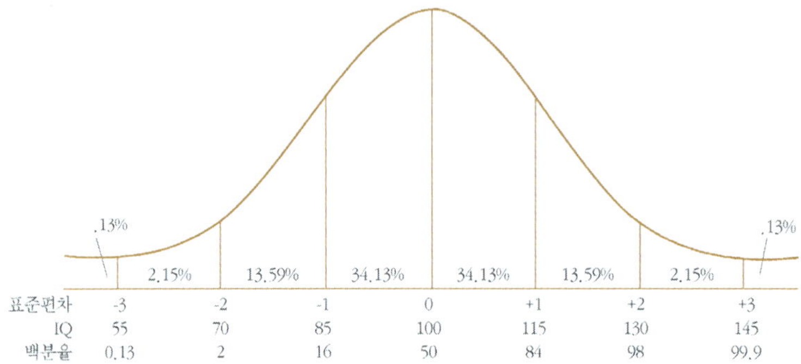

(2) 지능과 학업성취

지능검사의 성격으로 보아 지능과 학업성취 간에는 높은 상관관계(相關關係)가 있기 마련이다. 지능검사를 구성하는 주요 내용이 학교의 교과학습에 있어서 핵심이 되는 언어 능력·수리 능력 그리고 추리력을 측정하는 문제로 구성되어 있기 때문이다. 그러므로 지능검사에서 높은 점수를 얻은 사람은 학교성적에서도 높은 성취를 할 가능성이 있다고 보아야 할 것이다.

지능과 학업성취 간의 상관관계를 밝히기 위한 연구는 매우 오래전부터 이루어져 왔다. 그중에서 널리 알려진 것은 버논(W. Vernon)의 연구결과이다. 그에 의하면 지능검사에서 받은 지능지수와 2학년에서 5학년 사이의 영어, 산수, 교사평정 점수를 합산한 학업성적과의 상관관계를 산출한 결과 전체 연령집단에서 .86의 상관계수를 얻었다고 한다. 이것은 대단히 높은 상관관계가 있음을 보여주는 것이며, 지능지수는 학업성적의 예언자(豫言者)로서 훌륭한 것임을 말해 준다. 그러나 모든 경우에 있어서 이러한 높은 정도의 상관관계가 산출되는 것은 아니다.

일반적으로 말하여 지능과 학업성취 간의 관계에 대하여 다음과 같은 결론을 얻을 수 있다.

① 지능과 학업성취 간에는 대단히 높은 상관관계가 있으나 교과에 따라서는 상관관계에 있어서 큰 차이를 나타낸다. 읽기·산수 등에 있어서는 높은 상관관계가 있으나, 음악·체육·미술 등의 성적과의 상관관계는 비교적 낮은 편이다.

② 상관계수는 산출하는 대상집단의 범위가 좁으면 좁을수록 상관관계는 낮아진다. 전체 집단을 대상으로 한 상관계수가 .80대였던 것이 1개 학년을 대상으로 했을 때에는 .70대로 낮아지는 연구결과를 볼 수 있다.

③ 학년이 올라갈수록 지능과 학업성취 간의 상관계수는 낮아지는 경향이 있다. 일률적으로 말하기는 어려우나 대개 지능지수는 고등학교에서보다는 대학의 학점과 상관관계가 낮으며, 대학보다는 대학원의 학점과 상관관계가 낮다.

④ 지능을 나타내는 지능지수는 학교성적의 예언자로서 훌륭한 지수이다. 그러나 그것이 학업성취의 정도를 설명해 줄 수 있는 최대치(最大值)는 약 50%라고 보아야 할 것이다. 학업성적은 지능에 의해서만 결정되는 것이 아니기 때문이다.

2) 인간의 비지적 특성

인간의 특성을 지적(知的) 특성과 비지적(非知的) 특성으로 분류하는 것은 일반적인 방법이다. 그러나 지적 특성과 비지적 특성을 명확하게 구분한다는 것은 대단히 어려운 일이다. 인간의 특성은 일반적으로 지적인 면과 비지적인 면을 모두 포함하고 있는 경우가 많다. 그럼에도 지적 특성과 비지적 특성을 구분하는 것은 인간의 특성을 분석적으로 이해하기 위한 방법상의 편의(便宜)일 뿐이다. 물론 이 경우에 전제가 되는 것은 인간의 특성 중에서 지적인 요소가 우세한 것은 지적 특성으로, 비지적 요소가 우세한 것은 비지적 특성으로 간주한다는 점이다. 이런 식으로 구분한다면 학교교육과 관련되는 많은 비지적 특성을 열거할 수 있다. 인성 · 동기 · 정서 · 포부수준 · 자아개념 등이 그것들이다. 여기에서는 인성과 동기와 포부수준에 대하여 살펴보려고 한다.

(1) 인성

인성(人性)의 개념은 매우 복잡하다. 그러므로 그 정의 또한 다양하다. 그러나 그중에서도 인성의 정의로서 널리 받아들여지고 있는 것은 올포트(G. W. Allport, 1897 ~ 1967)의 정의이다. 올포트는 "인성이란 개인의 특이한 행동과 사고를 결정하는 개인 내에 있는 심리 · 생리체제(心理 · 生理體制)의 역동적 조직"이라고 정의하였다.

이 정의를 중심으로 인성의 개념을 정리해 보면 아래와 같은 몇 가지 특징으로 요약할 수 있다.

첫째, 인성이란 개인의 특성이다. 즉, 개인의 특이한 행동을 결정해 주는 특성이기 때문에 기본적으로 개인에 따라 서로 다른 특성이라 할 수 있다. 그러나 여러 사람이 공유하는 특성이 있는 것을 생각할 수 있다. 집단의 성격이나 국민성(國民性) 등이 그것이다. 그러므로 인성은 집단이 공유하는 것과 개인에게서만 발견되는 특성으로 나눌 수 있다.

둘째, 인성은 심리적인 면과 생리적인 면을 모두 포함하는 개념이다. 그 점이 올포트의 정의에서 심리·생리체제라는 말로 표현되고 있다. 일반적으로 인성의 심리적인 측면을 성격(性格)이라고 하고, 생리적인 측면을 기질(氣質)이라는 개념으로 표현하기도 한다. 그러므로 인성은 심리적인 특성으로만 간주할 수도 없고 또 생리적인 특성이라고만 할 수도 없다.

셋째, 올포트의 정의는 포괄적인 개념이기 때문에 인성은 지적인 면과 비지적인 면을 모두 포함한다. 다만 인성이라는 개념 속에는 비지적 요소가 우세하기 때문에 비지적 특성으로 보는 것이다.

넷째, 인성은 역동적 조직체라는 점에서 체계화된 구조(構造)를 가정할 수 있다. 이러한 관점의 대표적인 것은 프로이트(S. Freud)의 인성구조에 대한 견해이다. 그에 의하면 인성은 원초아(id), 자아(ego), 초자아(super-ego)로 구조화되어 있다고 한다. 그는 이러한 세 가지 기관의 조화로운 기능 발휘가 인간의 원숙한 적응을 약속해 준다고 생각하였다. 원초아(原初我), 자아(自我), 초자아(超自我)의 조화로운 기능 발휘는 개인의 적응문제와 직결된다. 만일 자아가 미숙한 상태에 있으면 제대로의 기능을 발휘하지 못하고, 원초아의 힘이 너무 강하면 매사에 충동적으로 행동하게 되어 자칫 잘못을 저지를 가능성이 크다. 한편 초자아가 지나치게 강하면 일상생활에서 조그마한 장애도 과장하여 일을 어렵게 만들거나 지나친 죄책감을 갖게 되어 부적응 상태에 빠질 가능성이 많다. 그러므로 인성의 세 기관이 조화롭게 기능을 발휘해야 원숙한 적응이 이루어진다.

(2) 동기

인간을 이해하기 위한 측면으로서 인성과 더불어 중요한 것은 인간의 동기(動機)다. 동기는 인간이 행동을 결정하는 데 중요한 작용을 한다. 특히 교육의 실제에 있어서는 동기의 개념이 대단히 중요하다. 동기유발(動機誘發) 없이 효과적인 학습은 불가능하다. '말을 물가로 끌고 갈 수는 있으나 물을 먹고 싶어 하지 않는 말에게 물을 먹일 수는 없다'는 표현이 있는데 이것은 학습에 있어서 동기유발의 중요성을 단적으로 말해 주는 것이다.

동기라는 용어는 교육의 실제에서 비교적 널리 사용되고 있으며 이때에 동기와 거의 유사한 용어로서 욕구·충동·욕망 등의 용어가 사용된다. 또한 일상생활에서도 동기와 연결된 여러 가지 말이 사용되는데 희망·소원·목적 등은 모두 동기라는 개념과 직결되어 있는 것이다.

동기란 유기체가 그의 욕구를 충족시키기 위하여 유인가(誘引價)를 찾는 과정이라고 정의할 수 있다. 그러므로 동기는 유기체로 하여금 활동하게 하는 심리적 에너지(energy)인 것이다. 모르간(C. Morgan, 1852~1936) 등은 동기를 '행동을 일으키는 원동력(原動力)'이라고 정의하였다.

동기유발이란 어떤 행동의 근원이 되는 힘인 동기를 학습자에게 분기(奮起)시키는 것을 말한다. 즉, 여기서 말하는 동기유발은 학습에 있어서 학습자가 하고자 하는 의욕이 생기게 하여 유목적적이고 정력적으로 학습하도록 이끄는 것을 뜻한다. 그러나 실제로 계획된 학습의 장(場)에서는 학생들의 동기가 강하게 유발되지 않을 때가 많다. 그러므로 교사가 학생들을 동기화시킬 수 있다면 그의 전문적 역할을 반 이상 수행한 셈이 된다.

학습동기의 유발은 크게 두 가지로 생각할 수 있다. 하나는 학습자 스스로가 자발적으로 학습하려는 의욕을 갖게 하는 내적 동기유발이고, 다른 하나는 외부에서 학습활동을 일으키도록 하는 유인(誘因)이다. 흔히 사용되는 유인이란 말은 엄격하게 따지면 동기가 아니고 동기를 유발시키기 위한 외적 자극(刺戟)인 것이다. 즉, 학습동기는 크게 학습자의 내부에서 이루어진 내재적(內在的) 동기와 학습자의 외부로부터 이루어진 외재적(外在的) 동기로 구분한다. 내재적 동기는 자연적(自然的) 동기라고도 하며, 외재적 동기는 인위적(人爲的) 동기라고도 한다.

내재적 동기란 긴장의 해결이 학습과정 그 자체를 해결함으로써 가능해질 때 일어나는 활동경험으로서 활동 그 자체가 보수(報酬)를 제공해 주는 것이다. 즉, 어떤 과제를 해결함으로써 어느 정도의 만족과 쾌감을 누릴 수 있는 것을 말한다. 외재적 동기는 그와 반대로 자신의 학습과제를 성취해야 할 이유가 외부에 있는 경우이다. 예를 들면, 좋은 성적을 얻어야 할 이유가 부모를 즐겁게 하는 데 있다면 그것은 곧 외재적 동기에 의한 학습의 수행인 것이다.

내재적 동기와 외재적 동기는 상호관련이 있다. 내재적 동기가 효과를 거두기 위해서는 그 학생을 둘러싸고 있는 환경적인 조건이 조성되어 있어야 하며, 외재적 동기 또한 학생의 내적인 마음에서의 의욕이 작용해야만 비로소 효과를 거두게 되는 것이다. 즉, 외재적 동기에 의해서 학습이 시작되었다 해도 그 작용에만 그치는 것이 아니라 그것을 내재적 동기로 변용(變容)시켜야 한다. 그것은 동시에 학생의 자발적인 욕구나 의욕에 의한 활동이 되기 때문이다. 예를 들면, 외재적 학습동기에 의한 과업은 그것이 성취되면 망각이 빨리 온다. 학습자 자신이 스스로의 앎에 대한 욕구를 충족시키기보다 좋은 성적을 얻기 위해 공부했다면 시험이 끝난 뒤 금방 잊어버리게 된다. 또 80점 이상의 성적을 받으면 상을 준다고 약속했을 때와 같이 외재적 동기는 그릇된 행동을 요구하거나 학습을 비정상적인 방향으로 이끄는 수가 많다.

학습활동을 실제로 지도하는 데 있어서는 이러한 점을 충분히 유의하여 학습자의 행동원인, 즉 동기가 어디에 있으며 또 그 동기에 자극을 주어 만족할 수 있는 방향을 찾게 하는 유인이 무엇인가를 알아내는 것이 대단히 중요하다. 왜냐하면 학습동기는 학습을 진행시키고 촉진시키기 때문이다. 그러나 외재적 동기는 내재적 동기보다 약하거나 일시적이다. 그러므로 학습동기 유발에 있어서는 외재적 동기보다 내재적 동기 유발에 역점을 두어야 한다. 이 점을 감안하여 학습동기 유발을 위한 방법을 정리해 보면 다음과 같다.

첫째, 효과적인 학습동기는 학습의 목표를 개인적 욕구와 결부시켜 줄 때 유발된다. 개인적 욕구는 분류하기에 따라 생리적 욕구와 사회적 욕구로 혹은 기본적 욕구와 이차적 욕구 등으로 구분된다. 욕구의 강도는 생리적 욕구 또는 기본적 욕구가 강하다. 그러나 학습장면에서 학습목표와 관련되는 학습동기는 소속욕·승인욕·성취욕과 같은 사회적 혹은 이차적 욕구가 효과적인 경우가 많다. 특히 목표를 구체화하고 욕구를 체계화시켜 관련지어 주는 것이 보다 효과적인 동기유발 방법이 된다.

둘째, 목표를 뚜렷하게 인식시켜 주는 것이 학습동기를 유발시키는 데 크게 도움이 된다. 학습동기는 학습목표와 결부된 동기인 만큼 학습목표를 학생들에게 실감 있게 인식시키는 것이 무엇보다 앞서야 한다. 특히, 학습목표는 구체적이고 성취적인 용어로 제시되어야 그 목표에 개인의 욕구를 투사(投射)시키기가 쉽다. 추상적이거나 관념적인 목표, 그리고 학생들의 성숙수준이나 능력에 맞지 않는 목표는 학습동기 유발에 별로 도움이 되지 못한다.

셋째, 학생의 흥미나 적성에 부합된 과제일수록 학습동기 유발에 도움이 된다. 흥미란 어떤 특정 대상이나 활동을 보다 구체적으로 부각시켜 적극적으로 선택하고 추구하는 상태를 말한다. 흥미의 대상은 연령이나 교양수준에 따라 변화한다. 또한 흥미는 선택된 대상에 강한 동기를 유발하게 하는 동인(動因)으로 작용하므로 흥미나 적성에 부합된 학습과제일수록 강한 학습동기가 유발되며, 이 동기는 내재적인 것으로서 흥미가 변화하지 않는 한 강하게 작용한다.

넷째, 칭찬이나 상은 학습동기 유발에 효과적인 방법이다. 헐록(E. B. Hurlock)에 의해서 연구된 상찬반 · 질책반 · 방임반 · 통제반에 대한 학습효과의 측정은 너무나 유명하다. 뿐만 아니라 손다이크(E. L. Thorndike)의 효과(效果)의 법칙(法則), 스키너(B. F. Skinner)의 강화(强化)의 원리(原理)들은 학습동기 유발과 보수 · 처벌과의 관계를 구체적으로 시사해 주고 있다. 상찬(賞讚)은 저학년일수록, 남학생보다 여학생일수록 그리고 지능이 높은 학생보다 낮은 학생에 있어서 더욱 효과적이다.

다섯째, 긍정적 자아개념의 형성을 돕는 것은 학습동기 유발에 도움이 된다. 학생들이 긍정적 자아개념을 갖도록 도와주는 것은 학습동기를 유발하는 직접적 방법은 아니라 하더라도 대단히 중요한 것이다. 많은 학생들의 성취수준은 자기 자신이 할 수 있다고 생각하는 과업 내지 과업수준의 한계를 크게 벗어나지 못하고 있다. 그런데 자기 자신이 할 수 있다고 생각하는 정도나 자신감은 자아개념과 깊이 관계된다. 항상 부모나 친구로부터 질책과 무시를 당하는 학생이나, 자신이 하는 일마다 실패만 거듭하는 학생은 열등감과 부정적 자아개념이 형성되기 마련이다. 이와 같은 부정적 자아개념은 어떤 과업에 임할 때 자신감을 잃게 하고 학습동기를 좌절시킨다. 따라서 긍정적 자아개념은 자신감을 높여 주고 학습동기를 강화시킬 수 있는 성격적 바탕이 된다.

여섯째, 부분해답은 학습동기 유발에 도움이 된다. 예를 들면, 수수께끼를 내었을 때 가장 강한 동기를 경험하게 된다. 그러나 그 문제를 완전히 풀어 주거나 푼 다음에는 긴장감이 사라지고 흥미가 없어진다. 교사들은 각 단원이나 절마다 문제를 완전히 해결하여 완결짓는 것이 좋은 교사라고 생각할지 모른다. 그러나 정말 전문적인 교사는 항상 학생들에게 답이 주어지지 않은 문제를 남김으로써 학생들에게 동기가 지속되도록 한다.

일곱째, 경쟁심(競爭心)의 적절한 활용은 학습동기 유발에 도움을 준다. 말러(J. S. Maller)는 개인 간의 경쟁과 집단 간의 경쟁을 통한 학업성적의 차이를 연구하고, 그 결과 집단의 성적을 높이는 집단 간의 경쟁보다는 개인 간의 경쟁의 결과가 개인의 성적을 더 높였다고 보고하고 있다. 경쟁심은 승인(承認)의 욕구, 자기 과시(誇示)의 욕구와 관계되는 것으로 학습동기 유발의 방법이 된다. 다만 전술한 연구결과가 개인 간의 경쟁이 집단 간의 경쟁보다 좋았다고는 하지만 개인 간의 경쟁은 종종 인간관계를 해치고 협동심을 저해하는 부작용이 있음을 경계해야 한다. 이런 점에서 강한 동기의 작용력은 부족하다 할지라도 간접적 경쟁을 통한 동기화가 사회성 교육을 포함하는 인간교육이라는 차원에서 보다 바람직하다고 할 수 있다.

(3) 포부수준

요구수준 · 기대수준 · 열망수준 등으로 상이하게 번역되고 있는 이 포부수준은 학교학습이나 적응 및 행동방향과 밀접한 관련을 갖고 있다. 포부에 대하여 자아투입(自我投入)이 되고 그에 따라 성취감과 실패감이 뒤따를 때 동기가 유발된다는 것인데, 이러한 포부수준 이론은 개인의 능력 범위와 포부 간의 관련성을 보여준다. 이 포부수준이 어떻게 정의되고 있으며 학교교육과 어떤 관계가 있는가를 살펴보자.

첫째, 개인이 어떤 과업에 대하여 예상하고 있는 장래의 성취수준을 의미한다. 따라서 실제의 성취수준이 예상한 성취수준보다 높으면 성취감을, 낮으면 실패감을 느끼게 된다. 이 포부수준은 여러 가지 목표 설정에 도움을 줄 뿐만 아니라 자기의 성취를 향상시키고자 하는 욕망이나 동기의 형성에도 도움을 준다. 한편, 목표 달성에의 실패는 자신의 자존심을 손상시키는 위협으로 생각하여 실패를 피하기 위해 포부수준을 낮게 정하기도 한다.

둘째, 개인이 당면한 목표와 관련된 심리적 상태라는 정의이다. 힐가드(J. R. Hilgard)는 도달할 수 있는 범위 내에서 쉽게 성공이 가능한 목표에의 목표설정 행동은, 높이뛰기 선수가 양쪽의 포스트 사이에 뛰어넘어야 할 높이에다 막대기를 걸쳐 놓는 행동과 비슷하다고 하였다. 이때 그가 막대기를 어디에 걸쳐 놓느냐 하는 것이 그 순간에 그가 도달하고자 하는 목표수준이며 포부수준의 척도가 된다. 그러므로 이때의 성공과 실패는 과업의 난이도(難易度)의 정도에 달린 것이다.

셋째, 학습자가 어떤 특수한 학습상황에서 어느 정도의 성취를 달성하겠느냐를 결정하는 것, 즉 구체적 과제에서의 구체적 성취 또는 목표수준을 의미한다.

넷째, 개인이 어떤 과업을 수행하려고 할 때, 그 과업성과에 대한 주관적인 기대·목표·요구·열망 등을 말한다. 이러한 포부수준의 고저(高低)는 그 일의 성질이나 장면에 따라 또 자기 능력에 대한 판단, 과거 경험의 유무, 집단의 규준(規準) 등에 따라 결정된다. 또 포부수준보다 일이 잘 되었을 때는 그 다음의 포부수준을 더 높게 설정하는 경향이 있으며, 반대로 실패했을 때는 낮아지는 경향이 있다.

한편, 교육과 관계된 인간행동의 특성에 대한 연구로서 최근에 새로운 인간교육론으로 관심을 끌고 있는 것이 감성지수(EQ : Emotional Quotient)의 개념이다.

감성지수(感性指數)는 자기 자신과 타인의 정서를 평가·표현하고 조절·통제하는 능력을 말하며, 또 정서를 사고·추론하고 이에 따라 문제를 해결하며 창의성 등에 응용하는 개인의 능력을 의미한다. 1990년대 초반 미국에서 생겨나 아직은 초기 단계의 수준이지만, 지능지수(知能指數)를 중요시해 온 서구 인문학 전통에 반발해 등장한 개념으로서 인간관계와 사회생활에서 성공하려면 지능 못지않게 감성을 잘 계발해야 한다고 주장한다. 미국 심리학자들은 '자기 감정을 잘 조절하는 어린이가 자라서 학업성적은 물론 인성(人性)이 뛰어나다'는 등의 실험결과를 내놓고 있다. 즉, 감성지수의 관련 범위는 단순히 지식습득 능력을 재는 지능지수의 대체물 정도가 아니라 미래형 인간을 교육하는 데 있어 유익하고 나아가 필수적인 분야로 언급되고 있다.

그러나 오랜 기간 동안 검사방법이 개발되어 상당한 신뢰를 받고 있는 지능지수의 개념에 비해 감성지수는 상황별로 사람마다 다른 감정을 느끼기에 객관적으로 수치화하는 방법을 포함해 정답이 있는 것이 아니기 때문에 아직 학술적 차원에서 더 논의되어야 할 개념이라 할 수 있다.

미래사회가 표준화된 사고(思考)보다는 창의력을 더 요구하고 중시할 것이므로 어려서부터 창의성과 독창력을 길러 주어야 하는 교육적 과제를 인식한다면, 가정에서도 아동들의 감성을 높이는 교육의 실시는 아동들의 교육은 물론이고 성인의 자기진단과 관련해서도 중요한 교육적 의미를 갖고 있다.

실제로 협동심 · 감정조절 · 자기 표현 등 아동기에 배워야 할 감성능력을 자연스럽게 기를 수 있도록 주로 게임활동과 감성지수 향상 프로그램이 구성되어 활용되고 있으며, 감성지수는 교육은 물론 산업과 정치영역으로까지 활용범위가 확대되고 있는 추세이다.

제 5 장

교육의 사회적 기초

1. 교육 · 사회 · 문화

1) 사회의 기능과 교육

사회가 하는 일은 참으로 다양하다. 사회는 사회구성원을 위해서 무엇을 해야 하며, 사회 자체의 존속과 발전을 위해서 무엇을 해야 하는가? 사회의 기능을 충분히 이해한다는 것은 쉬운 일이 아니다. 여기에서 우리의 관심은 사회의 기능과 교육과의 관계가 어떤 것인가를 알아보는 일이기 때문에 그러한 관점에서 사회의 기능을 살펴보기로 한다.

첫째, 사회는 사회구성원으로 하여금 성적(性的) 충원(充員)과 환경에 대해서 적절한 관계를 맺을 수 있도록 만들어야 한다.

환경에의 적응력과 적절한 성적 관계를 맺을 수 있도록 하기 위해서 무엇보다도 학습이 필요하다. 이러한 학습은 학교 교육과정에서 환경에 대한 이해와 합리적인 관계를 이해시켜야 하는 것이고, 인간관계와 이성(異性) 간의 관계를 올바로 인식할 수 있도록 도와주어야 한다.

특히 성적 규범(規範)에 따라 남녀관계의 질서가 형성될 뿐만 아니라 결혼제도가 유지된다. 따라서 결혼제도에 대한 이해도 매우 중요하지만 성교육(性教育)도 학교교육의 중요한 내용이 된다. 환경에의 적응과 성적 관계는 넓은 뜻으로 인간존재의 기본적 조건이라 할 수 있다.

둘째, 사회는 역할을 나누고 사회구성원들에게 역할을 부여해야 한다.

사회의 분업적 성격은 노동의 분업을 불가피하게 하고 있다. 분업이란 역할분화를 의미하는 것이다. 개인이나 집단의 역할이 원활하게 수행될 때 사회는 유지되고 계속해서 발전할 수 있다. 분업의 정도에 따라 사회발전을 가늠하기도 하는데, 현대사회는 다양한 역할이 요구되는 것이 특징이다.

오늘날 개인의 역할 문제는 교육뿐만 아니라 정치, 경제, 사회와 밀접한 관계가 있지만 결정적인 요인이 교육이라는 사실이다. 역할이 개인과 전체 사회에 주는 의미를 고려할 때 선발기제화(選拔機制化)한 학교교육의 제도적 성격에 대한 검토가 있어야 한다. 자신의 능력과 적성 및 인생목표와 일치되는 역할을 통하여 사회적으로 조화를 이룰 수 있을 때가 가장 이상적인 상태라고 할 수 있다. 사회적 평등사상과 정의의 실현도 역할배분이 얼마나 합당하게 이루어지느냐에 달려 있기 때문에 사회적 선발제도의 정당성은 아무리 강조해도 지나치지 않다.

셋째, 사회는 사회 구성원을 위해서 의사소통의 수단을 마련해 주어야 한다.

사회생활에서 가장 필요한 것 중 하나는 개인과 개인, 개인과 사회의 관계를 유지할 수 있는 의사소통 수단이다. 의사소통 수단으로서 언어의 중요성을 강조하지 않을 수 없다. 인간은 언어를 사용하는 존재로서 인간문화의 핵심도 언어이다. 언어는 모든 활동의 기본이기 때문에 언어 사용 능력은 타 분야의 학습은 물론 개인의 역할 획득과 생존의 수단이기도 하다. 교육에서 언어교육을 강조하는 이유도 바로 여기에 있다.

넷째, 사회는 인지적 경험과 지향(指向)을 공유하도록 해야 한다.

사회가 유지되고 발전되기 위해서 구성원의 경험세계와 지향성이 비슷하지 않으면 안 된다. 그래서 문화의 공유(共有)가 강조되기도 하지만 사회규범과 제도의 안정성이란 구성원의 경험세계와 지향성의 공유 없이는 불가능해진다.

사회규범은 구성원들의 경험세계를 비슷하게 만들며, 앞으로 어떻게 해야 한다는 것을 예견할 수 있게 해준다. 따라서 규범생활은 학교교육의 중요한 과업에 속한다. 규범에 지나치게 충실하면 변화를 기대할 수 없고, 변화가 없으면 발전이 어려워진다고 생각할 수 있으나, 변화나 발전에 앞서는 것이 안정이기 때문에 규범교육을 학교교육의 기본과제로 삼아야 한다.

다섯째, 사회는 이상(理想)과 목적을 확립해야 한다.

사회에는 여러 가지 종류의 사회적 성격의 집단들이 있고, 그러한 집단들은 나름대로의 이상과 목적이 있을 수 있다. 민주주의 사회에서는 인권 · 자유 · 평등 · 복지 · 정의라는 가치의 실현이 강조된다는 것은 잘 알려진 사실이다. 그런데 이러한 이념(理念)과는 다른 소수집단의 이상과 목적을 어떻게 수용해야 하는가? 민주사회에서는 제도적인 교육에 의존하고 있다. 제도교육은 사회의 이상과 목적을 인식시키고 이상과 목적 달성을 위한 노력을 격려하며, 현실적 모순에 대해서는 비판하게 함으로써 사회의 점진적인 발전을 이룩하게 한다.

여섯째, 사회는 사회통제(social control)의 기준과 규칙을 분명히 제시해 주어야 한다.

건강한 사회는 사회를 구성하는 많은 부분들이 각각 나름대로의 이상과 목적을 달성하기 위해서 해야 할 역할과 기능을 성실히 수행하면서도 전체적으로 조화를 이루어야 한다. 다시 말하면, 질서(秩序)가 있어야 한다. 질서는 그냥 이루어지는 것이 아니라 생활의 기준으로서 사회규범과 생활규범이 있어야 하는 것이다. 따라서 모든 사회는 교육을 통한 사회통제가 필요하다는 인식과 통제의 기준과 규칙 그리고 사회생활의 원리(原理)가 무엇인가를 학습하도록 해야 한다.

일곱째, 사회는 사회구성원을 사회화(socialization)시킨다.

사회화(社會化)하려는 노력 없이 사회구성원이 될 수는 없다. 사회화라는 것은 전체적인 개념이기 때문에 신체적 과정으로서 단순한 육체적 성숙만을 의미하는 것이 아니다. 어린이가 사회화하기 위해서는 사회적 상황과 환경에서 어떻게 대처해야 하는가를 배워야 한다. 뿐만 아니라 어떤 야망과 태도를 지녀야 하는가를 학습하여 사회적으로 가치 있는 역할을 습득하도록 노력해야 한다. 나아가서 사회의 이상과 목적, 규범과 통제방법을 이해하여 사회적으로 가치 있는 것과 바람직한 인간관계 기술을 습득하도록 해야 한다.

여덟째, 사회는 사회구성원들에게 경제적으로 필요한 기본적인 조건을 마련해 주어야 한다.

어떤 면에서 인간의 생존은 경제에 의해서 좌우된다고 할 수 있다. 인간은 누구나 먹어야 하고 입어야 하며, 쉬고 잠잘 수 있는 집이 있어야 한다. 이것이 생존의 기본조건이다. 그래서 사회는 경제적 생산과 소비 및 분배체제를 갖추어야 한다. 자원(資源)을 활용하여 생산성을 높이고 소비생활을 합리적으로 하게 하며, 재화와 용역(用役)을 균등하게 배분함으로써 건전한 경제생활 문화를 발전시키도록 해야 한다. 특히 현대사회의 국제질서는 자국의 경제적 이익을 중심으로 전개되고 있을 뿐만 아니라 국내적으로 경제여건과 경제질서 여하에 따라 삶의 질과 내용이 좌우되기 때문에 사회의 경제적 기능은 모든 사회기능의 기초적 기능이라고 할 수 있다. 따라서 교육을 통해 경제발전에 필요한 지식과 기술의 습득은 물론 합리적인 경제생활 습관을 형성하지 않으면 경제발전은 물론 건전한 경제생활 문화를 기대하기도 어렵다.

2) 교육의 사회적 기능

사회의 기능을 효율적으로 수행하기 위하여 사회는 여러 가지 제도를 가지고 있다. 교육도 사회제도의 하나이다. 따라서 여기서는 학교교육에 대한 이해를 돕기 위해 교육의 사회적 기능을 문화전승 기능, 사회혁신 기능, 사회통합 기능, 사회충원 기능, 사회이동 기능 등으로 나누어 살펴보기로 한다.

(1) 문화전승 기능

학교교육의 문화전승(文化傳承) 기능은 사회화의 기능, 사회적응 기능, 사회유지 기능 등을 모두 포괄하는 개념이다. 개인적인 차원에서 볼 때 어린이들은 사회구성원으로서 인정을 받기 위해 그 사회에 적응하여야 하고, 그 사회에 적응을 하기 위해서는 그 사회가 공인하는 언어·사고·감정·태도·지식·가치관·행동양식을 학습하여 내면화(internalization)해야 한다. 이러한 학습은 대부분 학교교육을 통해서 이루어진다.

사회적인 차원에서 볼 때 사회의 유지 존속을 위해서는 한 사회에서 문화적으로 전승되어 온 지식·기술·규범·태도·언어·가치관 등의 여러 가지 생활방식과 행동양식을 사회구성원들이 계승하도록 해야 한다. 만약에 그렇지 못할 때는 그 사회의 안정이나 질서는 유지되기가 힘들기 때문이다.

결과적으로 사회구성원은 개인이나 사회를 위해서 사회가 요구하는 여러 가지 생활방식과 행동양식을 내면화(內面化)하게 되는데, 이는 한 사회의 문화가 개인의 사회화를 통하여 다음 세대로 전달되는 결과가 된다. 학교교육은 바로 이러한 중요한 기능을 맡게 되는데 그 비중이 가정교육이나 사회교육보다 크며, 학교교육 중에서도 유아교육·초등교육·중등교육의 순으로 더 중요한 비중을 차지한다.

여기서 학교교육의 중요한 과제는 시대, 사회계층, 집단 유형, 지역사회에 따라 각기 다른 문화들 중에 어떤 문화를 공인된 문화로 보고 이를 전승하느냐 하는 것이다. 사회가 공인하는 규범이나 가치관 등의 문화내용은 바로 교육의 주요 내용이 되는데 이를 사회로부터 제공받아 구성하게 된다는 점에서 교육은 사회적으로 수동적인 입장에 있게 된다. 이런 점에서 볼 때 학교교육의 문화전승 기능은 수동적 기능이기도 하다. 또 문화전승 기능은 사회를 개혁하고 문화를 창조하는 역할을 담당하기에 앞서 기존 문화를 계승해서 유지 · 보존하는 역할을 담당하는 보수적 기능을 가진다고 할 수 있다.

(2) 사회혁신 기능

학교교육은 사회구성원의 사회적응이나 사회유지를 위해서 문화를 전승하는 역할을 담당하기도 하지만, 다른 한편으로는 사회를 보다 더 바람직한 방향으로 변화시키는 역할을 담당하기도 한다. 학교교육은 사회로부터 영향을 받기도 하지만 경우에 따라서는 학교교육이 사회에 적극적으로 영향을 미친다는 점에서 그 능동성을 찾아볼 수 있다. 예를 들면, 전근대적인 사회에서 팽배했던 비과학적 사고방식이나 미신에서 벗어나기 위해서는 새로운 지식이나 기술이 요청될 뿐만 아니라 기존 가치관 및 태도의 변화가 요청된다. 이러한 변화는 학교교육의 능동적인 힘에 의해 이루어질 수 있다. 특히 현대사회와 같이 급변하는 사회에 있어서 사회변화는 의도적으로 바람직한 방향으로 이루어져야 하고 이는 학교교육의 적극적인 역할을 통해서 이루어진다.

학교교육은 계획적인 사회변화를 촉진시키는 역할을 담당한다는 의미에서 사회혁신(social innovation) 기능을 맡는다고 볼 수 있다. 또 학교교육은 새로운 문화를 창조하는 힘을 갖는다. 학교교육이 의도적으로 사회를 변화시키지만 그 직접적인 요인은 과학기술의 발달이다. 학교교육은 일찍부터 과학기술 교육을 중요시하였으며 그 결과로 기술문화의 발달이 촉진되었다. 기술문화의 발달은 시간적으로는 늦어지지만 필연적으로 가치문화의 변화를 초래하게 된다. 이렇게 볼 때 학교교육은 발전하는 현대사회 내지는 미래사회가 요청하는 새로운 지식과 기술을 교육내용으로 하여 기존 문화를 개혁하고 새로운 문화를 창조하는 기능을 가진다고 할 수 있다.

(3) 사회통합 기능

학교교육의 사회통합(social integration) 기능이란 사회의 여러 이질적 요소들이 각기 독자성과 고유의 기능을 유지하면서도 전체적으로 조화를 이룰 수 있도록 하는 기능을 의미한다. 이 기능은 문화전승 기능의 이차적 기능이라고도 하는데 두 기능이 모두 사회화를 통하여 공인된 태도 · 규범 · 가치관 등의 생활방식과 행동양식을 육성하여 사회의 총의(總意)를 형성한다는 점에서는 차이가 없다. 그러나 사회통합 기능은 문화전승 기능보다 강제성을 띠는 사회적 통제 내지 사회적 제재(制裁)의 기능을 수반한다. 전문·분화되어 있는 이질적 구성요소들을 조정하고 또 이들 요소들을 중심으로 부분문화들 간의 대립과 갈등을 최소화하고 조화시키기 위해서는 경우에 따라 강제성을 띤 통제와 제재가 필요하다는 것이다.

학교교육을 통한 사회통합적 기능은 학교사회 내에서 학생들의 바람직하고 공인된 행동은 권장하지만 비정상적인 행동에 대해서는 제재를 가하게 된다. 그 결과 학생들로 하여금 사회가 공인하는 방향으로 나아가게 한다. 더구나 다양하고 복잡한 현대사회에 있어서 사회적 통합이란 어려운 과제이지만 학교교육을 통해서 공통된 사회의식과 사회의 총의를 형성할 수가 있다. 더구나 학교교육을 통한 사회통합 기능은 학교 수업을 중심으로 정치적 사회화 등을 통해 심층적인 의식구조의 변화를 가져오는 데 의의가 있다.

(4) 사회충원 기능

학교교육의 사회충원(社會充員) 기능은 가장 현실적이며 구체적인 기능으로서 인력의 선발·분류·배치·재배치 등의 기능을 포함한다.

사회는 그 존속을 위해 수많은 기능을 수행하는데 그 기능에 따라 지위와 역할이 달라지며 거기에 맞는 지식과 기술과 자질을 요구한다. 학교교육은 이러한 여러 가지 다른 요구에 맞게 학생의 능력·적성·흥미 등을 기초로 하여 인력을 선발하고 교육시켜 배치하는 기능을 가진다.

학교교육의 선택과 분류에 영향을 주는 요소로는 학생의 학업성적·지능 정도·포부수준·가정의 경제적 형편과 부모의 희망 등을 들 수 있다. 또 학교를 중심으로 해서 볼 때 설립별(공·사립), 계열별(인문·실업), 지역별(도시·농촌)에 따라 학교의 전통과 분위기가 달라져서 학교교육의 충원 기능에 영향을 미칠 수 있다.

(5) 사회이동 기능

현대사회는 귀속적(歸屬的) 지위보다 성취적(成就的) 지위를 더 중요하게 요구하기 때문에 학생의 학업성적, 전문적 지식 및 기술을 가정배경·종교·인종·성별보다 더 중요하게 간주한다. 전문적 지식이나 기술은 주로 학교교육을 통해서 이루어지고 학교교육의 성과는 사회가 요구하는 능력을 부여하기 때문에, 결과적으로 학교교육은 개방사회에서의 사회적 지위 향상을 위한 조건을 충족시켜 줌으로써 사회이동(社會移動)을 가능하게 해준다.

사회이동에는 보통 두 가지 양상이 있다. 하나는 상하계층으로 이동하는 종적, 수직적 이동이고, 다른 하나는 직종이나 지역적으로 이동하는 횡적, 수평적 이동이다. 특히 우리나라와 같이 고학력을 중시하는 사회풍토에서는 학교교육을 많이 받아야만 하위계층에 속하는 직업에서 상위계층에 속하는 직업으로 상승이동(上昇移動)할 가능성이 커진다. 또 고학력 위주의 사회에서는 고학력을 얻기 위해서 고등교육 기관이 몰려 있는 대도시로 집중하는 수평적 이동을 초래하게 된다. 이처럼 학교교육은 사회의 수직적 이동뿐만 아니라 수평적 이동까지도 촉진하는 역할을 한다.

3) 문화와 교육

여기서는 문화의 개념 · 기능 · 내용 및 문화와 교육과의 관계를 살펴보기로 한다.

(1) 문화의 개념

문화란 말은 대단히 광범위하게 사용된다. 우리는 일상생활에서 흔히 문화인 · 문화국민 · 문화생활 · 문화주택이란 말을 쓴다거나, 전통문화 · 고유문화 · 한국문화 · 미국문화 · 청소년문화라는 말을 사용한다. 이때 문화란 무엇을 뜻하는 것일까? 문화에 대한 전통적이고도 일반적인 정의에 따르면 문화(culture) 또는 문명(civilization)이란 사회의 구성원으로서 인간이 습득한 지식 · 믿음 · 예술 · 도덕 · 관습 · 법 기타 모든 관행과 관습을 다 포함하는 복합적인 총체(總體)라고 한다. 이 개념에 따르면 문화는 인간의 사회적 유산이다. 문화는 사회의 존재를 전제로 하고 이 사회의 일을 하는 데 필요한 기술을 마련하는 것이라 할 수 있다. 따라서 문화란 집단의 생활방식, 즉 삶을 위한 완전한 설계와 관련된다. 또 문화를 학습의 결과로 보는 입장에서 문화는 공유하고 있는 인간학습의 소산(所産)으로서 지각 · 신념 · 가치관 · 행동의 표준으로 이루어진 것이라고 보기도 한다. 이렇게 볼 때 문화란 개인이 사회생활을 통해서 학습되어진 모든 것, 즉 형식적·비형식적 교수·학습과정을 통해 얻어진 신앙·관습·규범·기술·생활방식 등과 같은 것이다. 문화의 본질을 더 이해하기 위하여 문화의 특성을 몇 가지로 요약하면 다음과 같다.

① 문화는 사람들의 필요에 의해 만들어진 것이다. 동물과 다른 신체적 특징과 능력을 가진 인간이 자연환경에 적응하는 데 불리한 점을 극복하려는 데서 문화가 형성되었다.

② 문화는 사회생활을 통하여 공유되는 것이다. 인간이 다른 사람과 공동생활을 하는 동안에 필요한 것이 만들어졌고 또 사회의 다수 성원에 의해 공유되고 있는 것이다.

③ 문화는 습득·전승되는 것이다. 사람의 사고방식·행동양식·가치관·언어·믿음 등의 문화는 사회생활을 통하여 학습된 결과이다. 또 학습을 통해 얻어진 문화는 교수·학습과정을 통하여 다음 세대로 전승된다.

④ 문화는 보편성과 특수성을 띠고 있다. 인간이 공동생활을 하는 사회에는 어떤 형태든 간에 그 사회 나름의 언어·종교·의식주(衣食住)의 생활방식을 지니고 있다. 이러한 문화는 사회에 따라 내용과 형태가 다를 뿐 보편적으로 존재하는 것이다. 그러면서도 한 사회의 문화는 다른 사회의 문화와 다른 특징을 지니고 있다는 점에서 특수성도 인정된다.

⑤ 문화는 변한다. 문화가 다음 세대로 전승되는 과정에서 인간의 개성이나 자연환경의 여러 조건이 작용하여 그 내용과 형식에 변화가 올 수 있다. 그 변화의 속도나 질적인 폭이나 깊이는 사회체제에 따라, 시대에 따라 다르게 나타난다.

(2) 문화의 기능

문화의 기능은 개인(個人)에 대한 기능과 사회(社會)에 대한 기능으로 나누어 생각할 수 있다. 먼저 문화의 개인에 대한 기본적 기능을 살펴보면 다음과 같다.

① 문화는 모든 개인이 어떤 사회적 상황에서 느끼고, 생각하고, 행동하는 법칙을 제시해 준다. 인간은 태어나면서부터 가정·이웃·학교·사회 등에서 의식적이든 무의식적이든 문화의 법칙에 따라 생활하게 된다.

② 문화는 개인의 생리적 욕구를 충족시키는 방법을 가르쳐 준다. 사람은 누구나 먹어

야 하고, 성적 충동도 느끼고, 잠도 자야 하는 생리적 욕구(physiological needs)를 가지고 있다. 문화는 이 생리적 욕구를 충족시키는 방법을 가르쳐 준다.

③ 문화는 개인에게 가치 · 목표 · 희망 · 포부 등을 갖게 해준다. 개인이 갖는 윤리성 · 도덕성 · 심미성(審美性) 등도 문화에서 도출된다. 사람마다 지향하는 목표나 희망이 다른 것은 문화가 다른 배경에 의해 영향을 받기 때문이다. 예를 들어, 어떤 사회에서는 의사나 변호사가 선호(選好)의 대상이 되는가 하면, 다른 사회에서는 정치가나 실업가가 그 대상이 될 수도 있다.

④ 문화는 인간의 양심을 결정해 준다. 인간의 양심은 한 집단이 가진 선악에 대한 규정을 내면화한 결과로 나타난다. 따라서 인간의 한 행동은 어떤 문화에서는 양심의 가책을 받지만 다른 문화에서는 양심의 가책을 받지 않는 경우도 있다.

⑤ 문화는 개인에게 소속감을 갖게 한다. 문화를 공유하는 사회 구성원들은 서로 친밀감을 갖는다. 이러한 친밀감은 '우리'라는 공동체 의식을 갖게 하고, 공동체 의식을 같이하는 사람들끼리 모이게 된다.

⑥ 문화는 개인의 인성(人性) 형성에 영향을 준다. 개인의 인성은 그 사회의 문화를 내면화함으로써 형성되기 때문에 개인이 어떤 문화환경 속에서 자라났느냐가 중요하다. 그래서 어릴 때의 육아방법과 사회적 환경이 중요시되는 것이다.

문화의 기능은 개인에 대한 기능으로서뿐만 아니라 사회에 대한 기능으로서도 중요하다. 문화는 한 사회의 집단과 개인의 행동양식을 규정하고 모든 사회구성원이 이에 맞게 행동하도록 사회의 질서를 유지하여 한 사회가 통합 · 유지 · 존속되게 한다. 이런 점에서 볼 때 사회에 대한 문화의 기능은 바로 사회통제 기능이라고 할 수 있다. 사회통제 기능은 주로 그 사회의 문화적 규범에 의해 수행되며, 이 규범은 비교적 강제성이 적은 민습(民習)과 보다 강제성이 큰 관행(慣行)과 사회통제 수단인 법률(法律) 등의 형태로 나타난다.

(3) 문화와 교육과의 관계

여기서는 문화와 교육과의 관계를 문화기대와 교육, 문화변동과 교육에 한정하여 살펴보기로 한다.

문화기대(文化期待)란 문화가 그 속에서 태어난 개인에게 특정한 생활방식 또는 행동양식으로서 행동할 것을 기대하고 요구하는 것을 말한다. 문화가 개인에게 이와 같은 문화기대를 갖게 하는 것은 사회질서를 유지하기 위한 사회통제이며, 이는 보이지 않는 구속력을 가진다. 따라서 개인은 이 문화기대를 피할 수 없으며, 개인의 인간성은 문화기대에 의해 사회적 인간성으로 형성된다. 개인의 인간성이 형성될 때 문화기대에 따라 행동양식을 따르는 사람은 사회적으로 승인된 평균인(average man)이라고 한다. 반면에, 기대된 행동양식대로 어울리지 못하여 사회적 승인을 받지 못하거나 사회적 기대를 배반하거나 사회적 자극의 대상이 되는 사람을 비정상인(非正常人)이라고 한다.

문화기대는 학교에서도 볼 수 있다. 학교의 문화기대는 가정의 문화기대에서 찾아볼 수 없는 것일 수 있다. 학생은 학교의 문화기대에 따르도록 요구되고 이에 따를 때는 평균인이 되는 것이다. 이처럼 학교교육은 의도적으로 문화기대를 가지고 학생이 평균인이 되도록 노력하는 것이며 이때 학생은 외적 기대를 내면화하게 된다. 따라서 학교교육의 과제는 어떠한 문화기대를 가지고 바른 가치관을 갖는 평균인을 길러내느냐 하는 것이다.

문화변동(文化變動)이란 대내·외적인 원인으로 인하여 문화에 근본적인 변화가 일어나는 것을 말한다. 대내적 원인은 산업화나 정치적 변동 등을 들 수 있으며, 대외적 원인은 외래 문화의 도입이나 새로운 풍물(風物)의 전래 등을 들 수 있다. 문화변화가 일어나는 과정에서는 서로 다른 두 문화가 접변(接變)하는 소용돌이 속에서 개인은 혼란기나 불안정기를 맞는다. 이런 혼란기에는 주변인(marginal man)이 생기게 된다. 신구(新舊) 문화가 공존하는 사회에 한 인간이 있다면 그는 새 것에 매력을 느끼면서도 낡은 것에 강한 애착을 느끼거나, 낡은 것을 내버리면서도 새 것에 완전히 익숙하지 못해 강한 저항을 느끼게 될 것이다. 이런 경우 신구 문화의 경계선상에 놓여 있는 인간을 주변인이라고 말한다. 우리 주위에서도 두 개의 서로 다른 습관체제, 생활방식, 행동양식, 가치체계, 의식구조 사이에서 방황하는 주변인을 볼 수 있다.

학교에서는 가정문화와 학교문화의 경계선상에서 방황하는 초등학교 학생을 보게 된다. 이들은 시간의 흐름에 따라 점점 문화의 변화에 따라 안정된 분위기에 젖어들게 된다. 그러나 청소년문화와 성인문화의 경계선상에 서 있는 청소년들은 안정을 찾기가 어렵다. 청소년들은 성인문화에 매력을 느끼면서부터 변화가 온다. 그러나 청소년기에 성인문화를 완전히 터득하기는 어렵다. 이때 학교교육의 문제는 이 시기의 청소년을 어떻게 지도하여 빨리 주변인에서 탈피하게 하느냐 하는 것이다. 이는 학교교육을 맡는 교사뿐만 아니라 가정교육과 사회교육을 맡은 사회의 모든 성인들의 교육적 과제이기도 하다.

2. 사회화와 교육

1) 사회화의 개념

사람은 출생 당시에는 아무것도 모르며 또 상당히 오랜 기간 동안 혼자서는 살 수 없는 하나의 생물학적 유기체로서 이 세상에 태어난다. 그러나 잠시 후 그는 좋아하는 것과 싫어하는 것, 인생과 사회에서 가져야 할 태도와 가치, 장래의 희망과 이상을 배우면서 한 인간으로 성장해 간다. 이와 같이 개인이 자기가 소속해 있는 사회집단의 사고방식·행동양식·가치관·규범과 같은 문화를 학습하여 내면화(internalization)하고, 자기 자신의 독특한 개성과 자아를 형성하는 과정을 사회화(socialization)라고 한다.

사회화란 사회적으로는 문화의 전달과정이요, 개인적으로는 개성의 형성과정이다. 이러한 과정에 의하여 개인은 그 집단의 규범에 따라 행동함으로써 집단의 질서를 유지하는 한편 사회 속에서 독특한 자기 개성을 형성해 간다. 사회의 구성원은 어린이·청소년·어른·부모·근로자·투표인·학생·교사 등 지위에 따라서 수행해야 할 역할이 무엇인가를 규정하는 규범을 배운다. 또 이것은 자기의 역할을 배우는 것과 동시에 다른 지위에 있는 사람과 어떻게 서로 상호관계를 맺고 살아갈 것인가에 대해서도 배우는 것을 의미한다.

(1) 사회화와 교육

교육의 사회적 성격을 연구함에 있어서 사회화가 중요한 개념으로 대두되는 이유는 인간 자신이 사회적 성격을 가지고 있기 때문이다. 생물학자들이나 심리학자들은 사람이 다른 사람과 함께 있고 싶어 하는 것을 하나의 생물학적인 본능(本能)으로 보고 있다. 본능은 생물이 태어날 때부터 구조적으로 가지고 있는 행동의 경향이다. 물론 이러한 견해에 반대하는 입장도 있다. 이들에 의하면 인간은 동물적인 욕구를 극복하고 생물학적인 본능으로부터 벗어날 수 있다는 점에서 다른 동물과 구별된다고 보는 것이다. 또 다른 이유는 인간의 생활 그 자체가 다른 사람에게 의존한다는 데서 찾을 수 있다. 어렸을 때의 인간은 이 지구상의 어떤 생물보다도 더 큰 성장 가능성을 가지고 있는 동시에 지구상의 어떤 생물보다도 더 연약하고 무력하다.

대부분의 동물이 어미를 떠난 지 몇 주일이 되면 자립하여 생활할 수 있는 데 비하여, 인간은 서서 걷는 데만도 거의 1년이 걸리며 신체적으로 성숙하고 사회적으로도 성숙하여 완전히 자립하여 생활할 수 있기까지는 오늘날과 같은 현대사회에서는 약 30여 년이 걸린다. 그리고 이렇게 긴 기간 동안 인간은 다른 사람의 헌신적인 사랑과 주의 깊은 보호와 정성 어린 보살핌을 필요로 한다.

인간이 사용하는 언어만큼 인간의 사회성을 나타내는 것도 드물 것이다. 언어는 지식을 전달할 뿐만 아니라 감정과 태도와 가치도 전달한다. 언어는 기록에 의하여 시간과 공간을 초월하여 의사(意思)를 전달한다. 그리고 인간사회의 특유한 현상인 상징적인 상호작용을 가능하게 하는 것이다. 언어는 혼자서 배울 수도 없으며, 또 배운다 해도 옆에서 그 언어를 함께 사용하는 사람이 없으면 아무런 소용도 없다. 언어야말로 인간생활의 산물(産物)인 것이다.

(2) 사회화의 대행자

누가 사회화를 하는가 하는 문제가 사회화 기관 또는 사회화 대행자(代行者)의 문제이다. 사회화가 인간형성의 과정 그 자체를 의미하는 것이기 때문에 사회화의 대행자는 수없이 많다. 가족·친구·교사·이웃·친척·애인·가정·학교·교회·지역사회 등 수많은 사람들과 기관이 있다. 그러나 인간은 이러한 개인이나 기관에서만 배우는 것도 아니다. 영화·라디오·텔레비전·신문·잡지 등 대중매체가 사회화의 촉진기관이 되기도 한다. 이러한 여러 가지의 사회화 기관을 크게 가정·학교·사회로 나누는 것이 보통이다. 어린이는 가정에서 이미 언어와 기본적인 생활태도 및 습관을 배운다. 그 후 학교에 가서 친구들과 어떻게 어울리는가를 배우고, 교사라는 권위를 가지고 있는 사람을 어떻게 대하는가를 배운다. 또 시간을 지키고 질서를 존중하고 자기의 차례를 기다리고 욕망을 억제하는 것을 배운다. 신문과 텔레비전을 통해서 사회가 돌아가는 모습을 알고, 영화를 보고 남녀관계를 배우며, 사회의 뒷골목이 어떤 것인가를 배운다. 그러나 여기서 지적하고 싶은 것은 사회화는 학교의 교사에 의해서만 이루어지지 않는다는 점과 가정·학교·사회의 개별 사회화의 대행자들이 서로 다른 방향으로 사회화를 촉진하는 경우, 이들 사이에서 갈등을 겪게 된다는 점이다.

(3) 사회화의 과정

사회화는 다른 말로 표현하면 사회적 행동의 학습이다. 사회적 행동의 학습은 강화(强化)와 모방(模倣) 등 심리학자들이 일반적으로 행동의 발달을 설명할 때 주장하는 이론으로 설명할 수 있다. 그 형태는 다양하지만 이들을 크게 나누어 보면 네 가지로 설명할 수 있다. 가장 기본적인 것으로 조건반사설(條件反射說)이 있다. 조건반사설은 주위의 계속적인 자극이 있을 경우 일정한 모형의 행동이 반사적으로 따르는 것을 의미한다. 종소리와 함께 음식을 개에게 주는 경우, 종소리만 나면 개가 침을 흘린다는 파블로프(I. P. Pavlov, 1849 ~ 1936)의 실험은 고전적(古典的) 조건반사설의 전형이다.

고전적 조건반사설과 비슷하지만 그와는 반대로, 일정한 자극에 의해서 생물체에 나타나는 반응 그 자체를 일정한 방향으로 통제하는 것을 조작적(操作的) 조건반사설이라고 한다. 사람은 고전적 조건반사설과 조작적 조건반사설에 의하여 많은 사회적 행동을 배우고 사회화한다. 어머니나 우유병을 보고 미소 띠는 유아(乳兒)나 담임선생님의 수첩만 보아도 조용해지는 아동·학생들은 고전적 조건반사설을 통해 행동을 배우는 것이다. 그리고 상이나 칭찬을 받기 위해서 열심히 공부하거나 꾸중을 듣지 않기 위해서 숙제를 하는 습관이 든 아이는 조작적 조건반사설에 의해서 행동을 배우는 경우이다.

자아(自我)의 형성은 사회적 행동 학습의 중요한 과정이다. 어린이들은 대개 5세를 전후로 해서 자기가 남자라는 것, 가난한 집의 아이라는 것, 부모 형제 사이에서 어떻게 행동해야 한다는 것 등을 알게 된다. 이것은 사회화의 중요한 과정이며, 어른이 되었을 때에 그에게 주어지는 사회적 지위에 따라서 그의 역할을 수행하는 기초를 이루는 것이다.

사회적 행동의 학습은 모범적인 인물을 정해서 그를 모방(模倣)하는 방법에 의해서도 이루어진다. 개성이 형성되는 과정에서 개인은 그가 좋아하는 사람을 선택하고 그의 행동이나 가치관을 모방하려고 한다. 가정에서는 부모의 행동이, 학교에서는 교사의 행동이 모델이 된다. 이것은 그가 스스로 특수한 가치를 선택함으로써 그만큼 다른 사람과는 다른 개성을 형성해 간다는 것을 의미한다.

조건반사설, 자아의 형성 및 모범적 존재의 모방 등은 모두 사회에 존재하는 규범과 가치를 받아들여서 내면화하는 과정이다. 그러나 개인은 현존하는 규범과 가치를 내면화할 뿐만 아니라, 변동하는 환경 속에서 새로운 환경에 처하게 되었을 때에 과거의 지식이나 경험을 기초로 해서 새로운 세계에 적응하고 또 자기가 목적하는 것을 달성해야 하는 경우가 있다. 이러한 과정을 문제해결(問題解決)이라고 한다. 문제해결 방법을 배우는 것은 특히 복잡한 현대사회에서 개인이 효과적으로 환경에 적응하고 행복한 생활을 영위하기 위해서 매우 중요한 사회적 행동의 학습이다.

이상과 같은 네 가지 사회적 행동의 학습은 모두 장·단점이 있다. 조건반사설은 효과적이기는 하지만 비판적 사고력을 자극하지 못하기 때문에 조건반사설에 의한 사회적 행동의 학습은 현대 산업사회에 적합한 방법은 아니다. 그러나 문제해결법은 사고력과 비판력을 전제로 하기 때문에 현존하는 규범과 가치를 위태롭게 할 염려가 있으며, 또 어느 정도는 과거의 사회화에서 벗어나는 것을 전제로 해야 한다. 자아의 형성은 주위의 환경과 타고난 개인의 성격 사이에 생겨나는 갈등의 문제를 가지고 있고, 모방은 타인에게 지나치게 의존한다는 문제점을 가지고 있다.

그러나 실제 사회화되는 과정은 어느 한 가지 방법이나 형태로 이루어지는 것이 아니라 상황에 따라서 그 방법을 달리 해야 할 경우도 있고, 여러 가지 방법을 병행해야 하는 경우도 있다.

2) 정치적 사회화와 교육

사람은 정치적 조직을 떠나서는 살아가기 어렵다. 또 우리나라와 같이 정치적 이데올로기의 대립을 민감하게 경험하는 사회에서는 정치적(政治的) 사회화의 문제가 국가발전과 직접적으로 관련되어 있기 때문에 교육에서 중요한 문제가 된다. 우리나라에서 최근 수년간 논의가 되어 온 시민교육·정치교육·국민윤리교육·국민사상교육·국민정신교육 등은 약간의 차이가 있지만 모두 정치적 사회화의 개념에 속하는 것으로 볼 수 있다.

(1) 정치적 사회화의 개념

정치적 사회화의 의미는 매우 다양하다. 그 사회의 성인이 해야 할 역할을 배우는 일이라는 넓은 의미로부터 정치에 대한 자기 자신의 관점을 확립하는 것으로 보는 것 등 여러 가지가 있다. 그러나 일반적으로 통용되고 있는 정치적 사회화의 개념은 사회의 구성원들이 특정한 정치적 태도·가치·기술 등을 획득하는 과정이라고 하겠다.

정치도 문화와 마찬가지로 정치적 문화를 가지고 있다. 정치체제와 관련된 지식·태도·가치·규범 등을 내용으로 하는 정치적 문화는 사회의 구성원들에게 전달되고 그들에게 내면화되지 않으면 안 된다. 이와 같이 정치적 문화를 배우는 과정이 곧 정치적 사회화이다. 그러므로 정치적 사회화는 정치체제에 대한 지식·사고·창의력과 관련된 인지적(認知的) 영역과 감정·태도·가치관 등의 정의적(情意的) 영역 및 정치체제 안에서 개인이 할 수 있는 능력에 관한 심체적(心體的) 영역을 포함한다.

정치적 사회화는 정치체제의 안정적인 발전을 위해서는 불가결한 요소이다. 만약 정치적 사회화가 충분하지 못할 경우 그 사회는 질서 있는 생활을 할 수 없고 가치의 분열을 경험하게 될 것이다. 특히 사회가 안정적인 발전을 하기 위해서는 정치체제 안에서 그 체제가 가지고 있는 위계질서를 사회의 구성원들이 정당한 것으로 받아들이지 않으면 안 된다. 즉, 사회 구성원들이 그러한 체제 안에서 그 체제가 인정하고 있는 방법으로 정치적 문화가 이념적으로 내세운 목적을 달성해야 하는 것이다. 이것이 정치적 문화가 바람직하다고 생각하는 정치적 가치나 태도의 중요한 부분이 된다.

(2) 정치적 사회화 과정과 교육

정치적 사회화가 어떠한 경로를 거쳐서 이루어지는가가 정치적 사회화 과정의 문제이다. 정치적 사회화도 사회화의 경우와 마찬가지로 결국 다른 사람과의 상호작용에 의해서 이루어진다는 것은 의심할 여지가 없다. 이스턴(D. Easton)은 확산적(擴散的) 지지론

(支持論)으로 정치적 사회화가 네 단계를 거친다고 하였다.

어린이는 어렸을 때에 어렴풋하게나마 정치체제에 대해서 지지하는 태도를 형성하고 그것이 성인이 된 후에도 계속된다고 한다. 여기에는 몇 가지 과정이 따른다. 어린 시절에 가족 이외의 공적인 권위를 인정하는 정치화(政治化)의 단계가 첫 단계이다. 이 단계에서 공적인 권위를 대통령이나 경찰관과 같은 실제의 인물에게 연결시키는 인격화(人格化)의 과정이 나타난다. 그리고 권위적인 인물에 대해 존경심을 갖게 되는 이상화(理想化)의 과정을 거쳐서 개인의 태도와 가치관을 정치적 제도와 연결시키는 제도화(制度化)가 이루어진다. 이스턴은 이러한 과정을 거침으로써 안정성 있는 정치문화가 형성된다고 하였다.

정치적 사회화와 관련된 다음 문제는 정치적 사회화와 학교교육의 과제이다. 정치적 사회화의 과정에서 학교가 중요한 역할을 하는 것은 틀림없다. 유치원 때부터 시작되는 각종 의식(儀式), 국기에 대한 경례, 애국자의 이야기, 상과 벌에 의하여 강화되는 질서 있는 행동 등은 모두 정치체제가 중요하다고 생각하는 특수한 행동을 발달시키기 위한 노력과 관련이 있다.

학교의 교과서와 교사는 학생의 태도형성에 많은 영향을 미친다. 각 국가의 교과서는 각 국가가 지향하는 기본적인 정치교육의 기초적인 방향을 제시한다. 1960년대 우리나라의 도덕 교과서는 반공과 애국심 및 유교적 가치관을 가장 많이 강조하였고, 미국의 사회과 교과서는 법과 질서, 개인에 대한 이해 등을 가장 많이 강조하였다. 이것은 공산주의의 침략 위협을 눈앞에 두고 있는 우리나라의 실정과 흑인의 소요(騷擾)에 의한 1960년대의 미국 사회의 불안을 그대로 잘 표현하고 있는 것이다. 교사의 학급경영 방침이나 태도도 여러 가지로 학생들의 민주적인 또는 권위적인 태도의 형성과 깊은 관계가 있다. 교사는 학생들에게 학생들이 모방하려고 하는 모범적 존재로서 중요한 역할을 한다. 민주적인 교사가 가르치는 학생들이 개방적이고, 교사가 있을 때나 없을 때나 학생들의 학급행동에 별 차이가 없고 협동적인 데 비하여, 권위적인 교사가 가르치는 학생들은 경쟁적이며, 교사가 있을 때와 없을 때에 학생들의 학급에서의 행동은 매우 달라진다.

민주적 분위기의 학급에서 성장한 학생이 비민주적인 사회의 분위기에 적응하기가 어려울 것도 상상할 수 있다. 또 교사의 지시에 의해서 행동하도록 훈련받은 학생은 비민주적 사회에는 잘 적응하겠지만 자율적으로 행동할 것이 요청되는 민주적인 개방사회에 적응하기는 어려울 것이다. 이와 같이 학교의 분위기와 학생의 행동발달에는 깊은 관계가 있다.

3. 사회계층과 교육

1) 사회계층의 개념

사회학자들뿐만 아니라 학업성취도를 연구하는 많은 교육학자들이 학교교육의 성취도와 방향에 가장 크게 영향을 미치는 요소로서 사회계층(社會階層)을 들고 있다. 누가, 왜 인간을 사회계층에 따라서 생활하도록 만들었는지 모르지만, 사람이 사회계층을 벗어나서 살아가기 어려운 것만은 틀림없다. 교육에 미치는 사회계층의 영향을 검토하려는 이유도 바로 이 때문이다.

먼저 사회계층과 사회계급(社會階級)이라는 용어가 어떻게 다른가를 살펴보자. 사회계층은 사회계급보다 넓은 뜻으로 이해할 수 있다. 사람은 누구나 일정한 사회적 지위를 가지고 있으며 생활에 필요한 수입을 얻기 위하여 일을 하는 직업을 갖게 된다. 또 그는 특정한 인종에 속하며 가족적 배경을 가지고 있다. 뿐만 아니라 각 사람이 가지고 있는 능력이나 기술도 모두 다르다. 서로 다른 사회적 지위나 능력 및 기술 때문에 주어지는 보수(報酬)도 다르고, 사회적으로 내려지는 사회구성원에 대한 평가도 다르며, 위신과 특권도 다르다. 이것들은 말하자면 하나의 위계(位階)를 이루고 있는 것이다. 이와 같이 위계적인 사회체계 속에서 가족적 배경 · 직업 · 인종 · 개인의 능력 및 기술에 의해 사회적 특권 · 위신 · 이익 등이 사회적으로 불평등하게 분배되어 있는데, 이런 가운데서 서로 비슷한 위치에 있는 인구의 집단을 우리는 사회계층이라고 한다. 한편 사회계급은 특히 재산 · 교육 · 직업 · 사회적 지위 등이 비슷해서, 비슷한 생활습관 · 감정 · 태도 · 행동 · 가치관을 가지고 있는 사람들의 집단을 말한다. 따라서 사회계층은 사회계급보다 넓은 뜻으로 쓰여짐을 알 수 있다.

그러나 인도의 카스트(Caste)제도와 같은 옛날의 신분제도(身分制度)가 출생과 함께 결정되는 폐쇄적이고 세습적인 것인데 비해, 사회계급은 하층에서 상층으로 또는 상층에서 하층으로 상승 또는 하락할 수 있는 개방적인 개념이다. 이런 뜻에서 사회계급은 사회계층의 한 형태로 볼 수 있다.

그러나 우리나라에서는 8·15광복 이후 사회계급에 관한 연구가 활발하지 못하였고, 학자들이 사회계급이라는 용어의 사용을 좀 꺼리는 경향마저 있었다. 따라서 사회계급이라는 말을 꼭 써야 할 때에도 사회계급보다 좀 더 덜 논쟁적인 용어라고 생각되는 사회계층을 써왔던 것이다.

사회계급을 실재(實在)하는 것으로 볼 것이냐 아니면 개념상으로 존재하는 것으로 볼 것이냐에 대한 문제는, 아마 개념상으로만 존재하는 것으로 보는 것이 옳을 것이다. 왜냐하면 어떠한 사람도 사회계급이라는 개념이 가지고 있는 특징을 가지고 있을 뿐, 그 사람 자신이 하층계급이거나 상층계급인 것은 아니기 때문이다. 다만 사회계급이라는 하나의 개념을 가지고 인간과 사회를 볼 때에 우리는 현실 사회를 보다 더 잘 이해할 수 있게 되는 것이다.

2) 사회계층의 결정요인

그러면 어떠한 요인이 사람들을 특수한 사회계층에 속하게 만들고 그들로 하여금 독특한 사회계층의 부분문화를 발전시키게 하는가? 여러 가지 요인이 있겠지만 현대사회에서는 대개 재산과 수입, 직업, 교육 그리고 자기 자신의 계층의식 등이 많이 작용한다. 재산과 수입은 사람의 생활방식과 깊은 관계를 가지고 있다. 상류사회 사람들이 사는 것과 같은 문화생활을 영위하기 위해서는 일차적으로 돈이 필요한 것은 너무나 자명하다. 물질적인 것이 정신적인 것을 전적으로 변화시키지는 않는다 할지라도 경제적 지위의 상승에 따라서 가치관과 같은 정신적 영역도 변화되는 것을 많이 볼 수 있다.

사회계층에 관심이 있는 사람들은 재산과 수입, 직업, 교육의 세 가지 기준을 사회계층을 결정하는 가장 중요한 요소로 본다.

첫째, 재산과 수입은 사회계층의 중요한 결정요인이다. 재산과 수입의 분량뿐만 아니라 그 원천(源泉)의 종류, 안정성 등도 사회계층과 관련이 있다. 그 원천이 떳떳할수록, 수입이 안정적일수록 높은 사회계층의 위치를 차지할 수 있다. 즉, 재산과 수입의 질적(質的)인 면도 중요하다는 것을 말하는 것이다. 술집 주인은 돈을 많이 벌지만 그 사회적 지위는 대학교수보다 낮으며, 교회의 목사는 그보다 수입이 수십 배나 많은 권투선수보다 사회적 존경을 더 받을 수도 있다.

둘째, 직업은 사회계층의 중요한 결정요인이다. 직업은 현대사회의 생활에서 수입이나 생활수준 등과 밀접한 관계를 가지고 있다. 우리는 그 사람의 직업을 알면 그 사람의 교육 정도 · 생활수준 · 그의 친구들이 누구인가를 대개 짐작할 수 있다. 그뿐만 아니라 취미 · 독서 · 도덕기준 등도 추측할 수 있게 된다. 직업은 그 사람의 생활방식을 알기 위한 가장 좋은 요인이기도 하다. 직업과 관련된 요인으로서는 직업의 종류뿐만 아니라 직업에 따른 수입의 정도, 그 직업을 갖기 위한 직전교육의 정도, 직업의 사회적 중요성, 권위의 정도, 근무조건 등 여러 가지가 직업과 관련되어 있다. 교육이나 연수기간이 어렵고 길수록, 사회적 중요성이 클수록, 그리고 권위가 있을수록, 근로조건이 좋을수록 그 직업은 높이 평가된다.

셋째, 교육은 사회계층의 중요한 결정요인이다. 이것은 개인이 얼마나 많은 학교교육을 받느냐 하는 것이 그 사람의 일생 동안의 사회적 지위와 직접적으로 관련되어 있다는 것을 말해 준다. 특히 오늘날과 같이 전문화되어 있는 지식과 기술이 사회적으로 요청되고, 그러한 지식이나 기술이 오랫동안의 학교교육에서 습득되는 경우 학교교육의 중요성은 더해진다. 학교에 다닌 햇수와 함께 학위의 종류, 전공분야, 학교의 종류와 명성, 학업성적 등 일반적으로 그가 받은 학교교육과 관계가 있다. 인문학은 오랫동안 인류역사에서 기술과목보다 높은 위신을 지켜 왔고, 세칭 일류학교의 졸업생은 다른 학교의 졸업생보다 상류사회로의 상승이동이 용이했다. 그러나 학교교육을 받기 위해서는 돈이 많이 들고, 또 중류사회의 부모들이 하는 것과 같은 격려가 있어야 하기 때문에 학교교육은 사회계층과 밀접한 관계를 갖는다.

지금까지 설명한 바와 같이 이들 요인들은 사람들의 사회계층적 배경을 측정하는 데 매우 유용한 기준이 될 뿐만 아니라 비교적 쉽게 자료를 얻을 수 있다.

3) 사회계층 이동과 학교교육

한 사람의 일생에 있어서 사회계층이 갖는 중요성은 매우 크다. 우리는 그 사람의 사회계층적 배경을 앎으로써 일반적인 교육수준, 교육에 대한 야망, 성취동기의 정도 및 학교에서 학생이 이룩할 학업과 행동발달의 정도를 예측할 수 있다. 물론 오늘날에는 계층구조가 개방화됨으로써 과거보다 사회계층의 중요성이 희박해져 가고 있지만 아직도 그 힘은 무시할 수 없다고 하겠다.

사회계층은 그 사람이 앞으로 어떤 사람이 되어 갈 것이냐에 대하여 일생의 기회를 결정하는 데 가장 중요한 요인의 하나이며, 그가 어떠한 사회적 책임과 특권을 가져야 할 것인가를 결정하는 데 큰 역할을 한다. 사회계층은 가치관(價値觀)이나 도덕성(道德性)의 발달과도 관계가 깊다. 시간·금전·인격·남녀관계 등에 관한 각 계층의 태도는 매우 다르다. 그러나 인간의 생활이 사회계층의 영향을 많이 받는다고 해서 인간이 사회계층에 지배된다는 뜻은 아니다. 학교교육이 전인교육을 위한 노력이라면 학교교육은 사회계층이 인간에게 미치는 부정적인 영향을 극복하고 모든 사람이 바람직한 모범시민이 될 수 있도록 도와주어야 한다. 이것이 사회계층의 이동에 있어서 학교교육이 갖는 중요한 과제인 것이다.

오늘날 학교교육이 사회계층의 형성과 깊이 관련되어 있는 것은 부인할 수 없다. 특히 의사·변호사·목사·교수 등과 같은 전문직에 종사하는 사람들은 전문교육을 받지 않고서는 그러한 위치를 차지하기가 거의 불가능하다. 만약 농어촌 출신의 청소년이나 근로계층의 우수한 자녀들이 성적이 우수하여 일류대학을 졸업하여 전문직에 종사하게 된다면 그런 경우 학교는 그의 사회계층 상승이동을 크게 도와주었다고 할 수 있을 것이다. 학교교육의 도움이 없었던들 그는 부모와 비슷한 생애를 보냈을지도 모르기 때문이다.

또 학교는 중류사회의 문화를 가르쳐 주고 사회계층의 이동에 필요한 여러 가지 정보와 기술을 알려 주기도 한다. 그러므로 두뇌가 명석한 청소년들은 그가 가정으로부터 이러한 것을 배우지 못했다 할지라도 공식적인 학교의 활동에서 이러한 것을 배울 수도 있고 비공식적으로 친구들과 어울려 다니면서 배울 수도 있다.

사회계층 이동과 학교교육과의 관계에서 우리가 고찰하려고 하는 것은 교육, 특히 현대사회의 학교가 사회계층의 이동에 얼마나 공헌할 수 있는가 하는 문제이다. 흔히 우리는 농어촌의 부모들이 대학교육이 상승적인 사회이동의 첩경이며 대학에만 가면 입신출세가 가능한 것으로 생각하고 가산(家產)을 팔아가면서까지 자녀들을 대학에 보내는 것을 본다. 과연 학교교육은 사회계층 상승이동을 가능하게 하는 것인가? 학교교육과 사회이동의 관계에 대한 명백한 이해는 자녀교육을 위하여 경제적으로 무리하게 투자하는 것에 대해서 냉정히 반성해 보는 좋은 기회를 제공해 줄 것이다.

학교교육이 사회계층 이동에 얼마나 공헌하는가를 경험적으로 측정하는 데는 많은 어려움이 있다. 사회계층의 상승이동에는 본인의 높은 지능 · 강한 성취동기 · 높은 포부수준 · 좋은 학교 · 부모의 사회 경제적 지위 · 좋은 결혼 등 여러 가지 요소가 동시에 작용하고 있으며, 이들 요소는 서로 상관관계가 높다. 어떤 청년이 상류사회로 이동했을 때 그의 사회계층 상승이동이 어느 정도까지 부모의 덕택인지 또는 강한 성취동기 때문인지, 아니면 좋은 결혼에 힘입은 것인지를 현실적으로 분석하기는 매우 어렵다. 왜냐하면 지능이 높으면 좋은 학교를 가고, 좋은 학교를 가기 위해서는 부모의 사회 · 경제적 영향이 많이 작용하기 때문이다.

4. 사회변동과 교육

교육은 사회변동(social change)과 깊은 관계를 가지고 있다. 산업화와 정보화 사회를 바탕으로 하는 현대사회의 급격한 변동은 전통적인 농경사회를 바탕으로 발전해 온 교육의 목적 · 내용 · 방법 등에 근본적인 검토를 요구하고 있다. 여기서는 사회변동에 따른 교육의 방향을 모색하기 위하여 사회변동의 개념, 사회변동의 특징, 사회변동(社會變動)의 원인 및 사회변동과 교육과의 관계를 살펴보기로 한다.

1) 사회변동의 개념

사회변동이란 말은 흔히 쓰이지만 그 개념을 명백히 하기는 어렵다. 사회변동 · 사회변화 · 사회진보(social progress) · 문화변동(cultural change) 등은 비슷한 용어들로서 때로는 같은 뜻으로 쓰이고 때로는 다른 뜻으로도 쓰인다.

사회변동은 사회구조(社會構造)와 사회관계(社會關係)가 변화해 가는 것을 의미한다. 사회관계 혹은 사회구조는 사회를 이룩하고 있는 여러 가지 요소들이 서로 결합하여 있는 유형이다. 권력구조 · 경제구조 · 인구구조 · 교육구조 · 가족구조 등이 그 예이다. 일정한 연령층의 분포, 출산율의 변화, 노동조합의 출현으로 노사 간의 관계 변화, 핵가족의 출현에 따른 남편과 아내의 지위 및 역할 변화 등은 사회 구조 및 관계의 변화를 나타내는 사회변동의 모습들이다.

문화변동은 사회관계나 사회구조의 변동 이외에 철학 · 종교 · 과학 · 예술 · 가치관 및 규범 등 문화가 변동하는 것을 말한다. 자동차의 발명과 보급, 새로운 언어의 창조, 도덕관념의 변화, 음악 · 예술 · 무용 및 성에 대한 태도의 변화 등을 포함한다. 그러나 성에 대한 평등은 남녀 간의 역할과 지위 및 관계 등의 변화를 동시에 수반하기 때문에 사회구조와 사회관계의 변동을 문화변동(文化變動)으로부터 과연 구분할 수 있을까 하는 문제가 제기된다.

여기서는 사회변동 자체에 대한 충분한 검토를 하는 것보다는 교육과 관련해서 고찰하려는 것이므로 사회변동의 개념 속에 사회구조 · 사회관계 및 문화변동을 포함하여 넓은 뜻으로 쓰려고 한다.

다음은 사회변동 · 사회변화 · 사회진보의 구별이다. 변동은 문자 그대로 역동적으로 움직이는 점에 중점을 두는 경우이고, 변화는 움직여서 변한 상태가 그대로 계속되는 정적인 것이다. 역동적인 면을 강조하기 위하여 사회변동이란 용어를 쓰려고 하지만 용어의 지루함과 단순성을 피하기 위하여 문화변동 및 사회진보 등의 용어를 적절하게 섞어 쓰려고 한다. 사회진보와 사회변동은 인간이 바람직하다고 생각하는 방향으로 변하여 나가는 것이며, 변동에 가치판단이 가미되는 경우 진보가 된다. 그러나 바람직하다거나 좋다는 기준을 세우는 것은 논쟁의 대상이 되기 쉬우므로 사회과학자들은 진보라는 용어보다

변동이라는 용어를 더 즐겨 쓴다. 사회변동은 가치중립적인 개념으로서 어떠한 형태로든지 변화가 일어나는 것을 뜻한다.

2) 현대 사회변동의 특징

현대사회가 과학기술의 발달, 지식과 정보의 폭발, 인구의 급증 및 도시집중화, 관료제화, 교육수준의 향상 등 여러 면에서 급격한 변화를 나타내고 있는데 과연 이러한 변화는 언제까지 계속될 것이며 과거의 변동과 어떤 차이가 있는가? 현대 사회변동의 특징을 살펴보겠다.

첫째, 변동의 규모·범위·속도의 심각성: 변동이 불가피하고 가속적이며 축적적(蓄積的)으로 일어나고 있다. 변동의 크기는 어느 때보다 크고 그 범위는 전 세계적이어서 영향을 받지 않는 곳이 거의 없을 정도이다. 즉, 변동은 그 규모·범위·속도에 있어서 그 어느 때보다도 심각하고 비가역적(非可逆的)이다. 무어(W. Moore)는 이 점을 다음과 같이 잘 지적하고 있다.

① 어느 사회이건 급격한 변동이 자주 그리고 끊임없이 일어나고 있다.

② 변동은 결코 일시적이거나 지역적으로 고립되어 나타나는 것이 아니다. 이러한 변동은 재건설 시기에 나타나는 일시적인 것이 아니고 연쇄적 체계를 이루어 나타나는 것이며 결과적으로 전 세계적으로 나타나고 있다.

③ 현대사회의 변동은 어느 곳에서나 가능하고 그 결과는 어느 곳에서나 중요한 영향을 미치기 때문에 이중적(二重的)이다.

④ 미리 계획된 변동이거나 신중하게 고려된 개혁의 이차적인 결과에서 오는 여러 문제는 과거 어느 때보다 그 변동의 크기나 영향에 있어서 심각하다.

⑤ 따라서 어떤 면은 급격한 변화 속에서 사라져 감에도 불구하고 물질적인 기술과 사회전략은 급격하게 확대되어 가고 있으며, 그 순효과(純效果)는 퇴화되어 가는 몇 가지 면이 있음에도 불구하고 오히려 가속적이며 축적적이다.

⑥ 변동 그 자체가 정상적인 것처럼 되었고, 이 변동은 현대사회에 있어서 사회의 기능적인 면과 개인의 경험에 광범위한 영향을 주고 있다. 이는 현대사회가 보다 밀접

히 통합되어 있는 데서 오는 현상이라기보다는 오히려 생활의 모든 면이 변화의 정당성(正當性)이나 기대로부터 벗어날 수 없기 때문인 것이다.

둘째, 변동의 계속성: 현대사회의 변동은 인류가 원하든 원하지 않든 계속되리라는 것이다. 무어가 지적한 바와 같이 변화는 가속적이며 축적적이다. 언제까지 이 변화가 계속될 것인가에 대해 예언할 수 있는 사람은 아무도 없다. 급격한 변화 때문에 인류가 적응할 능력이 없어서 그 사회가 무너져 버리거나, 우리가 찾아낼 수 있는 새로운 아이디어가 고갈되어 더 이상 변화를 할 수 없는 경우에 변화는 그친다고 말하는 사람들도 있다.

그러나 이러한 이유 때문에 사회의 변화가 중단될 것이라고는 아무도 믿지 않을 것이다. 무엇 때문에 변화가 계속될 것인가에 대해서는 단정적으로 말하기 어렵지만 현재의 과학적 수준 그 자체가 장래의 과학적 발달을 가져오는 원인이 되기 때문에 현존하고 있는 높은 과학적 수준이 장래의 변동을 약속하고 있다고 본다. 이에 대해서는 사회변동의 원인을 설명할 때에 다시 언급하겠다.

셋째, 과학기술의 발달과 가치관의 변화: 과학 자체의 발달보다 그것이 사회규범이나 가치관에 어떠한 영향을 미치는가 하는 것이 사실은 더 중요하다. 과학기술이나 근대화는 원래 물리적 환경에 대한 통제와 변화가 그 논쟁점이었으나, 현대사회에 있어서는 물리적인 면에 대한 것보다 사회적인 면에 대한 변화, 특히 가치관에 대한 변화가 논의의 쟁점이 되고 있다.

지금까지 우리는 흔히 과학은 가치중립적(value-free)인 것이므로 물질적인 면에서의 과학의 발달은 정신적인 면의 변화인 가치관의 변화와는 관계없는 것이라고 생각하여 왔다. 그러나 오늘날 대부분의 과학자들은 과학이 가치중립적(價値中立的)이라는 말은 연구자 자신의 가치관이 연구결과에 영향을 주어서는 안 된다는 것으로 해석하고 있다. 과학기술의 발달은 불가피하게 인간의 가치관을 변화시킨다. 과학은 농경사회를 산업사회로 변화시켰다. 산업사회에서는 농경사회에서 중요시하던 효도(孝道)가 독립심에 대한 존중으로 변화되어 가고, 혈족 간의 긴밀한 유대는 사회 전체를 대상으로 하는 사회 연대의식으로 변해가고 있다. 또한 정보화 사회에서는 산업사회에서의 가치 및 행동규범이 변화할 것이다. 이와 같이 과학기술의 발달이 인간의 정신적인 면인 가치관의 변화를 가져온다는 사실에서 우리는 현재 한국 사회의 급격한 변동이 가치관의 단절과 방향감각의 상실, 명철한 판단의 둔화 등의 현상을 가져오고 있음을 알 수 있다.

3) 사회변동의 원인

사회변동은 발명과 발견 그리고 이들의 전파(傳播)에 의하여 일어난다. 발견은 이미 존재하고 있는 사실이나 관계에 대한 새로운 인지(認知)이다. 혈액순환이나 만유인력과 같은 것은 발견이며, 이러한 지식의 증가에 의하여 인류사회는 무한한 변화를 가져왔다. 발명은 낡은 문화적 개념을 새로이 이용하거나 몇 개의 낡은 관념들을 새로이 결합하는 것이다. 20세기에 이루어진 모든 발명들은 관념적으로는 이미 오래 전부터 인류사회에 존재하였으며 또 완전히 독창적인 발명이란 존재하지 않는다.

발견이나 발명은 사회변동이 일어나는 과정이기는 하지만 사회변동의 원인은 아니다. 그러면 사회변동의 원인은 무엇인가? 이 문제에 대하여 학자들은 아직 뚜렷한 하나의 이론을 제시하지 못하고 있다. 기독교 윤리와 같은 정신적이고 관념적인 것이 문명발달의 원인이라고 하는 이론이 있는가 하면 기후 조건이 사회발전의 원인이라는 이론도 있다. 다만 사회변동이 어느 하나의 요인에 의하여 일어난다기보다는 복합적으로 작용하여 나타난다는 점에 대부분 동의하고 있다. 아래에서 이러한 몇 가지의 요인들을 분석하여 본다.

첫째, 외국 문화와의 빈번한 접촉, 즉 문화접변(文化接變)은 사회변동을 가지고 온다. 어떤 사회는 교통의 요지(要地)에 위치하고 있어서 다른 사회와 빈번한 접촉을 한 반면에 어떤 사회는 여러 가지 이유로 별로 접촉을 하지 못했다. 그 예로 지중해와 중앙아시아의 여러 나라들은 다른 사회와 일찍부터 접촉했으므로 일찍이 찬란한 문명의 꽃을 피웠다. 한편 우리나라가 근대화에 뒤진 이유 중 하나로 조선조 말엽의 쇄국정책을 들 수 있을 것이다. 그러나 쇄국정치 중에도 개화운동에 앞장섰던 인사들은 청국·일본·미국 등에서 외래문물과 빈번한 접촉을 한 사람들이었다.

둘째, 현존하는 문화의 수준, 즉 과거로부터 내려오는 지식이나 기술의 축적이 변동을 가지고 오는 원동력이 된다. 이 이론은 특히 오그번(W. F. Ogburn)의 연구에 의하여 널리 알려졌다. 옛날 그리스의 아리스토텔레스가 풀지 못했던 수학문제를 오늘날은 평균 수준의 학생들이 척척 풀어 나가지만 그것은 그들이 아리스토텔레스보다 우수해서라기보다는 그동안 축적된 지식의 덕택일 것이다. 사실 라디오가 발명된 후에 텔레비전을 발명해 내는 것은 그다지 어려운 일이 아니지만 라디오의 발명 없이 텔레비전을 발명하기란 상당히 어려운 일임에 틀림없다. 하늘을 날려는 꿈은 근대 초기의 인간이나 고대사회에도 있었으나 그때는 이용할 수 있는 지식이나 기구들이 거의 없었으므로 비행기가 발명될 수 없었던 것이다. 이러한 오그번의 이론은 현재 축적되어 있는 과학 및 문화의 수준이 바로 앞으로의 계속적인 변동의 원인이 된다는 것을 시사하고 있다.

셋째, 사회의 구조와 사회구성원의 감정, 태도 및 가치관도 사회변동의 속도에 많은 영향을 준다. 정치 · 경제 · 종교 · 학문 · 예술 등 사회의 여러 부분이 구조적으로 서로 얽혀 있는 경우에는 덜 얽혀 있는 사회보다 변화가 느리다. 예를 들면, 종교 · 결혼 · 직장 · 학교 · 가족 등이 서로 밀접하게 얽혀 있는 사회에서는 종교나 학교 등이 변하려고 해도 다른 요소들이 저항하기 때문에 변하기가 어렵다. 전통적인 인도 사회는 사회생활이 계급제도와 얽혀 있었기 때문에 사회변동이 어려웠던 것이다. 그러나 미국 사회는 이것들이 각각 분화되어 있기 때문에 변화에 대한 저항이 그만큼 적었다.

또 사회구성원의 태도나 가치관이 얼마나 권위주의적이고 폐쇄적이냐 또는 얼마나 민주주의적이고 개방적이냐 하는 데도 달려 있다. 권위주의적이고 폐쇄적인 사회에서는 새로운 변동이 잘 전파되지 못하는 데 비하여 개방적이고 비판적인 민주사회에서는 새로운 변화가 환영을 받는다. 그러나 유교적(儒敎的)인 사회는 연령에 권위를 부여하고 과거를 존중하는 과거지향적인 사회이므로 새로운 변화가 나타나기 어렵다.

넷째, 사회변동은 사회가 새로운 변동을 얼마나 절실하게 인지하느냐에 달려 있다. 사회가 그 필요를 심각하게 느끼면 느낄수록 사회변동은 촉진된다. 필요가 절실하면 할수록 사회구성원들은 주의를 집중시킨다. 제 2 차 세계대전 중 맨해튼 프로젝트(Manhattan Project)는 원자탄을 발명해냈다. 또 1973년부터 전세계를 휩쓸었던 석유파동 때문에 각국에서는 새로운 에너지 개발에 박차를 가하게 되었던 것이다. 1975년 1월 미국 의회는 원자탄을 발명해 낸 맨해튼 프로젝트를 상기하면서 새로운 에너지 개발을 위한 법률안을 통과시켰으며, 가까운 장래에 새로운 에너지원이 개발될 것으로 기대된다.

이상과 같이 외부 문화와의 접촉, 현재의 문화수준, 사회구성원의 가치관이나 태도 및 특수한 문제해결을 위한 사회구성원들의 집중적인 노력 이외에도 자연환경의 변화, 인구의 증가, 새로운 자원의 개발 등이 사회변동을 초래한다. 가뭄과 홍수는 사회를 파멸로 이끌기도 하고, 중동(中東) 지방의 석유자원은 중동을 오늘날 급격하게 변화시키고 있다. 인구의 증가도 이민(移民), 사회구조, 학교, 상품의 수요와 공급에 심각한 영향을 미친다.

4) 사회변동과 교육

사회변동은 가치관의 갈등, 사회적 해체 및 문화적 지체(遲滯) 등으로 안정적인 사회생활을 방해한다. 그러면 변동하는 사회에서 교육은 어떻게 사회의 안정과 동시에 발전에 공헌할 수 있을 것인가? 변화가 미치는 충격을 되도록 적게 하고 변화의 기간을 줄이거나 변화에 대하여 적응할 수 있는 교육을 실시함으로써 변화가 미치는 바람직하지 못한 영향을 어느 정도 극복할 수 있을 것이다.

교육은 변동의 충격을 줄이기 위하여 되도록 전통적인 것과 새로운 것의 균형을 취하여 가르칠 필요가 있다. 급격히 변동하는 사회에서 학교가 너무 전통적인 가치관만 고집하는 경우 혁신이 말살되어 변화에 적응하지 못하게 되고, 사회구성원은 갈등을 느끼게 되어 사회는 불안과 긴장에 휩싸이게 된다. 이러한 문화적 지체가 극도에 달하게 되면 전통적 규범과 가치관이 위기에 처하게 되어 이들의 점진적 수정이 불가능하게 됨으로써 사회는 혁명과 반혁명의 연쇄적 악순환 상태에 돌입하게 되는 경우가 있다. 또 한편으로는 변화에 적응하지 못한 사회가 외부의 압력으로 문호(門戶)가 개방되었을 때 붕괴되는 경우도 많다. 이러한 역사적인 예는 많다. 조선사회(朝鮮社會)의 멸망도 한 예로 볼 수 있다. 조선왕조 멸망의 원인을 적절한 사회화 과정의 결핍이라는 사회학적인 관점에서 고찰한다면 퍽 흥미 있는 연구가 될 것이다.

그러나 반대로 사회가 갑자기 새로운 것만 강조하고 전통적인 규범을 경시하면 어떻게 될 것인가? 사회화의 결핍은 사회조직을 붕괴시킬 위험성이 있다. 사회에는 사회구성원 대부분이 동의하는 기본적인 규범과 가치관이 존재함으로써 개인을 사회의 지배적인 사고방식, 행동양식, 가치관으로 이끌어 들여 이질적인 개인을 통제하고 통합할 수 있다. 전통적인 규범과 새로운 규범 사이의 단절은 이것을 불가능하게 한다.

학교는 기본적인 사회화의 역할이 흔들리지 않을 만큼 전통적인 문화유산(文化遺産)의 전달을 꾀해야 하며, 한편으로는 문화적 지체성이 나타나지 않도록 혁신적인 것을 가르침으로써 변동의 충격을 줄여야 한다. 학교가 문화유산의 전달과 사회변동의 촉진이라는 두 개의 상반된 역할을 순조롭게 수행할 때 교육은 현존하는 체제 속에서 점진적인 변화를 모색할 수 있을 것이다.

교육은 변화에 적응할 수 있는 능력을 기르는 데 힘써야 한다. 급격한 변동 속에서는 하나하나의 사실이나 구체적인 지식을 가르치는 것이 별로 도움이 되지 않는다. 그러한 지식은 변동이 없는 농경사회에서 유용하다. 지식의 본질은 과거에 경험한 것을 그대로 재생하는 것이므로 그 지식이 필요했던 환경이 그대로 나타나지 않을 경우 지식을 활용할 수가 없으며 망각하기도 쉽다. 따라서 학교는 구체적인 사실에 대한 지식보다는 생각하는 힘을 길러주어야 한다. 이것을 일반적으로 비판적 사고력(思考力) 또는 문제해결력이라고 부른다. 이를 위해서는 구체적인 사실이나 지식, 특수한 가치나 행동양식보다도 일반적인 원리, 기본적인 개념과 가치 및 규범을 가르치도록 해야 한다.

제 6 장

교 육 과 정

1. 교육과정의 개념
2. 교육과정의 유형
3. 교육과정의 구성

1. 교육과정의 개념

1) 교육과정의 의미

교육학 연구에서 무엇을 가르치고 배우느냐에 관한 문제는 주로 교육과정(curriculum)이라는 연구분야로 따로 떼어 생각한다. 그러나 교육과정을 교육의 한 전문분야로 인정하고 학문적으로 본격적인 연구를 시작한 것은 불과 80여 년 전이다. 미국에서 교육과정(教育課程)이라는 용어를 처음으로 사용한 책은 1918년에 출간된 보비트(F. Bobbitt)의 『교육과정』이다. 이 책이 나온 이후 교육과정에 관한 연구가 꾸준히 진척되어 왔으나 아직도 교육과정에 대한 하나의 완전한 이론을 갖고 있지 못한 실정이다.

교육과정의 의미를 올바로 이해하기 위해 우선 그 어원(語源)부터 살펴볼 필요가 있다. 오늘날 우리가 사용하고 있는 교육과정이라는 용어는 영어의 커리큘럼(curriculum)을 번역해 놓은 것이다. 이 커리큘럼의 어원은 라틴어의 쿠레레(currere)로서 동사로 쓰일 때는 '달린다'는 뜻이고, 명사로 쓰일 때는 '달리는 코스', 즉 주로(走路)를 의미한다. 이 말이 교육에 전용되어 아동·학생이 일정한 목표를 향해서 달리는 과정(過程)이라는 뜻으로 사용하게 되었다.

그러나 커리큘럼이 단지 달리는 과정만을 의미하는 것은 아니다. 달리는 과정에는 반드시 어떤 내용이 따라야 한다. 즉, 학생이 학습하고 경험해야 할 내용이 필요하다. 여기에서 커리큘럼이라는 용어가 교육에 전용되어 일정한 순서로 배열된 학습의 코스와 더불어 학습내용이나 경험내용을 의미하게 된 것이다. 다시 말해, 학생이 학습한다든가 경험하는 내용으로서 학습경험 및 생활경험을 의미하게 되었다.

2) 교육과정의 정의

교육과정이란 말이 지니고 있는 의미를 밝혀 보기 위한 정의(定義)도 다양하다. 이러한 교육과정에 대한 다양한 정의를 몇 가지로 크게 묶어서 검토해 본다면 그중 한 가지가 교육과정의 역사적인 발전의 흐름에 비추어 보는 방법이다. 교육과정에 대한 정의는 역사적으로 크게 네 가지 유형으로 발전되어 왔다.

첫째로, 교육에서 교육과정이라는 용어가 처음으로 사용되기 시작하였을 때는 교육과정을 내용(content)으로 규정하였다. 이때의 교육과정은 학생들에게 가르쳐야 할 교수·학습내용으로 정의된다. 교수·학습내용은 지식의 체계(體系)일 수도 있고 지식의 구조(構造)일 수도 있다. 허친스(R. M. Hutchins, 1899 ~ 1977)는 교육과정을 학교에서 학생들에게 가르쳐야 하는 내용(內容)으로 보고 있다. 즉, 교육과정은 영구불변의 교과로 구성하되, 초·중등학교에서는 문법·읽기·수사학·논리학 및 수학을 가르치고, 중등교육 이후의 단계에서는 서양세계의 위대한 고전(古典)을 가르쳐야 한다는 것이다. 베스토(A. Bestor)도 교육과정은 기본적으로 모국어의 문법·문학·쓰기의 체계적인 연구, 수학, 과학, 역사 그리고 외국어와 같은 다섯 가지 큰 영역에 관한 내용으로 구성되어야 한다고 역설하였다. 그의 주장도 결국 교육과정을 내용으로 규정한 것으로 볼 수 있다. 교육과정에 대한 이와 같은 개념규정은 가장 전통적이고 대표적인 정의라고 할 수 있다.

둘째로, 교육과정은 학교에서 교사의 지도 아래 학생들이 갖게 되는 모든 경험(experience)으로 구성되어야 한다는 새로운 개념규정이 나타났다. 교육과정을 경험으로 보는 이러한 입장은 진보주의(進步主義) 교육사조에 근거하고 있다. 이러한 입장을 최초로 주장한 캐스웰(H. L. Caswell)과 캠벨(D. S. Campbell)은 1935년에 간행한 『교육과정의 발전』이라는 책에서 교육과정을 교사의 지도 아래 학생들이 갖게 되는 모든 경험이라고 정의하였다. 교육과정에 대한 이와 같은 정의는 그 이후 여러 학자들에 의하여 지지되었다. 이들은 교육과정이란 학교에서 사고(思考)와 행동의 집단과정을 통하여 학생들을 가르칠 목적으로 설정해 놓은 일련의 경험이라는 것이다. 이때의 경험은 반드시 학교 안의 교실 속에서만 이루어지는 것은 아니다. 학교 내의 교실 안과 밖 어디에서든지 학교가 주도(主導)하여 학생들에게 어떠한 바람직한 교수·학습결과를 가져오도록 하는 총체적인 경험이 곧 교육과정이다.

셋째로, 교육과정을 계획(plan)이라는 입장에서 해석하게 되었다. 왜냐하면 바람직한 교수·학습결과를 얻기 위해서는 학교에서 학생들이 겪게 되는 모든 경험을 사전(事前)에 보다 철저하게 계획하는 일이 무엇보다도 중요하다고 생각했기 때문이다. 교육과정에 있어서 이러한 사전 계획성의 강조는 1950년대 후반부터 나타나기 시작하였다. 교육과정을 계획으로 보는 입장은 타일러(R. W. Tyler)와 타바(H. Taba)에 의하여 지지되었다. 타일러는 교육과정이란 교육목적을 달성하기 위하여 학교에 의하여 계획되는 모든 학습이라고 하였고, 타바는 모든 학습을 위한 하나의 계획이라고 간단하게 정의하였다. 세일러(J. G. Saylor)와 알렉산더(W. M. Alexander)는 그들이 1950년대 초반에 간행한 책에서 교육과정을 학교에서 학생들이 겪도록 준비해 놓은 모든 경험의 총체(總體)로 보았으나, 1974년의 저술에서는 교육과정이란 어떤 특정 인구집단에게 폭넓은 목적과 관련된 특수한 목표들을 성취하기 위해 일련의 학습기회를 제공하는 계획이라고 하였다. 따라서 교육과정은 특정한 교육기관에서 교육의 모든 과정을 마칠 때까지 요구되는 교육내용, 그 내용을 학습하기에 필요한 연한, 또 연한 내에 있어서의 학습시간 배당 등을 포함한 교육의 전체 계획이다. 다시 말하면, 학교의 교육목적을 달성하기 위하여 선택된 문화재 또는 생활경험을 교육적인 관점에서 편성하고, 교수·학습활동이 언제, 어디에서, 어떻게 행하여질 것인가를 종합적으로 묶은 교육의 총체적인 계획이라고 할 수 있다.

넷째로, 교육과정을 교수·학습활동의 결과(outcome)로 강조하기 시작한 것이다. 결과로서의 교육과정에 대한 정의는 1960년대 및 1970년대 초에 교육 프로그램의 성과에 대한 관심의 증대와 함께 나타났다. 특히 1970년대로 접어들면서 교육의 책무성(責務性)에 대한 자기비판적 운동이 일기 시작하였다. 교육이 수행하여야 할 일들을 제대로 수행하고 있느냐에 대한 자기성찰적 사고는 교육과정에 대한 새로운 관점의 정의를 내리게 하였다. 즉, 세 번째로 살펴본 계획으로서의 교육과정에다 한 가지를 더 추가하여 결과로서의 측면을 강조하게 된 것이다. 이러한 입장을 대표하는 학자로 포팸(W. J. Popham)과 베이커(E. L. Baker)를 들 수 있다. 이들은 교육과정을 학교가 책임져야 하는 모든 계획된 교수·학습결과라고 정의하였다. 이들은 교육과정을 계획된 결과로 봄으로써 결과를 더 강조하고 있으며, 계획은 그 결과를 가져오기 위한 수단적 절차로 보고 있는 것이다. 또 태너(D. Tanner)와 태너(L. N. Tanner)도 교육과정을 아동·학생의 개인적·사회적 능력의 계속적이고 의도적인 성장을 위해서 학교의 지도 아래 지식과 경험의 체계적인 재구성(再構成)을 통하여 형성된, 또 계획적으로 의도된 교수·학습경험의 결과라고 하였다.

이상으로 교육과정의 개념이 지니고 있는 뜻을 밝혀 보기 위하여 교육과정의 역사적인 흐름 속에서 크게 네 가지의 정의를 살펴보았다. 즉, 교육과정은 가르치고 배워야 하는 교과내용의 프로그램으로서, 경험의 프로그램으로서, 프로그램의 계획으로서, 그리고 계획적으로 의도된 교육의 결과로서 발전되어 왔다. 요컨대, 교육과정이란 아동·학생의 인지적(cognitive)·정의적(affective)·심체적(psychomotor) 영역의 능력을 발전시키는 데 도움을 주기 위하여 교육을 주도하는 기관이 체계적으로 개발하여 제공하는 모든 종류의 교수·학습경험의 계획이라고 정의할 수 있다.

3) 현대 교육과정의 특징

현대 교육과정의 첫 번째 특징은 개별화(個別化)의 경향이다. 학생의 개인차를 존중하며 학생들의 필요나 능력에 부응할 수 있도록 개별적인 요구나 수준에 맞게 교육과정을 계획하고 구성한다. 종전의 교육과정은 학생들의 일반적인 요구에 따라 공통된 수업계획으로 일제히 지도하는 것을 전제로 구성하였다. 즉, 교과형식에 따라 교재를 중심으로 일률적이며 통제적인 수업지도 방법을 그대로 적용해 왔던 것이다.

그러나 개별적인 요구를 충족시키기 위한 교육과정은 활동 프로그램 또는 활동화된 교육과정의 성격을 띠게 된다. 전통적 교육과정이 현대화 되는 과정에서 개별화되고, 그 개별화는 또다시 활동화의 방향으로 발전되며, 기억하는 지식의 계열에서 수행하고 활동하는 계열로 발전하게 된다.

현대 교육과정의 두 번째 특징은 통합화(統合化)의 경향이다. 요즈음 흔히 단원(單元)이란 말을 하는데, 이것은 전체·통합·총체 등을 의미하는 것으로 모든 교육내용은 고립해서 존재할 수 없고 서로 관련되어 있다는 것을 의미한다. 어떠한 교과라도 하나의 체계를 갖추기 위해서는 많은 다른 교과의 내용을 기초로 해야 한다. 그렇지 않고서는 설명할 수도 없고 이해시키기도 어려워 분과적으로는 학습을 진행할 수조차 없다. 전통적 교육과정은 단편적 성격으로 특징지을 수 있다. 이 통합화 경향은 종래 교육에 있어서의 분과적·단편적 성격에 대한 반발이라고 할 수 있다. 우선 교과의 통합을 통하여 전인(全人)으로서의 인간으로 육성하려는 것이다. 종전 교육과정의 문제는 너무 과다한 교육내용을 단편적으로 가르치는 데 있었다. 예를 들면 지구상에서 같은 시대에 일어난 사건을 국사·동양사·서양사 등으로 따로따로 구분하여 가르침으로써 사건들의 상호관련성이 전혀 학습되지 않았던 것이다. 이런 현상은 비단 역사교육뿐만 아니라 전 교과에 해당된다. 어학교육에서도 독본은 독본대로 문법은 문법대로 작문은 작문대로 따로따로 가르치고 배웠기 때문에, 부분적으로는 알고 있으나 전체적인 어학 이해는 미흡했던 것이다. 그래서 교과(教科)의 선(線)을 헐어 상호 밀접하게 연관되어 있는 내용을 통합적으로 학습하는 것이 현대 교육과정의 중요한 특징이다.

현대 교육과정의 세 번째 특징은 지역화(地域化)의 경향이다. 종래의 중앙통제적이며 일률적인 교육과정의 구성과 운영 및 관리를 지양하고, 지역사회의 특수성에 따라 교육과정을 지역화해야 한다는 것이다. 다시 말하면, 오늘날의 지역사회는 근대 이전의 사회와 같이 정적이고 고정적인 사회가 아니라, 동적이고 유동적인 성격을 띠고 있으며, 지역의 개념도 확대되어 가고 있느니만큼 그것에 맞는 교육과정의 지역화가 이루어져야 한다는 것이다. 따라서 교육의 기반이 지역사회에서 형성되고 진전되며, 지역사회 학교에 새로운 임무를 부여하는 것이다. 그러므로 오늘날의 학교는 단순히 학문을 닦고 지식을 쌓는 것으로 그쳐서는 안 된다. 이제 학교는 대중생활과 유리된 보수적인 문화의 상아탑이 아니라, 새로운 사회 건설의 중심이 되어야 한다. 이것을 뒷받침하고 또 그것을 교육에 반영시키는 것이 교육과정의 지역화이다.

2. 교육과정의 유형

1) 교과중심 교육과정

교과중심 교육과정(subject-centered curriculum)이란 지식(知識)의 체계(體系)를 중요시하는 교육과정으로서 학교의 지도하에 아동·학생이 배우는 일체의 교과와 교재를 말한다. 이 교육과정은 교육성과에 있어서 지식의 습득과 이성의 계발을 가장 중요시하는 입장으로서, 각 교과는 그 자체의 논리와 체계가 있으므로 이 교과를 체계적으로 학습하게 하는 것이 교육의 중요한 방법이라고 생각한다.

교과중심 교육과정은 가장 오랜 전통을 가진 교육과정의 한 형태로서 후기 제정 로마시대의 7자유학예과(3학: 문법·수사학·논리학, 4학예: 산술·기하·천문학·음악)를 바탕으로 하여 고대로부터 현대에 이르기까지 초등·중등·고등 교육과정에 폭넓고 뿌리 깊게 활용되어 왔다. 이 교육과정은 학문의 성질에 따라서 분류되고 있으므로 교과와 교과 사이에 의미 있는 연계성이 없이 고립적인 토막으로 이루어졌다. 따라서 학문의 발달과 더불어 교과의 수와 종류는 많아지게 되었다.

교과중심 교육과정을 지지하는 학자들은 교육의 주요 기능은 인류의 위대한 문화유산을 다음 세대에 전달하는 것이라고 믿고 있다. 이들은 인류의 문화유산 가운데 가장 가치 있고 가장 심오한 내용들을 정선(精選)하여 교과를 구성하기 때문에 교과란 이러한 문화유산을 논리적·체계적으로 조직해 놓은 것이라고 주장한다. 이 입장은 주지주의·이성주의적인 사고방식에 입각하여 많은 지식을 획득하게 하고, 가치 있는 문화유산에 접하게 함으로써 이성을 계발시키자는 것이다. 그러나 지식의 습득과 이성의 계발만으로는 복잡한 현대 사회생활을 영위해 나가는 데 부족하다고 비판하는 학자들도 있다.

지식의 체계를 중요시하는 교과중심 교육과정의 일반적 특징을 들면 다음과 같다.

첫째, 인류의 위대한 문화유산이 주된 교육내용이 된다. 교과는 문화유산을 분류하고 논리적으로 체계를 세운 것이라고 할 수 있다. 따라서 교과중심 교육과정은 문화유산중심 교육과정이라고도 할 수 있다.

둘째, 교사중심(教師中心) 교육과정이다. 교육자는 학습자보다 월등히 많은 지식과 기술이 있어야 하며, 이 지식과 기술을 학습자에게 전달하도록 한다.

셋째, 설명위주의 교수법을 요구하는 경우가 많다. 그것은 교과내용에 관한 교사의 상세한 설명을 필요로 하는 경우가 많기 때문이다. 따라서 교사의 자질 중 설명력이 대단히 중요하다.

넷째, 한정된 교과영역 안에서만 교수·학습활동이 이루어진다. 교과중심 교육과정은 교과의 선을 중요시한다. 따라서 교수·학습활동은 이런 선 내에서 이루어지며 선을 넘어서 다른 교과까지 침범하는 것을 싫어한다.

다섯째, 고전을 중요시하는 항존주의자와 논리적 교과목의 학습을 주장하는 본질주의자는 교과중심 교육과정을 지지한다.

역사적으로 볼 때 교과중심 교육과정이 오랫동안 지속적으로 채택되어 오고 있는 이유는 다음과 같다.

① 경험을 해석하고 문제를 해결하는 데 어느 정도까지는 체계적인 지식이 필요하다.
② 교육과정이 간단하고 명료하게 짜여져 있어서 이해하기가 쉽다.
③ 교과의 가감(加減), 교과서의 변경 등으로 교육과정의 개정이 수월하다.
④ 교수·학습활동 결과의 평가가 용이하고 객관적으로 측정하기도 쉽다.
⑤ 상급학교의 입학요건이 일반적으로 교과중심으로 되어 있다.
⑥ 일반적으로 교사·학생·학부모들에게 오랫동안 널리 익숙하게 되었다.
⑦ 교육과정에 대한 중앙집권적 통제가 용이하다.

한편, 교과중심 교육과정에는 다음과 같은 문제점이 제기될 수 있다.

첫째, 단편적이며 분과적인 교과조직에 빠지기 쉽고 교과의 전체를 통합하는 전체 구조(構造)가 부족하다. 즉, 교과중심 교육과정은 전체로서의 통일성·연관성이 약하고, 단편으로의 분할 구분이 심하여 통합성(統合性)이 부족하다.

둘째, 교수·학습과정에 활기가 없고 지식의 전달에 치중하여 학생의 적극적인 반응을 유발하는 데 실패하기 쉽다. 이 교육과정은 교수·학습활동이 한정된 교과영역 안에서 행해지므로 일정한 지식을 가르치는 데만 몰두하기 때문에 아동·학생의 흥미나 필요가 무시당하기 쉽다.

셋째, 쓸모없는 지식의 획득이나 단순한 언어주의에 빠지기 쉽다. 문제해결력이나 자료해석력, 원리의 실제 응용 같은 노작적(勞作的)이며 활동적인 교수·학습활동이 별로 고려되지 않는다.

넷째, 지식의 체계를 존중하고 교과의 내적 적합성과 논리적 일관성을 중시하는 나머지 학생의 필요를 경시하고 성인사회의 요구를 강요할 가능성이 크다. 특히 이 교육과정은 현대의 긴급한 사회문제와 유리될 수 있다.

다섯째, 교수·학습지도가 일률적으로 시작되고 교사중심의 전제적인 수업이 되기 쉬우므로 민주사회의 교육목표인 민주적인 가치와 태도를 기르기가 어렵다.

2) 경험중심 교육과정

교과중심 교육과정에 회의를 품기 시작한 것은 1930년 전후의 일이었다. 듀이(J. Dewey)의 진보주의 교육사조가 풍미하게 됨에 따라 교과중심 교육과정으로는 아동·학생들이 급변하는 사회에 적응할 수 없으며, 현실생활과의 거리가 너무 멀다는 비판이 일게 되었다. 이러한 비판은 당시 미국의 사회·경제적 상황에 부합해서 쉽게 받아들여질 수 있었다. 따라서 기존 교육과정에 대한 개정작업이 활발히 진행되었는데 이때에 나타난 것이 경험중심 교육과정(experience-centered curriculum)이다.

경험중심 교육과정이란 경험(經驗)의 계열(系列)을 존중하는 교육과정으로서 학교의 지도하에 아동·학생들이 체험하게 되는 모든 경험을 말한다. 이것은 교육과정을 교과(敎科)로 보는 교과중심 교육과정과는 큰 차이가 있다. 즉, 교과중심 교육과정이 모든 아동·학생들에게 공통된 문서(文書)를 뜻한다면, 경험중심 교육과정은 아동·학생 개개인에 따라서 다르게 나타나는 경험(經驗) 자체를 의미한다.

이 점에 대하여 레이간(W. B. Ragan)은 다음과 같이 말하고 있다. "교육과정은 아동의 경험 속에서만 존재한다. 그것은 교과나 교수 요목(要目)에 있는 것이 아니요, 교사의 의도(意圖) 속에 있는 것도 아니다. … 교육과정은 학습내용 이상의 것이다. 교육내용의 선정은 교사의 중요한 책임이지만 그 내용이 아동의 경험의 일부가 될 때까지는 교육과정을 구성하지 못한다. 한 아동에 대하여 교육과정이 될 수 있는 내용은 다른 아동을 위한 교육과정과 다르다." 예를 들면, 교과중심 교육과정에서는 한 학급 아동이 50명인 경우나 30명인 경우를 막론하고 획일적인 하나의 교육과정이 있을 뿐인 데 비하여, 경험중심 교육과정은 학급 아동 수만큼의 교육과정이 존재한다고 본다. 왜냐하면 경험의 개별성(個別性)을 인정하기 때문이다.

그러나 이러한 경험중심 교육과정의 초기 개념이 결코 교과중심 교육과정을 배격한 것은 아니었다. 듀이도 이 점을 분명히 하고 있는데, 학교교육에서 무엇이든지 죽은 것, 기계적인 것이 있다면 그 원천은 바로 아동·학생의 생활과 경험을 교육과정에 종속시키는 데 있다는 것이다. 이 말은 교과와 아동·학생의 경험 사이의 간격을 없애야 한다는 주장이다.

캐스웰(H. L. Caswell)이 지적한 바와 같이 교과중심 교육과정이라고 해서 경험의 계열을 아주 도외시한 것이 아니며, 경험중심 교육과정이라고 해서 지식의 체계를 전연 무시한 것도 아니다. 다만 교육과정 구성의 중심을 교과와 교재에 두느냐 혹은 아동·학생의 경험과 생활에 두느냐에 의한 구분일 뿐이다. 그러나 두 입장은 교육과정을 생각하는 관점에서 큰 차이가 있음을 알 수 있다.

경험중심 교육과정의 일반적 특징을 들면 다음과 같다.

첫째, 교과(敎科)활동에 못지않게 과외(課外)활동을 중요시한다. 교과중심 교육과정은 교실학습 제일주의의 입장을 취한다. 그러나 경험중심 교육과정은 교실학습에 못지않게 소풍·전시회·수학여행·자치활동·클럽활동 등도 중요시한다.

둘째, 생활인의 육성을 목표로 하고 있다. 1930년대는 미국이 경제공황(經濟恐慌)으로 인하여 시련을 겪던 시기였다. 경제공황은 교과중심 교육과정에 큰 회의를 느끼게 하였으며, 학교교육은 자아의 실현, 원만한 인간관계, 경제적 능률, 공민적 책임이라는 교육목표 하에 잘 사는 사람을 육성하는 데 역점을 두어야 할 필요를 절감하게 되었다.

셋째, 아동중심(兒童中心) 교육을 강조한다. 교과중심 교육과정에서는 교과를 가르친다는 입장을 취한다. 즉, 국어를 가르치고 산수를 가르친다는 입장이다. 그러나 경험중심 교육과정에서는 아동을 가르친다는 입장을 취한다. 따라서 교육은 아동·학생의 필요·흥미·능력에 그 바탕을 두어야 한다고 믿고 있다.

넷째, 사회의 급격한 변화에 적응하는 인간을 육성하고자 한다. 오늘날의 사회가 급격히 변화하고 있기 때문에 장래 생활을 예측하기가 매우 어려워지고 있다. 따라서 미래를 위한 준비교육을 하는 경우 어디에 기준을 두어야 할지 막연해진다. 그러므로 교육은 아동·학생들이 현재 생활에 충실할 수 있도록 하는 데 중점을 두어야 한다고 주장한다. 즉, 급변하는 사회에 보다 잘 적응하는 인간육성을 강조하는 것이다.

다섯째, 문제해결력(問題解決力)의 함양을 강조한다. 사회적응을 그 특징의 하나로 하고 있는 경험중심 교육과정에서는 개인적 또는 집단적으로 부딪치는 문제들을 가장 현명하게 해결할 줄 아는 능력을 배양하고자 한다.

여섯째, 전인교육(全人敎育)을 강조한다. 생활인 육성을 그 특징으로 하는 경험중심 교육과정에서 전인교육을 강조하는 것은 논리적으로 당연하다. 지 · 덕 · 체의 조화적인 발달을 이룩한 인간이 생활을 올바르게 영위할 수 있기 때문에 전인교육을 강조하고 있다.

이러한 특징을 지닌 경험중심 교육과정의 장점을 들면 다음과 같다.

첫째, 학생들의 흥미나 필요를 토대로 교육과정이 구성되기 때문에 학생들의 자발적인 학습활동을 촉진할 수 있고, '행하면서 배운다'는 학습원리의 적용은 역동적인 학습을 할 수 있게 한다.

둘째, 민주적 가치를 내면화시키는 데 유리하다. 즉, 공동 프로젝트의 학습문제를 해결해 나가는 과정에서 협동심, 사회성, 책임감 등 민주시민으로서 갖추어야 할 태도와 생활방식이 길러진다.

셋째, 문제해결법의 학습과정을 중요시함으로써 학습자 스스로 세운 계획과 목표에 따라 교사의 협조를 받으면서 자료를 수집해서 스스로 자신의 문제를 해결해 나갈 수 있는 능력을 기를 수 있고, 또 많은 인적 · 물적 자원을 이용한 다양한 형태의 학습이 전개되므로 경험을 풍부하게 할 수 있다.

한편 경험중심 교육과정을 채택할 때 제기될 수 있는 문제점으로는 다음과 같은 것들이 있다.

첫째, 교육과정의 기본적인 분류가 명확하지 않다. 즉, 교과중심 교육과정에서는 국어 · 사회 · 과학 · 수학 등의 교과목이 그대로 교육과정 구성의 기본적인 분류가 되는데, 경험중심 교육과정에서는 아동 · 학생들의 흥미나 욕구에 따라야 하므로 명확하게 분류하기가 어렵다.

둘째, 경험중심 교육과정은 교직에 대한 소양(素養)과 지도요령이 미숙한 교사가 채택할 경우 오히려 실패하는 수가 많다. 이는 교과중심 교육과정을 이용하는 교사보다 심리적 소양과 교직경험 및 열성이 더 많이 요구되기 때문이다.

셋째, 경험중심 교육과정에서 아동·학생들의 흥미나 욕구에 입각하여 생활 상태 그대로의 교육과정을 구성한다는 것은 학교의 본래 기능에 비추어 볼 때 교육의 본질이 과소평가되기 쉽다.

넷째, 구체적 사실이나 체험을 통한 학습은 낮은 학습 수준의 어린이들에게는 적합하나 추상적 원리나 지식체계를 중시하는 학습과 같이 높은 학습 수준에 달한 학습자에게는 적합하지 않을 수 있다. 그래서 1960년대 학문중심 교육과정 개혁자들에 의하여 경험중심 교육과정이 학력의 질적 저하를 초래했다고 비판받았다.

다섯째, 소극적인 입장에서 말하면 경험중심 교육과정은 행정적으로 통제하기 힘들고 통일성을 기하기가 어렵다. 즉, 가르칠 내용을 미리 정하고 그것을 교과서를 통해서 교수·학습시키면 행정적인 통제가 용이하고 통일성을 갖추기도 쉽다. 그러나 경험중심 교육과정에서는 일정한 기준을 세워서 질서정연한 학습활동을 하기가 어렵기 때문에 교장이나 교육위원회가 통제하기 곤란하다.

3) 학문중심 교육과정

경험중심 교육과정은 1950년대에 이르러 확고하게 뿌리를 내리는 듯하였다. 그러나 1960년대로 접어들면서 교육과정은 또 한 번의 변천을 겪게 되었는데 그것은 학문중심 교육과정(discipline-centered curriculum)이라는 말로 대표된다. 학문중심 교육과정이 대두하게 된 경위에 대해서는 학자들마다 약간씩 견해를 달리하고 있으나 대체로 보아 다음 두 가지로 요약할 수 있다.

그중 하나는 20세기 후반에 들어와 과학·기술의 발달로 인한 지식의 폭발적인 증가를 들 수 있다. 따라서 한정된 학교교육 기간에 무엇을 가르칠 것이냐 하는 것이 심각한 문제로 제기되었다. 그 많은 지식 중에서 골라서 가르쳐야 하기 때문에 선정의 기준이 문제가 된 것은 논리적으로 당연하다. 이 선정기준은 각 학문에 내재해 있는 전이가치(轉移價値)가 높은 지식이 되어야 한다는 것이다. 이처럼 전이가치가 높은 지식을 지식(知識)의 구조(構造)라고 한다. 날로 팽창하는 지식을 모두 가르칠 수 없기 때문에 이 지식들 중에서 가장 핵심적인 지식, 기본적인 지식을 선정할 수밖에 없다.

또 하나는 1957년 10월 4일 구소련의 인공위성 스푸트니크의 발사가 계기가 되었다. 스푸트니크 발사의 성공은 미국에 크나큰 충격을 주었다. 이 사건은 미국의 국가안보에 위협을 주었으며, 수학과 과학교육 진흥에 큰 자극을 주었다. 종전의 수학이나 과학교육은 사실들을 더 강조하고 이것을 습득시키기 위해서는 암기방법이 주가 되었으나, 학문중심 교육과정은 지식의 구조를 강조하며, 이러한 지식의 구조를 이해하기 위해서는 탐구과정(探究過程)이 중요하다고 주장한다.

학문중심 교육과정에서 지식의 구조라고 하는 것은 학문의 이면(裏面)에 숨어 있는 기본적 아이디어・지식의 기본개념・지식의 기본원리・지식의 탐구과정 등과 동의어로 쓰인다. 이것은 각 학문을 이루고 있는 기본요소 및 이 요소들이 서로 얽혀 있는 것을 나타낸다.

이와 같은 지식의 구조가 중요시되는 까닭은 지식의 구조는 학습의 전이(轉移)를 용이하게 하기 때문이다. 또한 낱낱의 개별 사실들은 구조화(構造化)된 전체의 틀에 비추어 볼 때 쉽게 이해할 수 있으며 잊어버리지도 않는다는 것이다.

브루너(J. Bruner)는 이와 같은 지식의 구조를 학습하면,

① 교과를 쉽게 이해할 수 있고,

② 낱낱의 개별 사실들이 전체적으로 구조화된 형태 안에 들어 있어 오래 기억할 수 있으며,

③ 일반적으로 전이를 용이하게 하고,

④ 초보적 지식과 고등 지식 간의 간격을 좁힐 수 있는 장점이 있다고 했다.

학문중심 교육과정은 교육과정을 각 학문에 내재해 있는 지식 탐구과정의 조직으로 본다. 이러한 지식의 구조를 강조하고 있는 학문중심 교육과정의 일반적 특징을 들면 다음과 같다.

첫째, 교과내용은 지식의 구조를 핵심으로 조직한다. 브루너에 의하면, 한 교과의 교육과정은 그 교과의 구조를 나타내는 일반적인 원리를 가장 깊이 이해하고 있는 사람들에 의하여 결정되어야 한다는 것이다. 그래서 학문중심 교육과정은 각 교과의 전문가들이

각 교과가 나타내고 있는 지식의 구조를 명백히 표현할 수 있도록 그 지식을 체계적으로 조직해 놓은 것이다. 이 교육과정에서 지식의 구조가 중요시되는 이유는 이미 언급한 바와 같이 지식의 구조는 학습의 전이를 용이하게 하고, 또 낱낱의 개별 사실들도 구조화된 전체의 틀에 비추어 볼 때 쉽게 이해할 수 있으며 동시에 잊어버리지도 않는다는 것이다.

둘째, 탐구과정을 중요시한다. 학문중심 교육과정은 전술한 바와 같이 각 교과에 내재해 있는 핵심개념이나 기본원리를 교사가 찾아내어 학생에게 주입하는 것이 아니라 학습자로 하여금 그 학문분야의 학자가 한 것과 같은 방식으로 찾아내도록 한다. 즉, 물리학을 공부할 때는 물리학자가 한 것과 동일한 일을 학생에게 하도록 한다. 이 교육과정에서 말하는 교과는 해당 분야의 학자들이 발견하고 축적한 지식의 덩어리가 아니라 지식을 발견하는 동안에 학자들이 한 일이나 또는 탐구했던 과정과 탐구방식을 가리킨다. 학생들이 배워야 할 내용은 '지식의 덩어리' 그 자체가 아니라 그것을 낳게 한 탐구과정이다. 이와 같은 탐구과정에서는 발견의 기쁨, 해결의 희열이 따르며, 교과탐구에서 오는 지적인 희열은 학습동기를 보다 강렬하게 한다. 또 지식을 탐구하는 방법을 학습하였을 경우에는 일반적인 전이를 촉진하게 된다.

셋째, 나선형(螺旋形) 교육과정이 되어야 한다. 나선형 교육과정은 교과를 가장 완전한 상태로 가상하고 일찍부터 그 교과에 담겨진 핵심개념이나 기본원리를 학생들의 사고방식에 알맞게 가르치며 학년의 진전에 따라 점차 확대 심화해 나가는 교육과정을 의미한다. 어린이들도 그들의 사고방식에 맞게 그들이 이해할 수 있는 말과 자료를 써서 가르치면 어떤 교과내용도 이해할 수 있다는 것이다. 즉, 발달단계와 관계없이 가르쳐지는 내용은 동일하며, 다만 발달단계가 높아짐에 따라 동일한 내용이 점점 폭넓게, 깊이 있게 되풀이되어 가르쳐진다고 할 수 있다.

4) 인간중심 교육과정

학문중심 교육과정이 기초과목으로 교수내용(教授內容)을 강조하여 기술과학적 혁신에만 열중한 결과, 1970년대에 들어서 교육제도에 대한 논쟁, 학교교육에 대한 비판, 교육본질에 대한 논쟁이 일기 시작하였다. 즉, 교육대상으로서의 인간을 보는 눈을 달리하였던 것이다. 교육이란 지식과 기술을 습득하기 위해서만 행해지는 것이 아니라 인간에 대한 이해, 타인과의 원만한 관계, 인간성의 개발, 새로운 인간형의 창조 등을 위해 행해져야 하고, 또 그러한 내용들을 교육목표로 삼아야 한다는 전제하에 나타난 것이 바로 인간중심 교육과정(humanistic curriculum)이다.

인간중심 교육과정의 입장에서 보면 오늘날의 학교교육은 많은 문제점을 지니고 있으며, 그러한 문제들은 시급히 해결되어야 할 것들이다. 그 문제점이란 바로 교수(敎授)되어야 할 것은 교수되지 않고, 제시되고 있는 많은 내용들은 교육적으로 별 의미가 없다는 것이다. 또 많은 단순한 사실들을 학생들에게 주입시킴으로써 보다 효과적인 결과를 얻으리란 생각은 잘못되었다는 것이다. 학문적 지식을 획득하도록 하는 데 동기유발시키기보다는 의미 있는 삶, 보다 나은 인간관계, 자아개발을 위해 바람직한 교육적 방향을 결정하는 데 더 많은 관심을 두어야 한다고 지적하고 있다.

교육이라는 이름으로 행해지고 있는 교육 아닌 교육을 인간중심 교육과 구별해야 한다는 점에서 교육의 본질에 대한 비판 역시 논쟁의 대상이 될 수 있다. 교육은 특수한 지식과 기술을 단순하게 전달하는 것이 아니라, 전달받는 기술이나 지식 자체의 합리성에 의문을 던지는 과정이라는 점에서 교육이 나아가야 할 방향은 인간이 자기 자신·타인·자연과의 사이에서 어떤 관계를 가져야 할 것인가를 깨우치도록 하는 데 강조점이 주어져야 한다는 것이다. 교육의 시급한 문제는 지식·기술·기능 습득 이외에 개성과 가치관, 조화 및 균형잡힌 인간성 개발, 긍정적 자아개념의 형성 그리고 자아실현이 가능하도록 하는 인간적인 교육환경의 제공이라고 볼 수 있다.

인간중심 교육과정의 목표는 인간의 본성과 욕구에 부합시켜 사랑하고 깊이 있게 느끼며, 내면의 자아를 확장하고 창조함으로써 스스로 배우는 자아실현의 가능성을 개발하는 것이다. 인간주의자(人間主義者)들이 보는 교육과정의 기능은 개인에게 내적 경험을 제공하는 것이다. 즉, 교육의 목표는 인성적 성장·통합·자율성을 꾀하고 자아 및 타인, 그리고 학습에 대한 건전한 태도를 형성하는 과정으로서 자아실현에로 나아가는 것이라고 하였다.

이처럼 인간중심 교육과정의 목표는 기계적인 인간이나 지식인 지향이 아니라, 깊이 생각하고 행동하는 인간, 사랑하며 스스로 내면적인 자아(自我)를 확장하는 인간, 그리고 부단히 배우고 창조하는 전인적 인간 지향이라고 볼 수 있다.

이러한 목표를 달성하기 위해서 교사는 사제 간의 원만한 유대관계를 유지하고 반드시 온화하여야 하며, 학습을 용이하게 하도록 돕는 상황을 조성하고 학습자료를 다양하게, 또 상상력을 발휘하도록 제공하여야 한다. 또한 상호 신뢰를 통해서 학생의 동기를 유발시켜야 하며, 누구나 모두 똑같은 상황에서 평등하게 배울 수 있다는 신념을 확립하도록 격려하여야 한다.

오늘날 대부분의 학교에서 개인적으로 인간행동의 문제를 처리하는 일을 돕도록 적절히 구성된 교육과정은 거의 찾아볼 수 없다. 지난날 교육의 주요 관심사는 단지 인지적 영역에 한정되어 있었다. 그러나 자아실현(自我實現)이라고 하는 인간주의 교육목표를 달성하기 위해서는 과학적·공학적 문제뿐만 아니라 인간관계의 제 문제에 대해서도 관심을 기울여야 한다. 인간주의 교육의 주된 관심사가 자아실현에 있는 만큼 자아실현을 도울 수 있는 교수·학습경험이 선정되고 조직될 필요가 있다. 즉, 인간주의의 의미를 실현할 수 있는 다양한 경험이 요구된다는 것이다.

인간을 하나의 독자적인 개별체로서, 또 교육의 범위를 인간의 전반적인 성장을 꾀하는 과정으로 규정하였을 때 인간중심 교육과정의 내용이 지녀야 할 특성은 다음과 같다.

첫째, 자아의 각성(覺醒)이다. 자아에 대한 긍정적인 태도를 가짐으로써 스스로를 개발할 수 있는 힘을 배양할 수 있게 되고, 자아각성도 가능해지므로 자아에 대한 긍정적 태도 형성에 도움이 되는 내용의 제시가 무엇보다 필요하다.

둘째, 타인과의 원만한 인간관계이다. 한 인간으로서 상대방에 대한 관심을 갖고, 또 반응을 보이며, 타인의 의사를 존중하고 수용함으로써 형성되는 인간관계는 건전한 가치관을 수립하고 생활태도를 형성한다는 점에서 매우 중요하다. 따라서 학교는 인간관계에 대한 내용을 단순한 보조 수단으로서가 아니라 목적으로서 관심을 가져야 할 것이다.

인간중심 교육과정의 가장 큰 장점 중의 하나는 교육내용의 통합을 강조하고 있는 점이다. 그러므로 인간주의자들은 학생이 자신의 감정·사고·행동을 통합하도록 과업을 수행해야 한다. 이것은 전통적 교육과정이 학생의 심리적 조직과 연결되지 못한 결점을 보완하는 것으로 볼 수 있다. 그리고 전통적 교육과정과는 달리 인간중심 교육과정은 결과(結果)보다는 과정(過程)을 중요시한다. 인간주의 교육평가자들은 교수·학습활동이 학생으로 하여금 보다 개방적이고 독자적인 인간이 되도록 항상 질문을 던짐으로써 미래의 가치관 형성에 기여할 수 있게 해야 한다. 또한 학생 자신이 자신 및 타인을 자각(自覺)하고 자신의 독특한 잠재력을 계발하도록 돕는 경험을 얻었는지를 점검해야 한다.

그러나 인간중심 교육과정에도 결함은 있다. 인간중심 교육과정에 대한 가장 대표적인 비판점은 그것이 명확한 경험이나 일관된 원리를 바탕으로 이루어진 것이 아니라는 점이다. 인간중심 교육과정의 기본개념을 실천에 옮길 준거(準據)가 모호하며, 인간주의자들이 제안하고 있는 집단경험이나 가치 명료화 등의 여러 기법은 일선교사들이 현장에 적용하기에는 문제점이 많다고 할 수 있다. 이러한 비판을 중심으로 구체적인 문제점을 열거해 보면 다음과 같다.

① 인간주의자들은 학생의 학습결과를 평가하기보다는 학습방법과 경험을 중요하게 다루기 때문에 프로그램의 장기적 효과를 평가하는 데는 애매한 점이 많다.

② 개인차에 관심을 두고 있지만, 각 개인에게 알맞은 경험이 무엇인지에 관해서는 구체적인 대안이 없다.

③ 인간주의자들이 내세우고 있는 심리적 기법과 이론이 잘못된 심리요법(心理療法)이 될 수도 있고, 과학적 지식으로부터 동떨어진 것일 수도 있다.

④ 인간중심 교육과정이 모든 학습자에게 적절한 것이라고 볼 수가 없다. 각기 다른 학생들의 학습방법에 맞는 교수·학습 형태를 조성하기 위해서는 인간중심 교육과정에 대한 상세한 분석작업이 요구된다.

그러나 인간중심 교육과정에 대한 견해가 다양하다는 것은 이 교육과정이 생동감(生動感)이 있다는 사실과 연결된다. 과연 인간중심 교육과정에 의한 교수·학습활동이 제대로 이루어질까 하는 의문도 들지만 실제 교수·학습과정에서는 가르치는 기법보다 교사와 학생 간의 공감적 이해를 더 중요하게 생각한다. 따라서 교사가 이를 잘 활용한다면 보다 생동감 넘치는 교수·학습활동이 이루어질 수 있을 것이다.

5) 잠재적 교육과정

지금까지 살펴본 교육과정의 개념은 교과중심 교육과정, 경험중심 교육과정, 학문중심 교육과정, 인간중심 교육과정에 따라 차이가 있음을 알 수 있다. 그러나 이와 같은 종전의 교육과정들은 가시적이고 계획적이며 문서화되어 있다는 점에서 공통적이다. 그래서 이와 같은 교육과정들을 현재적(顯在的) 교육과정(manifest curriculum)이라고 한다. 그러나 다음에 논의하게 될 잠재적(潛在的) 교육과정(latent curriculum)은 현재적 교육과정의 개념들과 병렬적으로 존재하는 것이 아니라 각각의 교육과정에 내재해 있는 숨은 교육과정이라고 볼 수 있다. 즉, 잠재적 교육과정은 종래의 교육과정처럼 학교가 의도하지 않고 계획하지 않았는데도 아동·학생들이 가지게 되는 경험을 말한다. 김종서 교수는 잠재적 교육과정을 학교의 물리적 조건, 제도 및 행정적 조직, 사회적·심리적 상황을 통하여 학교에서는 의도한 바 없으나 학교생활을 하는 동안에 학생들이 은연중에 가지게 되는 경험으로 정의한 바 있다.

잠재적 교육과정에 대한 고전적 연구에는 잭슨(P. W. Jackson)의 연구가 있다. 그는 아동·학생들이 학교의 지도하에 미리 짜놓은 계획적인 경험을 통해서만 배우는가? 아동·학생들이 학교에서 생활하면서 암암리에 경험하고 배우게 되는 내용들은 모두 교육적으로 의미가 없는 것인가? 그렇게 계획되지 않은 경험들을 통해서 무의식중에 배우는 것은 모두가 바람직하지 않은 것인가? 아니면 학교는 아동·학생들이 학교생활 속에서 살며 배우는 온갖 경험들을 전부 계획할 수 있는가? 계획의 한계는 어디까지인가? 이러한 일련의 의문을 가장 깊이 있게 제기한 사람이다. 그의 분석에 따르면 아동·학생들은 학교에서 어울리고 부대끼면서 많은 것을 배우게 되며, 그것들은 학교가 계획적으로, 의도적으로 선정해 놓은 경험들이 아닌 경우가 많다고 한다.

사실 우리가 가만히 생각해 보면, 아동·학생들은 학교를 오가면서 그리고 학교에서 생활하면서 여러 가지 경험을 하게 되며, 그 속에서 많은 것을 보고, 듣고, 느끼고, 생각하고, 배우게 된다. 이것들은 분명히 학교가 의도했거나 또는 계획해서 조직해 놓은 경험들이 아닌 것이다. 이러한 경험들은 다분히 비구조화(非構造化)된 비형식적인 그리고 겉으로 드러나지 않은 경험들이다. 이러한 경험들을 잠재적 교육과정 또는 숨겨진 교육과정

(hidden curriculum)이라고 한다. 황정규 교수 등은 잭슨이 장기간에 걸쳐 초등학교 아동들과 함께 생활하면서 발견한 잠재적 교육과정의 특징을 군집성(crowd), 칭찬(praise), 권력(power)으로 들고, 이 세 가지 개념을 다음과 같이 요약하고 있다.

첫째, 학교는 많은 학생들이 어울려서 배우는 곳이다. 학교의 이러한 특징은 학생들에게 남과 어울리는 것을 배우도록 하는가 하면 많은 사람들 속에서 자기 일에만 열중하는 태도도 배우도록 하며, 질서를 지키기 위하여 화장실이나 수도꼭지 앞에서 기다려야 하는 것을 배우도록 하고, 통솔자의 명령에 순종하는 것 등을 배우도록 한다.

둘째, 학교는 계속해서 여러 가지 형태로 쉴 새 없이 평가가 이루어지는 곳이다. 아동·학생들은 그들 상호 간에 또는 교사에 의하여 계속해서 어떤 평가를 받는다. 적성·지능·학력·인성 등의 평가를 비롯해서 교과교육 활동과 과외교육 활동은 말할 것도 없거니와 심지어 노는 시간에 있었던 사소한 행동까지도 잘잘못을 평가받는다. 이러한 평가를 통해서 아동들은 경쟁과 시새움 등의 방법을 배우고 긍정적 또는 부정적 자아개념을 형성하게 된다.

셋째, 학교의 특징은 권력관계에서 찾아볼 수 있다. 아동·학생들에게 있어서 교사의 권위는 거의 절대적이다. 아동·학생들은 학교생활에 적응하기 위하여 유의한 타자인 교사의 인정을 통해서 위계질서가 형성되는 과정을 배우면서 교사의 권위에 순종하는 것도 배운다. 다시 말하여 조직이 갖는 권위에 적응하는 방법을 배운다.

이러한 경험들은 학교가 공식적으로 의도하고 있는 지식·기능의 획득 이외에 학교생활의 특징으로 말미암아 학생들이 이차적으로 은연중에 배우게 된다는 특징이 있다. 그래서 학생들은 학교에 다니면서 분명히 성장 발달에 도움이 되는 좋은 경험을 하고 있지만 반면에 학교생활을 하는 동안 개인발달이나 사회발전에 저해되는 내용을 경험하기도 한다.

김종서 교수도 우리나라 학교를 대상으로 한 연구를 통해 잠재적 교육과정의 원천으로서 학교체제가 갖는 네 가지 특성을 강요성, 군집성, 위계성, 목적성으로 파악하고 있다. 대규모 학교의 아동·학생들은 이와 같은 교육체제가 주는 경험을 통해 권위에의 복종, 편법의 사용, 기회의 불균등성에 대한 개념을 발달시키며, 좁은 교실 공간은 아동·학생들에게 공격성과 긴장감을 발달시키며, 좌석 배치의 불균등에 의해 열등감과 비하(卑下) 감정을 키우며, 체위에 맞지 않는 책상과 의자로 인해 불신과 갈등을 배우고 있다는 것을 밝히고 있다.

종래의 교육과정 개념은 좁게 학교가 연구하고 계획한 바와 관련된 경험에 국한되어 있었다. 그러나 학교교육을 통하여 아동·학생들이 받게 되는 영향 중에는 학교가 의도한 바와 관련되지 않는 경험들이 허다하며, 이 영향이 때로는 학교가 의도한 바에서 오는 영향보다 더 강력할 수가 있다. 잠재적 교육과정을 통해서 배운 것은 쉽게 잊혀지지 않고 오래 지속된다. 왜냐하면 이러한 경험은 학교에 다니는 동안 그것을 매일 경험하게 되기 때문에 자기 자신도 모르는 사이에 착실히 배워 각인(刻印)이 되기 때문이다. 따라서 현재적 교육과정에 의해서만 학교교육의 효과를 판단한다는 것은 학교조직이나 구성, 인간관계 등의 결과로 나타나는 광범위한 영향을 망각하는 것이 된다. 종래의 교육과정 개념은 이것을 도외시해 왔다는 점에서 불충분하다.

잠재적 교육과정은 학교교육의 전사태(全事態)에 관련됨을 알 수 있다. 이 점에서 잠재적 교육과정은 교육과정의 전통으로 보면 이미 언급한 바와 같이 교육과정을 자아실현을 위한 다양한 경험으로 규정한 인간중심 교육과정의 한 측면이라고 볼 수 있다. 그렇다고 하여 교과중심 교육과정, 경험중심 교육과정, 학문중심 교육과정이 잠재적 교육과정과 무관한 것은 아니다. 이들 교육과정의 개념들 중에서 문서화되지 않은 부분, 특히 인간교육의 측면은 잠재적 교육과정과 직접적으로 관련되어 있기 때문이다.

현재적 교육과정은 아동·학생들의 지식·기능의 신장에 영향을 미치고, 잠재적 교육과정은 아동·학생들의 사회성 발달·정의적 발달에 영향을 미친다. 오늘날의 학교교육에서 문제되는 것이 지식·기술의 발달보다 가치관·도덕성 발달의 소홀임을 생각할 때 잠재적 교육과정이 학교교육에서 중요함을 짐작할 수 있게 해준다. 현재적 교육과정과 잠재적 교육과정이 상호 조화되어 서로가 서로를 돕고 강화하는 역할을 할 때, 교육효과는 더욱 강력해진다. 흔히 정의적 교육목적인 감정·태도·가치관 등을 효과적으로 학습할 수 있는 것이 바로 이 두 교육과정의 조화를 통해서라고 말할 수 있다. 중요한 것은 교사가 아동·학생들에게 무엇을 가르쳤느냐에 있는 것이 아니라 그들이 무엇을 경험하고 무엇을 배웠느냐에 있다. 교사가 교재를 가르치면 학생들에게 학습이 일어나는 것은 당연한 것 같지만 때로는 교재를 가르쳤는데도 학습이 일어나지 않는 경우가 있는가 하면, 교재를 가르친 바 없는데도 학습이 일어나고, 교재에도 없고 교사가 가르친 바도 없는데 학습이 일어난 경우가 곧 잠재적 교육과정의 문제가 된다.

이렇게 볼 때, 교육과정을 계획함에 있어서 잠재적 교육과정의 포용 문제는 매우 중요하고도 어려운 과제이다. 프로그램을 편성하고 가르치는 사람이나 주도하는 기관의 입장에서 볼 때, 잠재적 교육과정은 계획되지 않은 무의도적인 것이고, 현재적 교육과정은 계획된 의도적인 것이라 하겠다. 그러나 아동·학생의 입장에서 볼 때 잠재적 교육과정이 반드시 무의도적인 것만은 아니라고 할 수 있다. 어떻게 보면 아동·학생의 강력한 의지와 유목적적인 참여가 개재되어 학습되는 것도 있을 수 있기 때문이다.

3. 교육과정의 구성

1) 교육목표의 설정

교육과정 구성의 첫 단계는 교육목표(教育目標)의 설정(設定)이다. 교육목표는 변화시키려는 행동의 방향을 결정해 준다. 교육과정은 교육목적을 달성하기 위한 수단(手段)이므로 교육목표를 확실하게 설정하여 교육과정 구성의 기본지침으로 삼아야 한다. 따라서 교육목표가 어떻게 설정되느냐에 따라 교육내용의 선정 및 조직의 방향이 달라진다고 할 수 있다.

타일러(R. W. Tyler)는 교육목표 설정의 차원으로서 학습자에 대한 연구결과, 사회의 요구, 교과전문가의 조언, 철학의 적용, 학습심리학 분야에서 발견된 원리의 적용 등 다섯 가지를 들고 있다. 그러나 일반적으로는 철학·사회·학생·교과의 네 가지 차원에 기초하여 교육목표를 설정하고 있다.

철학에 있어서 우선적으로 고려되어야 할 것이 국가의 이념(理念)이다. 우리나라 교육목표는 민주주의 이념에 바탕을 두어야 한다. 왜냐하면 민주주의는 국가이념으로서 헌법에 명시되어 있기 때문이다. 따라서 교육목표는 민주주의라는 관점에서 검토되고 정선되어야 한다. 또 현대 교육사조(教育思潮)도 교육목표 설정에 영향을 미친다. 현대의 교육사조로는 진보주의, 본질주의, 항존주의, 재건주의, 실존주의, 분석철학 등 여러 갈래의 사상이 있다. 이러한 교육사조들 중에서 어떤 사상에 기초를 두느냐에 따라 교육목표는 달라질 수가 있다.

다음으로 사회의 요구가 교육목표의 자원이 된다. 예를 들면, 경제발전을 위해 필요한 전문인력의 공급, 사회적 병리현상의 치유(治癒), 정의사회 및 복지사회의 실현 등과 같이 사회인들이 합의한 공통적인 가치관이 교육목표 설정에 중요하게 작용을 한다.

학생에 비추어 본 교육목표의 타당성이란 그 교육목표가 학생의 흥미와 욕구를 충분히 반영시키고 있느냐 하는 것이다. 논리적으로 아무리 좋은 목표라 할지라도 배울 학생들과 심리적으로 유리되어 있으면 교육목표로 받아들이기에 문제가 있다.

끝으로 교과에 비추어 본 타당성의 문제를 생각해야 한다. 학교교육이 수행하는 여러 기능 중에서 교과교육은 가장 중요한 기능의 하나이다. 그래서 교육과정을 교과교육과정과 동의어로 보는 견해도 있다. 따라서 교과교육의 중요성에 비추어 교과전문가의 교과에 관한 의견을 교육목표에 충분히 반영하여야 한다.

교육목표의 설정에서 다음에 문제되는 것이 목표의 분류이다. 전통적으로 지육(智育)·덕육(德育)·체육(體育)으로 분류해 왔지만, 최근에 블룸(B. S. Bloom) 등은 인지적 영역, 정의적 영역, 심체적 영역으로 구분하고 있다. 인지적 영역은 지식·이해·적용·분석·종합·평가와 같이 단순한 지식의 암기 및 재생으로부터 고도의 창의적인 지적 능력까지를 포함한다. 정의적 영역은 감수·반응·만족·가치화·조직화·인격화와 같이 인간의 감정·태도·가치관·신념체제에 관련된 목표이고, 심체적 영역에는 지각·태세·유도반응·기계화·복합적 외현반응(外現反應)과 같이 인간의 근육이나 운동기능을 강조하는 목표가 포함된다.

교육목표에서 생각해야 할 또 하나의 문제는 교육목표 수준에 관한 것이다. 바꾸어 말하면, 교육목표 세분화에 관한 문제라고 할 수 있다. 즉, 교육목표는 그 세분화 정도에 따라 국가 사회적 수준의 목표, 교과수준의 목표, 단원수준의 목표, 수업수준의 목표 등으로 나눌 수 있다. 흔히 국가 사회적 수준 및 교과수준의 교육목표를 교육의 일반목표, 단원목표를 중간목표, 수업수준의 목표를 학습목표라고 한다.

2) 교육내용의 선정

교육목표가 일단 설정되었으면 다음 단계는 설정된 교육목표를 달성하기 위한 교육내용(敎育內容)을 선정(選定)하는 일이다. 교육내용을 선정하는 기준은 원칙적으로 그것을 통해서 성취하려고 하는 교육목표의 유형에 따라 결정되어야 한다. 교육내용을 선정하는 데 고려하여야 할 일반적인 원칙을 제시하면 다음과 같다.

첫째, 교육목표에의 타당성과 유의미성(有意味性)의 원리이다. 교육내용을 선정하는 데 이러한 기준은 특히 1960년대 학문중심 교육과정의 출현과 더불어 가장 합리적인 원칙으로 부상하였다. 교육내용의 교육목표에의 타당성과 유의미성은 그 내용이 그 학문분야에서 얼마나 본질적이고 기본적이며, 그러한 본질적인 내용을 얼마나 포함하고 있느냐를 따지는 문제이다. 따라서 무엇이 본질적인 내용이냐에 대한 합의가 우선되어야 할 것이다. 어느 학문에서는 본질적인 내용이 되는 것은 그 학문의 지속성 있는 기본개념이라고 할 수 있다. 기본개념은 그 학문의 많은 하위개념들을 포섭(包攝)하고 설명해 낼 수 있는 설명력을 지니고 있어야 한다. 교육내용으로서 기본개념에 관한 지식은 낱낱의 사실에 관한 지식보다 훨씬 중요하다. 오늘날과 같이 지식이 폭증하는 때에는 한정된 학교교육기간 동안에 사실에 관한 지식을 전부 다 가르칠 수가 없다. 따라서 전이가치가 높은 지식의 구조, 즉 기본개념이나 일반원리를 가르쳐야만 한다는 학문중심 교육과정의 이론이 강조되고 있는 것이다. 이와 같은 기본개념은 교과에 따라 다르겠지만 그렇게 많지는 않은 것으로 밝혀졌다.

둘째, 교육목표와 일관성(一貫性)의 원리이다. 교육목표를 달성하기 위한 교육내용은 설정된 교육목표가 지시하는 바로 그 내용이어야 한다. 수영의 기능을 향상시킨다는 교육목표가 설정되었으면 수영의 기능을 향상시킬 수 있는, 바로 그런 경험이 교육의 내용이 되어야 한다. 교육목표가 문제해결력을 기르는 데에 있다면, 학생들이 여러 가지 새로운 문제들을 스스로 풀어 보는 경험이 곧 교육내용이 되어야 한다. 또 학생들에게 비판적 사고력을 길러 주는 것이 교육목표라고 한다면 학생들이 스스로 무엇인가를 비판해 볼 수 있는 경험이 곧 교육의 내용이 되어야 한다는 것이다. 이와 같이 교육내용은 설정된 교육목표와 일관성을 유지할 수 있도록 선정되어야 하는 데 교육목표와 교육내용이 어긋나는 경우를 흔히 볼 수 있다. 예를 들면, 영어의 교육목표로 읽기 · 쓰기 · 듣기 · 말하기 및 외국문화의 이해라고 하는 다섯 가지 목표를 설정해 놓고 실제 내용을 보면 듣기와 말하기는 거의 선정되지 않고 오직 읽기의 내용만이 강조되고 있다. 또 학교교육의 목표로서 정의적인 목표(감정 · 태도 · 가치관)가 인지적인 목표(지식 · 사고 · 창의력) 이상으로 강조되고 있음에도 불구하고 교육내용으로는 오직 인지적 목표달성을 위한 내용을 선정하는 경향이 있다.

셋째, 교육내용의 학습 가능성의 원리이다. 교육내용의 선정과 관련된 세 번째 원칙은 교육내용에서 바라는 학생의 반응이 학생 능력범위 안에 있는 것이어야 한다는 것이다. 즉, 선정된 교육내용을 학생들이 배울 수 있는 내용이어야 한다는 원리이다. 아무리 훌륭한 교육내용이 선정되었다 하여도 학습 가능성이 없다면 그것은 적어도 교육내용으로서는 쓸모가 없다.

현실적으로 교수 · 학습지도가 불가능하다면 아무리 이상적인 교육내용이라도 쓸모가 없다는 것이다. 흔히 학생들이 배울 수 없는 교육내용을 가지고 열심히 가르치려고 하는 헛수고를 보게 되는데, 바로 이러한 경우가 교육내용 선정에 있어서 내용의 학습 가능성을 무시해 버렸기 때문에 나타나는 현상이라고 할 수 있다. 이제 겨우 300여 개 정도의 영어 단어를 알고 있는 학생들에게 셰익스피어(W. Shakespeare, 1564 ~ 1616)의 희곡을 읽히려 한다면 그런 교육내용은 학습 가능성의 원칙을 위배하고 있는 것이다. 그러나 이 학습 가능성의 원칙은 교육내용이 요구하는 반응이 무조건 쉬운 것이어야 한다는 것을 의미하지는 않는다. 학생의 현재의 능력이나 선수학습(先修學習)으로 보아 이미 알고 있는 내용을 자꾸 되풀이하는 것은 제대로의 학습효과를 기대하기 어렵다.

넷째, 일경험(一經驗) 다목표(多目標) 달성의 원리이다. 어떤 교육목표를 달성하기 위하여 선정된 교육내용은 그 목표를 성취하는 데 크게 공헌하는 동시에 다른 목표달성에도 기여한다는 원리이다. 이와 같은 현상을 동시학습(concomitant learning) 혹은 학습의 다과율(多果率)이라고 한다. 예를 들면, 건강지식의 획득을 목표로 하는 내용은 건강습관 · 건강관리에 관한 태도의 목표도 동시에 달성할 가능성이 있다. 그런데 이러한 학습의 다과

율은 긍정적인 측면과 부정적인 측면을 가지고 있다. 긍정적으로는 한 가지의 교육내용으로 여러 가지 학습성과를 동시에 가져올 수 있으므로 퍽 경제적인 원칙이라고 할 수 있다. 그러나 부정적으로는 한 교육내용이 원래에는 의도하지 않았던 좋지 못한 부산물을 가져올 염려가 있는 것이다. 예를 들면, 수학의 교육내용이 잘못 선정되어 뜻밖에도 수학에 대한 혐오감이 싹트게 된다면, 일경험 다목표 달성의 원칙은 참으로 반갑지 않은 원칙이라고 하지 않을 수 없다. 따라서 교육내용을 선정할 때에는 그러한 내용이 긍정적인 측면에서 얼마나 많은 교육목표를 달성할 수 있는지를 생각하는 동시에 교육목표에 부정적으로 작용하는 것에는 어떤 것이 있는지를 잘 살펴보아야 한다.

다섯째, 일목적(一目的) 다경험(多經驗) 활용의 원리이다. 교육내용을 선정하는 데 고려해야 할 원칙 중 하나는 한 목적을 달성하는 데에 수많은 교육내용을 사용할 수 있다고 하는 이른바 일목적 다경험 활용의 원칙이다. 물론 특정한 교육목표는 일정한 범위 안의 교육내용을 요구하나 그 범위는 충분히 넓다. 어떻게 생각하면 특정한 교육목표를 달성하는 데는 거의 한이 없을 정도의 다양한 교육내용이 있을 수 있다. 이 원칙은 교사들에게 교수·학습지도의 계획에 있어서 거의 무한한 창의의 폭을 제공하고 있다. 이 원칙은 또 학교에서의 교육내용이 반드시 판에 박은 듯한 단조로움과 천편일률에 얽매여 있을 필연적인 이유가 없다는 점도 시사하고 있다. 여러 학교에서 많은 교사들이 같은 교육목표를 추구하면서도 얼마든지 다양하고 생동감 넘치는 교육을 펼칠 수 있는 가능성을 열어 주고 있는 셈이다.

이상 다섯 가지 원칙 외에도 교육내용을 선정하는 데 도움이 되는 원칙들이 여러 가지가 있다. 예를 들면, 선정된 교육내용은 학생의 능력·흥미·필요를 충분히 고려한 것이어야 한다든지, 인간 발달의 통합적 원리와 일치하는 것이라야 한다든지, 또 교육내용의 유용성(有用性) 및 내적·외적 관련성 등을 들 수 있다.

3) 교육내용의 조직

교육내용이 선정되었으면 세 번째 단계로 선정된 교육내용(教育內容)을 조직(組織)해야 하는 일이 생긴다. 즉, 교육내용들을 어떻게 종적으로 체계를 세우며 횡적으로 관련시키느냐 하는 문제이다. 하나는 교육내용들의 수직적 조직이고 다른 하나는 수평적 조직이다. 수직적 조직의 문제는 무엇을 먼저 가르치고 무엇을 나중에 가르칠 것인가의 시간적 순서에 관한 것이다. 예를 들면, 초등학교 역사교과에서 5학년과 6학년에서 가르칠 교육내용들의 관계를 생각할 때에는 수직적 조직의 문제이고, 같은 학년의 역사와 지리의 관계를 생각하고 있다면 교육내용의 수평적 조직의 문제를 다루고 있는 것이다. 즉, 6학년의 역사교과에서 가르치려고 하는 교육내용들이 5학년의 역사교과에서 가르친 내용들 위에 바르게 접속(接續)되었다면 역사적인 개념의 이해를 심화(深化)하고 확충하는 데 큰 효과를 나타낼 것이다. 마찬가지로 5학년의 역사와 지리에서 가르치는 교육내용들이 서로가 서로를 보강해 주고 강화해 주는 관계로 조직되었다면 이해의 폭을 넓히는 데 큰 효과를 가져올 것이다. 교육내용을 조직하는 데 반드시 고려해야 할 기준 내지 원칙을 제시하면 다음과 같다.

첫째, 교육내용을 조직하는 데 계속성(continuity)이 유지되어야 한다. 어떤 교육내용이든 그것이 학생의 경험 속에 정착되기 위해서는 일정기간 동안 계속적인 반복학습이 이루어져야 한다. 교육목표로서 추구되는 행동의 의미 있는 변화는 하룻밤에 이루어지는 것이 아니며, 한두 번의 교수·학습경험이 학생에게 심대한 영향을 한꺼번에 끼치는 것도 아니다. 학생들의 사고방식이나 습관이나 태도는 서서히 자리잡혀 가며 변화한다. 따라서 어떤 뚜렷한 교육효과가 나타나기까지에는 여러 달과 여러 해가 걸리는 것이 보통이다. 교육내용들은 어떤 형식으로든지 누적(累積)되어야 의미 있는 행동변화를 가져오게 된다. 예를 들면, 중학교 시간표에 1주 1시간 할당된 교과목이 있다고 하자. 이 경우 바로 그 시간에 학교의 행사나 기타 다른 사정으로 인하여 수업을 하지 못하면 결국 2주에 한 번 교수·학습기회가 주어진다. 이럴 때 그 교과 자체의 계속성이 유지되지 못하므로 학생들의 학습동기가 약해지며 교수·학습효과도 극히 의심스럽게 된다. 대학에서 교육과정을 학기별로 조직하고 최소한 1주 3시간을 단위로 하는 3학점제를 교과별 학점의 기준으로 삼고 있는 것 역시 교육내용의 계속성을 유지하려는 노력이다. 같은 교육내용을 어느 정도 반복적으로 학습해야 할지는 교육내용에 따라 다르겠지만 인지적 영역의 경우보다는 심체적 영역이, 심체적 영역보다는 정의적 영역이 더 긴 시간을 요구한다. 즉, 지식

(知識)교육보다는 기술(技術)교육이, 기술교육보다는 협동하는 태도(態度)를 형성하는 교육이 오랜 기간 계속적으로 이루어져야 한다는 것이다.

둘째, 교육내용을 조직하는 데 계열성(sequence)이 유지되어야 한다. 교육내용을 조직하는 데 있어서 계열성은 다음에 논의하게 될 통합성과 함께 흔히 교육내용 조직의 2대 기준이라고 할 만큼 중요시되어 온 원리이다. 계열성도 계속성과 마찬가지로 교육내용의 수직적 조직의 문제와 관련되어 있으나 계열성은 계속성을 초월하는 기준이다. 즉, 동일한 교육내용이 단순히 반복되는 수준을 넘어서, 계속되는 줄기는 있되 동시에 그 줄기에 좀 더 넓고 깊은 의미가 붙어갈 수 있게 조직하는 것을 계열성이라고 한다. 교수·학습효과를 얻기 위해 교육내용 조직의 계열성을 유지하기 위한 여러 가지 방법이 시도(試圖)되어 왔다. 즉, 단순한 내용에서 복잡한 내용으로, 구체적인 개념에서 추상적인 개념으로, 가까운 곳에서 먼 곳으로, 선수학습(先修學習)에 기초해서 그 다음 학습으로, 사상(事象)의 역사적 발생 순서대로, 부분에서 전체적인 내용으로(또는 전체에서 부분적인 내용으로), 그리고 교과의 논리적 구조와 학생의 심리적 발달에 따라서 조직되어야 한다는 주장이 있어 왔다. 이렇게 볼 때 계열성은 교육내용의 단순한 반복이라기보다 계속되는 교수·학습과정에 따라 학습의 심화(深化)와 확충을 강조하는 개념이라고 볼 수 있다. 브루너도 계열성의 기준과 비슷한 원리로서 나선적(螺旋的) 조직이라는 개념을 주장하였다. 이것은 시간의 흐름에 따라 동일한 계열의 교수·학습경험이 계속적으로 반복하여 나타나되 좀 더 심화되고 확충된 맥락 속에서 전개되어야 한다는 것이다.

셋째, 교육내용을 조직하는 데 통합성(integration)이 유지되어야 한다. 전술한 계속성과 계열성은 교육내용의 수직적 조직의 원리라고 한다면 통합성은 교육내용의 수평적 조직을 위한 원리이다. 통합성은 어떻게 하면 학생들에게 통합 조정된 교수·학습경험을 제공할 것인가에 관심을 갖는다. 흔히 전통적인 교육과정의 결함으로 지적되고 있는 것이 단편적인 지식의 나열이라는 것이다. 교과 상호 간에 아무 관련이 없을 뿐만 아니라 동일한 교과 내에 있어서도 전후 내용 간에 하등 맥락을 잇지 못한다면 그 내용은 쉽게 잊어버리거나 왜곡될 가능성이 많아진다. 그래서 여러 가지 교육내용들은 그 수평적 관계에서 서로가 서로를 보강하고 강화할 수 있도록 조직되어야 하며, 학생들은 여러 곳에서의 경험을 통하여 모순이나 단절됨이 없이 통합된 의미를 발견할 수 있고, 행동에도 통일성을 이룰 수 있어야 한다. 예를 들면, 생물교과에서 배우고 있는 내용들을 사회교과 시간에 공해(公害) 문제를 다룰 때 이 내용들과 연결하여 다시 새로운 각도에서 배울 수 있어야 한다. 또 산수교과에서 계산하는 법을 배웠다면 그것을 산수시간에만 쓰는 것이 아니라 자연이나 실과와 같은 교과에도 효과적으로 활용할 수 있어야 할 것이다. 마찬가지로 이 외의 다른 여러 교과와도 관련지어져서 그 개념에 대한 더욱 폭넓은 이해와 통합된 의미가 교수·학습되어야 한다. 이렇게 볼 때 단편적인 지식으로 구성된 교과중심 교육과정은 교과 간의 연결이 어렵기 때문에 학생 경험의 통합을 가져오기가 어렵다고 생각된다.

제 7 장 교수·학습지도

1. 수업, 교수, 학습, 교수 · 학습
2. 교수이론과 학습이론
3. 교수 · 학습의 조건과 원리
4. 교수 · 학습의 과정과 형태

교육목표가 설정되고 교수・학습경험이 선정・조직되면 실제 지도단계인 교수・학습과정으로 들어가게 된다. 교수・학습과정은 교육의 과정 중에서 가장 핵심부를 이루고 있다고 해도 과언이 아니다. 교수・학습과정은 교사가 가르치는 것을 학생이 배우는 과정이다. 교육목표의 설정, 교수・학습경험의 선정 및 조직, 교육매체, 교사의 자질 등은 모두 교수・학습과정에 투입되며, 이 투입의 결과는 아동・학생의 성장・발달, 곧 행동의 변화로 나타나게 된다.

1. 수업, 교수, 학습, 교수・학습

1) 개념 규명

수업(授業)의 개념과 혼동되거나 유사한 개념들이 많다. 그중에서도 가장 많이 쓰이는 것이 교수(teaching)와 학습(learning)이라는 개념이다. 때로는 교수・학습이라는 말을 쓰는 경우도 있다. 이들 수업, 교수, 학습, 교수・학습 등의 개념을 엄격히 구분하기는 매우 어렵다. 왜냐하면 이러한 용어들 속에는 공통적인 개념이 내포되어 있으며 다만 강조점이 다를 뿐이기 때문이다. 우선 누구를 교육의 주체(主體)로 보느냐 하는 관점에서 볼 때 수업과 교수는 교사가 가르치는 행동을 말하고, 학습은 학생이 배우는 행동을 말하며, 교수・학습은 양자의 행동을 모두 포함한다고 볼 수 있다. 이들 중 학습이 가장 넓은 뜻으로 쓰인다. 이는 수업이나 교수가 없는 상태에서도 학습이 일어나는 반면에 설혹 가르친다 하여도 학습이 일어나지 않는 경우도 있기 때문이다. 학습은 이렇게 볼 때 얼마나 넓은 개념인지 짐작할 수 있다.

학습(學習)은 개인이 환경과 상호작용하는 과정에서 나타나게 되는 여러 가지 형태의 비교적 지속적인 변화들이다. 따라서 선천적으로 형성되어 있는 행동과 신경계통의 성숙으로 말미암아 거의 자연적으로 일어나는 변화 또는 피로나 약물 등에 의한 일시적인 변화는 학습에서 제외된다.

인간은 성인과 유아의 차가 매우 큰데 이는 유아가 무력하다는 뜻이 아니라 교육의 가능성, 즉 가소성(可塑性)이 대단히 큰 것을 의미한다. 인간은 환경과의 상호작용 여하에 따라 가능성이 대단히 큰 존재이다. 어떤 의미에서 보면 특수한 행동을 제외하고는 인간의 모든 행동은 학습한 것이라고 말할 수 있다. 인간이 출생할 때 여러 가지 선천적 경향을 가지고 태어나지만 환경과의 상호작용이 없으면 그러한 잠재적인 발달 가능성을 가진 선천적 경향은 나타나지 않는다. 이것은 인도의 '늑대 어린이'에서 그 예를 찾아볼 수 있다. 늑대굴에서 자란 어린이가 걷지를 못하고 기어다녔다는 사실이 이를 뒷받침하고 있다. 따라서 학습은 개인과 환경과의 상호작용에 의하여 나타나게 되는 인간행동의 지속적인 변화라고 말할 수 있다. 다만 이때 생득적인 반응경향·성숙 및 일시적 상태(피로, 약물 등)에 의한 행동변화는 제외된다.

다음은 교수(教授)라는 개념이다. 수업은 주로 학습자의 지적이고 탐구적 특성을 자극하는 내용을 전달하는 데 비해, 교수는 학습자의 모든 능력을 자극하는 포괄적 내용의 전달을 의미한다. 또 교수는 학습자가 보인 변화 중에서 의도적인 것과 무의도적인 것을 모두 포함한다는 점에서 수업보다 포괄적이다. 따라서 교수가 수업보다 넓은 개념으로 쓰이는 경우가 많다.

이와 같이 교수와 수업을 개념상으로 구분할 수는 있으나 실제에 있어서는 양자를 동의어(同義語)로 쓰고 있으며, 이 책에서도 같은 뜻으로 사용하였다.

수업에 대하여 코리(S. M. Corey)는 다음과 같이 말하고 있다. 수업이란 개인으로 하여금 특정한 조건하에서 특정한 행동을 나타내도록 학습하게 하기 위하여 또는 특정 상황에 대한 반응으로서 특정 행동을 할 수 있게 하기 위하여 그의 환경을 계획적으로 조작하는 과정이다.

이 정의에서 특정 행동은 교육목표(수업목표)를 가리키며, 환경은 학습환경(학습을 돕기 위한 외적 조건)을 의미한다. 따라서 코리의 정의를 요약해 보면, 수업이란 학습자가 교육목표를 달성할 수 있도록 하기 위하여 학습환경을 계획적으로 조작하는 과정이라고 할 수 있다.

끝으로 교수·학습에 대한 개념을 살펴보자. 이 말은 문자 그대로 교사가 가르치고 학생이 그것을 배우는 과정이라고 할 수 있다. 좋은 수업이란 결국 교수·학습이 잘 이루어지도록 환경을 계획적으로 조작하는 과정이라고 말할 수 있다.

이상 네 가지의 개념에 대한 대체적인 설명을 하였거니와 수업의 개념을 보다 명백히 하기 위하여 교수와 학습의 특성에 대하여 논의하고자 한다.

2) 교수와 학습

교육사적으로 고찰해 보면 교수 또는 교수법이라는 말이 학습 또는 학습지도라는 말보다 훨씬 오래전부터 사용되어 왔다. 그 이유는 19세기 말까지 독일을 중심으로 한 교육이론과 방법이 전 세계를 지배했는데, 20세기로 접어들면서 중심 무대가 미국으로 바뀌었기 때문이다. 그 당시 미국 교육의 지도자적 위치를 차지한 사람이 바로 듀이(J. Dewey)였는데, 듀이 이전의 교수이론(教授理論)은 곧 독일의 헤르바르트(J. F. Herbart) 파의 교수이론이었다. 헤르바르트 파의 주된 탐구는 교사가 교재를 어떻게 논리적으로 분석하여 가르칠 것인가 하는 문제로서 교사의 역할, 즉 교수(teaching)가 중심과제였다. 그러나 20세기에 들어와서 듀이의 진보주의(進步主義) 교육사조가 교육계를 휩쓸게 되자 아동중심·생활중심 교육과 더불어 학습이라는 말이 강조되면서 교수라는 말은 교육활동에서 거의 사라질 지경에 이르렀다. 교수 또는 교수법은 교사중심·교사위주의 주입식 방법으로서 전통적 교육방법이라고 맹렬한 비난을 받았던 것이다.

그러나 1957년 인공위성 스푸트니크 발사 이후인 1960년경부터는 교수라는 용어가 다시 쓰이기 시작하여 오늘날에는 학습과 교수가 같은 정도로 쓰이고 있다. 특히, 학교교육은 교사의 교수와 학생의 학습으로 성립되는 것이므로 교수와 학습은 떨어질래야 떨어질 수 없는 밀접한 관계에 있는 것이다.

그러면 교수와 학습의 차이점을 비교해 보자.

첫째, 교수에는 일정한 목표가 있어야 하나, 학습에는 목표가 있을 수도 있고 없을 수도 있다. 즉, 교수는 의도적인 작용이지만 학습은 의도적인 경우도 있고 아무 의도가 없는 상태에서도 이루어질 수 있다. 다시 말하면, 교수가 있는 곳에서도 학습이 이루어지지 않을 수 있으며, 교수가 없는 곳에서도 학습이 이루어질 수 있다는 뜻이다.

둘째, 교수는 일의적(一義的)이지만 학습은 다의적(多義的)이다. 교사가 가르치는 것은 하나이지만 학생은 제각기 다르게 배운다는 것이다. 한 학급에 35명이 있을 경우에 동일 교사의 행동에서 영향을 받은 학생의 학습은 35개의 다른 것일 수도 있다. 즉, 학생들은 각자의 지능 · 적성 · 흥미 · 선수학습에 따라 서로 다르게 배운다. 일의적인 교사의 교수 행동은 조정하기가 쉬우나 다의적인 학생의 학습행동은 직접 조정하기가 어렵다. 따라서 교수행동을 어떻게 조정하고 수정해야만 학생에게 미치는 영향, 즉 학습을 계획한 대로 이루게 할 수 있느냐 하는 연구가 필요하게 된다.

셋째, 교수에 관한 연구는 교실사태를 연구대상으로 하나, 학습에 관한 연구는 동물을 대상으로 하는 경우가 많다. 종래의 학습이론(學習理論)의 대부분은 동물을 실험대상으로 하여 여기에서 얻어진 결과를 인간학습에 적용시켜 보려는 경향이 있었다. 예를 들면, 자극-반응결합설 · 조건반사설 · 통찰설 등은 그 대부분이 동물실험을 기초로 하고 있다.

넷째, 교수는 처방적(處方的)이지만 학습은 기술적(記述的)이다. 교수는 학습의 문제점을 찾아내어 이를 고치기 위한 처방적 행동이라고 할 수 있다. 또한 목표에 접근시키기 위한 행동도 일종의 처방적 행동이라고 할 수 있다. 그러나 학습은 학생활동의 변화된 모습을 있는 그대로 기술할 뿐이다. 이 기술 결과에 따라 새로운 처방을 하게 된다. 이와 같이 처방과 기술은 상호관련되어 있으므로 좋은 처방인 경우 결과의 기술도 좋게 나타날 것이다.

다섯째, 교재와 교수와 학습이 일치될 때 비로소 좋은 수업이라고 할 수 있다. 교재가 있어도 교사가 이를 모두 가르친다고 할 수는 없으며, 또한 가르친 대로 학생이 그대로 다 배우는 것도 아니다. 경우에 따라서는 가르친 바 없는데 배우는 것도 있고, 교재에 있는 것을 가르쳐도 배우지 않는 경우도 있다. 이와 같은 교재 · 교수 · 학습의 관계를 그림으로 나타내면 **그림 7-1** 과 같다.

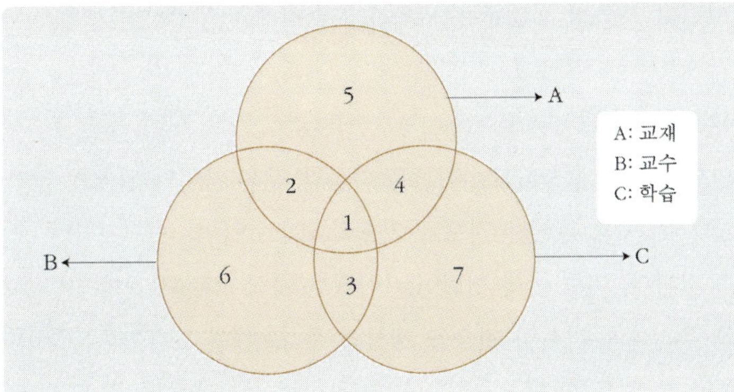

1 **영역**: 교재를 가르치고 학습이 일어남
2 **영역**: 교재를 가르쳤는데 학습은 일어나지 않음
3 **영역**: 교재에 없는 내용을 가르치고 학습이 일어남
4 **영역**: 교재내용을 가르친 바 없는데 학습은 일어남
5 **영역**: 교재내용을 가르친 바 없고 학습도 일어나지 않음
6 **영역**: 교재에 없는 내용을 가르쳤는데 학습은 일어나지 않음
7 **영역**: 교재에도 없고 교사가 가르친 바도 없는데 학습은 일어남

그림 7-1
교재·교수·학습의 관계

앞의 일곱 가지 영역 중 가장 이상적인 상태는 1영역이라고 할 수 있을 것이다. 따라서 수업에 있어서는 이 영역의 면적을 확대하는 방안을 모색해야 할 것이다.

2. 교수이론과 학습이론

1) 교수이론

교수이론(教授理論)은 교사가 학생으로 하여금 학습하도록 영향을 주는 방식을 다루는 것이다. 지금까지 많은 종류의 교수이론이 있지만 대표적인 것으로는 게이지(N. L. Gage)의 교수이론, 글레이저(R. Glaser, 1921~)의 수업모형, 교수이론을 위한 브루너(J. S. Bruner)의 명제(命題), 그리고 완전학습이론으로는 캐롤(J. B. Carroll, 1916~)의 학교학습 모형과 블룸(B. S. Bloom)의 교수전략이 있다. 여기에서는 브루너의 교수이론, 캐롤의 학교학습모형, 그리고 블룸의 완전학습을 위한 교수전략을 설명하기로 한다.

(1) 브루너의 교수이론

브루너에 의하면 학습이론과 교수이론은 다음과 같은 차이와 관계를 갖고 있다. 학습이론과 발달이론(發達理論)은 근본적으로 기술적(記述的)인 성격을 지니나 교수이론은 규범적인 성격을 지닌다. 가령 '6세 어린이는 아직도 가역성(可逆性) 개념을 갖지 못한다'라는 발달이론은 우리에게 사실적 기술을 제시해 준다. 반면 교수이론은 가역성의 개념을 어린이가 이해할 수 있도록 이끌어 주는 최선의 방법을 모색하는 데 도움이 되는 지침을 제시해 주어야 한다는 것이다. 즉, 교수이론은 지식이나 기능을 학생에게 학습시키는 가장 효과적인 방법에 관한 여러 원리와 법칙을 제시해 준다는 의미에서 규범적인 성격을 지닌다.

따라서 교수이론은 특정한 교수·학습과정의 계획과 전개에 지침을 제시해 줌과 동시에 교수·학습과정을 비판·평가할 수 있는 근거 내지는 척도를 제공해 줄 수 있는 것이어야 한다. 그러나 교수이론은 학습이론과 서로 모순되어서는 안 되며 서로 조화를 이루어야 한다고 주장했다.

브루너는 새로운 교육과정 개혁운동과 교수개선을 위해 크게 공헌하였으나 아직까지 하나의 완성된 교수이론을 정립한 것은 아니다. 다만 교수이론 형성을 위한 일반원리로서 그의 관점 내지 접근방법을 제시하고 있을 뿐이다. 그에 의하면 교수이론은 최소한 다음 네 가지의 특성을 갖추어야 한다.

① 교수이론은 학습에로 향한 경향성(傾向性)을 개개인에게 가장 효과적으로 심어 주는 구체적인 경험들을 명백하게 제시해 줄 수 있어야 한다.

② 교수이론은 아동·학생이 한 영역의 지식을 가장 쉽게 학습할 수 있도록 지식(知識)의 체계(體系)를 세우고, 구조화하는 구체적인 원리와 방법을 제시할 수 있어야 한다.

③ 교수이론은 아동·학생이 학습해야 할 자료가 어떤 계열(系列)로 짜이고 제시되어야 하는가를 명백하게 시사해 줄 수 있어야 한다.

④ 교수이론은 교수·학습과정에서 상벌과 강화(强化)의 성격, 그리고 그 적용방법을 명시할 수 있어야 한다.

이상과 같이 브루너는 학습 경향성 · 지식의 구조 · 학습의 계열 · 강화 등의 네 가지 관점에서 교수이론을 구성하였는데 이들 각각을 좀 더 부연해서 설명하면 다음과 같다.

① 학습 경향성

학습 경향성은 학습하고자 하는 또는 문제를 해결하고자 하는 경향이나 의욕을 뜻한다. 문화의 특징이나 동기체제, 개인적 요인들이 학습의 경향성을 결정하는 데 크게 작용한다. 교수이론에서는 이러한 여러 요인들을 어떻게 이용하여 설정된 목표달성에 적합한 학습 경향성을 아동 · 학생들 속에 촉진시킬 것이냐에 관심을 가진다. 학습의 경향성에 관계되는 브루너의 명제 몇 가지를 소개하면 다음과 같다.

첫째, 학습과 문제해결은 선택을 요하는 여러 가지 가능성의 탐색을 필요로 한다. 따라서 탐색과 호기심을 저해하는 학습 내부의 억압을 해소해 줄 수 있는 교수 · 학습방법이 고안되어야 한다. 둘째, 사회계층 · 성 · 연령 등의 차이에 따라 지적 활동에 대한 서로 다른 태도가 형성될 수 있다. 셋째, 학습자의 학습유형과 학습자료의 종류 및 수준과의 관계가 학습에 미치는 영향이 크다. 가장 좋은 학습은 학습자의 학습유형과 학습자료의 성격이 일치될 때 성립될 수 있다. 넷째, 교수하는 교사와 학습하는 학생의 관계 역시 학습 경향성 결정에 적지 않은 영향을 미친다.

② 지식의 구조

브루너는 지식의 구조에 대한 중요성을 다음과 같이 설명하고 있다. 첫째, 교과의 기본적인 개념을 이해하면 그 교과를 이해하기 쉽다. 예를 들면, 수학에서 수의 분배 · 교환 · 결합법칙을 이해하면 대수(代數)의 문제는 무엇이든지 해결할 수 있다는 것이다. 둘째, 일반적이고 기본적인 원리를 학습해 두면 필요에 따라 이것을 다시 재구성할 수 있다. 셋째, 기본적인 원리나 개념을 이해하면 전이(轉移)의 가능성이 최대가 된다. 구체적인 사례가 일반적인 사례의 특수한 경우임을 이해하면, 다음에 유사한 사례를 만났을 때 학습한 것의 전이가 가능하게 된다. 넷째, 교재를 기본적인 관점에서 부단히 검토하면 기초적인 지식과 높은 수준의 지식 사이의 간격을 좁힐 수 있다.

③ 학습의 계열

브루너는 학습의 계열을 어떻게 구성하느냐에 따라 다양한 목표달성의 효과가 증감(增減)될 수 있다고 하였다. 가장 좋은 학습계열 결정에 관계되는 몇 가지 명제를 소개하면 다음과 같다.

첫째, 가장 좋은 학습의 계열은 학생들의 경험배경, 발달단계, 학습자료의 성격 등에 따라 달라진다. 둘째, 지식의 구조를 개념적으로 파악하고, 여러 가지 상황에 쉽게 적응할 수 있게 하기 위해서는 특수한 사실들을 기초로 한 귀납적 방법을 적용하는 것이 좋다. 개념적 관계를 이해시킴에 있어서 너무 일찍 상징적 표상(表象)에 의존한다면 아동·학생으로 하여금 상징과 그것이 묘사하는 사물 간의 관계를 오히려 보지 못하게 하는 결과를 낳을 수도 있다. 셋째, 계열 속의 단계 간의 간격의 크기는 달성하고자 하는 교육목표의 성격과 아동·학생의 현재 능력수준에 따라 달라질 수 있다.

④ 강화

브루너는 강화를 외재적 보상(報償)에 의한 것과 내재적 보상에 의한 것으로 구분하고 내재적 보상에 의한 강화를 우위(優位)에 놓았다. 학습한다는 것에 대한 순수한 즐거움에 따르는 발견의 기쁨과 성취의 만족감이 보다 큰 강화 효과를 발휘한다는 것이다. 이에 관련된 브루너의 명제를 제시하면 다음과 같다.

첫째, 상이나 벌이 외부에 의해서 통제될 경우 그만큼 성취로부터 받는 보상은 감소된다. 문제를 성공적으로 해결한다는 것이 외부로부터의 칭찬이나 상을 받기 위한 수단이 되어 버린다면 외재적 보상을 받는 것이 주(主)가 되고 문제해결 과정 자체는 부차적으로 되는 수가 있다. 둘째, 학습에 실패한다는 것은 다음의 성취 혹은 향상을 위한 가치 있는 보상을 얻는 일이 될 수 있다. 실패에 대해서 외재적으로 가해지는 벌은 실패에 따르는 정보 혹은 교훈을 감소시키게 된다. 셋째, 성공에 따르는 강한 외재적 보상은 성공한 바로 그 행동을 다음에 또 하게 하는 역할을 할 가능성이 많다. 그러나 외재적 보상은 바람직한 것일 수도 있고 그렇지 않을 수도 있다. 즉, 학생의 어떤 성취가 보다 고도의 성취에로 연결되는 중간적 단계의 성취에 불과할 경우 강력한 외재적 보상은 같은 수준의 행동만을 재연시키는 바람직하지 못한 역할을 할 수도 있다. 넷째, 외재적인 벌에 따르는 오류(誤謬)는 행동을 와해시킬 가능성이 높으며, 시정과 향상을 위한 기반이 되기는 힘들다. 다섯째, 위에 제시한 명제들을 토대로 생각할 때 교사의 임무 중 하나는 내재적・외재적 상벌의 균형을 정하는 일이다. 이는 외재적 상벌이 지나치게 적을 경우 사실상 학습을 위한 노력이 감소되기 때문이다. 학생들의 성취도와 과정의 경험 및 학습내용의 종류에 따라 외재적 상벌의 균형은 결정되어야 할 것이며 그것은 많은 실험적 연구가 뒷받침되어야 한다.

(2) 캐롤의 학교학습모형

완전학습(完全學習)은 캐롤(J. B. Carroll)이 학교학습모형(學校學習模型)을 발표함으로써 그 가능성이 나타나게 되었다. 학교학습에 관한 연구는 무수히 많았지만 교육(敎育)의 과정(過程) 전체를 포함하기보다는 한두 개의 요인에 국한된 것들이 대부분이었다. 이런 상황하에서 캐롤은 교육의 과정에 상호 관련되는 여러 측면을 종합적으로 검토하여 학생들이 여러 해 동안에 거쳐 가는 교육의 과정을 포함할 수 있는 학교학습모형을 만들었다.

캐롤은 학생들의 학습에 영향을 미치는 변인(變因)으로 다섯 가지를 들고 이 변인들을 다시 개인차 변인과 수업 변인으로 분류하였다. 개인차 변인은 학습자의 적성, 학습자의 수업 이해력, 학습자의 지구력이고, 수업 변인은 수업의 질, 학습의 기회이다.

① 학습자의 적성

최적의 학습조건 아래서 주어진 학습과제를 일정한 수준으로 성취하는 데 필요한 시간의 양을 말한다. 교사가 최상의 방법으로 교수하고 학생이 열심히 학습에 임하며, 학생에게 필요한 만큼의 시간을 준다고 할 때 주어진 학습과제를 일정 수준까지 달성하는 데 소요되는 시간은 학생 개개인에 따라 달라진다. 즉, 주어진 학습과제를 일정한 수준까지 달성하는 데 짧은 시간을 필요로 하는 학생은 높은 적성의 소유자이며 반면에 긴 시간을 필요로 하는 학생은 낮은 적성의 소유자이다. 캐롤은 학생 각자가 학습과제를 해결하는 데 사용하는 시간의 차이를 적성(適性)이라고 하였다. 물론 이 적성은 특정의 학습과제와 관계되는 것으로서 이미 가지고 있는 경험에 따라 사용시간이 달라진다.

② 학습자의 수업 이해력

학생이 수업의 내용이나 교사의 설명을 어느 정도 이해하느냐는 그의 학업성취 수준을 결정하는 데 중요한 역할을 한다. 수업내용이나 과정을 이해하는 것은 두 가지 측면에서 생각할 수 있다. 하나는 학생의 일반지능이고 또 하나는 학생의 언어능력이다. 제시된 수업내용에 포함된 개념이나 원리를 파악하기 위해서 추리하고 소화하는 일은 일반지능의 작용이며, 교사가 교수활동에서 사용하는 언어가 학생의 이해 수준에 맞는가 안 맞는가 하는 것은 언어능력의 문제이다. 학습자의 수업 이해력(授業 理解力)과 적성과의 차이점은 전자가 일반능력인 반면에 후자는 특수능력이라는 점이다. 즉, 학습자가 수업내용을 이해하는 데 필요한 능력이 있는 반면에 특수한 성질을 가진 과제에 따라 각각 다른 종류의 적성이 있다는 것이다.

③ 학습자의 지구력

학생의 적성이 높고 학습을 위한 시간도 충분히 주어지고 좋은 방법으로 교수하더라도 학생이 노력을 기울이지 않는다면 학습은 소기의 목적을 달성할 수 없다. 학생이 적극적인 노력을 경주할 수 있는 시간은 학습과제의 성격에 따라 다르다. 주어진 학습과제가 너무 힘들거나 재미가 없다면 단념해 버릴 수도 있고, 전혀 집중하지 않은 상태에서 학습을 하는 척할 수도 있다. 이런 면에서 볼 때 학습자의 지구력(持久力)은 학습동기나 흥미와 밀접한 관계가 있다. 학생이 특정의 학습과제를 성취하는 데 두 시간이 걸린다고 가정할 때, 한 시간만 열심히 학습하고 나머지 시간을 놀았다면 과제의 50%만을 달성했다고 볼 수 있다.

④ 수업의 질

수업내용과 방법이 학생의 학습을 용이하게 해줄 수 있도록 정비되어 있느냐 하는 것은 학생의 학업성취에 큰 영향을 준다. 즉, 수업(授業)의 질(質)이 최적수준이 아니라면 학생이 학습과제를 해결하는 데 많은 시간이 소요될 것이다. 이때 어떤 것이 최적수준의 수업이냐 하는 것은 학생 개개인의 특성에 따라 달라진다. 학생들은 각각 다른 학습양식을 가지고 있으므로 수업의 질은 학생 개개인의 입장에서 고려되어야 한다.

⑤ 학습의 기회

특정한 학습을 위해 학생에게 실제로 주어지는 시간을 말한다. 학생에게 강한 학습의욕이 있어도 학습시간이 충분하게 주어지지 않으면 학습과제를 일정한 수준 이상으로 학습할 수 없다. 따라서 학생 개개인에게 자기의 학습속도에 따라 과제를 모두 해결하는 데 필요한 만큼의 시간을 주어야 한다.

이상의 다섯 가지 요인 중 학습자의 적성(학습에 소요되는 시간), 학습자의 지구력(적극적으로 학습하는 시간), 학습의 기회(학습을 위해서 주어지는 시간)는 시간으로 측정하여 표시할 수 있다. 그리고 학습자의 수업 이해력을 일반지능과 언어능력의 결합으로 본다면 측정이 가능하며, 수업의 질도 적절한 실험적 조작으로 잠정적이나마 측정할 수 있다. 즉, 가장 빈약한 교수활동을 0, 최적의 교수활동을 1로 보는 척도이다. 캐롤은 이들 다섯 개의 변인을 결합시켜 학습의 정도를 다음과 같은 공식으로 나타내고 있다.

$$\text{학습 정도} = f\left(\frac{\text{학습에 사용한 시간}}{\text{학습에 필요한 시간}}\right) \times 100$$

이 공식에서 f는 단순히 양변의 함수관계를 나타낸다. 그리고 분자인 학습에 사용한 시간은 학습의 기회와 학습자의 지구력에 의해서 결정되며, 분모인 학습에 필요한 시간은 학습자의 적성과 학습자의 수업 이해력과 수업의 질에 의해서 결정된다. 따라서 학습에 필요한 시간을 모두 학습에 사용했다면 학습의 정도는 100%가 되고 학습에 필요한 시간의 1/2을 학습에 사용했다면 학습의 정도는 50%가 되는 것이다. 즉, 학습의 정도는 이들 다섯 가지의 변인의 상호관계에 따라 높아질 수도 있고 낮아질 수도 있다.

(3) 블룸의 완전학습을 위한 교수전략

블룸(B. S. Bloom)은 학교의 교육실태를 볼 때, 학생들 중 약 1/3은 학교에서 교수하고자 하는 것을 잘 학습하나, 약 1/3은 충분히 이해하지 못하는 상태에서 학습하며, 나머지 1/3은 거의 학습되지 않은 상태에서 학년만 올라가고 있다고 지적하였다. 이것이 오늘날의 학교교육에 있어서 가장 낭비적인 현상이지만 이런 현상이 반드시 불가피한 것은 아니라는 것이다. 대부분의 학생들(약 95%)은 교수하고자 하는 것을 학습할 수 있다는 가정에서 이를 위한 교수방법을 찾아내는 것이 완전학습을 위한 전략이다. 이런 전략을 위해서 블룸은 캐롤의 학교학습모형을 기본모형으로 삼고, 모리슨(H. C. Morrison, 1871 ~ 1945)의 개별지도, 브루너(J. S. Bruner)의 지식의 구조, 스키너(B. F. Skinner)의 프로그램 학습, 굳래드(J. I. Goodlad)와 앤더슨(R. H. Anderson)의 무학년제(無學年制), 글레이저(R. Glaser)의 수업모형, 스크리븐(M. Scriven)의 형성평가 등에서 필요한 아이디어를 채택하여 활용하였다.

이미 설명했듯이 블룸은 캐롤의 학교학습모형에 포함된 다섯 개의 변인을 그대로 적용하여 완전학습을 위한 교수전략(敎授戰略)의 기본변인으로 삼고 있다.

① 학습자의 적성

학습자의 적성에 관해 블룸은 네 개의 가설을 제기하고 있다. 첫째, 학생은 학습과제의 종류에 따라 각기 다른 적성을 가지고 있으며, 이런 적성의 검사결과를 통해 동일한 학습시간을 전제로 하는 경우 학습과제의 학습에 대한 예언을 할 수 있다. 둘째, 학습과제를 완전히 학습하는 데 소요되는 시간의 길이로 적성을 정의한다면 충분한 시간의 허용으로 소수의 학습장애 아동을 제외한 약 95%의 학생에게 완전학습을 기대할 수 있다. 셋째, 대부분의 학생에게 완전학습을 기대한다면 어떤 교수전략에 의해 완전학습에 소요되는 시간을 단축시킬 수 있다. 넷째, 시간을 단축시킬 수 있는 교수전략의 방안으로서는 학생의 적성 수준을 높여 주는 일과 학습조건을 개선해 주는 일이 필요하며, 이것은 수업방법의 개선으로 이루어질 수 있다.

② 학습자의 수업 이해력

수업 이해력의 가장 주된 요인은 언어능력이다. 언어능력과 성적과의 상관계수는 .50 ~ .60으로 높은 상관관계를 가진다. 따라서 수업 이해력의 증진을 위해서는 첫째로 훈련이 필요하고, 둘째로 수업에 사용되는 언어수준을 학생들의 언어수준에 맞추는 일이 필요하다. 완전학습을 위해서는 후자 쪽에 더욱 강조를 둔다. 후자 쪽의 입장에서 보면 소집단의 구성을 통한 지도나 개인교수가 효과를 거둘 수 있다. 그리고 설명방식과 수준에 차이를 둔 교과서, 프로그램 학습자료, 시청각 교재의 활용 및 학구적(學究的)인 게임놀이, 그림 맞추기 등의 보조교재를 활용함으로써 학생 수준에 맞추어 수업을 진행하면 효과를 더욱 높일 수 있다는 것이다.

③ 학습자의 지구력

앞에서 언급한 바 있는 캐롤의 지구력 개념을 받아들이면서 지구력 자체의 증진을 꾀하는 노력도 필요하지만 수업방법과 학습자료를 적절히 조작해 주는 것이 완전학습에 더 효과적이라는 견해이다. 즉, 수업과정과 학습자료가 학생의 흥미와 능력에 맞고 성취의 만족을 얻을 수 있게 해주면 학생이 학습에 전념하는 시간의 길이가 길어진다는 것이다. 그리고 학생의 개인차에 적합하도록 다양한 학습자료를 제시한다면 학습자의 지구력에 대한 요구가 감소되어도 완전학습은 가능하다는 것이다.

④ 수업의 질

수업의 질에 있어서 가장 강조되는 것은 학생의 적성, 학습방식, 선수학습의 정도 등이 각자 다르기 때문에 다양한 수업방안이 마련되어야만 개별화된 수업이 가능하다는 것이다. 블룸은 개별학습을 가능하게 하는 수업방법을 찾아내는 일을 가장 큰 연구과제로 생각하고 있다. 이에 따라 개별학생에게 맞는 학습자료의 제공, 교사와 학생 간의 상호 교섭의 증대, 개별학생에게 맞는 언어구사 등이 이루어지면 완전학습은 이루어질 수 있다는 것이다.

⑤ 학습의 기회

캐롤은 학생에게 필요한 시간이 주어지고 그 시간 동안 지구력이 계속되면 대부분의 학생이 학습과제를 해결할 수 있다고 보았다. 그러나 블룸은 학습에 할당되는 시간의 길이도 중요하지만 할당된 시간을 어떻게 활용하느냐가 학습속도 및 학업성취에 더 큰 영향을 미친다고 보았다. 블룸은 학생 자신이 시간을 좀더 효과적으로 활용하면 대부분의 학생이 학습에 소요되는 시간을 줄일 수 있으며 이를 위해서는 수업방법의 개선, 학습조직 및 시간표의 개혁, 다양한 학습자료의 제공이 필요하다고 하였다.

⑥ 변인 외의 고려사항

블룸은 완전학습을 위해서는 형성평가(形成評價)의 활용이 중요하다고 보고 있다. 즉, 수업이 진행 중에 있을 때 혹은 한 단원이 끝났을 때마다 형성평가를 실시하고, 여기에서 발견된 학생들의 문제점이나 오류를 수정해 주어야 한다는 것이다. 이때 오류의 수정은 가능한 한 학생 스스로 하도록 기회를 마련해 주어야 한다.

블룸은 완전학습을 위한 교수전략이 첫째로 대부분의 학생(약 95%)이 일정한 수준 이상의 학업성취를 할 수 있고, 둘째로 이 결과로서 학생은 외부로부터 인정을 받게 되어 학습흥미의 증진, 다음 학습에 대한 동기유발, 자아개념의 향상 등등을 가져올 수 있다고 하였다.

2) 학습이론

(1) 자극-반응연합설

자극-반응연합설(刺戟-反應聯合說)은 일반적으로 연합설이라고 하는데 이 학습이론은 하버드 대학의 제임스(W. James) 밑에서, 그 후 컬럼비아 대학에서는 카텔(J. McKeen Cattell) 밑에서 수학한 손다이크(E. L. Thorndike)에 의하여 체계화된 이론이다.

손다이크는 동물실험에 의한 학습이론 연구의 선구자이다. 그는 굶주린 야생 들고양이를 상자 속에 넣고, 발판을 밟으면 상자 문이 열리도록 장치해 놓았다. 처음에 들고양이는 상자의 창살과 문을 긁는 등 많은 행동을 하다가 우연히 발판을 밟게 되자 상자 문이 열려 밖으로 나오게 되어 먹이를 먹게 된다. 이런 식으로 실험을 되풀이하면서 들고양이의 행동을 관찰하면, 실험의 횟수가 늘어날수록 들고양이가 발판을 밟고 나오는 시간이 짧아져서 결국은 거의 즉각적으로 상자에서 나오게 된다. 즉, 들고양이는 상자 문을 열고 나오는 것을 학습한 것이다. 이와 같은 실험을 통해 손다이크는 학습이란 시행착오(試行錯誤)의 과정을 통해 이루어진다고 주장했다. 그래서 이러한 학습을 시행착오에 의한 학습(random trial and error learning)이라고 하였다.

시행착오에 의한 학습은 다음과 같이 설명할 수 있다. 생소한 사태에서 동기유발된 굶

주린 들고양이는 욕구충족을 하기 위해 많은 시행착오를 하게 된다. 얼마 후에 들고양이는 우연히 욕구를 충족할 수 있는 일련의 반응을 하게 된다. 실험이 되풀이되면서 상자 속의 들고양이의 착오반응은 점진적으로 약화되어 없어진다. 반대로 옳은 반응은 즉각적으로 뒤따르는 욕구충족 때문에 점차 강화된다. 결국 특정 사태에 있어서 자극(stimulus) S와 학습된 행동반응(response) R과의 연결 또는 연합, 즉 S → R이 형성된다는 것이다.

그러나 이 동물의 시행착오에 의한 학습으로 인간의 학습을 설명하기는 어렵다는 것이 일반적인 견해이다. 인간은 동물과는 달리 전략을 세우기도 하고, 기억하면서 인지(認知)하기도 하고 추리하면서 선택도 하는 능력이 있기 때문에 동물과 같은 시행착오는 거의 없다는 것이다. 유아들이 나무토막을 쌓고, 말을 배울 때 시행착오에 의한 학습과 어느 정도 비슷한 점을 볼 수 있다. 그러나 이 시행착오설은 그러한 학습에 대한 우리의 이해에는 도움이 되지만, 일반적인 학습의 장면에서의 유용성은 극히 제한적이다.

(2) 고전적 조건반사설

러시아의 생리학자인 파블로프(I. P. Pavlov)에 의한 고전적 조건반사설과 왓슨(J. B. Watson)의 행동주의 이론이 고전적 조건반사설(古典的 條件反射說)에 속한다. 파블로프는 배고픈 개에게 음식물을 줄 때, 종소리를 들려 주는 일을 여러 번 되풀이하게 되면 개는 종소리만 들어도 침을 흘리게 된다는 것을 발견했다. 음식물을 보고 침을 흘리는 것은 자연적인 반응으로 무조건반응이고, 종소리에 침을 흘리는 것은 조건반응이다. 이 조건반응은 획득된 것이다. 이 학습은 새로운 자극(종소리)이 여러 번 음식물과 같이 주어졌을 때 일어났다.

우리는 실제로 조건반사의 원리에 합치되는 행동이나 학습현상을 많이 경험하고 있다. 시큼한 깍두기, 새콤한 레몬이란 말만 듣고도 군침이 돈다든가, 혹은 곡마단에서 음악에 맞추어 춤을 추는 코끼리나, 자연농원에서 춤추는 홍학의 행동 등은 이러한 조건화 현상을 보여주는 것이어서 결국 이러한 학습이론의 출현은 행동주의자들의 대단한 환영을 받았다.

이처럼 조건반응이 우리 생활 주변에 널리 있지만 대부분의 학습상황은 이 조건반응으로 설명이 안 된다. 그것은 의도적 행동의 학습에서는 조건자극과 무조건자극의 짝짓기가 어렵고 또 거의 모든 종류의 학교학습은 조건반응으로 학습되지 않기 때문이다.

(3) 조작적 조건반사설

스키너(B. F. Skinner)는 파블로프만큼 잘 알려진 학자로서, 행동의 실험적 분석을 통하여 교육의 발전을 위한 학습기술 또는 정신질환이나 불량행동과 같은 이상행동(異常行動)의 수정기술 등에 크게 공헌하였다. 여기서는 스키너의 학습이론인 조작적 조건반사설(操作的 條件反射說)에 대하여 설명하기로 한다.

파블로프의 실험에서 조건반응은 단지 외부 자극에 의하여 야기된 반사반응에 관심이 있으나 스키너의 실험에서 조건반응은 인간의 욕구수준이나 외부의 환경에 따라 행동이 달라진다. 여기서 조작적 조건형성을 이해하기 위하여 스키너가 말하는 반응행동과 조작행동을 명확히 설명할 필요가 있다. 즉, 반응행동은 파블로프의 고전적 조건반사에서의 무조건반응과 같이 외부 자극에 대하여 즉각 반응하는 것으로, 레몬즙이나 시큼한 깍두기를 보았을 때 침이 나오는 것이나 불빛을 보면 동공(瞳孔)이 수축하는 것과 같은 반사적 행동을 지칭한다. 이에 대해 조작행동은 외부의 자극 없이 의도적으로 어떤 행동결과를 일으키도록 조작되는 행동을 말한다. 이러한 조작행동을 통하여 형성된 조건형성을 이른바 조작적 조건반사라 한다.

스키너의 조작적 조건형성에 관한 실험은 다음과 같다. 스키너는 자신의 성(姓)을 붙인 소위 스키너 상자라고 하는 장치를 고안하여 흰 쥐를 가지고 실험하였다.

스키너 상자의 장치는 지렛대를 누르면 먹이가 나오도록 되어 있고, 그것을 받는 먹이통 및 실험자에 의하여 조작이 가능한 전구를 지렛대에 부착한 것이었다. 스키너 상자 속의 흰 쥐는 1일 1회 먹이를 먹도록 순응시킨 것으로서 이 흰 쥐가 쉬지 않고 계속 움직이다가 우연히 지렛대를 눌러 먹이를 얻은 후에는 다시 지렛대를 누르는 행동을 계속하였다. 이때 먹이는 지렛대를 누르는 행동을 강화시켜 주어, 지렛대를 누르는 행동은 증가되었다. 그러나 지렛대를 눌러도 먹이를 얻을 수 없게 만든 경우에는 지렛대를 누르는 행동은 감소되는 현상, 즉 고전적 조건반사설에서와 같이 계속 강화가 없으면 소거(消去)되는 현상이 나타났다.

또 실험자가 조작하여 전구에 불이 켜져 있는 동안에 지렛대를 누르면 먹이가 나오고,

불이 꺼져 있는 동안에 누르면 먹이가 나오지 않게 변별조건(辨別條件)을 구성하였는데 그 흰 쥐는 불이 켜져 있는 동안에만 지렛대를 누름으로써 변별자극(辨別刺戟)에 따라 반응을 조절해 나갔다. 이러한 실험을 통하여 조작적 조건형성이란 반응에 대하여 강화를 시켜 줌으로써 그러한 반응이 나타날 확률을 증가시켜 나가는 것임을 알 수 있다.

조작적 조건형성 이론의 핵심은 강화이다. 따라서 학습자에게 학습시키려고 하는 반응(행동)은 보상자극 또는 강화자극을 수반해야 한다. 이렇게 학습되어야 할 행동은 어떤 선택된 강화자극이 뒤따라야 한다는 것이 스키너 강화이론(强化理論)의 특징이다. 실제 학습상황에서 학습자의 바람직한 행동이 일어날 때 과자 · 학용품 · 칭찬 등의 강화자극을 주면 그 행동의 발생빈도가 높아지는 것을 볼 수 있다.

그러나 실제 많은 학습상황에서 강화를 사용하고 있지만, 이 강화의 개념만으로 학습의 전 과정을 만족스럽게 설명할 수는 없다. 스키너는 이러한 학습이론을 수업상황에 적용할 수 있게 발전시킨 프로그램 학습을 고안했다. 여기서는 학습할 어떤 기능이나 정보를 작은 행동단위로 세분하고 계열성을 찾아서 단계별로 학습시킨다. 그 일련의 단편적 행동들은 하나로 통합되어 결국 유연한 하나의 종합적인 행동으로 형성된다. 이 프로그램 학습에서는 학습의 과정을 비교적 명확히 설명해 주고는 있으나 모든 학습과제를 이와 같이 분석할 수 없으며, 또 그것이 가장 효과적인 수업이냐 하는 문제는 아직 남아 있다.

(4) 통찰설

학습현상을 자극과 반응의 결합관계로 보려는 입장과는 달리, 학습은 인지구조(認知構造)의 성립과 그 변용으로 보아야 한다고 주장하면서 인지면을 강조하는 견해가 나타나게 되었다. 인지론자들은 지각이론(知覺理論)에 기초하여 우리가 지각하는 것은 운동 그 자체이며, 그것을 구성하는 요소들의 결합은 아니라고 주장하였다. 이러한 입장에서 학습이론을 체계화한 것이 인지론적 입장이라고 할 수 있다.

이 부류에 속하는 학습이론으로는 통찰설(洞察說) · 장(場)의 이론(理論) · 기호형태설(記號形態說) 등이 있는데 여기에서는 통찰설에 대해 설명하겠다.

통찰설은 쾰러(W. Köhler, 1887 ~ 1967)에 의하여 주창된 학습이론이다. 쾰러는 1913년 26세의 젊은 나이에 아프리카 대륙 서쪽의 테네리프(Tenerife) 섬에 있는 유인원연구소의 소장으로 부임하여, 그곳에서 일련의 실험을 통하여 1917년 유인원(類人猿)의 지각실험 결과를 발표하였다.

이 실험은 흔히 쾰러의 통찰력 실험이라고도 일컬어지는 것으로, 침팬지의 복잡한 문제해결의 과정을 설명하는 실험이었다. 쾰러에 의하면 문제해결은 시행착오를 통하여 이루어지는 것이 아니라 통찰(insight)을 통하여 일어나는 것이다. 즉, 문제해결의 열쇠가 되는 어떤 관계(relationship)를 지각함으로써 비롯된다고 보았던 것이다.

쾰러는 침팬지를 이용하여 여러 가지 실험을 했는데, 그중 하나는 다음과 같다. 방 안의 천장에 침팬지가 뛰어도 닿지 않는 높이에 바나나를 매달아 놓았다. 이 방 안에는 여러 개의 나무상자가 널려 있는데 하나의 상자를 놓고 그 위에 올라가도 바나나에는 닿지 않는다. 그러나 다음 순간 침팬지는 갑자기 알았다는 듯이 상자 두 개를 포개 놓고 그 위에 올라가서 바나나를 따먹었다. 쾰러는 이 학습이 통찰에 의해서 일어났다고 주장했다. 그는 침팬지가 시행착오 행동을 계속하지 않고 가만히 있을 때가 있었다는 사실과, 성공적인 행동을 마치 알고 있었다는 듯이 착오 없이 갑자기 행하였다는 사실이 학습은 시행착오가 아니라 통찰에 의해 일어나는 증거라고 했다. 그의 해석은, 통찰은 내적으로 표상된 사상(事象)들의 종합, 즉 관련성의 파악을 포함한다는 것이다. 학습이란 의도적인 정신활동과 전체적인 구조 파악에서 비롯된다고 보는 통찰설은 학습을 행동의 변화가 아니라 인지구조상의 변화로 설명하려는 것이 특징이다.

형태주의자(形態主義者)들은 이러한 형태의 학습이 인간에게도 일어난다고 주장한다. 그러나 이러한 통찰설은 비판도 받았다. 가장 중요한 비판은 동물과 어린이는 선수학습의 전이로 문제를 푼다는 것이다. 그 침팬지는 상자 두 개를 포갤 수 있었는데, 그것은 그렇게 하는 것을 사전에 학습했기 때문이라는 것이다. 이러한 비판이 가능한 이유는 형태연구의 사례에서 사전학습(事前學習) 요인을 통제하지 못했기 때문이다. 통찰학습 실험에서 선수학습의 영향이 엿보이기는 하지만 통찰설은 관찰된 상황의 구조를 잘 설명해 주는 하나의 이론이다. 물론 모든 학습이 이런 형태로 이루어지느냐 하는 문제는 논의의 여지가 있다. 실제로 어린이들이 덧셈과 곱셈의 관계를 안다든지, 과학의 원리를 찾아내는 것 등은 통찰설로 설명할 수 있으나 동물의 이름이나 식물의 이름, 그리고 동식물의 구조를 아는 것과 같은 것은 통찰을 통한 학습이라고 보기 어렵다. 그러므로 모든 학습사태에서 통찰이 일어난다고 할 수는 없지만 많은 문제해결 학습에서 통찰이 일어나는 것은 틀림없다.

3. 교수·학습의 조건과 원리

1) 교수·학습의 조건

교수·학습효과에 영향을 주는 조건으로는 내적 혹은 외적으로 여러 가지가 있으나 여기에서는 대표적인 몇 가지만 설명하기로 한다.

(1) 학습동기

학습동기(學習動機)는 학습자가 스스로 배우려는 의욕을 가지고 적극적·능동적으로 학습활동을 전개하도록 조건을 형성해 주는 것을 말한다. 동기는 아동·학생이 자발적으로 행동을 하고자 하는 근본 동인(動因)으로서 욕구·희망·긴장·태세·경향·태도·흥미 등 여러 형태가 있으며, 이것들이 개체(個體)로 하여금 행동을 일으키게 하는 중요한 원인이 된다. 학습동기는 아동·학생에 따라 뚜렷한 차이가 있으므로 각자에게 적합한 동기가 연구되어야 한다.

학습동기의 기능은 다음과 같다.

① 학습동기는 학습활동에 활기를 불어넣어 주어 학습활동을 활발하게 전개시킨다.

② 학습동기는 학습에 효과적인 행동을 선택하게 한다.

③ 학습동기는 학습목표를 향해서 개체의 에너지를 집중하도록 한다.

따라서 학습동기를 유발하는 효과적인 방법은 개체와 장소에 따라 달라져야 하는데 주로 사용되는 방법은 다음과 같다.

① 상벌·칭찬·질책에 의한 방법

② 성취감과 좌절감을 이용하는 방법
③ 협동과 경쟁을 이용하는 방법
④ 교수·학습목표나 결과를 알려 주는 방법
⑤ 발견의 기쁨, 해결의 만족, 성공의 희열을 느끼게 하는 방법

이상과 같은 방법을 적절히 이용하여 교수·학습활동에 활기를 불어넣어 주어야 한다. 한 실험연구에 의하면, 남학생은 질책에 대해서 격분하여 매우 큰 학습효과를 올리는 수가 있으나, 여학생에게 있어서 질책은 자아를 위축시켜 오히려 학습효과를 떨어뜨린다는 것이다. 또 다른 실험보고에 의하면 칭찬을 적절히 해주는 것은 효과가 있으나 너무 자주 칭찬만 해주면 오히려 그 효과가 감소된다고 한다. 그러나 일반적으로 학습동기의 내재적 유발방법이 외재적 방법보다 효과적인 것으로 보고 있다.

(2) 준비도

교수·학습을 결정하는 제 2 의 조건은 준비도(準備度)이다. 준비도는 학습자의 심신발달의 정도에 따라 무리 없이 가르쳐야 한다는 개념이다. 준비도의 중요 하위요인으로는 성숙도·생활연령과 정신연령·경험·개인차 등이 있다.

① **성숙도**: 일반적으로 성숙(成熟)이 되어 있지 않은 상태에서 미리 교육시키는 것보다 성숙이 이루어진 다음에 교육시키는 것이 훨씬 효과적이다. 따라서 성숙되지 않은 상태에서 학습을 억지로 시키면 학습자와 교사 모두가 실패감과 좌절감을 경험하는 경우가 많다. 어떤 기능이나 활동은 교육의 영향을 가장 쉽게 받아들이는 시기가 있다. 따라서 이 시기를 잘 포착하여 지도하는 것이 학습을 성공적으로 이끄는 좋은 방법이다.

② **생활연령과 정신연령**: 생활연령(chronological age) 요인은 모든 교육적 기준과 밀접히 관련되어 있다. 예를 들면, 2세아는 할 수 없지만 5세아는 할 수 있다든지, 초등학교 1학년생에게는 무리이지만 중학교 2학년생에게는 용이하다는 것 등이다. 또 같은 학급에 있는 같은 생활연령의 학생이라 할지라도 정신연령(mental age)의 차는 매우 크다고 할 수가 있다. 가령 읽기학습의 준비로서 6세의 정신연령을 주장한다면

이는 학습지도의 조건으로서의 준비도를 구체적으로 예시한 것이라 하겠다.

③ **경험**: 어떤 학습이든지 그것을 학습하기 전에 학습자가 어떤 경험을 하였다는 전제 아래 진행된다. 고등정신기능(高等精神機能)을 필요로 하는 학습과제일수록 그 전에 이러한 학습을 해결할 수 있을 정도의 경험을 요구한다. 1차 방정식을 풀어 본 경험이 없는 학생에게 2차 방정식을 학습시키기는 것은 힘든 일이다.

④ **개인차**: 교수 · 학습조건으로서 준비도를 생각할 때 개개인에 따른 개인차(個人差)를 고려하는 것은 필수적이다. 개인차를 지능차(知能差)로만 생각하고 능력집단을 구성해서 가르치는 경우가 있다. 이것은 개인차 문제를 잘못 다룬 것이다. 개인차란 지능 외에도 선수학습의 유무, 그 성취수준, 신체적 · 사회적 성숙도, 신체적 능력, 정서적 · 성격적 특성, 경험배경 등 다원적인 개념인 것이다. 따라서 개인차의 문제는 일차원적으로 해결하려고 하기보다는 다차원적인 해결을 도모해야 한다.

(3) 전 이

전이(轉移)는 어떤 내용을 학습한 결과가 다른 내용의 학습에 직접 또는 간접으로 영향을 미치는 것을 말한다. 즉, 선수학습이 새로운 지식이나 기술의 획득, 문제해결, 습관이나 태도의 형성에 영향을 주는 것을 학습의 전이라고 한다. 이때 선수학습의 결과가 후속될 학습을 촉진시키는 경우를 적극적(積極的) 전이라고 하고, 반대로 선수학습이 뒤따르는 학습을 방해할 경우를 소극적(消極的) 전이라고 한다. 예를 들면, 수학을 잘하면 물리를 쉽게 이해하는 것은 전자에 속하며, 이미 배운 외국 지명의 표기방법이 바뀌어서 다른 표기방법을 배울 때 곤란을 느끼는 경우는 후자에 속한다. 전이를 가능하게 하는 요인에는 다음과 같은 것이 있다.

선수학습과 후속될 학습이 서로 비슷할 때, 즉 동일한 요소가 있을 때 더 큰 성과를 얻을 수 있다. 또 먼저 배운 학습이 철저하고 완전해야 전이효과(轉移效果)가 크며, 선수학습에서 특히 강조하고 주의한 내용이 후속될 학습에 나올 때 전이가 쉽게 된다. 일반적으로 학습자의 지능이 높을수록 전이효과가 큰 것으로 알려져 있다.

(4) 기 억

기억(記憶)은 좁은 뜻으로는 과거의 경험이나 행동이 현재의 경험이나 행동을 규정(規定)하는 것을 말하지만, 넓은 의미로는 기명·파지·재생·재인의 네 단계를 거쳐서 비로소 기억이 이루어진다. 기억에는 먼저 어떤 인상이나 경험이 마음에 새겨져서 각인(imprint)이 되고, 이것이 일정한 기간 파지(把持)되었다가 얼마 후에 다시 의식으로 나타나는 재생(再生)이 일어난다. 이것이 언제 어디서의 경험인가를 확인하는 재인(再認)을 하게 되는데, 때로는 이러한 과정에서 재생이 되지 않을 수도 있다. 이러한 현상을 망각(忘却)이라고 한다.

기억의 과정을 좀 더 구체적으로 살펴보면 다음과 같다.

① **기명**(signature) : 일정한 교재를 외우는 것으로서 기계적 기명(記銘)과 논리적 기명으로 구별된다. 기계적 기명은 재료를 그대로 기억하여 내용의 논리적 관계에는 주의하지 않는 것을 말한다. 논리적 기명은 기억하고자 하는 사항을 그 이유나 의미에 따라서 종합하고 이것을 기존의 기억체제와 연결시켜 하나의 체계를 만들어 기억하는 것을 말한다.

② **파지**(retention) : 이전의 경험을 보유하는 것으로 파지되었던 내용을 기억표상(記憶表象)이라고 한다.

③ **재생**(reproduction) : 과거의 경험이 의식 속에 재현되는 것으로 무의식적 재생을 회상(回想), 의식적 재생을 상기(想起)라고 한다.

④ **재인**(recognition) : 재생된 내용이나 현실의 경험을 이전에 경험한 일이 있다고 느끼어 인정하는 재인의 감정, 또는 '알고 있다'라는 숙지(熟知)의 감정이 수반된다. 재인은 현재의 경험내용이 기억된 흔적과 연결하여 그것을 이끌어 내는 것이라고 보아 재생보다는 쉽다.

(5) 학습환경

학습환경에는 물리적 환경과 인간적 환경이 있다. 물리적 환경은 학습의욕 내지 학습동기를 자극하는 요인이다. 교실의 통풍·채광·온도·습도·소음 등은 교수·학습활동의 효과를 좌우하는 중요한 요소가 된다. 그 밖에 학습기재나 보조용구, 도서시설 등 물리적 요소가 교수·학습과정에 영향을 준다는 점에서 교수·학습지도의 기본적 조건이 된다.

인간적 환경으로서 교사와 학생의 관계 또는 학생과 학생의 관계는 수업 분위기, 학습 흥미, 학습동기 등을 실질적으로 지배하기 쉬운 요소들이다. 어떤 사람들과 어떠한 인간 관계를 맺고 교수·학습활동이 진행되느냐 하는 것은 교수·학습과정에 큰 영향을 미치게 된다.

인간적 환경 중에서도 교사와의 관계가 중요하다. 그 이유는 아동·학생의 학습동기를 결정적으로 좌우할 수 있기 때문이다. 레빈(K. Lewin, 1890 ~ 1947)의 연구에 의하면 학습의 인간적 환경, 즉 학급 분위기에 따라 그 학급 학생들의 행동양식이 다르게 나타난다고 한다. 하트(F. W. Hart)의 연구에서도 학생들이 좋아하고 싫어하는 교사상에 따라 교수·학습활동의 효과에 큰 차이가 있음을 보여주고 있다.

2) 교수·학습의 원리

(1) 자발성의 원리

자발성(自發性)의 원리(原理)는 교수·학습과정에서 아동중심·학생위주의 교육을 강조하는 원리이다. 이 원리가 적용될 때 교사는 학생 자신의 자발적인 학습활동을 도와주는 보조자의 역할을 하게 된다. 교사가 학생중심으로 학생본위의 교육을 하게 될 때, 학생 자신이 가지고 있는 본래의 소질(素質)이나 특성을 발견하여 이를 최대한으로 키워 줄 수 있다.

자발성이란 인간 내부에서부터 모든 방면으로 자라나려는 능력이나 충동 또는 가능성을 말하는데, 학생이 이것을 어떻게 발휘할 수 있도록 하느냐가 교사의 중요한 임무이다. 이 자발성을 길러 주기 위해서는 모든 학습활동을 학생 자신이 하도록 하고, 교수·학습 방법 면에서는 토의법에 의해 발표력을 기르며, 문제해결법을 통해 문제해결 능력을 신장시켜 주어야 한다. 결국 이 원리는 교사가 기존의 지식이나 기능을 학생에게 주입하고 전달하는 것이 아니라 학생들이 자발적으로 자주적으로 또 주체적으로 활동함으로써 그들이 원래 지니고 있는 무한한 성장 가능성을 계발하여 신장시키는 것이다.

(2) 개별화의 원리

개별화(個別化)의 원리(原理)는 학습의 내용과 진도 등을 학생의 개성과 능력 등에 합치시키려는 원리이다. 사람은 외양이 다르듯이 성격·능력·지능·흥미·경험 등에 있어서도 개인차가 크므로 모든 학생들을 획일적으로 다루어서는 안 된다. 그러므로 교수·학습방법도 학생의 포부수준에 따라 그 정도에 적합한 방법을 모색해야 한다. 특히 오늘날과 같이 학급당 학생수가 많은 교육조건일수록 개인차를 고려하여 학생의 특징과 성장 가능성을 최대한 살리는 교수·학습방법이 개발되어야 한다.

학생들 속에서 개인차를 찾아내기란 어렵고도 괴로운 일이다. 그러나 모든 교사들은 개인차를 사실로서 수용하고 존중하면서 개인차의 발견을 위한 진단과정을 중요시해야 한다. 따라서 학습지도계획을 세울 때나 학습을 전개할 때, 그리고 과제를 부과하고 학습결과를 평가할 때 이 개별화의 원리를 잘 적용함으로써 교수·학습효과를 높일 수 있다.

(3) 사회화의 원리

사회화(社會化)의 원리(原理)는 학교교육을 통하여 학생들을 사회화함으로써 유용한 사회인으로 육성하자는 원리이다. 교육은 개인의 인간형성·인격완성을 목적으로 하는 의도적인 활동인 동시에 그 사회가 요구하는 사회인을 만들어 내는 사회작용의 하나인 것이다. 그러므로 각 개인이 하나의 독립된 인간으로서 그들이 속한 각종 사회에 참가하여 원만한 사회관계를 맺어가면서 개인적으로 보람 있고 사회적으로 유위(有爲)한 일원이 되도록 학습되어야 한다. 더욱이 복잡한 현대사회에서 각자의 생활을 잘 영위해 나갈 수 있는 민주시민을 육성하기 위해서는 개별화의 원리뿐만 아니라 사회화의 원리도 조화 있게 적용되어야 하겠다. 따라서 교수·학습경험은 현실사회의 문제를 기반으로 하여 학교 안에서의 경험과 학교 밖에서의 경험을 서로 교류시켜야 하며, 집단과정(集團過程)을 통한 협동능력과 책임의식에 대한 학습경험도 제공해야 한다.

이런 집단과정을 통한 교수·학습활동이 이루어질 때 서로를 비교하고 승인하며 자극하는 기회가 주어지고, 집단의 공동 문제를 협력하여 해결할 수 있는 민주사회의 구성원다운 자질(資質)을 내면화하게 된다.

(4) 통합성의 원리

통합성(統合性)의 원리(原理)는 전인지향적(全人指向的)인 교육을 하자는 원리이다. 현대 교육은 통합된 인간형성을 목적으로 하므로 교수·학습지도는 학생 개개인을 전체로서의 생활환경에 적응시키고, 학생이 본래 갖고 있는 모든 능력을 조화적으로 발달시키도록 해야 한다.

교수·학습지도에 있어서 통합성의 원리는 교재의 통합과 인격의 통합으로 나누어 생각할 수 있다. 교재의 통합은 교수·학습에 필요한 모든 교재를 학생중심으로 통합시키자는 것이고, 인격의 통합은 개별화로서의 개인학습(個人學習)과 사회화로서의 공동학습(共同學習)에 유의하면서 인지적 영역, 정의적 영역, 심체적 영역을 골고루 발달시켜 지(智)·덕(德)·체(體)·지(知)·정(情)·의(意)의 조화적 균형을 이루자는 것이다.

(5) 목적의 원리

목적(目的)의 원리(原理)는 교육목표를 학생들의 발달단계에 따라 학생중심으로 적합하게 표현해야 한다는 원리이다. 따라서 목적의 원리는 교수·학습경험을 학습할 때 학생 각자가 뚜렷한 목적의식(目的意識)을 갖도록 사전 자극을 주어 학습의욕을 일으키고, 흥미를 가질 수 있도록 해야 함을 강조한다. 교수·학습지도를 훌륭하게 이끌기 위해서 여타의 모든 원리를 적용한다 할지라도 실천하는 학생 자신이 뚜렷한 목적이 없다면 흥미를 느끼지 못함은 물론 자발적이고 활발한 학습이 이루어질 수 없을 것이다.

교사가 설정한 교육목표가 곧바로 학생 자신의 학습목표가 되어 있지 않으면 그것은 학생의 활동과는 무관한 것이 되며, 단순한 외부의 기대에 지나지 않는다. 교수·학습지도의 실제에 있어서 교사는 이것이 학생 자신의 학습목표로 타당한가 타당하지 않은가, 학습의욕이 환기되어 있는가 아닌가에 대해서 확실히 파악해 볼 필요가 있다.

4. 교수·학습의 과정과 형태

1) 교수 · 학습의 과정

교수와 학습은 이론상으로는 그 둘을 분리해서 생각할 수 있으나 실제에 있어서는 하나의 과정으로 상호 밀접한 관련성을 가지고 있다. 교수활동을 분석한 결과가 좋다고 해서 많은 학습이 이루어지고, 나쁘다고 해서 적은 학습이 이루어진다고 말할 수는 없으나, 교수의 목적이 학습촉진인 이상 좋은 교수활동을 하면 많은 학습이 나타난다는 가정(假定) 위에 서 있다. 교수의 목적이 학생들의 행동에 바람직한 변화를 일으키는 것이라고 한다면, 이때 변화는 교수·학습과정을 통하여 일어나는 것이다. 최근에 교수·학습모형으로서 널리 알려진 글레이저(R. Glaser)의 수업모형(授業模型)을 그림으로 나타내면 그림 7-2 와 같다.

글레이저는 교수·학습과정을 하나의 체제(體制)로 파악하고, 그것을 네 개의 구성요소로 구분하고 있다. 그림 7-2 에서 교수·학습의 각 과정 사이의 화살표는 수업의 진행 방향을 나타낸 것이고, 아래의 선은 환류선(還流線)이다. 환류선은 성취도 평가 단계와 앞의 세 단계를 연결시키고 있다. 이 수업모형은 수업목표에서부터 성취도 평가까지 교수·학습과정을 간결하게 보여주고 있다.

그림 7-2
글레이저의 수업모형

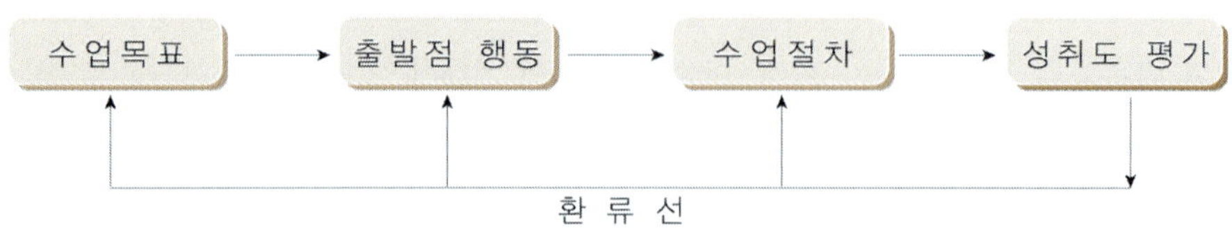

(1) 수업목표

수업목표(授業目標)는 한 시간의 교수·학습 또는 한 단원의 교수·학습이 끝났을 때 학생들에게 기대되는 성취에 대한 진술이다. 즉, 수업목표는 기대되는 성취도를 구체적이고 명확하게 기술한 것이다. 따라서 수업목표는 가능한 한 구체적이고 성취적(成就的)인 용어로 진술되어야 한다. 즉, 수업이 끝난 후 학생들이 수업목표의 달성 정도를 행동으로 나타냄으로써 제3자가 이를 관찰할 수 있을 정도로 구체적인 용어로 표시되어야 한다. 그래야만 학생들이 목표에 몇 퍼센트(%)나 도달하였는지를 알 수 있기 때문이다.

수업목표를 이와 같이 구체적인 성취적 개념으로 표시하기 때문에, 종래의 수업목표로 자주 사용되었던 '이해한다', '파악한다', '뜻을 안다' 등과 같은 용어는 사용하지 않고, '말할 수 있다', '풀 수 있다', '만들 수 있다' 등의 행동적(行動的)인 용어를 사용한다. 왜냐하면 전자와 같은 수업목표는 사람에 따라서 성취내용이나 수준에서 여러 가지로 해석될 수 있기 때문이다. 예를 들면, '수학을 이해한다'라는 수업목표보다는 '덧셈을 할 수 있다'든가 '미적분을 풀 수 있다'는 목표가 훨씬 더 구체적이고 명확하다는 것이다.

수업목표를 구체적이고도 명확하게 진술하는 것은 시간이 많이 걸리고 어려운 일이다. 그러나 구체적이고 명확하게 잘 서술된 수업목표는 여러 가지로 유용하다. 이러한 수업목표는 교사의 교수목표로 또 학생의 학습목표로 수업계획에서 중요한 지침이 될 뿐만 아니라 성취도 평가의 기준도 된다. 그러나 수업목표에 따라서는 이렇게 진술할 수 없을 뿐만 아니라 진술해서도 안되는 목표들이 있다. 인간의 태도 · 가치관 · 신념체제 등과 같은 정의적(情意的) 영역의 목표가 이에 해당한다. 교과로는 도덕과와 예능과에 이러한 목표가 많은데 이러한 경우는 수업목표를 포괄적인 용어로 진술하도록 한다.

(2) 출발점 행동

출발점(出發點) 행동은 학생이 새로운 도착점 행동을 획득할 수 있기 전에 이미 획득되어진 행동을 말한다. 즉, 특정 학습에 돌입하기 위하여 갖추어져 있어야 할 선수학습을 의미한다. 이 출발점 행동의 단계에서는 선수학습을 진단하고 결함이 발견되면, 이를 보충하여 선수학습을 갖추어 주는 일을 한다.

흔히 학습단원은 일정한 정도의 선수학습을 전제로 하여 전개된다. 따라서 전제된 선수학습이 불충분한 학생은 새 단원의 출발점에서부터 이미 상당한 학습결함을 지닌 채 수업에 임하게 된다. 그는 바로 과거의 학습결손(學習缺損)으로 말미암아 앞으로의 교수 · 학습과정에서 학습곤란을 겪게 될 가능성이 많은 학생이다. 따라서 교수 · 학습계획으로

한 단원의 학습에 전제되어야 할 학습요소들을 밝히고, 학습결함을 가진 학생에게는 그것을 보충할 수 있는 학습경험의 계획이 마련되어야 한다.

이와 같은 목적을 위해서 학습단원이 시작되기 전에 그 단원의 학습에 전제되어야 할 학습요소로 짜여진 기초학력 진단검사(診斷檢査)가 선수학습 결함의 정도를 알기 위해서 실시된다. 실시결과 선수학습에서 결함을 가진 학생은 이를 보충할 수 있는 교수·학습 계획이 짜여져야 한다. 학습결함을 보완하기 위한 가장 좋은 방법은 교사에 의한 보충지도이다. 선수학습에서 결함을 지닌 학생만을 따로 모아 아침 자습시간이나 방과 후의 특별시간을 마련하여, 새로운 단원을 학습하는 데 꼭 알고 있어야 할 기본적인 선수학습의 내용을 직접 지도함으로써 학습의 출발점을 다른 학생들과 동일하게 한다. 만일 교사에 의한 직접지도가 어려울 때는 개별학습이 가능한 기초학력 보충자료를 배부하고, 새로운 단원에 들어가기 전에 가정학습으로서 이를 실시하도록 한다.

(3) 수업절차

수업절차(授業節次)에는 수업목표 달성을 위한 교수·학습의 계획과 전개가 포함된다. 수업목표 달성을 위한 교수·학습의 계획으로서 수업활동, 집단조직, 시청각매체의 활용 등을 들 수 있다.

이 수업절차 단계는 교수·학습과정 중에서 가장 중심적인 단계로서 교사는 자신이 수립한 교수·학습계획에 따라 수업을 전개해 나간다. 이 단계를 중심적이라고 하는 이유는 실질적으로 학교수업시간의 약 90% 이상이 이 단계의 활동을 위해서 배정되고 사용되기 때문이다.

교수·학습의 전개과정을 제시하면 다음과 같다.

① 교수·학습활동이 시작되면 학습과제와 관련된 사물 또는 자료를 보여준다든지 질문을 해서 지적 호기심을 불러일으켜 주의를 환기시키고, 학습목표를 제시하여 달성한 후의 능력 혹은 지식에 대한 기대감을 심어 주어 동기를 유발시킨다.

② 교사의 지시나 질문으로 선수학습, 즉 학습하려는 개념이나 원리 또는 지식의 구성요소들을 상기시키는 동시에 학습내용을 적절한 자극 형태로 잘 조직하여 제시한다. 이때 학습내용의 중요 부분은 글자체를 달리한다든지 밑줄 또는 색깔을 넣는

것이 선택적 지각에 도움이 된다. 그리고 그림 · 도표 · 도식을 사용하는 것이 지각과 기억에 효과적이다.

③ 질문을 하고 단서(端緖)나 힌트를 주어서 아동 · 학생들이 스스로 추리하고 탐구하여 해답을 발견하도록 지도한다. 교사가 해답을 말해 주는 것이 아니라 학생 자신이 학습할 능력을 발휘할 수 있도록 발견방법을 가르쳐 주고 사고(思考)의 방향을 제시한다.

④ 학생들이 학습한 것을 표현해 보도록 예를 들게 하거나 질문이나 단서를 준다. 파지(把持)를 높이기 위해서 반복하여 연습시킬 필요가 있다. 학습자료를 유목 · 도표 · 그래프 · 도식 등으로 조직해 주는 것도 파지를 돕는 좋은 방법이다. 그리고 전이(轉移)를 증진시키기 위해서 다양한 과제나 생소한 상황에서 학습한 것을 적용하게 한다.

⑤ 수업목표의 행동이 일어날 수 있는 상황을 마련하거나 질문을 통해서 학생들로 하여금 목표달성 여부를 확인하게 한다. 이것이 형성평가이다. 형성평가 결과를 환류(feedback)해 주고 목표를 달성하지 못한 아동 · 학생들은 집단 또는 개별적으로 보충지도해서 수업목표에 도달하게 한다.

(4) 성취도 평가

평가는 배치평가 · 형성평가 · 진단평가 · 총합평가로 구분할 수 있다. 출발점 행동을 평가하는 배치평가, 수업이 진행되는 동안 학생의 학습진도를 평가하는 형성평가, 수업이 진행되는 동안 학생의 학습장애를 진단하고 분석하는 진단평가, 글레이저 수업모형의 마지막 단계에 가서 학생의 성취도(成就度)를 평가하는 총합평가(總合評價)가 있다. 교육평가에 대해서는 제 9 장 '교육평가'에서 상세히 다루기로 하고, 여기서는 총합평가에 대해서만 간략히 기술한다.

총합평가는 아동 · 학생들의 수업목표 달성 정도를 최종적으로 검토하여 성적을 산출하기 위해서 실시되는 평가로서 대단원의 수업이 종결되거나 또는 학기 말과 같은 시기에 실시하는 것을 원칙으로 한다. 이 총합평가를 위한 고사는 그동안에 교수 · 학습한 내용을 총망라한 것이라야 하며, 설정된 수업목표 도달을 기준으로 하는 절대평가(준거참조평가) 방식이 되어야 한다. 이 총합평가는 교수 · 학습계획의 성패 또는 그 효과를 밝히기 위한 평가이기도 하다. 총합평가의 결과는 통계적으로 처리되고 기록되며, 학생 및 학부모에게 알릴 뿐만 아니라 그동안의 교수 · 학습과정에 대한 반성과 함께 다음 교수 · 학습계획에 참고도 된다.

2) 교수 · 학습의 형태

(1) 설명적 교수

설명적(說明的) 교수는 그 용어가 시사하듯이 우수한 교사의 명석한 설명과 제시방식 여하에 따라서는 학생들이 여러 가지 수준의 지적(知的) 학습을 할 수 있다는 전제하에서 취해지는 교수방법이다.

오즈벨(D. P. Ausubel)은 설명적 교수를 기계적 학습(rote learning)이나 공허한 어구(verbalism) 학습과 구별하면서 이것을 의미수용적(意味受容的) 학습이라고 하였다. 기계적 학습은 사전에 관련지식도 없이 단편적인 정보와 지식을 기계적으로 암기하는 학습이지만, 설명적 교수는 정보를 명료하고 의미가 확실하게 부각되도록 최종 형태로 조직하여 제시하는 유의미학습(meaningful learning)이라는 것이다.

다시 말하면, 의미수용적 학습은 의미가 있는 정보와 지식을 수용함으로써 학습하는 것을 말한다. 이 의미수용은 언어라는 매개에 의존하게 된다. 설명적 교수는 학생들이 구체적인 실험적 경험이나 직관적 형태의 경험을 거치지 않고도 높은 수준의 이해와 일반화(一般化)에 이르도록 하여 준다.

적절한 설명적 교수를 통해서 학생들은 일반성 · 명료성 · 정밀성 등에 있어서 직관적 수준보다 질적으로 월등한 추상적 이해수준에 도달할 수 있다고 보는 것이다. 이런 관점에서 오즈벨은 브루너의 발견학습을 무의미한 것이라고 비판하였다.

오즈벨에 의하면 학생의 발달단계가 인지적 단계에 놓여 있을 때(초등학교 시기)에는 구체적인 경험이 중요시되고 직관적 이해를 위한 발견학습이 중시될 수 있으나 중학교 단계 이후에 가서는 의미수용적 학습이 가장 많이 이루어진다고 한다. 또 이 시기의 인지구조(認知構造)는 의미 있는 이해를 위해서 반드시 구체적인 경험에 의존하지 않아도 될 만큼 발달되어 있다고 강조하고 있다. 따라서 중등 및 고등교육은 보다 추상적인 언어적 이해에 바탕을 둔 교육이어야 하며 그것은 의미수용적 학습에 의해서 가능하다고 주장한다.

오즈벨이 발견학습을 비판하면서 보다 교훈적인 교수과정을 주장하는 데에는 몇 가지 이유가 있다. 발견학습은 시간적 · 경제적인 면, 그리고 학생의 이익 면에서 크게 비능률적이다. 사실, 브루너식의 발견학습은 시간이 많이 걸림은 물론 학생들이 발견학습을 할 수 있는 능력이 거의 없다는 것이다. 또 발견학습이 필요하다고 보는 과제일지라도 설명적 교수방법으로 정보를 제공해 주면 곧잘 만족스런 정도로 숙달되고 빨리 학습된다고 주장하였다.

이러한 오즈벨의 주장에 가세하여 캐롤(J. B. Carroll)은 설명적 교수가 발견학습보다 능률적이며, 특히 적절한 실습을 병행시킨다면 주요 개념(概念)이나 원리(原理)의 학습에 대단히 성공적일 수 있다고 주장했다. 그리고 설명적 교수를 통해서 학생들은 한 교과 혹은 학문분야의 조직적인 견해를 접할 최선의 기회를 가지게 된다는 것이다. 왜냐하면 미숙한 학생보다 성숙한 교사의 내용조직이 보다 월등한 것이 될 수 있기 때문이다. 한편, 발견학습에서는 교사들이 발견을 위한 기술을 가르치는 데 급급한 나머지 교과의 기본적 원리를 학생들에게 이해시키는 일에 소홀하게 될 수도 있다는 것이다.

(2) 발견학습

발견학습(發見學習)은 교사의 지도를 최소로 제한하거나 혹은 전혀 교사의 지도 없이 학생이 독자적으로 학습목표를 달성하도록 하는 교수 · 학습방법을 말한다. 앞서 설명한 설명적 교수에서는 교사의 지도와 설명이 비교적 많은 비중을 차지하는 데 비해 발견학습은 학생의 자발적 학습에 더 많은 비중을 둔다.

따라서 발견학습은 학습자료를 최종 형태로 주지 않고 학생 자신이 그 자료를 조직하도록 요구한다. 이것은 자료의 정보들 간에 있는 관련성을 학생들로 하여금 발견하게 하려는 것이다. 교수 · 학습방법으로서 발견학습의 가장 중요한 특징은 다른 어느 교수 · 학습방법보다도 교사의 도움이 적다는 점이다. 발견학습은 학생이 교사로부터 제한된 도움을 받거나 전혀 도움 없이 학습목표를 달성하는 교수 · 학습형태이다. 위트록(M. C. Wittrock)은 교사가 마련하는 학습 안내의 양을 분류하는 틀을 제시했는데, 그것은 ① 교사가 원리와 해답을 모두 주는 것, ② 교사가 원리만 주고 해답을 주지 않는 것, ③ 교사가 원리를 주지 않고 해답만 주는 것, ④ 교사가 원리도 해답도 주지 않는 것이었다. 여기서 교사가 원리와 해답을 모두 주는 것이 설명적 교수이고, 교사가 원리나 해답 중 어느 하나를 주는 상황이 도움 있는 발견이며, 원리도 해답도 주지 않는 상황은 도움 없는 발견이다. 도움 있는 발견과 도움 없는 발견, 이 두 경우가 모두 발견학습이라고 할 수 있다. 발견학습은 특히 학문중심(學問中心) 교육과정에서 강조되고 있으며, 기본개념이나 일반원리는 학생들이 스스로 깨닫게 되어야 하고 그러한 탐구과정에서 학습될 탐구능력과 태도를 중요시한다.

브루너는 발견학습의 장점 네 가지를 제시하고 있다. 그중 두 가지는 파지(把持)와 전이(轉移)의 효과가 높다는 것이고, 나머지 두 가지 장점은 문제해결과 동기유발에 관한 것이다.

발견학습의 장점에 대해서 깊은 신념을 가지고 있는 서치먼(J. R. Suchman)은 발견학습과 관련하여 새로운 교육학적 모색의 필요를 강조하고 있다. 그는 오늘날의 교육현실은 학생들의 자율적이고 경험적인 탐구의 기회를 너무나 제한하고 있다고 비난하면서 사고력 함양을 위한 새로운 교육목표의 정립과 교수·학습방법이 고안되어야 한다고 주장한다. 이러한 새로운 교수·학습방법은 여러 번의 탐색·조작·탐구활동의 기회를 제공해 주는 것이어야 하고, 학생들은 자율적 발견을 위한 최대한의 기회를 가져야 한다. 즉, 학생들은 그들의 학습에 있어서 보다 적극적이고 능동적인 역할을 하게 되어야 한다는 것이다. 탐구과정에서 얻는 보상(報償)은 성공이어야 할 것이며, 교사는 학생들에게 문제를 제시해 주되 학생들이 발견의 기쁨을 맛볼 수 있도록 구조화하여 제시하도록 노력해야 한다. 발견행위는 그 자체가 즐겁기 때문에 많은 성공적인 발견경험은 학생들로 하여금 알기 위해 스스로 학습하기를 원하도록 만들 수 있다.

발견학습은 기본개념이나 일반원리를 의미 있게 이해하는 데 도움이 되고, 탐구정신과 탐구기능을 학습하는 데도 도움이 된다. 더구나 현대인들이 갈구하는 본질적인 인간가치인 자기발견이나 자아실현과 일치된다는 점에서 특히 중요시되었다. 사실상 발견학습을 정당화(正當化)시키는 중요한 가정의 하나는 인간을 근본적으로 탐구하는 존재로 본다는 점이다.

그러나 발견학습이 지니는 잠재적 교육가치에도 불구하고 실제 학교상황에서 많이 활용되지 못하고 있다는 것은 현실적인 문제가 많음을 시사하고 있다. 발견학습에 대한 비판도 적지 않다. 오즈벨은 발견학습도 그 나름의 장점을 지니고 있으나 그 적용과 효과에 대한 기대가 적정수준을 넘어서 독단으로 흐르고 있다고 비판하였다. 즉, 발견학습으로는 성취되기 힘든 교육목표에 그 방법을 적용시키려 한다든지, 지적 성숙도나 지적 기능의 수준을 고려하지 않고 발견학습을 일반화된 방법으로 사용하려고 하는 것은 아동과 교육목적에 대한 감상적 공상(空想)에서 오는 오류라고 지적하고 있다.

(3) 프로그램 학습

프로그램 학습(programmed learning)은 특별한 형태로 짜여진 교재에 의해서 학습자료를 제시하고, 학생에게 개별학습(個別學習)을 시켜서 특정한 학습목표까지 무리 없이 확실하게 도달시키기 위한 학습방법이다.

여기서 프로그램이란 궁극적인 학습목표에 도달하도록 세분화되고 계열화해 놓은 일련의 목표들을 순차적으로 학습하기 위해 필요한 문제(대부분의 경우 설명문이나 기호)의 계열을 말한다.

프로그램 학습은 일제수업(一齊授業)에 대한 비판에서 출발하였기 때문에 개별학습의 형태로서는 가장 대표적인 방법이라고 할 수 있다.

프로그램 학습의 특징을 들면 다음과 같다.

① 학생에게 자극을 주고 반응을 불러일으키며, 그 반응에 의한 강화(强化)의 횟수를 늘림으로써 학습의 효과를 높인다.

② 학습의 내용은 학습이 효과적으로 진행될 수 있도록 단계적으로 조직된다.

③ 학생은 제시된 내용에 대하여 적극적인 반응을 나타내게 되며, 그의 반응이 옳은지 그른지에 대하여 즉시 알게 된다.

④ 학생은 학습의 내용을 작은 단계(small step)로 익혀 가면서 자기의 학습능력에 맞는 문제부터 손을 대기 시작하여 점차 높은 학습목표로 옮겨 간다.

프로그램 학습에 대한 최초의 연구는 1920년대에 프레시(S. L. Pressey)에 의하여 이루어졌으나 1954년에 스키너에 의해서 다시 개발되었다. 프로그램 학습은 학생이 적극적으로 열중할 때, 즉 자기가 하고자 해서 학습할 때 학습효과가 가장 좋고 학습의 결과에 대한 보상이 즉각적으로 주어졌을 때 효과가 가장 크게 나타난다는 것이다.

프로그램 학습의 유형에는 직선형(linear type) 프로그램, 분지형(branching type) 프로그램, 부첨형(adjunct type) 프로그램 등 세 가지 형태가 있다.

직선형(直線形) 프로그램은 스키너의 조작적(操作的) 조건반사설에 기초를 둔 것이다. 이 프로그램은 모든 학생들이 같은 내용을 같은 순서로 읽어 나가면서 학습하게 되어 있는데 개인의 학습속도에 따라 빠르게 학습해 나갈 수도 있고 느리게 할 수도 있다. 이것이 스키너 프로그램 학습의 중요한 특성의 하나이다. 이 프로그램 학습은 학생이 정답반응을 할 수 있도록 자료를 조직한 것으로 정답반응을 하면 환류(feedback)를 해주어 강화가 일어나게 한다. 학생의 반응은 작동이고, 자신의 답이 맞았다는 것을 아는 것은 강화자극(强化刺戟)이다.

직선형 프로그램은 모든 학생들이 거의 다 정답을 맞힐 수 있도록 특별히 만들어졌다. 이 프로그램 학습은 작은 단계로 나누어져 있고, 각 단계는 적은 양의 정보를 주어서 쉽게 기억할 수 있도록 되어 있다. 이런 작은 단계들이 논리적 순서대로 엮어져서 하나의 긴 프로그램을 이루며, 학생들은 작은 단계마다 읽고 대답하게 된다. 그리고 프로그램의 각 단계마다 정답을 맞힐 수 있도록 설명과 힌트를 준다. 직선형 프로그램의 특징은 정답 확인을 즉각적으로 하게 되어 있다는 점이다. 그래서 한 단계의 정답을 다음 단계의 앞에 준다. 이런 직선형 프로그램 단계들의 예를 들면 다음과 같다.

	1. 동물 훈련에서는 흔히 보상(報償)을 준다. 배고픈 동물에 대한 보상은 먹이를 주는 것이고, 목마른 동물에 대한 보상은 ____을 주는 것이다.
물	2. 보통 보상을 주는 것을 강화(强化)라고 한다. 따라서 동물에 보상으로 물을 준다는 것은 물로 ______한다는 말과 같다.
강화	3.

분지형(分枝型) 프로그램은 하나의 주어진 학습과제의 내용을 작은 분절로 구조화하여 단계적으로 학습할 수 있도록 함으로써, 누구나 학습목표에 쉽게 도달할 수 있도록 제작한 개별학습의 한 형태이다. 1926년 프레시에 의해 처음 고안된 교수설계가 출발점이 되어 발전된 수업형태이다. 분지형 프로그램도 기본적으로 강화이론에 바탕을 둔 수업방식이다. 프로그램 수업이 가지는 특징은 첫째, 아동의 적극적 반응을 유도하며, 둘째, 아동이 보인 반응에 대해 즉각적으로 환류해 주며, 셋째, 아동이 각자 자기 속도에 맞추어 학습할 수 있도록 작은 단계들로 구성되어 있다는 점이다. 프로그램 수업이 성공하려면 무엇보다도 프로그램 작성상의 질(質)에 달려 있는데, 이를 위해서는 교과전문가, 교육과정 전문가, 수업전문가, 교육공학 전문가, 관련 교사 등의 협동적인 참여가 요청된다. 프로그램 수업은 학교교사 없이 학생이 자율적으로 학습할 수 있도록 할 수도 있으나, 교사의 지도하에 보충 또는 심화자료로 이용되는 것이 효과적이다.

부첨형(附添型) 프로그램은 교과서와 프로그램 수업을 연결해 주는 프로그램이다. 이 프로그램의 목적은 좋은 교과서로 수업을 효율적으로 운영할 수 있도록 하는 데 있다. 제작상의 특징으로는 교과서와 관련시켜 프로그램된 자료나 검사문항 등을 별도로 만들어 붙이거나, 교과서의 일부분을 떼내어 프로그램 속에 포함시키는 것을 지적할 수 있다. 직선형이나 분지형과 다른 점은 문제에 대한 답이 정오(正誤)를 즉각적으로 확인할 수 없다는 점이다. 그래서 자기가 제시한 답이 의심스러우면 제시된 정보를 다시 읽고 자기 스스로 확인해 볼 수밖에 없도록 되어 있다. 좋은 교과서가 있는 경우에는 이 프로그램의 활용이 권고될 수 있다.

제 8 장 교육공학

1. 교육공학의 성격

1) 교육공학의 정의

교육공학은 어떻게 하면 교육을 보다 효율적으로 할 수 있는가를 탐구하는 학문이다. 교육은 교육의 과정을 통해서 이루어진다. 교육목표를 설정하고 설정된 교육목표를 달성하기 위해 교육내용을 선정하여 조직하고 나면 실제 지도단계인 교수·학습 과정으로 들어가게 된다. 교수·학습 과정은 교사가 가르치고 학생이 배우는 과정이다. 따라서 교수·학습 과정은 교육의 과정 중에서 가장 핵심부를 이루고 있다. 교육목표의 설정, 교육내용의 선정 및 조직, 교육매체, 교사의 자질 등은 모두 교수·학습 과정에 투입되면서 보다 나은 학습 결과를 성취하기 위해 설계, 수정, 보완된다. 이러한 일련의 활동을 위한 이론과 원리를 제공하는 분야가 바로 교육공학이다.

이러한 교육공학에 대한 정의는 여러 학자들에 의해 수차례 제시된 적이 있다. 그중에서도 교육공학의 역사에서 큰 의미를 가지는 것으로 생각되는 몇 가지 정의가 나왔다. 1963년 미국교육공학회의 전신인 시청각교육국이 현재의 교육공학의 기틀을 잡는 데 중요한 기여를 한 공식적인 정의를 내렸다. 이 정의에 의하면 교육공학은 "학습과정을 통제하는 메시지의 고안과 활용에 주로 관여하는 교육 이론과 실제의 한 분야"라고 규정하고, 특히 "시청각 커뮤니케이션의 실제적 목적은 학습자의 잠재력을 최대한 개발시키는 데 도움이 되는 모든 커뮤니케이션 매체와 방법을 효율적으로 활용하는 것"임을 강조하였다. 이 정의는 교육공학 분야의 권위 있는 기관에 의해 발표된 최초의 공식 정의로 알려졌다.

이후 교육공학 분야의 전문가 사이에서 체제적 접근과 분석의 중요성에 대한 공감대가 형성되어 가자, 미국교육공학회는 다시 이러한 움직임을 반영한 새로운 정의를 발표하게 된다. 1977년에 발표된 정의에 의하면 "교육공학(educational technology)은 인간 학습의 전반에 관련된 문제를 분석하고, 그에 대한 해결책을 고안하여 실행하고 평가하며 관리하기 위하여 사람, 절차, 아이디어, 기자재 및 조직을 포함하는 복합적이고 통합적인 과정"

이라고 했다. 이 정의에 나타난 특징을 봉미미 교수는 다음과 같이 요약하였다. 문제분석에서 해결책 적용에 이르는 체계적 설계과정을 강조하였고, 교육공학을 하나의 이론, 분야, 그리고 전문직으로 인정하였으며, 인간 학습과 관련된 모든 문제의 해결을 교육공학의 책무로 간주하였다.

미국교육공학회는 1994년 교육공학과 교수공학을 동일시하면서 교육공학에 대한 새로운 정의를 내린다. 이 정의에서는 교육공학이라는 용어 대신 교수공학을 사용함으로써 교육공학과 교수공학이 궁극적으로 동일한 탐구대상을 지칭한다는 것을 보여 주고 있다. 현재 교육공학자들 간에 통용되는 대표적인 정의라고 할 수 있는 이 정의에 의하면 "교수공학(instructional technology)은 학습을 위한 과정과 자원의 설계, 개발, 활용, 관리 및 평가에 관한 이론과 실제"이다. 이 정의를 박인우 교수는 크게 네 부분으로 나누어 다음과 같이 설명하고 있다.

첫째, 교육공학은 "학습을 위한" 것으로 학습에 영향을 주고 학습이 이루어지도록 하는데 목적이 있음을 밝히고 있다. 이렇게 학습에 목적이 있음을 구체적으로 밝히고 있는 이유는 교육공학의 주요 관점이 교사의 활동이 중심이 되는 수업 또는 교수에서 학습으로 이행(移行)된 이론적 및 시대적 배경 때문이다.

둘째, 교육공학은 "과정과 자원"을 모두 포함하고 있다. 과정은 특정한 결과를 향한 일련의 운영 또는 활동을 의미하며, 구체적으로 설계와 전달의 과정을 의미한다. 이것은 교육공학이 산물(產物)만을 의미하는 것에서 벗어나 과정까지 포괄함을 의미한다. 과정이 포함됨에 따라 교육공학은 교수·학습의 설계 및 전달, 그리고 총체적인 환경에 대한 연구가 되었다.

셋째, 이 정의에서 교육공학의 영역을 "설계, 개발, 활용, 관리 및 평가"로 규정하고 있다. 역사적으로 교육공학은 수업실시에서의 활용으로부터 출발하여 관리, 그리고 설계와 개발 및 평가 등으로 그 영향이 확장되었다. 교육문제를 해결하기 위해서는 교수·학습의 전 과정에 대한 탐구가 이루어져야 하기 때문이다.

마지막으로, 교육공학은 타 학문에서 정립된 이론을 실제에 적용하는 것뿐만 아니라 자체적으로도 이론을 생성한다는 점에서 "이론과 실제"를 모두 포함하고 있다. 이 점은 교육학의 하위 학문으로 분류되는 교육공학뿐만 아니라 교육심리학이나 교육행정학도 마찬가지다.

2) 교육공학의 발전과정

봉미미 교수는 교육공학의 발전과정을 크게 교수매체 분야와 교수설계 분야로 구분하여 그 각각을 약 10년 주기로 나누어 설명하였다. 박인우 교수는 교육공학의 형성과정을 그 분야를 통합해서 아래와 같이 서술하였다.

교육공학은 대체적으로 1920년대 시각교육운동에서부터 시작된 것으로 본다. 이 시기의 교육공학은 다양한 시각자료의 효과적인 활용이 주요 내용이었다. 물론, 시각자료는 수업의 보조물이었으며, 이러한 자료를 활용하는 것 이외에 설계, 개발, 관리 등과 같은 활동에는 거의 관심을 두지 않았다. 한편으로 이 시기에는 개별학습에 대한 관심이 많이 있었고 이는 교육공학의 발전에 크게 영향을 끼쳤지만 주요 흐름으로 보기는 힘들다. 이 시각교육은 1930년대 유성(有聲) 매체들이 개발됨에 따라 청각적인 요소가 첨가된 시청각교육으로 변화되었으나 개념상으로는 거의 변화가 없었다. 즉, 시청각교육 자료도 이전의 시각교육에서처럼 그 사실성 정도에 따라 학습에서 활용되었다.

교육공학의 첫 번째 패러다임적 전환은 1950년대 통신이론과 체제이론이 도입되면서 이루어졌다. 통신이론은 송신자로부터 수신자에게 매체를 통해 메시지가 전달되는 과정에서 산물인 매체보다 전달되는 과정을 강조함으로써 교육공학의 이론적 체제를 변혁시켰다. 따라서 이전의 시청각교육 패러다임에서 매체에만 집중하던 관점이 학습이 이루어지는 과정으로 확대되었다. 또 체제이론은 공통된 목적을 달성하기 위해 각 요소들이 유기적으로 관련된 체제개념을 중심으로 하는 이론이었다. 이 체제이론은 수업도 특정 목적을 위한 구성요소들의 결합이며 이 구성요소들의 통합에 따라 그 효과가 달라진다는 새로운 관점을 갖도록 하였다.

이상의 두 가지 새로운 관점의 도입으로 교육공학은 새로운 패러다임, 즉 통신이론과 초기 체제이론이 통합된 시청각통신으로 이행하게 된다. 시청각통신은 교수·학습 과정을 통신의 과정으로 보고 이를 위한 메시지의 설계 및 활용을 위한 교수체제의 설계, 개발, 관리 등을 의미하였다.

교육공학의 발전에서 두 번째 큰 변화는 1960년대 행동주의의 영향과 체제이론의 발전에 따른 교수설계가 학문의 핵심적인 영역이 되는 1970년대라고 볼 수 있다. 이 시기에 교수설계는 이전의 교육공학이 산물에 치중하던 것으로부터 교수과정 전체에 대한 설계의 과정을 중요시하였다. 이 패러다임의 변화는 1972년 미국교육공학회의 정의에서 교육공학은 "광범위한 학습자원을 체제적으로 파악, 개발, 조직, 활용하고 이러한 과제들을 관리함으로써 인간의 학습을 용이하게 하는 것과 관련된 분야"라고 지적한 것에 잘 나타나 있다. 그 후에도 교수설계 또는 교수개발에 대한 강조는 1980년대에 수많은 교수설계 모형이 출현하는 토대가 되었다.

1990년대에 들어서도 교육공학은 여전히 새로운 이론 또는 매체의 출현에 따라 새 모습으로 변화하여 왔다. 이 중에서 컴퓨터 공학의 발전과 구성주의(構成主義)의 영향은 가장 특기할 만하다. 우선, 1980년대 초에 개인용 컴퓨터의 보급과 함께 교육에 큰 영향을 끼치기 시작한 컴퓨터는 1980년대 말 멀티미디어 기술의 발전과 1990년대 인터넷의 활성화로 가상교육과 같은 새로운 형태의 교육을 가능케 하였다.

이와 더불어 1980년대 말부터 모든 학습은 학습자의 맥락에 따른 능동적인 구성의 과정으로 보는 구성주의가 교육공학에 도입되었다. 이전의 행동주의 또는 객관주의에 근거한 교수설계이론의 근본적인 가정이 무너졌다. 구성주의를 지지하는 교육공학자들은 행동주의에 기반을 두고 개발된 교수설계 모형이 구성주의 학습을 실현하는 데 적합하지 않음을 지적하고 새로운 교육에 대한 가정을 바탕으로 교수설계이론을 제시하였다. 향후 구성주의와 컴퓨터공학의 발전은 교육공학에 새 모습으로 변화하는 데 크게 기여할 것이다.

3) 교육공학의 연구 영역

앞에서 언급한 미국교육공학회의 정의에 따르면, 교육공학의 하위 연구 영역은 크게 설계, 개발, 활용, 관리 및 평가의 다섯 가지 영역으로 구분할 수 있다. 이 다섯 영역을 통해 교육공학 분야의 다양성을 확인할 수 있다. 다음 **그림 8-1** 에서 볼 수 있는 바와 같이 교육공학의 다섯 가지 영역들 사이의 관계는 유기적이고 상보적임을 알 수 있다.

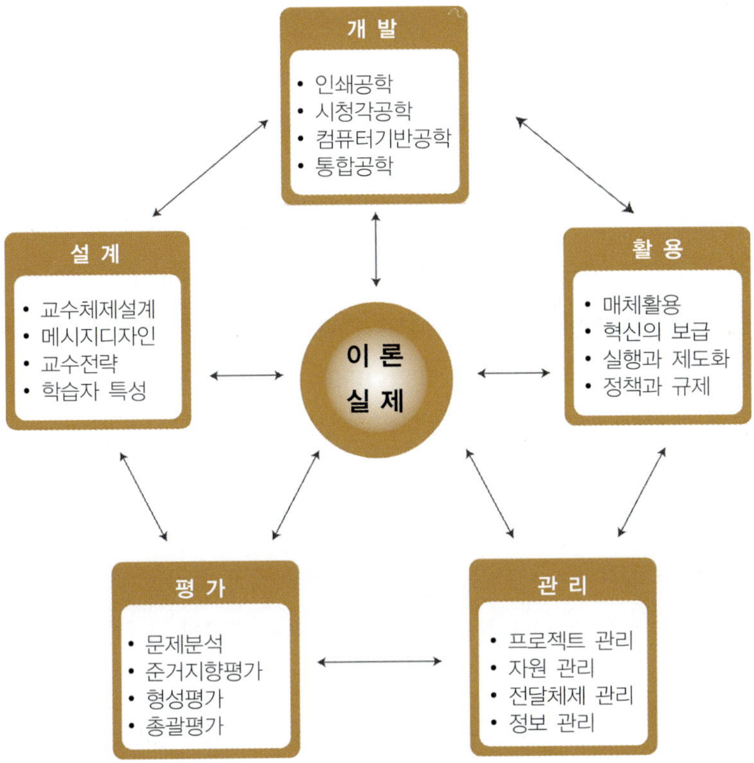

그림 8-1
교육공학의 영역

(1) 설계 영역

다섯 기본 영역 가운데 교육공학의 이론적 발전과 가장 밀접한 관련이 있는 영역이 설계(design) 영역이다. 설계의 본질은 현재의 상황을 가장 바람직한 것으로 변화시키려는 의도로 일련의 행위를 고안(考案)하는 것이다. 따라서 교육공학에서 설계는 특정 교육문제를 해결하기 위해 다양한 처방적 활동을 고안하는 것이 된다. 설계는 개발이나 활용 영역과는 달리 순수한 계획 기능에 초점을 둔다. 미시적(micro) 수준에서 이루어지는 설계로는 수업설계, 모듈설계 등이 있으며, 거시적(macro) 수준에서 이루어지는 설계로는 프로그램 설계, 교육과정 설계 등이 있다. 설계 영역의 하위 영역으로는 교수체제 설계, 메시지 디자인, 교수전략, 학습자 특성이 있다.

(2) 개발 영역

다음으로, 개발(development) 영역은 설계 영역에서 명세화된 내역을 실제 교수자료의 형태로 만들어 내는 것과 관련된 영역이다. 하위 영역들의 명칭이 시사하듯이 공학과 기술의 발전에 크게 좌우되는 영역으로 매체의 제작에 관심을 두고 있다. 개발 영역에서의 산출물은 단순히 교수매체뿐만 아니라 그 매체에 활용되는 소프트웨어 및 활용방법까지 포함된 것이기 때문에 매체라는 말보다 공학이라는 용어가 사용되었다. 앞의 설계 영역이 교육공학의 이론적 측면과 밀접한 관련을 가지고 있다면, 개발 영역은 교육공학의 실제적 측면과 긴밀한 관련이 있는 기본 영역이라고 할 수 있다. 개발 영역의 하위 영역으로는 인쇄공학, 시청각공학, 컴퓨터기반공학, 통합공학이 있다.

(3) 활용 영역

교육공학 영역에서 활용(utilization)은 학습을 위해 과정과 자원을 사용하는 행위를 말한다. 교육공학은 이 활용 영역으로부터 시작되었다 해도 과언이 아니다. 1900년대 초기에 시각매체 교육에 뒤이어 시청각매체들이 교육으로 유입되면서 이러한 매체들을 활용하여 교육적 효과를 높이려는 움직임이 생겨났다. 이 점에서 '활용'은 교육공학에서 가장 오래된 영역이라고 할 수 있다. 역사적으로 보면, 1920년대 초반에 영화와 슬라이드 등 시각매체, 1930년대에는 라디오 등 유성(有聲) 매체들이 개발됨에 따라 청각적인 요소가 첨가된 시청각매체, 1950년대에는 TV의 활용에 관한 연구가 이루어졌고, 최근에는 컴퓨터와 인터넷 등이 교육적 효과를 높일 수 있는가에 대한 연구가 활발히 진행되고 있다. 다른 한편으로는 단순히 외부의 자료를 도입해서 사용하던 교육공학은 이후 자료를 직접 제작하는 영역으로 확대되었고, 그리고 교수·학습 과정 자체의 효율적인 설계 및 개발까지 확대하게 되었다. 활용 영역의 하위 영역으로는 매체 활용, 혁신과 보급, 실행과 제도화, 정책과 규제가 있다.

(4) 관리 영역

교육공학의 관리(management) 영역의 이론과 비결에 관한 지식은 대부분 경영학과 행정학에서 온 것으로 미디어센터, 학습자료센터, 프로그램과 서비스의 운영으로부터 출발하였다. 관리는 미디어센터의 경영 및 매체 서비스와 인적자원의 관리에서 시작되었으며, 인사관리, 예산편성 및 재무관리, 시설관리, 기자재 유지 및 보수(補修)를 모두 포함한다. 특히, 근년에 교수설계 또는 개발은 대부분 다수의 전문가들로 구성된 팀 작업으로 이루어지며, 이 과정에서 교육공학자는 언제나 개발 전 과정을 관리해야 하는 역할을 수행하게 된다. 이처럼 교육공학에서 관리는 빠져서는 안 될 중요한 영역이 되었다. 관리의 하위 영역으로는 프로젝트 관리, 자원 관리, 전달체제 관리, 정보 관리가 있다.

(5) 평가 영역

마지막으로, 평가(evaluation) 영역이다. 일반적으로 교육평가는 학습자의 성취도 확인과 교수자의 효과도 확인 중에서 전자에 강조점을 두고 있다. 이에 비해 교육공학에서의 평가는 교수·학습 프로그램의 가치를 규명하는 데 초점을 맞추고 있다. 교육공학은 무엇보다도 효과적이고 효율적인 프로그램의 개발 또는 교수·학습 과정의 설계에 관심을 두고 있기 때문이다. 평가의 하위 영역으로는 문제분석, 준거지향평가, 형성평가, 총괄평가가 있다.

2. 교수설계 및 모형

1) 교수설계의 개념

교수공학의 실천 분야로 교수매체와 유사한 비중을 차지하는 것은 교수설계(ID: instructional design) 활동이다. 교수설계에 관한 연구를 통해 이론과 모형을 개발하는 것은 교육공학의 이론 분야에 속하지만, 특정 학습목표를 염두에 두고 선택한 교수설계 모형이나 절차에 따라 실제로 교수·학습 과정을 설계해 나가는 활동은 실천에 해당된다고 볼 수 있다.

교수설계는 교사가 수업을 보다 일관성 있고 신뢰감 있게 계획하고 진행하기 위해 체계적이고 계획적인 청사진을 만들어 가는 활동이라고 할 수 있다. 교수설계는 협의(狹義)로는 특정한 학습자를 대상으로 교육내용을 전달하고자 할 때 가장 좋은 수업방법을 결정하는 것이 된다. 광의로는 교사가 수업목표를 달성하기 위해 어떤 학습활동, 학습전략, 학습자료를 제공해야 하는지, 그리고 수업목표 달성 여부를 어떻게 판단할 것인지에 대한 답을 찾아가는 과정이라고 할 수 있다. 결국 교수설계는 수업을 처음부터 끝까지 일관성 있게 계획함으로써 수업의 효과를 증진시키는 활동이라고 할 수 있다.

2) 교수설계 이론

교수설계 이론은 인간의 학습을 촉진하기 위해 교육 실제에 적용하여 유용하게 이용할 수 있는 처방적인 지식체계이다. 유승우 교수 등은 교수설계 이론은 다음과 같은 네 가지 특징이 있다고 했다.

첫째, 교수설계 이론은 설계지향적(design-oriented)이고 처방지향적(prescription-oriented)이다. 즉, 교수·학습이 진행되는 과정을 있는 그대로 설명하거나 기술(記術)하는 것에 초점을 두기보다는 교수·학습 과정이 원활히 이루어져 수업목표가 달성되는 데 필요한 처방을 하는 데 초점을 둔다. 따라서 교수설계 이론은 주어진 수업목표 달성을 위한 다양한 접근방법 중 현실적인 상황이나 여건을 고려하여 가장 적합한 최선의 접근방법을 처방(處方)해 주는 이론이다.

둘째, 교수설계 이론은 맥락적(contextual)이고 상황적(situational)이다. 즉, 동일한 학습내용이라 하더라도 그것을 배우는 학습자의 특성이나 수준과 환경 등과 같은 맥락이나 상황이 달라짐에 따라 적용할 수 있는 교수방법이 달라지고, 이로 인해 학습결과도 달라질 수 있다는 것이다. 따라서 교수설계는 모든 상황에 보편적으로 적용되는 것이 아니라 상황에 따라 달라지는 특징이 있다.

셋째, 교수설계 이론은 요소적(componential)이다. 교수설계를 통해서 확인된 하나의 수업방법은 보다 많은 하위 요소들로 세분할 수 있으며, 이 하위 요소가 교육 실제에 실질적인 도움을 준다. 다양한 수업방법의 요소는 해당 방법이 사용될 수 있는 상황에 따라 효과적으로 사용될 수도 있고 그렇지 않을 수도 있다. 따라서 교육 실제에 도움이 되는 것은 바로 상황의 특성과 관련되는 하위 요소가 되는 것이다. 이 하위 요소들이 교사에게 보다 적절한 안내와 처방을 제공해 준다.

넷째, 교수설계 이론은 결정적이지 않고 개연적(probabilistic)이다. 모든 맥락이나 상황에 보편적으로 적용할 수 있는 교수설계 이론은 존재하지 않는다. 즉, 특정한 교수・학습 상황에서 효과적이었던 수업방법이 다른 교수・학습 상황에서는 효과적이지 않을 수도 있다는 것이다. 따라서 교수설계를 통한 수업방법은 확정적인 것이 아니라 상황에 따라 얼마든지 변경할 수 있는 융통성을 가지고 있다.

3) 교수설계 접근방법

(1) 체계적 접근과 체제적 접근

교수설계에 대한 접근방법으로 체계적(systematic) 접근과 체제적(systemic) 접근이 있다. 교수설계에서 체계적 접근은 단계적이고 순차적인 절차를 의미하는 것으로, 교수설계 활동을 위해 사전에 세분화된 절차를 포함한다. 따라서 체계적 접근은 사전에 미리 정해진 절차나 단계에 따라 주어진 교육목표를 효과적・효율적으로 달성하기 위해 수업활동을 설계하는 것을 의미한다. 초기 교수설계가 체계적 접근을 강조했던 것은 보다 철저한 분석을 통해 교수설계에 과학적으로 접근해야 한다는 입장 때문이었다. 하지만 체계적 교수설계는 모든 단계들을 계열적으로 수행해야 하는 적용 과정의 비효율성으로 인해 많은 시간과 비용을 투입해야 한다는 비판이 제기되었다. 그래서 최근에는 교수설계가 체제적 접근을 해야 한다는 논의가 계속되고 있다. 교수설계에서 체제적 접근은 역동적이고 비순차적이며 다양한 상황 변인을 동시에 고려해야 하는 특성을 갖고 있다. 따라서 체제적 접근은 학습에 영향을 줄 수 있는 모든 변인을 동시에 고려하여 상황적인 특성에 적합하도록 창의성과 융통성을 발휘하여 설계하는 것을 의미한다. 교수설계라는 활동이 무한대의 창의성을 요구하는 창조적이고 반복적인 활동이기 때문에 비선형적이고 비순차적인 성격을 갖는 체제적 접근을 해야 한다는 것이다.

(2) 객관주의적 접근과 구성주의적 접근

교수설계에 대한 객관주의(objectivism)와 구성주의(constructivism) 중 어떤 패러다임을 채택하느냐에 따라 교수설계 활동에 상당한 차이가 있다. 객관주의(客觀主義)는 지식이나 진리가 사람들의 외부에 객관적으로 존재한다고 가정한다. 즉, 객관적으로 공유할 수 있는 실재(實在)가 있다고 본다. 이러한 관점에서 학습자는 객관적으로 존재하는 실체(實體)의 속성과 실재에 대한 관계 및 법칙을 파악하는 것이 중요하다. 객관적 관점에서 학습은 이미 존재하는 지식을 교사가 학습자에게 전달하는 과정이다. 따라서 객관주의적 입장에서의 교수설계는 학습자의 객관적인 이해를 이끌어 내기 위한 교수활동에 중심을 두며, 가르칠 지식을 선정하고 분석하는 것이 주된 활동이 된다. 따라서 교수목표 및 과제의 구체적인 분석과 목표 달성을 위해 교수전략을 고안하는 데 초점을 둔다. 객관주의적 접근의 교수설계 절차는 다음과 같은 수순을 밟는다. 교수목표를 구체적으로 진술하고, 다양한 대안을 분석하며, 교수 자원을 개발하고, 행동변화에 대한 계획을 세우며, 프로그램에 대한 지속적인 수정을 위해 교수 결과를 계속적으로 평가한다.

구성주의적 관점에서 인간의 지식은 자신의 경험을 해석한 산물이며, 그것을 어떻게 해석하는가에 따라 그 의미가 결정된다. 즉, 지식이나 진리는 인간에 의해서 해석되고 부과되는 의미이기 때문에 인간과 독립된 객관적이고 보편적인 실체는 존재하지 않는다고 본다. 이러한 관점에서 학습은 개인적으로 유의(有意)한 경험과 해석을 통한 지식의 구성에 초점을 둔다. 타인으로부터 지식을 전달받을 수 있는 것이 아니기 때문에 학습자의 주관적 경험에 근거한 개인적 의미 창출을 돕도록 교육내용을 구성해야 한다. 따라서 구성주의(構成主義)를 기반으로 하는 교수설계는 학습자 스스로 지식을 구성하고 획득한 지식의 타당성을 검증해 볼 수 있는 학습자 중심의 학습 환경 조성에 초점을 둔다. 교육과 관련된 문제들은 대부분 비구조적이고 비정형화된 상황으로 최적의 해결책을 요구하기보다는 문제해결자의 주관적 해석을 반영하는 만족스러운 해결책을 요구한다.

4) 교수설계 모형

교수설계 모형은 교수설계를 하는 데 필요한 과정이나 절차 또는 과제를 수행해야 할 순서에 따라 행위별로 묶어 놓은 것이다. 봉미미 교수는 1970년대에 이미 40여 개 이상의 교수설계 모형이 존재해 있었다고 전제하고, 그중에서 현재까지 가장 실용적 가치를 인정받고 있는 이론 및 모형으로 가네(R. M. Gagné) 등의 교수설계 원리와 딕과 케어리(W. Dick과 L. Carey)의 교수설계 모형을 들고 있다. 이렇듯 다양한 교수설계 모형과 절차를 분석하면 거의 모든 모형에서 분석(Analyze), 설계(Design), 개발(Development), 실행(Implementation), 평가(Evaluation)라는 공통적인 주요 요소가 드러나게 되는데, 이를 가리켜 ADDIE 교수설계 핵심요소라고 부른다. 이를 그림으로 나타내면 그림 8-2 와 같다.

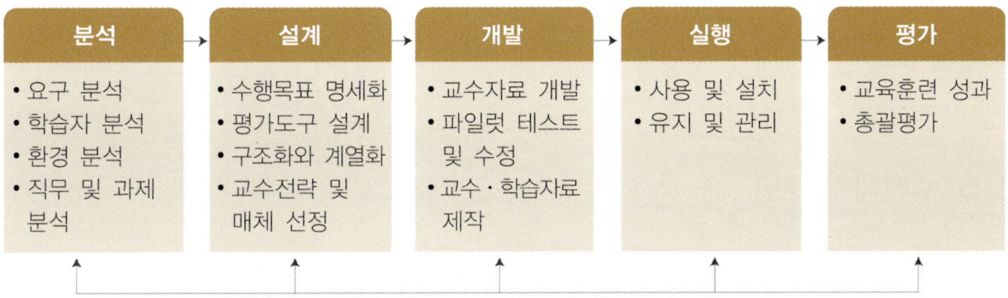

그림 8-2 교수설계 ADDIE 모형

① **분석**: 모든 수업의 시작은 학습자, 수업내용, 학습 환경 등을 면밀히 분석하는 것으로 시작한다. 이 분석을 일반적으로 요구 분석이라고 한다. 이 단계에서는학습자 분석, 환경 분석, 그리고 직무 및 과제 분석을 한다.

② **설계**: 설계는 앞의 분석 단계에서 밝혀진 요구를 바탕으로 설정된 목표를 달성하기 위해 어떤 내용들이 어떻게 조직되고 제시되어야 효과적·효율적인 결과를 얻을 것인가이다. 이 단계에서는 수행목표의 명세화, 평가도구의 설계, 프로그램의 구조화와 계열화, 교수전략 수립 및 교수매체의 선정 등을 한다.

③ **개발**: 이 단계에서는 앞에서 설계한 수업을 실제로 개발한다. 따라서 설계내용을 바탕으로 가장 효과적으로 구현할 수 있는 매체를 선정하고 그 매체에 실행할 수 있는 자료를 제작하는 단계이다.

④ **실행**: 이 단계에서는 개발한 내용을 실제 수업현장에서 적용해 보는 단계이다. 즉,

교수·학습을 실제 실행한다. 이 실행은 학습자를 상대로 직접 수업을 진행하는 것과 더불어 앞서 설계 및 개발한 내용이 교수목표를 달성하는 데 얼마나 기여하는지를 검토하기 위한 자료의 수집도 한다.

⑤ **평가**: 실행 단계에서 수집한 자료를 바탕으로 프로그램의 효과를 평가하는 단계이다. 이 평가는 개별 학습자보다는 프로그램이 학습자가 교수목표를 달성하는 데 얼마나 기여하고 있는지를 평가하고 있다는 점에서 이전의 형성평가(形成評價)와는 다르다.

3. 교수매체

1) 교수매체의 개념

교수매체란 무엇인가? 먼저 매체(medium)는 '무엇과 무엇의 사이(between)'를 의미하는 라틴어 'medius'에서 유래하였다. 메시지를 송신자와 수신자가 전달하고 받는 과정에서 사용되는 커뮤니케이션 수단이 곧 매체(媒體)라고 할 수 있다. 따라서 교수매체는 교수·학습 과정에서 교수목표 달성을 위해서 교수자와 학습자 사이에서 이루어지는 상호 교류 및 정보 전달에 사용되는 인적·물적 자원 및 환경을 포함한 모든 매개 수단으로 정의할 수 있다.

이러한 교수매체는 1910년대 사진, 슬라이드, 무성영화 등의 시각매체로부터 시청각교육운동으로 발전하였으며, 이런 일련의 발전이 교육공학을 탄생시킨다. 이후 교육공학은 1930년대 라디오, 1950년대 텔레비전, 1970년대 컴퓨터, 그리고 1990년대 인터넷에 이르기까지 매체들의 교수·학습 과정에서의 활용과 관련된 방법 및 절차에 관한 이론을 제시하였다.

교수매체의 발달 초기에는 괘도, 사진, 전시물, 영사기, 유성(有聲)영화, 라디오, 텔레비전 등 주로 시청각 기자재 및 자료를 중심으로 교수매체를 이해하였다. 따라서 교수자의 교수내용을 보다 구체화하거나 보완해 줌으로써 학습효과를 증진시키는 교수활동의 보조자료로서 교수매체를 바라보는 시각이 우세하였다. 그러나 현대에 이르러 교수매체를 보는 시각은 이러한 시청각매체뿐만 아니라 교사를 포함하는 인적자원, 전달하는 메시지 내용, 학습 환경, 시설 등 교수목표를 달성하기 위해 정보 전달에 활용되는 모든 수단을 포함하는 포괄적인 개념으로 바뀌었다. 게다가 최근에는 교수 메시지 내용의 효과적인 전달이라는 종전의 시각을 탈피해서 구성주의(構成主義)적 관점에 입각하여 학습자의 학습과정을 촉진시켜 새로운 학습 환경의 구현을 가능하게 하는 교수매체의 개념으로 더욱 확장되었다.

2) 교수매체의 분류

1920년대에 등장한 교수매체에 대한 체계적인 시각은 1937년 호반(C. Hoban) 부자(父子)와 그의 동료, 그리고 1947년 데일(E. Dale)에 의해 제시되었다. 1937년 호반 부자와 그의 동료는 학교에서 시각자료의 활용에 관한 교재를 최초로 출판하였다. 그들은 시각자료의 가치는 그 사실성(事實性)의 수준에 따라 결정된다고 주장하면서, 시각자료를 견학, 실물 등과 같이 매우 구체적인 학습경험을 제공하는 자료로부터 언어와 도표 등의 추상적인 자료에 이르기까지 위계적인 시각자료로 분류했다(그림 8-3 참조). 그들은 매체가 사실을 구체적으로 표현할수록 메시지를 더 정확하게 전달할 수 있는 반면 추상적으로 표현할수록 메시지를 이해하는 데 어려움을 겪는다고 주장하였다. 그러나 당시 시각교육은 시각자료를 단순히 교사의 교수 보조물 정도로 간주했다는 한계점이 있다.

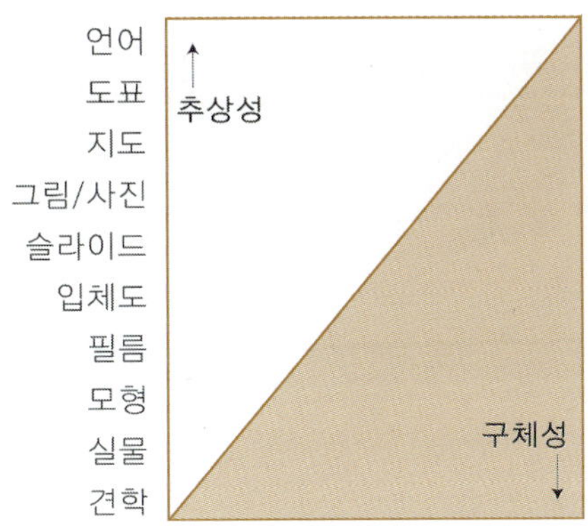

그림 8-3
호반 등의 시각매체의 분류

이러한 구체성-추상성 수준에 따른 시각자료와 교수방법의 위계적 분류 개념은 1947년 데일에 의해 보다 발전되었다. 데일은 경험의 원추(cone of experience) 모형을 통해 다양한 시청각자료와 교수방법을 분류하였다(그림 8-4 참조). 데일은 경험의 원추(圓錐) 모형에서 학습경험을 크게 행동적 경험, 영상적 경험, 상징적 경험의 세 유형으로 분류했다. 그리고 세 가지 학습경험에 따라 학습 형태를 행위에 의한 학습, 영상을 통한 학습, 상징적 개념에 의한 학습으로 구분했다. 원추의 하부에서 상부로 올라갈수록 추상성이 높아지고 상부에서 하부로 내려갈수록 구체성이 높아진다. 그러나 추상성이 높아질수록 반드시 학습이 어려워지는 것은 아니며 교재는 학습자의 지적 능력이나 경험에 맞추어 선택하는 것이 적절하다고 했다.

그림 8-4
데일의 경험의 원추

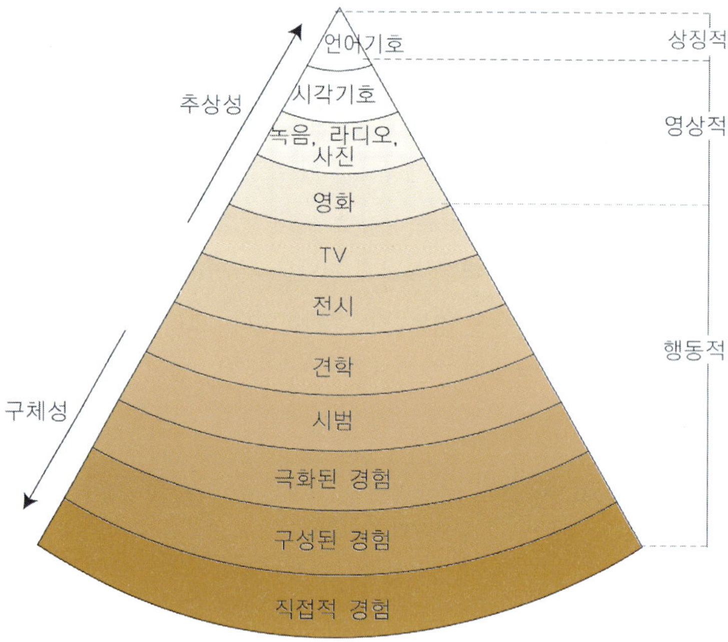

3) 교수매체의 종류

교수매체는 반드시 전자적(電子的)인 것일 필요는 없다. 박인우 교수는 교수·학습 과정에서 자주 사용되고 교육적인 효과도 큰 매체들은 매우 간단하거나 저렴한 것들이 많다는 것이다. 이러한 매체로는 다음과 같은 것들을 들었다.

실물(實物)은 구하기 쉽고 가장 효과적인 학습매체이다. 학습자들은 실물을 직접 손으로 만지고 자세히 살펴볼 수 있기 때문에 동기유발에도 효과적이다. 모형(模型)은 실물을 삼차원적으로 표현한 것이다. 모형은 실물을 축소하거나 확대하여 실물로는 경험할 수 없는 것들을 체험하는 데 활용된다. 인쇄물은 교재, 소설, 비소설, 참고서, 전단지, 소책자, 학습지 등 종이에 인쇄된 것을 의미하며 가장 흔하게 사용되는 매체이다.

다양한 종류의 전시장치들도 학습내용을 게시하는 데 효과적이다. 전통적으로 칠판은 가장 일반적으로 사용되고 있으며, 이 칠판 대신에 요즘에는 백색 플라스틱 표면의 다목적 칠판(white board)이 급속하게 확산되고 있고, 인쇄가 가능한 전자칠판도 있다. 그리고 천으로 표면을 처리하여 시각매체의 부착과 탈착이 자유로운 융판이 있고, 자석을 사용하여 시각매체를 부착할 수 있는 자석칠판, 그리고 괘도가 있다. 근래 매체공학의 발전으로 교수매체는 매우 다양하게 급속히 증가하고 있다.

교수매체를 일정한 기준에 따라 유형화해 보는 것은 교수매체를 이해하고 활용하기 위해서 중요하다. 교수매체의 유형을 나누는 기준은 목적에 따라 다양하지만 가장 일반적으로 사용하는 상징체계에 따라 분류해 본다. 상징체계에 따른 분류는 매체가 학습내용을 전달하기 위해서 주로 의존하는 상징체계가 무엇이냐에 따른 방식으로 시각매체, 청각매체, 시청각매체, 상호작용매체로 나눌 수 있다.

시각매체는 자료의 내용을 주로 시각적인 방법에 의존해서 제시는 매체로, 비투사(非投射) 매체와 투사 매체가 있다. 비투사 매체는 일반적으로 사진으로 알려져 있는 정화상, 인위적인 작업을 통해 만들어진 그림, 연대표기와 같은 추상적인 관계를 시각적으로 표현한 도표, 수치자료를 시각적으로 표현한 그래프, 특정의 메시지를 전달하기 위해 이미지와 단어를 결합한 포스터, 그리고 만화 등이 있다. 투사 매체는 자료 그 자체를 이용하는 것이 아니라 광원을 사용하여 화면에 투사하는 매체를 의미한다. 투시물환등기(OHP)

는 투사 매체의 대표적인 형태로 가장 일반적으로 활용되고 있으며, 최근에는 컴퓨터와 LCD를 이용하여 화면을 제시하는 방법이 이를 대체하고 있다. 슬라이드와 실물화상기도 오랫동안 사용된 대표적인 투사 매체이다.

청각매체는 주로 청각적인 정보를 전달하는 것으로 라디오, 녹음기, 전축 등이 주를 이룬다. 청각 자료는 언어학습이나 음악 감상과 같은 청각을 위주로 정보를 전달할 때 사용된다. 비교적 손쉽게 구할 수 있으며 반복성, 기록성, 보존성이 우수하며 제작 및 편집도 쉽다는 장점이 있다.

시청각매체는 시각과 청각을 동시에 자극하여 정보를 전달하는 매체로 비디오테이프 녹화기(VTR), 영화, TV 등이 주를 이룬다. 이러한 매체들은 사진이나 그림처럼 단순히 정지된 화면만이 아니라 움직이는 영상까지 함께 제시하는 장점이 있다.

상호작용 매체는 매체와 사용자의 상호작용을 강조하는 것으로, 컴퓨터를 기본으로 한다. 컴퓨터 보조수업, 상호작용 비디오, 멀티미디어, 비디오디스크, 쌍방향 TV 등과 같이 단순한 정보 제시 수준을 넘어 학습자의 반응을 감지하고 그 반응에 대한 환류(還流)나 결과를 제공하는 매체들이 주를 이룬다. 최근 컴퓨터공학의 발달과 함께 비디오 정보의 저장과 제시는 더욱 향상되었다. DVD(Digital Video Disc)는 비디오 정보를 디지털 형태로 저장할 뿐만 아니라 복사 및 재생이 매우 자유롭다. DVD는 임의로 필요한 부분을 즉시 볼 수 있을 뿐만 아니라 시간이 지나도 저장된 정보가 훼손되지 않으며, 우수한 음질도 제공해 준다.

4) 교수매체의 선정 기준

교수매체를 실제 교수·학습 상황에 효과적으로 활용하기 위해서는 다음과 같은 원리를 반드시 고려해야 한다. 우선 가장 중요한 기준은 바로 학습목표와 학습내용에의 적합성(適合性)이다. 즉, 학습내용을 가장 효과적·효율적으로 전달함으로써 학습목표를 효과적으로 달성할 수 있는 매체를 선택해야 한다. 다음 기준은 학습자의 특성이다. 즉, 학습자의 연령, 성별, 학년, 인지적·정의적·심체적 특성 등을 고려해야 한다. 그 다음으로, 교사의 활용 가능성과 용이성이다. 아무리 좋은 교수매체라도 교사가 원활하게 사용하지 못하면 무용지물이다. 마지막으로, 교수방법 및 환경의 적합성이다. 즉, 강의식 수업인지, 토론식 수업인지, 아니면 시범 실습식 수업인지에 따라 달라져야 하고, 대집단 형태인지, 소집단 형태인지, 아니면 개별학습의 형태인지에 따라서도 교수매체의 선택은 달라질 것이다.

교육공학에서 교수매체 선정과 관련하여 가장 널리 알려져 있는 모형으로는 하이니히(R. Heinich) 등이 제시한 ASSURE 모형이 있다. 이 모형은 학습자 분석(Analyze learner), 목표 진술(State objectives), 매체와 자료의 선정(Select media and materials), 매체와 자료의 활용(Utilize media and materials), 학습자의 참여 유도(Require learner participation), 평가와 수정(Evaluation and revise) 등의 6단계를 나타내는 철자들의 앞 글자를 따서 명명한 것인데, 이 모형에서 명세화한 요인과 절차에 의해 수행하면 원하는 학습이 일어나는 것을 'assure(보장)'해 준다는 의미를 가진다.

- **학습자 분석**: 이 단계는 학습자를 확인하기 위한 것이다. 학습자의 연령, 성별, 학년 등 일반적인 특성과 새로운 학습에 앞서 이미 갖추고 있는 선수 지식, 기능, 경험과 동기유형, 선호하는 학습양식, 정보처리 능력 등에 대한 분석이 이루어져야 한다.
- **목표 진술**: 이 단계에서는 학습자가 수업의 결과로서 무엇을 할 수 있을 것인가가 행동적인 용어, 성취적인 용어로 구체적으로 진술되어야 한다.
- **매체와 자료의 선정**: 학습자에 대한 분석과 구체적으로 진술된 목표를 가지고 이에 적합한 교수매체와 자료를 선택해야 한다. 교수매체를 선택할 때에는 막연한 선호도나 느낌에 의존하거나 단순히 매체를 가지고 있다는 이유만으로 선택해서는 안 되며, 교실과 수강생 집단의 크기, 학습자의 시청각 능력, 학습목표의 성격, 매체의 프레젠테이션 기능 및 학습자와의 상호 작용성을 고려하도록 해야 한다.
- **매체와 자료의 활용**: 선택된 매체와 자료를 수업에서 어떻게 활용할 것인지를 계획해야 한다. 우선 준비된 자료를 수업 전에 점검하면서 제시 순서 등을 정하여 연습해 본다. 다음으로 기자재나 시설, 환경을 미리 점검한 후에 실제 수업에 임해야 한다. 이제 중요한 것은 바로 학습자의 적극적인 참여가 필수적이다.
- **학습자의 참여 유도**: 자료가 제시되는 동안 학습자로부터 반응을 유도할 수 있는

학습지를 제공하거나 자료를 제시한 후에 연습 기회를 제공하여 그에 대한 평가반송(評價返送)을 통해서 수업 참여 기회를 높여야 한다.

- **평가와 수정**: 자료를 활용한 수업이 종료된 후에 자료의 활용이 수업에 어떤 효과가 있었는지에 대한 평가가 이루어져야 한다. 학습자가 학습목표를 달성했는지, 매체 및 자료가 학습목표에 도움이 되었는지, 학습자들이 자료를 효과적으로 활용했는지 등을 확인해야 한다. 이러한 평가 결과를 통해서 필요하면 자료나 활용계획을 수정한다.

4. 교수매체의 활용

1) 컴퓨터의 교육적 활용

컴퓨터가 교육에 처음 도입되었을 때, 사람들은 기존의 교육방법에 일대 혁신이 일어날 것으로 기대하였다. 그래서 그런지 컴퓨터는 기존 다른 매체들과는 달리 학습자와의 역동적인 상호작용이 가능하고 다양하면서도 흥미로운 학습경험을 제공해 줄 수 있다는 점에서 짧은 기간 내에 학교교육에 광범위하게 확산·보급되었다. 이처럼 다양한 특성을 가지고 있는 컴퓨터의 교육적 활용은 크게 두 가지로 나누어 볼 수 있는데, 하나는 컴퓨터를 이용하여 교수·학습 과정이 이루어지는 수업방식인 컴퓨터 보조수업(CAI: computer-assisted instruction)이고, 다른 하나는 효율적인 교수활동을 도와주는 목적으로 교수·학습과 관련된 제반 사항들을 처리하는 데 컴퓨터를 이용하는 컴퓨터 관리수업(CMI: computer-managed instruction)이다.

컴퓨터 보조수업은 컴퓨터를 직접 수업상황에서 가르치는 역할을 수행하도록 활용하거나 컴퓨터로부터 특정 내용을 배울 수 있도록 활용하는 것이다. 이처럼 컴퓨터가 교수자처럼 학습내용을 직접 가르치는 것을 의미한다. 컴퓨터 보조수업의 장점으로 개별화 수업의 가능성, 상호작용의 촉진, 동기유발의 용이성, 즉각적인 환류 제공, 비용-효과성을 들 수 있다. 최근에는 인터넷의 발달로 학습자가 언제 어디서나 자신이 원하는 내용을 학습하는 것이 가능해졌을 뿐만 아니라 멀리 떨어져 있는 다른 동료들과도 다양한 형태의 협동학습을 수행할 수 있게 되었으며, 교수자와의 상호작용 활동도 더욱 활성화되었다.

반면에 컴퓨터 관리수업은 컴퓨터가 직접 교수매체로 사용되지 않고 수업과 관련된 제반 정보나 자료를 기록·분석·종합·평가하는 교수자 활동 지원시스템이라 할 수 있다. 즉, 학교에서 교사의 역할 중 관리적인 면을 지원해 주어 교사의 학급경영과 관련된 업무에 활용되는 것이다. 교사가 수업을 위해서 여러 가지 수업자료를 준비하고 개발할 때, 그리고 성적관리나 평가업무, 학급경영과 관련된 업무 수행이나 학교 전체의 행정적 업무를 처리하는 데에도 많은 도움을 줄 수 있다. 최근에는 온라인 데이터베이스, 온라인 서비스 등으로 인한 정보자원의 출처가 풍부해지고 더 다양한 의사교환 도구들과 기능적 도구들이 사용되고 있다.

그러나 학교교육에서 개별화 교수에 강한 컴퓨터 보조수업의 필요성은 정당화하기 힘들다는 박인우 교수의 지적도 있다. 그에 의하면 다수의 학생이 한 명의 교사와 동일한 장소와 시간을 점유해야 하는 제약을 가진 현재의 상황 또는 맥락에서 개별화 교수의 필요성은 그렇게 크지 않을 뿐만 아니라 사실상 가능하지도 않기 때문이라는 것이다. 이 점에서 최근 우리나라뿐만 아니라 전 세계적으로 컴퓨터의 교육적 활용은 컴퓨터 보조수업보다 컴퓨터 활용수업이 더 각광을 받고 있다. 이것은 컴퓨터가 교수·학습 과정에서 사고(思考)의 도구로서 매우 효과적이라는 가정을 바탕으로 하고 있다. 컴퓨터 보조수업에서는 컴퓨터가 교사의 역할을 일부분 대신 수행한 반면, 컴퓨터 활용수업에서는 컴퓨터가 철저하게 교사와 학습자 간의 상호작용을 활성화하기 위해 활용된다는 것이다.

2) 멀티미디어의 교육적 활용

멀티미디어(multi-media)는 다중(多衆)을 의미하는 '멀티'와 매체(媒體)를 의미하는 '미디어'의 합성어로서 다중매체라고 할 수 있다. 멀티미디어는 문자정보, 음성정보, 영상정보 등을 동시에 다중적으로 제공할 수 있을 뿐만 아니라 상호작용적으로도 정보를 검색하고 조작할 수 있으며 교수·학습 환경을 처방해 줄 수 있는 매체 혹은 교수·학습체제이다.

멀티미디어는 말 그대로 여러 가지 속성을 지닌 매체들로 이루어진 다중매체로서 컴퓨터가 등장하기 이전부터 여러 가지 매체가 함께 사용된 시기부터 있어 왔다고 할 수 있다. 그러나 오늘날의 멀티미디어는 단순히 여러 가지 매체가 통합된 것을 의미하기보다는 여러 속성을 가진 매체가 컴퓨터를 기반으로 통합된 시스템 또는 환경을 말한다.

일반적으로 이전의 매체 또는 컴퓨터와 비교할 때 멀티미디어의 고유한 기능은 문자 및 그림 정보와 더불어 음성, 동영상, 애니메이션(animation) 등의 정보까지도 다룬다는 것이다. 그런데 최근 들어 컴퓨터들이 멀티미디어 정보를 어떤 매체보다도 더 효과적으로 처리할 수 있게 되었다. 따라서 멀티미디어의 교육적 활용은 기본적으로 컴퓨터 보조 수업과 동일하다고 하겠다. 그러나 다양한 정보를 처리할 수 있는 멀티미디어는 전통적인 컴퓨터 보조수업의 모습에 큰 변화를 초래했다고 박인우 교수는 보고 있다. 예를 들면, 멀티미디어로 구현된 영어회화에 관한 개인교수형 프로그램은 영어회화 문장이 설명과 함께 제시되고, 회화 문장이 실제 원어민에 의해 음성으로 들려지고 대화하는 장면이 동영상으로 제시된다. 게다가, 학습자들에게 제시되는 설명을 실제 교사의 목소리로 제시한다면 학습자들은 일대일로 학습하는 듯한 느낌을 받는다는 것이다.

3) 인터넷의 교육적 활용

인터넷(international network)은 해당 네트워크와 네트워크를 연결해 주는 LAN(local area network)을 연결한 국제적 컴퓨터 통신망을 의미한다. 1990년대 중반 이후 전 세계적으로 인터넷이 급속도로 확산되면서 학교 현장에서도 인터넷을 활용한 교육에 많은 관심을 갖게 되었다. 흔히 '정보의 바다'라고 일컬어지는 인터넷은 언제 어디서나 자신이 원하는 정보를 검색할 수 있는 기회, 다양한 사회적 상호작용의 기회, 열린 학습 환경 등을 제공해 줌으로써 평생교육, 열린교육, 수요자 중심 교육 등으로 대변되는 현대 사회의 교육에 많은 가능성을 제시해 주고 있다. 따라서 인터넷은 사용자 간의 커뮤니케이션을 구성, 저장, 전달, 처리하는 통신과정의 한 도구로 사용되며, 또한 비동시적(asynchronous) 상호작용과 다양한 정보 데이터베이스에 연결할 수 있는 개방적인 학습 환경을 제공하게 된다. 특히, 근래 들어 인터넷을 활용한 웹기반수업(WBI: web-based instruction)은 교수·학습 활동이 시간과 공간의 제약을 받지 않는 사이버 공간에서 이루어짐으로써 흔히 온라인교육, 사이버교육, 또는 이러닝(e-learning) 등으로 다양하게 불린다. 최근에 교육현장에서 웹기반수업이 본격적으로 확산되면서 기존의 면대면(面對面) 교실수업을 대체할 것이라는 전망이 나오기도 했지만 교수자·학습자 간 유대감 형성 및 상호작용 부족으로 인해 그 효과가 제한적임을 공감하고 있다.

제 9 장

생활지도와 상담

1. 생활지도의 개념

1) 생활지도의 정의

생활지도(生活指導)를 의미하는 가이던스(guidance)라는 말은 여러 가지 의미로 해석될 수 있는 용어이다. 어떤 학자는 가이던스를 교육 자체와 같이 광범위한 것으로 보고, 학교의 모든 교육 프로그램은 생활지도의 목적을 달성하기 위하여 운영되어야 한다고 주장한다. 반면에 어떤 학자는 가이던스의 범위를 아주 좁혀서 직업지도나 도덕지도 또는 문제행동의 발견이나 교정(矯正)에 생활지도의 중점을 두어야 한다고 주장하기도 한다. 따라서 가이던스에 대한 견해와 입장은 학자들 간에 서로 다를 수가 있다.

트랙슬러(A. E. Traxler)는 생활지도를 모든 학생들로 하여금 자기가 가지고 있는 능력·흥미 및 인성적인 여러 특성을 이해하게 하여 이를 최대한으로 발전시켜 나가며, 또한 자신의 생활목표와 이것들을 결부시켜 드디어는 민주사회의 바람직한 시민으로서 원만하고도 성숙한 자기지도(自己指導)를 해나갈 수 있도록 하는 과정이라고 했다. 또, 스트랭(R. Strang)은 생활지도란 학생 개개인의 가능성을 발견하고 그 자신의 노력을 통하여 개인적인 행복 및 사회적 유용성을 목표로 하여 그것을 발달시키는 과정이라고 했으며, 존스(A. J. Jones)는 생활지도를 현명한 선택과 적응을 하며 문제를 해결해 나가는 데 있어 제공되는 개인적인 조력이라고 하였다.

이상과 같은 생활지도에 대한 정의를 종합해 보면, 생활지도는 교육의 목적을 달성하기 위한 방법으로 학생들이 일상생활에서 해결해야 할 교육적·직업적·사회적·신체적·도덕적 문제를 자기 힘으로 해결할 수 있도록 돕는 활동이다. 또 학생들이 가지고 있는 흥미·적성·소질·개성·인격 등 인성적 특성과 잠재력을 발견하고 이해하게 하여 이를 최대한으로 발전시켜 나가며, 현명한 선택과 적응을 위해 조직적인 봉사가 이루어지고, 나아가서는 자기지도(self-guidance) 및 자아실현(self-realization)을 돕기 위한 활동의 과정이라고 할 수 있다.

2) 생활지도의 필요성

(1) 개인적 요구

민주사회는 개인의 인권이 우선되고 전체를 위하여 개인이 무시될 수 없다는 것이 특징이다. 따라서 민주교육은 최대한의 개인적 요구가 교육의 목표나 내용, 그리고 방법에 반영되지 않으면 안 된다. 이와 같은 개인적 요구는 생활지도의 필요성을 강조하는 근거가 된다. 즉, 자아실현의 방법으로서 생활지도를 요구한다. 개성(個性)의 신장은 자아의 실현에서 출발하며, 이는 인간의 기본적인 욕구이기도 하다. 학교교육은 학생 개인의 개성을 신장하고 자아실현의 기회를 최대한으로 부여해야 할 것이며, 이를 실천하는 효과적인 방법의 하나가 곧 생활지도이다. 개개인의 개성을 신장시킨다는 것은 자아실현과 인간존중의 한 방법인 동시에 민주사회에 이바지하는 한 방법이기도 하다. 따라서 학생의 개성을 과학적으로 이해하고 개성의 신장에 효율적으로 기여할 수 있는 유효한 방법으로서 생활지도가 필요하게 되는 것이다. 인권의 존중은 교육에 선행하는 문제이다. 비록 미성년의 아동·학생이라 할지라도 그들 나름대로의 자아(自我)와 개성을 갖고 있으며, 따라서 그들의 인권은 존중되어야 한다. 현대교육은 삶의 즐거움을 누릴 수 있는 새로운 교육을 요구하며, 이와 같은 교육의 한 형태로서 학교에서는 생활지도에 많은 기대를 하는 것이다. 개인을 위해서 생활지도가 필요한 구체적인 이유는 다음과 같다.

① 통합된 전인적(全人的) 존재로서 균형 있는 삶을 살아갈 수 있도록 도와줄 필요가 있다.

② 학생 개개인의 일상생활에서의 적응문제를 효율적으로 해결할 수 있게끔 도와줄 필요가 있다.

③ 학생의 문제행동을 올바르게 이해시켜 주고 해결해 나갈 수 있도록 도와줄 필요가 있다.

④ 학생 개개인의 부적응을 예방하고 적극적인 이해를 통해서 학생의 성장·발달을 도와줄 필요가 있다.

(2) 사회적 요구

교육이란 항상 사회적 요구와 개인적 필요를 고려하여 이 양자를 절충하고 서로 조화시켜서, 이들을 적절히 충족시키도록 노력하지 않으면 안 된다. 따라서 교육을 하는 교육자와 교육정책을 결정하는 사람은 항상 변천하는 사회의 정당한 요구를 바로 보고 이를 교육목표나 내용 또는 방법에 충분히 반영시켜야 한다.

복잡하고 급격히 변천하는 현대사회는 더욱 이러한 변화에 적응할 수 있는 인간형성을 요구하고 있으며, 따라서 학교교육에 보다 새롭고 올바른 생활지도의 방법이 보강되어야 한다는 것이 사회적 요청이다. 문화의 다양한 발전과 분화는 그 사회에 알맞은 인간을 요청하고 있으며, 따라서 학교교육은 학생들에게 보다 폭넓은 경험을 갖도록 생활지도가 요청된다. 민주사회는 민주시민을 요구하며 이와 같은 민주시민적 자질을 함양하는 데 가장 효과적인 방법 가운데 하나가 생활지도이다. 현대사회에 있어서 생활지도의 필요성을 구체적으로 살펴보면 다음과 같다.

① 학교교육의 양적 팽창에서 야기되는 사회적 부적응(不適應)을 예방하고 지도할 필요가 있다.

② 취업기회의 확대로 인한 적성의 발견과 직업선택의 지도가 필요하다.

③ 가족제도가 달라짐에 따라 가정문제에서 기인하는 부적응 문제를 지도할 필요가 있다.

④ 청소년의 일탈행동(逸脫行動)을 학교가 책임지고 예방하고 해결해 줄 것을 사회가 기대하고 있다.

3) 생활지도의 원리

(1) 생활지도는 모든 학생을 대상으로 한다

교육이 모든 학생을 대상으로 하듯이 생활지도의 대상도 모든 학생이다. 공부를 못하는 학생이나 신체적 결함이 있어서 사회적으로 고립되어 있는 학생만이 생활지도의 대상이 되는 것이 아니다. 공부를 잘하며 신체적으로도 정상적일 뿐만 아니라 건강하고 사회적으로 잘 수용되어 있는 학생도 생활지도의 대상이 된다. 이와 같은 견해는 생활지도가 모든 학생의 건전한 심신의 발달을 도모하기 위한 것이라는 생활지도의 기본원리와 목표에 비추어 볼 때 너무도 당연한 것이다. 더욱이 우리의 현실적 입장에서 보더라도, 소수의 문제학생에 국한된 지도보다는 오히려 정상적인 학생을 대상으로 그들의 개인적 특성을 발견하고 신장시켜 주는 보다 적극적인 지도가 요청되고 있다.

앞으로의 생활지도는 종래의 문제학생 등 일부 학생을 대상으로 하는 편협하고 소극적인 입장에서 탈피하여, 어떻게 하면 모든 학생의 필요와 욕구를 충족시킬 것인가 하는 방향으로 전환되어야 한다. 이것은 생활지도의 기본원리에 부합되는 방향일 뿐만 아니라 현실적인 요청이기도 한 것이다. 생활지도는 문제학생의 것만은 아니며, 반사회적・반윤리적인 행동을 바로잡기 위한 방법만도 아니다. 또 생활지도를 학교 내외에서 소수의 학생들이 저지른 사건들을 처치하고 처벌하는 것으로만 생각하는 것도 잘못이다. 생활지도는 오히려 모든 학생에 의해서 향유되며, 모든 학생이 스스로를 다스리고 성장하는 데 필요한 교육적인 활동인 것이다.

(2) 생활지도는 치료나 교정보다 예방에 중점을 둔다

현대의학이 초기에는 발생된 여러 가지 질병의 치료에 치중하였으나 최근에 와서는 치료는 물론 그것보다 한 걸음 앞서 질병이 발생하지 않도록 하는 예방의학(豫防醫學)이 중요한 위치를 차지하게 되었듯이, 생활지도도 그 출발은 문제해결과 치료에 있었으나, 앞으로의 방향은 사전에 문제가 일어나지 않도록 하는 예방조치에 치중해야 한다.

학교에서 일어나는 사건이나 흔히 볼 수 있는 개인적인 문제들을 살펴볼 때 학교에서 조금만 예방지도를 하였으면 일어나지 않았을 문제들을 많이 발견할 수 있는데, 이것은 예방지도의 중요성을 보여주는 좋은 예이다. 많은 학생들을 한 명의 교사가 다루어야 하는 우리의 교육 현실을 놓고 보더라도 생활지도의 효과적인 실시를 위하여 예방지도의 필요성은 더욱 절실하다. 왜냐하면 치료보다 예방적인 지도가 보다 손쉽고 적은 노력과 비용이 들기 때문이다. 질병을 치료한다는 것은 그리 쉬운 일이 아닐 뿐만 아니라 많은 돈과 노력과 시간을 필요로 한다. 이에 비하여 예방조치는 이 셋을 절약할 수 있는 장점을 가진다. 치료나 교정보다는 예방이라는 입장을 앞세울 때, 생활지도는 자연히 치료를 요하는 문제의 발견보다도 예방을 필요로 하는 문제의 발견에 더욱 힘쓰게 된다.

(3) 생활지도는 처벌보다 선도를 앞세운다

생활지도는 청소년의 건전한 성장과 문제해결을 돕기 위한 조직적인 봉사활동이므로,

학생행위에 대한 잘잘못을 가려 상이나 벌을 주는 활동과는 그 성격이 다르다. 어떤 목표를 달성하기 위한 방법으로 경우에 따라 필요하면 훈련을 가할 수는 있다. 그러나 생활지도에서 사용하는 훈육은 바람직하지 않은 행위를 처벌하는 것을 의미하지 않는다. 처벌·위협·강제 같은 것은 일시적으로는 효과를 발휘할지 모르나 근본적 지속적인 변화는 가져올 수 없다. 학교의 생활지도는 학생들의 옳지 못한 행동을 찾아내어 처벌하는 데 역점을 두는 것이 아니라, 보다 적극적인 의미에서 학생들의 옳고 바른 행동을 찾아내어 그것을 북돋워 주고 이끌어 나가는 것이라야 한다.

(4) 생활지도는 자율성을 기본원리로 한다

민주사회에서 요청되는 시민적 자질의 하나로서 무엇보다 중요한 것은 자율성(自律性)이다. 모든 사람이 스스로를 다스리고 규율을 지킬 때 진정한 민주사회가 이룩된다는 것은 너무나도 자명한 사실이다. 그러므로 민주교육은 그 모든 교육의 실제에 있어서 타율보다는 자율을 강조하게 되는 것이다.

생활지도도 민주교육이라는 테두리를 벗어날 수 없다. 그럼에도 불구하고 종래의 생활지도는 어떠했는가? 자율은 찾아볼 수 없을 정도로 지나친 타율적인 지도였음을 인정하지 않을 수 없을 것이다. 그러나 학생들은 자기 자신만이 가지고 있는 행동양식과 행동유형을 선택할 자유와 권리를 가지고 있다. 따라서 생활지도는 학생들에게 자기 행동을 이해하도록 하고, 변화를 가져오도록 돕는 역할을 해야 한다.

더욱이 민주교육에서 중요한 것은 결과(結果)가 아니라 과정(過程)이며, 자율적으로 생각하고 행동해 보는 경험이 매우 중요한 것이다. 그러므로 앞으로의 생활지도는 보다 자율적인 방향으로 나아가야 할 것이다.

(5) 생활지도는 전인적인 발달에 역점을 둔다

최근에 교과학습 면에 편중된 교육활동에 대한 비판이 활발한 것도 전인교육을 지향하려는 사회적 관심의 표현이라고 할 수 있다. 교육의 궁극적인 목표는 전인(全人)을 표방하고 있으면서도 실제 교육현실에서 행하여지고 있는 교육은 특정한 지식과 기술에 국한되어 온 것이 사실이다. 이러한 잘못을 시정하고 교육의 궁극적인 목표에 도달하기 위해서는 생활지도 측면에서 학생 개개인의 전인적 발달을 돕는 활동에 역점을 두어야 할 것이다. 구체적인 면에서는 정확한 판단이나 합리성뿐만 아니라 흥미와 태도, 가치관의 변화 발달을 위한 지도가 이루어져야 하고, 나아가 자아와 인성(人性), 도덕성과 같은 차원 높은 인간 자체의 변화를 위한 노력이 경주되어야 할 것이다.

(6) 생활지도는 과학적인 근거를 기초로 한다

생활지도는 학생에 관한 객관적이고도 구체적인 자료에 기초하여 시작되어야 한다. 이때 자신의 신뢰성을 높이려면 가급적 객관성이 높은 과학적 방법을 이용하는 것이 좋다.

다행히 우리에게는 생활지도상의 여러 가지 문제에 관해 객관적인 자료를 얻을 수 있는 과학적인 도구가 있다. 인간의 지능·학력·적성·흥미 등을 측정할 수 있는 각종 표준화 검사(檢査)가 그것들이다. 비록 이와 같은 검사가 완전한 것은 아니더라도, 우리의 주관적 판단에서 오는 여러 가지 오류를 시정해 주는 데 중요한 역할을 한다. 그러나 과학적인 방법과 수단을 지나치게 절대시하거나 맹신하는 태도는 바람직하지 않다. 그것은 어디까지나 어떤 판단과 해석을 내리는 과정에 도움을 주는 자료에 불과한 것이며, 그것이 그대로 결과의 판단이 될 수는 없는 것이다.

2. 생활지도의 영역과 활동

1) 생활지도의 영역

(1) 교육지도

교육지도(educational guidance)는 아동·학생이 학교교육을 받는 데 필요한 방법에 대하여 지도·조언하는 것이다. 어린이가 학교에 입학하기 전에는 가정이란 가족집단 속에서 자유스런 생활을 하다가 같은 또래들과 어울려서 일정한 규칙 밑에 생활해야 하는 학교에 입학하였을 때에 잘 적응할 수 있도록 도와주는 일이다. 또 여러 교과목을 학습하는 데에 필요한 학습습관이나 태도를 바로잡아 주고, 각 교과목의 기초를 다질 수 있도록 도와주는 일 등이 이 영역에 속한다. 특히 교육지도에서는 학업성적이 우수한 학생보다 학습지진아, 결손가정의 문제아, 그리고 엄한 교사의 태도 때문에 학업 자체에 흥미를 잃어버린 학생들에 대한 지도가 요구되고 있다.

(2) 직업지도

직업지도(vocational guidance)는 학생들에게 직업에 대한 적극적인 이해와 관심을 가지고 스스로 알맞은 직업을 탐색하고 선택할 수 있도록 도움을 줌으로써 복잡한 현대사회에서의 직업생활에 대한 올바른 생각을 갖도록 하는 것이다. 즉, 학생들의 필요·흥미·적성·소질·능력과 사회의 요구를 잘 이해하게 하고, 각종 직업에 관한 정보를 수집·분석하여 제공해 주며, 학생들로 하여금 자기에게 적합한 직업을 선택할 수 있도록 지도하는 영역이다. 직업지도는 학교를 졸업한 후 취직하기 위한 취업지도와 현재의 학업을 계속하기 위한 부업(아르바이트) 알선지도로 분류할 수 있다.

(3) 인성지도

인성지도(personality guidance)는 인격지도라고도 하는데, 대체로 심리적으로 문제가 되는 성격(내향성·외향성·우월감·열등감), 정서적 불안, 욕구불만, 정신건강, 신경과민, 개인적 습관과 태도 등 모든 영역을 포함한다. 인성문제란 흔히 자기가 자신의 문제를 어렴풋이 알고 있기는 하지만 마음속에 무엇인가가 꽉 막혀 있어서 해결하지 못하고 고민에 빠지는 문제라 할 수 있다. 아무렇지 않게 교문을 드나드는 많은 남녀 학생들에게도 각기 나름대로의 고민과 번뇌가 있고 끝내 그 속에서 헤어나지 못하고, 그로 인해 학생으로서의 신분마저 망각하는 사례가 흔히 있다.

학생들이 고독과 공상의 슬럼프, 노이로제에 대한 공포, 우울과 불안, 이성 문제로 인한 갈등, 기존 질서에 대한 불만 등의 문제를 가지고 자연스럽게 상담실을 찾아가 문제해결에 도움이 되는 지도·조언을 받고 활짝 웃고 나가는 일은 학교에서 볼 수 있는 가장 흐뭇한 광경일 것이다.

인성지도는 올바른 인격형성에 장애가 되는 욕구좌절, 지나친 우월감과 열등감, 지나친 수줍음, 공격적 태도, 이기주의, 자만심, 정서불안 등을 제거하여 조화로운 인성발달을 도와줌으로써 원만한 사회생활을 할 수 있도록 하는 것이다.

(4) 건강지도

개인의 건강은 오늘날 가장 중요한 교육목표의 하나이다. 따라서 건강지도(health guidance)는 개별 학생이 건강에 대한 중요성을 이해하고, 자신의 건강을 위하여 적절한 대책을 세우도록 하며, 특별히 신체적 결함이나 운동 부족, 영양실조 및 과다, 위생관념의 부족에서 오는 개인문제를 지도・조언한다. 건강지도에는 신체적 건강지도, 정신위생지도, 공중위생지도, 안전사고 대책지도 등이 포함된다.

(5) 사회성 지도

인간은 본래 사회적인 존재이기 때문에 언제나 가정・이웃・학교・사회의 일원임을 자각해야 하고, 거기에 적절히 적응할 수 있는 능력・태도・습관을 길러야 한다. 오늘날 인간이 직면하고 있는 대부분의 문제는 생물학적인 존재로서의 문제가 아니라 사회집단적 문제이다. 사회성 지도(sociability guidance)는 학생 개인이 세련된 교양, 도덕적인 윤리관, 인간존중의 습관, 의사전달의 효과적인 방법, 관용정신, 교우관계와 이성교제 등에 있어서 원만한 인간관계를 유지하며, 협동과 봉사의 정신으로 사회생활을 할 수 있도록 하게 한다. 또 민주시민으로서 갖추어야 할 자질과 권리와 의무, 권한과 책임을 이해하고 민주적인 태도・기능・습관・협동정신을 함양하도록 도와주는 것이다.

(6) 여가지도

여가는 공부나 노동과 같이 일에 보내는 시간과 수면이나 식사, 또는 그 밖에 생명을 유지하는 데 보내는 시간을 제외하고 개인이 마음대로 활용할 수 있는 시간이나 기회를 뜻한다. 여가는 직접적인 만족을 보상받지 않더라도 자유롭게 추구되는 것으로, 주된 기능은 휴식・오락・즐거움 그리고 개인적인 발달이다. 여가지도(recreational guidance)는 학교나 사회에서 개인이 자유로운 시간을 유용하게 이용할 수 있도록 지도・조언하는 것이다.

여가를 활용하는 오락활동이나 취미생활은 정신건강의 증진을 위해서만이 아니라 공부나 작업의 능률 향상에도 도움이 되기 때문에 생활지도와 교과지도 등 교육 전반에서 그 중요성이 강조되고 있다.

2) 생활지도의 활동

(1) 조사활동

조사활동(inventory service)은 계획이나 실천을 위하여 보다 과학적이고 정확한 학생들의 실태를 파악하거나 학생들의 자기 이해를 돕기 위한 활동이다. 트랙슬러(A. E. Traxler)는 학생 조사활동의 범위를 가정환경, 출신학교의 성적, 지적 능력, 신체 및 정신건강, 교외활동, 학습 및 흥미, 특수능력, 성격, 미래 계획 등으로 구분하고 있다.

한편 학생 조사활동 방법은 크게 검사활동과 비검사활동으로 구분하고 있으나 이를 구체적으로 살펴보면, 각종 표준화 검사, 학업성취도 검사, 환경조사, 질병검사, 생활사 조사, 가족관계 조사, 교우관계 조사, 관찰에 의한 행동의 누가기록(累加記錄) 및 기타 필요하다고 생각되는 각종 조사방법이 활용되고 있다. 그러나 실제 생활지도를 위한 학생 조사활동은 이러한 여러 가지 방법을 병용하는 경우가 많다.

학생 조사활동이 학생에게 보다 과학적인 자기 이해와 문제해결을 돕는 것이 되기 위해서는 다음 사항을 유의해야 할 것이다.

① 학생 조사활동은 객관도·신뢰도가 높은 조사가 되어야 한다.

② 학생 조사활동은 생활지도의 목적에 합당한 것이어야 한다.

③ 학생 조사활동은 여러 가지 가능한 방법이나 기술을 종합적으로 활용하여야 한다.

④ 학생 조사활동은 조사결과를 기록·정리 보관하여 실제 지도에 유용하게 활용할 수 있도록 해야 한다.

(2) 정보활동

정보활동(informational service)은 학생들이 바라고 필요로 하는 각종 정보 및 자료를 제공하여 학생들의 개인적 성장과 사회적 적응을 돕기 위한 활동이다. 이는 학생들로 하여금 자신의 문제를 해결하는 데 필요한 기초지식을 갖게 하고, 자기 자신의 문제를 자율적으로 처리할 책임감을 기르며, 나아가 자기발전을 위하여 그 장애요인을 탐색하고 인식할 수 있도록 돕기 위한 것이다.

학생들에게 제공되는 정보는 크게 교육정보, 직업정보 및 개인적 · 사회적 정보로 구분할 수 있다.

첫째로 교육정보(educational information)란 현재 및 장래에 있을 수 있는 여러 가지 교육기회와 필요한 준비물에 관한 모든 형태의 타당하고도 유용한 자료를 말하며, 여기에는 정규 교육과정과 이에 병행하는 교육과정, 입학조건 및 학생생활의 제 조건과 문제들이 포함된다. 둘째로 직업정보(vocational information)란 직장 · 직종에 관한 타당하고도 유용한 정보를 말하며 입사조건, 근무환경, 보수 · 승진 · 근로자의 수요와 공급 등이 포함된다. 셋째는 개인적 · 사회적 정보(personal-social information)로서, 개인적 정보는 학생으로 하여금 자기 자신을 보다 잘 이해하고, 다른 사람과의 관계를 개선하는 데 도움이 되는 정보를 말하며, 사회적 정보는 대인관계에 영향을 주는 인적 · 물적 환경에 관한 타당하고도 유용한 정보를 말한다.

이러한 정보는 학교에서 자체적으로 조사하거나 각종 인쇄물을 통하여 수집 · 정리 · 보관하며 개인상담이나 집단활동을 위하여 제공하게 된다. 그러나 정보활동은 그 자체가 교육적 과정이라는 사실을 유념하여 학생들의 성취도나 요구 및 흥미에 맞추어 교육적으로 제공되어야 할 것이다.

(3) 상담활동

상담활동(counseling service)이란 생활지도의 중핵적인 활동이라 할 수 있다. 이는 상담자와 내담자(counselee) 간의 관계에서 면접상담의 기술을 통하여 학생들의 자율능력과 문제해결력을 기르는 동시에 학생들의 적절한 감정처리를 위하여 조력함으로써 정신건강을 향상시키고 적응을 돕는 활동이다.

(4) 정치활동

정치활동(placement service)이란 선과(選科)지도 · 진학지도 · 취업지도 등에 있어 자신의 적성 및 각 진로의 특성을 정확하게 이해하여 자기 자신의 진로를 현명하게 선택하도록 도와주는 활동이다. 이와 같은 정치활동(定置活動)은 학교 · 학과 · 전공 · 과목선택이나, 특별활동반의 선택, 학급활동이나 서클활동의 선택과 같은 교육정치(educational placement)와 취업주선이나 직업선택과 진로선택, 부직알선 같은 직업정치(vocational placement)활동으로 나눌 수 있다.

이와 같은 교육 및 직업정치활동은 상담교사뿐만 아니라 전 교직원이 분담하거나, 가능하다면 지역사회 자원인사(資源人士)와 상호 제휴 · 협력하여 보다 조직적이고 종합적인 계획을 수립하여 실천하는 것이 효과적이다. 일정한 정치기관(placement center)을 설치 · 운영하는 것도 도움이 될 것이다.

(5) 추수활동

지도를 받은 학생들의 추후 적응 상태를 확인하여 항상 보살피고 부적응에 대한 조력과 보다 나은 적응을 돕는 활동이다. 추수활동(follow-up service)을 통한 학생지도도 면밀한 생활지도 계획의 일환으로서 이루어진다고 보아야 한다.

생활지도란 지금까지 살펴본 여러 가지 활동들이 각각 독립적으로 이루어지는 것이 아니라 상호 관련되어 종합적으로 또는 복합적으로 실천되는 것이다. 예를 들면, 어떤 학업상의 문제를 지도함에 있어서 그 문제의 해결을 돕기 위해서 필요에 따라 조사활동 · 정보활동 · 상담활동을 병행해 가며 실천하게 되고, 경우에 따라서는 일대일의 대면지도(對面指導)와 집단지도 방법을 적절하게 사용하여 효과를 얻기도 하는 것이다.

3. 상담의 이론과 실제

1) 상담의 정의

상담의 개념을 어떻게 정의하느냐 하는 것은 간단한 문제가 아니다. 상담의 개념은 상담이론에 따라서 서로 다르게 정의될 수도 있고, 인간에 대한 관점이나 인간의 본성에 대한 이해가 다르기 때문에 서로 차이가 있을 수도 있다. 또 상담과 인접한 몇몇 용어들이 비슷하거나 같은 의미로 쓰이기 때문에 상담의 정의는 더욱 복잡해진다. 상담과 비슷한 뜻으로 쓰이는 말 중에 생활지도와 심리치료가 있다.

1절에서 살펴보았듯이 생활지도는 주로 학생들이 학교 내외에서 당면하는 적응문제, 발달상의 문제를 해결하는 데 돕기 위해 마련되는 교육적 · 직업적 · 사회적 · 인성적 영역의 계획적인 지도활동이다. 그러므로 생활지도의 대상은 전체 학생이며, 따라서 지도하는 사람들도 교직원 전체가 된다. 그러나 상담은 상담자(counselor)로서 자격과 훈련을 갖춘 전문가만이 학생 개개인이나 집단을 대상으로 한다. 한편 심리치료는 주로 병원 등에서 성격장애 및 정신장애에 관련된 치료를 목적으로 하는 보다 전문적인 활동을 말한다. 따라서 심리치료는 증상을 제거, 수정, 완화하기 위한 목적이 우선이다. 또 상담이 정상인을 대상으로 하는 반면 심리치료는 환자를 대상으로 한다. 또한 상담이 예방을 목표로 한다면 심리치료는 치료를 목적으로 한다. 그러나 이러한 차이에도 불구하고 생활지도, 상담활동, 심리치료 사이에는 명료하게 구분하기 어려운 부분이 있는 것도 사실이다. 그러므로 김종서 교수 등은 상담의 의미를 분명히 하기 위해서 여러 인접 개념을 상담과 대비하면서 다음과 같은 것은 상담이 아니라고 했다.

- 상담의 과정에서 정보를 제공하기는 하나 정보 제공 그 자체는 상담이 아니다.
- 상담에서 충고, 제안, 권장 등이 주어질 수는 있으나 충고, 제안, 권장이 곧 상담은 아니다.
- 상담은 아무리 세련되고, 고통이 없으며, 간접적인 방법에 의해 이루어지는 것이라고 하더라도 설득, 유도, 권고에 의해서 태도, 신념, 행동을 변화시키는 것이 아니다.
- 상담은 결코 훈육이 아니며, 협박이나 경고 등에 의해서 행동을 변화시키는 것이 아니다.
- 상담은 어떠한 일이나 활동을 개인에게 지시하는 것이 아니다.
- 상담에 있어서 면담이 중요한 부분을 차지하나 대화나 면담이 곧 상담이라고 할 수는 없다.

이제 상담이 지니고 있는 특징을 인간주의적 시각에서 상담을 이해하고 있었던 패터슨(C. H. Patterson)의 지적을 박성수 교수를 통해서 알아보자.

- 상담은 상담을 받는 사람 스스로 자발적인 변화에 기초하고 있다. 즉, 내담자가 변화를 원하고 있으며 변화를 위해 도움을 구하고 있다.
- 상담의 목표는 자발적인 변화를 촉진시키기 위한 조건을 제공하는 것이다. 선택할 수 있고 독립적이며 자발적인 개인의 권리를 제공하는 조건이 요구된다.
- 다른 모든 인간관계에서 그렇듯이 상담에서도 내담자(來談者)에게 일정한 제한이 주어진다. 이 제한은 상담자(相談者)의 가치와 철학에 따라서 뿐만 아니라 상담자가 지니고 있는 상담의 목표에 따라 결정된다.
- 행동변화를 촉진할 수 있는 조건들은 면접을 통하여 제공된다. 상담의 전부가 면접은 아니라고 하더라도 상담은 항상 면접을 포함한다.
- 비록 경청 즉, 잘 듣는 것이 상담의 전부는 아니라고 하더라도 경청은 상담과정에서 언제나 중요한 부분을 차지한다.
- 상담자는 내담자를 다른 인간관계에서 이루어지는 이해와는 질적으로 차이가 있는 이해를 통해 내담자의 문제에 접근한다.
- 상담은 사적으로 이루어지며 논의된 내용은 비밀이 유지된다.

패터슨이 지적한 상담의 특징에서 우리는 상담이란 상담자와 내담자 간에 수용적이고 구조화된 관계를 형성하고, 이 관계 속에서 내담자가 자기 자신과 환경에 대해 의미 있는 이해를 증진하도록 함으로써 내담자 스스로가 효율적으로 의사결정을 하고, 또 여러 가지 심리적 특성을 긍정적인 방향으로 변화시킬 수 있도록 지원함으로써 결과적으로 내담자의 성장과 발달을 촉진하는 심리적 조력과정이라고 정의할 수 있다. 이장호 교수의 상담에 대한 또 다른 정의에 의하면 상담이란 도움을 필요로 하는 내담자가 전문적으로 교육과 훈련을 받은 상담자와의 대면관계에서 자신의 생활과제의 해결과 사고, 행동, 감정 측면의 인간적 성장을 위해 노력하는 학습과정이라고 하였다.

이들 정의에는 상담의 관계, 상담의 내용, 상담의 목표가 함축적으로 포함되어 있음을 알 수 있다. 우선 상담이 이루어지기 위해서는 도움을 필요로 하는 내담자 혹은 고객이 있어야 한다는 것이다. 가정생활, 학교생활, 혹은 사회생활을 하면서 겪고 있는 어려운 문제를 해결하고 싶거나 불행하다, 괴롭다, 화가 난다는 등의 정서적 반응을 보이는 사람이 상담전문가의 도움을 받아 자신의 문제를 해결하려고 찾아오면 그는 곧 내담자가 되는 것이다. 둘째는 전문적으로 교육받고 훈련받은 상담자 혹은 카운슬러가 있어야 한다는 것이다. 인간의 건전한 성장과 발달을 촉진하고 생각이나 감정 혹은 행동 측면에서 바람직한 변화를 조장할 줄 아는 전문가가 상담자가 된다. 셋째는 내담자와 상담자 사이에 돈독한 관계가 성립되지 않으면 상담은 성과를 기대하기 어렵다. 상담관계는 단순한 교우관계, 교사와 학생의 관계, 부모와 자녀의 관계와는 달리 독특한 특징을 지닌 교육적인 인간관계라는 점에 유념할 필요가 있다. 이러한 특징은 허용적이고 온정적이어서 자유스러운 표현을 할 수 있도록 구조화된 것에서 찾을 수 있다. 서로 신뢰하고 존중하는 따뜻한 관계, 즉 심리적 융합(rapport)이 형성되어야 효율적으로 도움을 주고받을 수 있기 때문에 상담자는 내담자와의 돈독한 관계 형성에 주의를 기울여야 한다.

2) 상담이론

상담에 대한 이론적 접근은 다양하지만 여기서는 주류를 이루고 있는 정신분석학적 상담이론, 인간중심 상담이론, 그리고 행동주의 상담이론 등 세 가지 이론을 연문희 교수의 연구 중심으로 살펴본다.

(1) 정신분석학적 상담이론

정신분석학의 창시자인 프로이트는 인간의 정신세계를 의식, 전의식, 무의식의 세 가지 경험세계로 구성되어 있다고 보고, 그중에서 무의식 속에 억압된 과거의 경험이 인간 행동을 주로 결정한다고 주장하였다. 그는 인간이 동물적 충동과 본능을 갖고 있고, 무의식적으로 행동하는 비합리적인 존재이며, 과거의 경험에 의해서 형성되는 결정론적인 존재라고 보았다. 따라서 내담자가 자신의 행동을 이해하려면 행위자 자신도 자각하지 못한 그의 무의식 속에 들어 있는 경험을 의식 차원으로 끌어올려 이해하고 통찰이 생기도록 정신분석학자가 도와주어야 한다는 것이다.

정신분석학적 상담이론은 무의식적 동기에 의해서 유발되고 지속되는 인간의 정서적 곤란과 부적응 행동을 해소시키기 위해서 다음과 같은 정신분석의 기술을 활용한다.

- 자유연상은 내담자로 하여금 무엇이든지, 아무리 하찮게 보이는 것일지라도 머리에 떠오르는 것을 자유롭게 말하도록 하는 것으로 억압된 과거의 경험을 회상하거나 정서적 문제의 원인이 되는 단서를 찾아내는 데 도움이 되는 방법이다.
- 해석은 무의식적 경험이 의식수준으로 떠오르는 것을 방해하는 내담자의 심리적 저항이 있을 때에 그 저항을 이해하도록 도와줌으로써 자유연상을 촉진할 수 있는 방법이다.
- 꿈의 해석은 내담자의 잠재몽이나 현재몽에 나타난 무의식적인 동기를 이해하는 중요한 수단이다. 현실적으로 이루어질 수 없는 무의식적인 욕망이나 소원(所願) 등이 꿈 속에서나마 실현되게 하는 것이 꿈의 기능이다.
- 전이는 내담자가 어렸을 때 중요한 타인들과의 관계에서 경험했던 억압된 감정을 정신분석학자에게 재현하는 심리적 현상을 말한다. 전이가 형성되면 정신분석학자는 내담자로 하여금 어렸을 때 중요한 타인과의 관계를 자신과의 관계에서 다시 보여 주고 있음을 통찰하고 이해하도록 해석하여 준다.

정신분석학자는 내담자가 겪고 있는 정서적인 어려움이나 반복되는 문제행동의 원인을 지금은 억압되어 자각하지 못하는 어렸을 때의 경험에서 찾아내어 내담자가 이해하고 통찰할 수 있도록 도와준다. 정신분석(精神分析)을 성공적으로 받은 내담자는 그때부터 의식 차원에서 행동하며 살아갈 수 있게 된다.

정신분석학적 상담이론은 최초의 상담이론으로서 인간에게 무의식적인 측면이 있음을 널리 알렸고, 어렸을 때의 경험이 우리의 성격이나 행동 패턴을 결정하는 중요 요인이 된다는 것을 보여주었으며, 무비판적이고 허용적 분위기에서 내담자가 자유롭게 말할 수 있는 기회를 가지면 감정의 정화(淨化)작용을 경험하고 증상이 호전된다는 것을 알려 주었다. 그래서 다른 상담이론의 개발에도 큰 영향을 미쳤다.

(2) 인간중심 상담이론

이 상담이론은 인본주의 심리학자인 로저스(C. R. Rogers, 1902 ~ 1987)가 정립한 상담이론으로서 처음에는 비지시적 상담이라고 부르다가 내담자중심 상담으로 불렸고, 지금은 인간중심 상담이라고 부르고 있다. 로저스는 인간의 본성에 대하여 긍정적이고 낙관적이었다. 인간은 믿을 만하고 사회적이며 전진적이고 선한 자아실현의 성향을 타고난다고 주장한다. 자유롭고 편안한 분위기 속에서 상담자가 진실하고 성실하며, 무조건적 긍정적 존중과 공감적 이해를 내담자에게 제공하면 내담자는 자율적으로 자기실현을 보전·유지하고 마침내 향상시키려는 방향으로 성장·발전하며 자발적으로 문제를 해결할 수 있다고 믿었다.

인간중심 상담이론이 전제하는 인간관은 다음과 같다.

- 인간은 저마다 독특한 주관적인 경험세계 속에서 존재한다. 개개인이 독특한 존재이며 저마다 다른 경험세계를 가지고 있다.
- 인간은 저마다 자기의 경험세계에서 자기가 지각한 대로 반응한다. 그래서 자기가 참이라고 지각한 것만이 그에게 참이다.
- 인간은 자아실현의 성향을 타고난다. 적절한 조건이 갖추어지면 그 성향은 능동적이고 자율적으로 타고난 가능성을 실현하는 방향으로 활성화된다.
- 인간은 감정적으로나 지성적으로만 행동할 때보다는 온전한 인간으로 존재할 때 효율적이고 생산적이다. 감정과 지성이 조화를 이루어 행동으로 나타날 때 인간은 가장 자율적이다.

인간중심 상담의 목적은 인간이 충분히 기능하는 사람이 되게 하는 것이다. 충분히 기능하는 인간은

- 자기 자신의 경험에 개방적이다. 자신의 경험을 부인하거나 왜곡하지 않고 있는 그대로 자각하고 체험한다.
- 순간순간의 삶에 충실하다. 과거에 얽매이거나 미래로 회피할 필요 없이 지금 여기에서의 삶에 충실하다.
- 자기 자신의 유기체를 점점 더 신뢰할 수 있다. 자신의 경험에 대하여 개방적이고

순간순간 충실한 삶을 살아가는 사람은 자기 자신의 경험을 신뢰할 수 있게 된다. 당위성을 좇거나 분석적인 절차를 거치지 않고서 유기체가 옳다고 느끼는 대로 행동하는 것이 자아실현의 성향과 일치하기 때문에 점점 더 자기 자신을 신뢰할 수 있다. 따라서 인간중심 상담이론 상담자는 지시하거나 설득하거나 간섭하지 않고 내담자의 자아실현 성향을 믿으며, 그 성향이 자신의 길을 찾아가도록 허용하고 지지해 줄 뿐이다. 이러한 상담태도에서 비지시적 상담, 내담자중심 상담, 혹은 인간중심 상담이라는 명칭의 의미를 이해할 수 있게 된다.

인간중심 상담이론은

- 상담자보다는 내담자가 주체가 되어 상담이 진행되어야 함을 강조하였다. 즉, 내담자가 주체가 되어 스스로 문제를 해결해야 한다는 점을 강조하였다.
- 상담자와 내담자의 관계의 중요성을 강조하였다. 상담자와 내담자의 관계가 신뢰롭고 돈독할 때 상담이 성공할 수 있다는 사실을 인식시켰다.
- 상담의 기술보다는 내담자에 대한 상담자의 태도가 상담의 성공을 가져온다고 주장하였다. 상담자의 진실성, 무조건적 긍정적 존중, 그리고 공감적 이해 능력이 필수 조건임을 널리 알려 주었다.
- 인간행동에서 감정의 역할, 정의적인 측면의 중요성을 인식시켰다. 인간관계나 문제해결 과정에서 표현되지 않은 감정을 제대로 이해할 수 있어야 상담에서 성공할 수 있음을 보여주었다.

(3) 행동주의 상담이론

인간의 무의식적 경험을 다루거나 의식적인 경험세계의 이해를 근거로 하는 상담이론들과는 달리 행동주의 상담이론은 관찰과 측정이 가능한 행동을 변화시키는 데 주로 관심을 둔다. 행동주의 상담이론은 파블로프의 고전적 조건화와 스키너의 조작적 조건화를 바탕으로 관찰이 가능한 문제행동을 조직적 · 체계적으로 변화시켜 가는 원리이다. 조건화이론에 의하면, 행동은 학습된 것이므로 상담자는 상담과정에서 바람직한 행동은 그 발생빈도를 높여 주고, 부적응 행동은 그 빈도를 줄이거나 수정하거나 소멸시킬 수 있다고 본다.

행동주의 상담이론은 다음과 같은 명제를 전제로 하여 이루어진다.

- 대부분의 인간행동은 학습된 것이며 따라서 변화시킬 수 있다. 부적응 행동도 학습된 행동이다.
- 환경을 변화시키면 그와 관련된 행동을 변화시키는 데 도움이 된다. 따라서 바람직한 행동이 나타나도록 하기 위해서는 환경을 조작하면 된다.
- 강화(强化)와 관찰학습 등과 같은 사회학습의 원리가 상담에 활용될 수 있다.
- 상담과정이나 결과는 구체적인 행동의 변화를 통해 객관적인 방법으로 평가할 수 있다.
- 문제행동의 종류에 따라 내담자 개개인에게 적절한 방법과 기술을 고안하여 상담에 적용할 수 있다.

행동주의 상담에서 흔히 사용되는 기본적인 개념은 강화, 벌, 소멸 등이 있다. 강화는 방금 일어난 행동이 다시 일어날 가능성을 증대시켜 주는 행위를 말한다. 정적(正的) 강화란 어떤 자극이나 결과를 제공함으로써 그 자극을 받은 행동의 빈도와 강도가 늘어나는 것을 가리키고, 부적(負的) 강화는 어떤 행동의 발생을 억제하거나 감소시켰던 자극이나 결과를 제거해 줌으로써 그 행동의 발생이나 형성을 촉진시키는 것을 말한다. 벌은 부적 강화와 혼동되는 경우가 있으나 전혀 다른 개념이다. 부적 강화는 행동의 발생을 촉진하는데 비해서 벌은 고통스럽거나 불유쾌한 자극을 제공하여 부적응 행동을 중지하거나 약화시키는 것을 가리킨다. 소멸은 조건자극이 나타날 때 조건반응이 나타나지 않은 상태를 말한다. 질문할 때마다 대답을 하지 않으면 더 이상 질문하지 않게 된다. 또 주목을 끌기 위해 문제행동을 할 때마다 주위의 사람들이 관심을 보여주지 않으면 그 행동은 강화되지 않으므로 사라지게 된다. 이런 현상을 소멸이라고 한다. 따라서 학습이론을 직접적으로 상담장면에 이용하기 위해서는 상담자의 적극적인 개입과 지시적인 조정자의 역할이 필요하며 동시에 내담자의 협조와 강한 동기가 있어야 한다.

3) 상담관계의 형성

상담은 상담관계의 형성에서부터 출발한다. 이 상담관계는 부모와 자녀와의 관계, 교사와 학생과의 관계, 의사와 환자와의 관계, 친구관계 등과는 다른 성질의 관계이며 다음과 같은 몇 가지의 특징을 지니고 있다. 이 점에 대하여 박성수 교수는 다음과 같은 점을 지적하고 있다.

(1) 수 용

수용(收容)은 인간의 존엄과 가치에 대한 인식에서부터 출발된다. 상담자를 찾아오는 사람들 하나하나가 어떤 문제를 가지고 있건 또는 어떤 인간적인 결함을 지니고 있건 혹은 어떤 죄악과 과오를 범하였든 관계없이 그를 한 인간으로서 존재하고 성장하며 발달하여야 될 필요가 있는 귀중한 인간으로 존중하는 것에 수용은 근거(根據)하고 있다. 내담자의 존재·성장·발달이 지니고 있는 가치를 인정하고, 그들이 새로운 학습을 통해서 그러한 가치를 구현하도록 가능한 조건을 제공하려는 마음의 태세를 가리켜 수용이라고 할 수 있다.

내담자를 수용한다는 것은 첫째로, 존재 그 자체를 수용하는 것이다. 내담자가 현재 어떠한 훌륭한 성취를 하고 있건, 반대로 실패와 과오를 연속적으로 경험하고 있건, 그는 살아 있고 지금보다 더 향상되고 발전되어야 할 가치와 필요가 있음을 존중하는 것이다.

둘째로, 인간의 제 특성을 수용하는 것이다. 내담자가 지니고 있는 여러 가지 신체적인 특징, 성격적인 특징, 지적 또는 도덕적 특징을 현재 있는 그대로 수용하는 것을 의미한다.

셋째로, 인간의 구체적인 행동을 수용한다는 것은 행동을 칭찬하거나 그런대로 괜찮다고 승인 내지 묵인하는 것을 의미하는 것이 아니다. 구체적인 행동의 수용은 그 행동의 잘잘못을 떠나서 그러한 행동이 있었음을 과장하거나 왜곡하지 않고 하나의 사실로 받아들이는 것을 말한다.

수용은 잘한 행동이건 잘못한 행동이건 간에 관계없이 행동의 원인과 귀결을 객관적으로 내담자의 존재·성장·발달이라는 장기적인 조망(眺望) 속에서 생각하고 논의할 수 있는 마음의 자세라고 할 수 있다. 잘못한 행위에 대해서는 용서하는 태도를, 그리고 잘한 행위에 대해서는 겸허한 자세의 중요성을 부드럽게 전달하는 태도가 여기에 포함된다.

(2) 공감적 이해

공감적(共感的) 이해는 감정이입적(感情移入的) 이해라고 부르기도 한다. 이것과 대립되는 개념으로는 외적인 준거에 의한 이해나 객관적인 사실에 근거한 이해 또는 이론적인 이해와 같은 것을 들 수 있다. 공감적인 이해는 과학적인 이론만으로 사람을 이해하거나 밖으로 나타난 행위 그 자체를 이해하는 것과는 달리, 인간의 심리적인 세계에서 주관적으로 움직이는 내면세계를 이해하는 것과 관련된다.

이해(理解)라고 하는 말은 어떤 이치(理致)를 깨닫는 것과 같이 주로 지적인 과정에 중심을 둔 개념이다. 물론 상담에서도 객관적이고 과학적인 방법에 의해서 인간행동을 이해하는 것을 중요시하나 그것만으로는 충분하다고 생각하지 않는다. 그 이유는 상담의 과정에서 중요한 것은 내담자의 마음속에서 주관적으로 작용하고 있는 지각·감정·동기·갈등·열망·포부와 같은 것이기 때문이다.

이러한 주관적인 심리작용을 도외시하면 그 상담이 성공하기는 어렵다. 이러한 이유 때문에 상담에서는 이해라는 말 대신에 공감(共感) 또는 공감적 이해(理解)라는 말을 쓰며, 이에 중요한 의미를 부여한다. 공감적 이해는 내담자의 입장이 되어서 그를 이해하는 것이다. 내담자의 입장이 되어 그가 서 있는 자리에 서 보는 것이다. 상담자는 내담자가 지닌 감정·의견·가치·이상·고민·갈등을 가지고 그가 처해 있는 여러 상황에 서 보는 것이다. 이렇게 공감적으로 이해하는 것은 실제적인 측면에 있어서 다음과 같은 여러 가지 측면을 포함하고 있다.

첫째로, 상담자는 내담자가 하는 말의 내용을 표현된 언어의 의미를 넘어서 말의 이면에 포함된 감정적인 의미까지 이해해야 한다. 내담자의 말에 포함되어 있는 정서·의도·동기·갈등·고뇌 등을 이해하지 못한다면 상담은 성공하기 어렵다. 그래서 상담자는 '제3의 귀를 가지고 들어라'라고 하는 표현을 한다.

둘째로, 상담자는 내담자의 비언어적 표현에 담겨진 의미와 감정을 이해하여야 한다. 인간은 언어보다 비언어적 수단을 통해서 자신을 보다 정확하게 그리고 보다 많이 표현하는 경우가 있다.

셋째로, 내담자의 행동을 촉발하는 동기가 무엇인가를 이해하여야 한다. 내담자는 자신이 어떠한 행동을 어떠한 이유 때문에 무엇을 얻기 위해서 하였는지, 그 행동에 포함된 의미를 충분히 이해하고 있지 못한 경우가 거의 대부분이다.

(3) 일 치

일치(一致)는 흔히 진지성, 명료성, 순수성 등으로 불리기도 한다. 로저스는 일치를 상담의 필수적인 조건이라고 대단히 강조하고 있다. 일치와 대립되는 개념은 허구성, 가식, 경박함, 불일치, 불순함 등이라고 할 수 있다. 그렇다면 상담에서 필요한 일치란 어떤 것인가?

상담관계 속에서 이루어지는 모든 의사소통과 활동은 상호 대립되거나 모순되는 결과를 초래하기보다 각각 독립된 것이면서도 하나의 통합을 이룩할 수 있는 것이어야 한다. 일치란 내적인 경험과 그에 관한 인식의 합일(合一)을 가리킨다. 한 걸음 더 나아가 내면적인 심리세계의 경험과 그에 대한 인식만이 아니라 그에 관한 표현이 모두 합치(合致)되는 것이다. 갓난아기들을 보면 어떠한 신체적 체험이나 심리적인 고통이 그 표현과 일치되는 것을 알 수 있다.

그러나 성인의 경우 내면적인 경험과 표현이 서로 일치되지 않는 경우가 많다. 여럿이 모여 이야기할 때 누군가가 얼굴이 상기(上氣)되면서 화난 목소리로 삿대질을 하면서 이야기하는 경우가 있다. 이럴 때 앞에 있던 사람이 "그 일을 가지고 무얼 그렇게 화를 내느냐"고 하면, 화를 냈던 사람은 아주 진지해지면서 "아냐, 난 화내지 않았어. 그런 일에 내가 왜 화를 내겠어. 난 다만 그렇다는 사실을 말하는 것뿐이야"라는 식으로 말하는 경우를 볼 수 있다. 이러한 경우 화를 낸 그 사람은 자기 내면에서 또는 생리적인 수준에서 분노를 경험하고 있으나 인식이나 의사소통에 의한 표현은 그와 합치되지 않은 것이다. 이와 같이 내적인 경험과 외적인 경험이 일치되지 않으면 상담은 성공하기가 어렵다.

일치는 상담자와 내담자 그리고 상담의 목적에 있어서도 필요하다. 상담자와 내담자 사이의 일치는 우선 내담자의 상담목표와 동기가 상담자의 그것과 일치되어야 하는 것을 말한다. 상담을 통해서 성취하려는 궁극적인 목표나 중간수준의 목표 또는 구체적이고 실제적인 행동수준의 목표가 일치될 때 상담은 효과적으로 이루어지게 된다. 상담자와 내담자가 상담을 통해서 도달하려는 목표가 일치되지 않거나 대립되는 경우 상담은 중단되거나 실패할 수밖에 없다.

이상에서 상담관계 형성에 기초가 되는 수용, 공감적 이해, 일치 등을 알아보았다. 이러한 특징은 상담관계에서뿐만 아니라 수많은 다른 인간관계에서도 필요한 것이다. 다만 상담에서는 이러한 인간관계가 더욱 밀도 있게 요구된다고 할 수 있다. 단적으로 말하여 상담의 성패는 좋은 상담관계의 형성에 있다. 이러한 관계만 형성된다면 그 외의 조건을 도외시하더라도 다른 사람에게 큰 도움을 줄 수 있을 것이다.

제 10 장 교육평가

1. 교육평가의 개념
2. 교육평가의 유형
3. 평가도구의 기준
4. 교육평가의 실제

1. 교육평가의 개념

일반적으로 교육평가는 교수·학습경험을 매개로 교수·학습활동을 전개한 후 설정된 교육목표가 실제로 어느 정도 달성되었는지를 확인하는 것을 의미한다. 교육목표가 기본적으로 인간행동의 변화, 즉 학생행동의 바람직한 방향으로의 변화에 있다고 볼 때에 교육평가는 이 행동변화가 실제로 어느 정도 일어났는지를 확인하는 과정이다. 여기서 교육평가가 확인하려는 인간행동은 '그림을 그린다', '책을 읽는다', '공을 찬다' 등과 같이 외부로 표출된 외현적 행동(overt behavior)뿐만 아니라 사고·가치관·자아개념 등과 같이 내재하고 있는 내면적 행동(covert behavior)까지를 포함하는 개념이다. 따라서 교육평가는 이와 같은 넓은 개념의 인간행동 특성 전부를 측정해야 하기 때문에 인지적 영역뿐만 아니라 정의적 영역·심체적 영역을 포함한 전체 행동의 변화를 확인해야 한다.

그러나 교육평가는 교육목표의 달성 정도만을 확인하는 데 그치지 않고 교육(教育)의 과정(過程) 전반에 걸쳐서 이루어지게 된다. 교육의 과정을 어떻게 보느냐 하는 것은 사람에 따라서 약간의 견해차가 있으나, 일반적으로 교육목표의 설정, 교수·학습경험의 선정 및 조직, 교수·학습활동의 전개, 결과에 대한 평가 등 5단계로 나누고 있다. 교육평가는 교육목표를 설정하였으면 이 목표달성을 위하여 학생들에게 어떤 경험을 주어야 할 것인지를 생각하여 교수·학습경험을 선정하고 조직한 다음에 실제로 교수·학습활동을 전개하고 그 활동의 결과가 과연 어느 정도 달성되었는지를 확인하는 과정이다. 이렇게 볼 때 교육평가는 교육의 과정 가운데 마지막 단계에 속한다. 그러나 교육평가는 일련의 교육활동이 이루어진 다음에 그 성과를 평가할 뿐만 아니라 교육의 과정 자체에 대한 평가도 또한 중요시함을 잊어서는 안 된다. 즉, 설정된 교육목표의 타당성(妥當性), 선정하여 조직된 교수·학습경험의 적합성(適合性), 교수·학습활동의 효율성(效率性), 결과에 대한 평가 자체의 타당성·신뢰성·객관성을 평가하여야 한다.

1) 검사 · 측정 · 평가

(1) 개념 규명

검사(檢査)란 말은 '측정도구'를 가리키는 명사와 '검사하기'를 가리키는 동명사의 두 가지로 쓰이고 있다. 측정도구로서의 검사는 필답이나 구술로 대답을 요구하는 질문을 의미한다. 그런데 동명사로 쓰이고 있는 검사(testing)의 용어는 측정 및 평가와 동의어로 쓰이고 있다. 그러나 이 세 용어에는 개념상의 차이가 있다. 검사(testing)는 '검사(test)'라는 측정도구를 사용한다는 뜻이다. 따라서 지능(知能)을 검사한다는 말은 지능검사를 실시한다는 말이고, 학력(學力)을 검사한다는 말은 학력검사를 실시한다는 것이 된다.

한편, 교육에서 측정(測定)은 학생들의 특성을 수량화(數量化)하는 과정이다. 측정은 기본적으로 학생이 가지고 있는 특성들, 예를 들어 학력 · 적성 · 지능 · 태도 · 흥미 등의 정도를 언어적으로 기술하는 것이 아니라 숫자로 나타내는 것이다. 교사들은 흔히 어떤 학생에 대해서 '키가 크다' 또는 '영재'라고 표현한다. 그러나 측정을 통해서 '키가 크다'는 몇 ㎝로, 그리고 '영재'는 I.Q. 몇 등으로 바꾸어 표현할 수 있다. 이렇게 측정은 학생들의 특성의 정도를 정확하고 객관성 있게 수량화한다. 다시 말하면, 측정에서는 신뢰성과 객관성을 강조한다. 측정에서 사용하는 도구는 검사 · 척도 · 검목표(檢目標) 등 여러 종류가 있다. 이 중에서 가장 보편적인 도구가 검사(test)이다. 따라서 측정은 검사(testing)를 포함하는 개념이다.

다음으로, 평가(評價)는 수집된 정보나 자료를 사용해서 가치판단 내지 의사결정을 하는 과정이다. 정보나 자료를 해석하는 것, 즉 가치판단을 하는 것이 평가의 핵심이다. 평가과정에서 우리는 정보를 준거(準據)와 비교해서 판단 내지 결정을 내린다. 대부분의 평가적 결정은 측정결과, 즉 측정도구를 사용해서 수집한 정보나 자료에 기초해서 이루어진다. 그러나 면담 · 관찰 · 투사적 방법 · 사례연구와 같이 수량화되지 않은 방법에 의해서 수집된 정보를 가지고 해석 또는 가치판단을 하기도 한다. 또 경우에 따라서는 위의 네 종류의 정보 혹은 더 많은 방법에 의한 정보를 함께 사용하여 판단하기도 한다. 이와 같이 측정결과와 기타 정보에 기초해서 판단 내지 해석하는 과정을 흔히 평가라고 하는데 이것은 좁은 의미의 평가이다. 평가를 보다 넓은 의미로 볼 때 측정도구나 기타 방법으로 정보를 수집하는 과정과 그 결과에 따른 해석까지의 전체 과정을 가리키기도 한다.

교육평가에 대한 이해를 돕기 위하여 교육측정과 교육평가의 차이점을 비교해 보기로 한다.

(2) 교육측정과 교육평가

교육의 과정에 있어서 측정이나 평가는 교육의 가능성을 예측하고 교육의 방법이나 효과를 검토하는 데 결정적인 역할을 한다. 그러나 엄밀히 따져 본다면 측정과 평가의 개념은 발달의 순서에 있어서도 다르고, 그 개념에 내포되어 있는 뜻으로 볼 때에도 차이가 있는 것 또한 사실이다.

첫째, 발달의 순서로 볼 때에 교육측정 운동은 교육평가보다 먼저 일어났다. 교육측정 운동은 20세기에 이르기까지 오랫동안 실시되어 온 시험방법이 너무도 주관적이고 비신뢰적이었다는 점에 대한 비판과 더불어 일어났다. 이런 운동은 특히 영국과 미국을 중심으로 일어났는데 영국의 피셔(R. G. Fisher)와 미국의 라이스(M. Rice), 손다이크(E. L. Thorndike) 등은 초기 교육측정 운동의 선구자적인 역할을 한 학자들이다.

특히 손다이크는 1904년에 『지능측정과 사회측정 이론에 관한 입문』을 저술하여 인간의 능력과 특성을 객관적으로 측정할 수 있다는 통계적 방법을 기술함으로써 교육측정의 기초를 닦아 놓았다. 교육측정 운동을 이론적으로 뒷받침하기 위하여 손다이크는 1918년에 다음과 같은 명제(命題)를 제시하였다. 즉, "존재(存在)하는 것은 무엇이든지 모두 양적(量的)으로 존재한다. 양적으로 존재하는 것은 측정(測定)할 수가 있다"는 것이었다. 이 명제는 그 당시 교육측정 운동을 촉진시켜 준 원동력이 되었다. 그리하여 1922년에 맥콜(W. A. McCall)은 교육측정법을 발표하여 검사의 제작, 결과의 처리 등에 관한 새로운 영역을 개척하였다. 이때부터 지능 · 적성 · 성격 · 학력 등을 측정할 수 있는 검사도구들이 대량으로 만들어졌다. 그러나 교육측정이 객관적이고 신뢰롭기는 하였지만 심리학이나 교육학 분야에서 새로운 이론들이 출현함에 따라 1930년대 초부터는 교육측정에 대한 비판이 일어나기 시작했다.

먼저 심리학에 있어서의 새로운 동향으로서는 부분보다 전체를 중요시하는 형태심리학(Gestalt Psychology)의 영향을 들 수 있다. 그 영향이란 종래의 요소론적(要素論的) 심리학이 인간의 여러 요소들을 측정하여 이 모든 것들을 기초로 하여 인간을 이해하려 했다는 점을 비판하면서 인간을 전인적 존재·통일적 존재·유기체적 존재로 보게 하였다. 그리하여 객관적으로 측정할 수 있는 것만을 가지고 인간을 이해하는 것은 대단히 위험하다는 인식이 생기게 되었다. 이러한 비판적인 움직임에 더욱 박차를 가한 것은 진보주의 교육사조였다. 진보주의자들은 교육의 효과에 있어서 측정할 수 있는 것보다는 측정할 수 없는 것이 보다 더 중요하고 가치가 있다고 믿고, 측정이 비교적 쉬운 지적 영역만이 아니라 측정이 어려운 창조적 사고, 사회적 태도, 감상력, 개인적·사회적 적응성에 대한 측정을 강조하였다.

둘째, 측정이 객관성을 강조한 나머지 수량적 자료를 찾아내는 일에 주안점을 두었다고 한다면, 평가는 교육목표가 얼마나 달성되었는가에 주안점을 둔다. 평가는 측정 그 자체를 이용하면서도 그 결과를 교육목표에 비추어 가치 여부를 밝혀서 다음의 교육의 과정에 이용할 수 있도록 자료의 해석과 의미화에 중점을 두고 있다고 할 수 있다. 다시 말하면, 측정이 순수과학적이고 실험심리학적인 측정기술이 중심이 되는 것이라면, 평가는 교육의 가치를 알아보는 일이므로 평가자의 목적의식이나 교육에 대한 가치관이 중심이 되어 교육적인 가치를 검토하는 것이라고 할 수 있다.

셋째, 측정은 어의(語義)로 보아서 알 수 있듯이 신뢰도(信賴度)에 더 관심을 두고 있다면, 평가는 타당도(妥當度)에 더 관심이 있다. 즉, 측정에서는 얼마나 오차 없이 일관성 있게 엄밀하고도 정확하게 파악했느냐가 중요한 반면에, 평가는 얼마나 목표에 타당하게 교육이 되었으며 교육할 수 있는가를 검토하는 것이다.

이 밖에도 측정은 표준도구의 개발에 힘쓰는 데 비해 평가는 구체적인 상황에 필요한 도구개발에 주력하며, 측정이 규준집단(規準集團)에 비추어 본 개인의 양적 기술인 데 비해 평가는 교육목표에 비추어 본 양적·질적 기술이다. 또 측정은 환경변인을 무시하거나 오차변인으로 간주하는 데 비해 평가에서는 환경변인을 행동변화의 자원으로 간주한다. 또 측정이 흔히 횡단적 방법에 의한 검사를 실시하는데, 평가는 종단적 방법에 의해서도 검사를 실시한다는 차이점이 있다.

지금까지 측정과 평가에 관한 의미상의 차이를 살펴보았다. 그러나 실제로 이렇게 의미를 구분하여 사용하는 경우는 전문적이고 학술적인 연구를 제외하고서는 거의 없으며 대개는 같은 의미로 사용하는 것이 보통이다. 측정의 결과가 평가의 기초가 되고 평가 또한 측정을 중요한 수단으로 사용하지 않으면 안 된다는 점에서 측정과 평가는 서로 떼어 생각할 수 없는 것이다.

2) 교육평가의 기능

교육평가가 수행하는 많은 기능(機能) 중 중요한 것을 살펴보면 다음과 같다.

첫째, 교육평가는 학습동기를 유발하고 강화하는 기능이 있다. 학습동기는 크게 내재적 동기와 외재적 동기로 나눈다. 평가는 대부분의 경우 외재적 동기와 관련이 있다. 예를 들면, 학습과제를 부과한다든가 시험에 대비한 공부가 이에 속한다. 일종의 사회적 압력을 가하여 동기를 유발하는 방법이다.

둘째, 교육평가는 학부모 · 상급학교 · 취업기관의 필요를 충족시켜 준다. 학부모에게 자녀 이해를 위한 자료를 제공해 주고 교육진척 정도를 알려 줌으로써 가정교육에 도움을 준다. 또 대학에서 요구하는 내신성적 및 취업(就業)에 필요한 성적과 같은 필요를 충족시킬 수 있다.

셋째, 교육평가는 교수 · 학습과정 개선에 도움을 준다. 넓게는 교육(教育)의 과정(過程)을 개선하고, 좁게는 교수 · 학습지도를 개선하는 데 도움이 된다. 학생들의 학력 상태의 파악, 학습곤란의 진단, 목표달성의 확인, 개인차의 식별 등에 기초하여 교사는 교수 · 학습지도를 개선할 수 있다.

넷째, 교육평가는 선발(選拔)의 기능이 있다. 선발의 대표적인 예로 각급 학교 입학시험, 대학입학수학능력시험(大學入學修學能力試驗) 같은 것을 들 수 있다.

다섯째, 교육평가는 생활지도를 위한 기본자료를 제공한다. 생활지도 활동에 있어서 학생 이해 활동이 대단히 중요한 위치를 차지한다. 학생의 인지적 측면 · 심리적 측면 · 사회적 측면 · 신체적 측면에 관한 상세한 정보 없이 생활지도나 상담활동을 한다는 것은 대단히 어려운 일이다.

여섯째, 교육평가는 교육연구에 필요한 자료를 제공해 준다. 교육평가의 결과는 교육연구에 기여한다. 예를 들면, A · B 두 가지 교수 · 학습지도법의 우열을 결정하려고 할 때, 혹은 어느 학교가 새로운 교육계획을 실시하여 그 효과를 얻고자 할 때에는 반드시 어떤 검사나 관찰의 결과를 자료로 삼게 된다.

일곱째, 교육평가는 교육정치(educational placement)의 기능이 있다. 학생이 자신의 잠재능력을 최대한으로 발휘할 수 있는 교육 상태에 학생을 배치(配置)하는 것을 교육정치라고 한다. 진급 · 진학 · 학급편성 · 집단조직 등이 교육정치(教育定置)와 관련이 있는데 이러한 교육정치 활동에 교육평가가 공헌한다.

3) 교육평가의 난점

손다이크가 1918년에 "존재하는 것은 무엇이든지 모두 양적으로 존재한다. 양적으로 존재하는 것은 측정할 수가 있다"라고 제시한 명제는 교육측정 · 평가운동에 더욱 활기를 띠게 하였다. 엄격한 의미에서 교육측정도 자연과학에서와 같은 방향으로 노력해 가고 있다. 그러나 이념과 방향은 같을지라도 인간행동을 대상으로 하는 교육측정은 자연과학에서의 측정과는 훨씬 다른 여건에 놓여 있다. 이러한 특수여건이 바로 교육측정 · 평가를 어렵게 하고 있다. 교육측정 · 평가의 난점 몇 가지를 적어 보면 다음과 같다.

첫째, 측정대상의 불명확성(不明確性) 때문에 오는 난점이다. 교육에서 측정대상으로 삼는 것은 인간의 행동이다. 이 인간행동 중에는 비교적 측정하기 쉬운 대상도 있다. 즉, 기억량 · 달리기 속도 · 턱걸이 수 등은 비교적 측정하기 쉬운 대상이다. 그러나 교육에서 문제삼는 모든 행동이 이같이 측정하기 쉬운 것만은 아니다. 사고력 · 창의력 · 성실성 · 협동심 · 탐구심 · 가치관 · 준법정신 등을 측정하려고 할 때 우리는 그것이 정말 무엇을 의미하는지조차 정확하게 대답하기 어렵다.

더욱이 오늘날과 같이 교육평가의 방향이 비교적 뚜렷하고, 분명한 측정대상의 평가에만 관심이 집중되고 있는 것은 인간 본래의 가치를 따지는 측면에서 볼 때 심각한 반성이 있어야 한다. 단편적인 지식의 기억량보다는 인간의 중요한 속성(屬性)인 가치관 · 성격 · 태도 · 창의력 · 비판력 · 응용력 등을 측정할 수 있는 방법의 연구가 더 시급하다고 하겠다.

둘째, 측정도구의 불완전성(不完全性)에서 오는 난점이다. 자연과학에서는 측정도구가 완전하다. 길이는 자로, 무게는 저울로, 온도는 온도계로, 시간은 시계 등으로 그 속성에 따라 그것을 측정하는 도구도 뚜렷하고 일관성이 있다. 따라서 누가 재든 비교적 오차의 범위도 제한되어 있다. 그러나 인간의 행동을 재는 교육심리 측정에서는 방법과 도구가 모두 다양하여 일관성이 부족하다. 사회생활의 능력을 측정한다는 것이 언어능력이나 지식의 기억량을 측정하게 되기도 하고, 협동심과 애교심(愛校心)을 기른다고 교실의 환경정리를 시키면서 그와는 엉뚱한 경쟁심과 가정경제 형편을 평가하게 되는 경우도 있다. 이와 같이 어떤 행동의 정도를 재는 데 필요한 측정기준과 그에 맞는 도구가 어떤 것인지조차 불분명한 것이 오늘의 측정 실태이다.

셋째, 측정의 간접성(間接性) 때문에 오는 난점이 있다. 물리적인 측정은 대개 직접적이다. 몇 cm, 몇 kg 등은 자나 저울을 사용하여 직접 측정한 결과다. 그러나 교육측정에서는 이런 경우가 거의 없다. 예절 바른 행동을 측정하기 위하여 인사(人事)하는 사례(事例)를 본다거나, 협동심을 측정하기 위하여 청소도구 수집(收集) 상황 등 개인의 평소 학교생활을 관찰하는 등의 간접적인 방법이 고작이다. 따라서 측정하려는 것의 극히 일부만을 가지고 평가해야 하므로 오차가 크게 나올 가능성이 많고, 측정하고자 하는 속성과는 별로 관계없는 것을 재기도 한다. 측정의 간접성은 교육측정 · 평가의 난점 중의 난점이다.

넷째, 수량화(數量化)의 모험에서 오는 난점이다. 교육측정 · 평가에서도 자연과학의 수량화 방법을 도입하여 적용하고 있다. 그러나 인간행동을 다루는 교육학이나 심리학에서 양적인 표시는 매우 조심스럽다. 교육학에서 사용하는 수치는 대개 서열척도(ordinal scale)나 동간척도(interval scale)이다. 자연과학에서 50㎝ + 50㎝ = 1m라는 물리측정은 이치에 맞는 수치 조작이지만, 국어 50점 + 사회 50점 = 100점이라는 가산 작업은 인간행동의 성질을 설명하는 데 아무런 도움이 되지 않는다. 그러나 이 척도는 수치 간에 동간성이 없어 가감(加減) 등의 조작은 할 수 없으나 대상 집단 내의 위치를 가리키는 부등식(수학〉영어)의 관계는 성립한다. 어떤 학생이 수학은 90점을 받고 영어는 30점을 받았다면 수학이 좋은 성적이라는 정도의 서열을 말해 주는 것에 불과하다. 또 어떤 검사에서 A는 40점, B는 80점을 얻었을 때 B는 A보다 40점을 더 맞은 결과는 되지만, B가 A보다 두 배 실력이 좋다고 해석한다든가 100점은 완전하고, 0점은 백지와 같다는 해석도 있을 수 없다. 두 수치 사이에 동간성은 있으나 절대영점이 다른 수치이기 때문에 이런 수치는 가감의 수적 조작은 할 수 있으나 승제(乘除)의 조작은 의미가 없다. 그런데도 측정에서 나오는 수치를 자연과학에서의 물리측정에서 나온 수치와 같이 생각하여 판단을 그르치는 수가 현실적으로 너무나 많다.

다섯째, 어떤 상황에서 측정·평가하느냐에 따라서 결과가 크게 달라지는 난점이다. 평가는 행동의 표본(標本)을 다루기 때문에 그 표본에 오차가 개입될 가능성이 크다. 예를 들면, A라는 학생의 근면성을 집에서 관찰하는 경우와 학교에서 관찰하는 경우 그 차가 클 가능성이 있다. 이것이 한 개인의 특성에 대한 평가가 평가하는 사람에 따라, 장소에 따라서 다르게 나타나는 이유이다.

이상으로 교육측정·평가의 다섯 가지 난점을 지적하였다. 따라서 교육평가에 있어서는 이러한 난점이 있음을 충분히 고려해야 할 것이다.

2. 교육평가의 유형

교육평가 과정에 있어서 뚜렷한 특징의 하나는 다양한 절차를 이용할 수 있다는 점이다. 교육평가는 적용하는 준거(準據)의 틀(frame of reference)에 따라 여러 가지로 분류할 수 있다. 그러나 여기에서는 교수·학습과정에서 평가기술을 이해하고 활용하는 데 필요한 분류만을 고려하여, 평가유형을 다음과 같이 구분한다.

① 측정의 본질에 따른 최대 수행능력의 측정과 대표적 행동의 측정
② 수업의 연계에 따른 배치·형성·진단 그리고 총합평가
③ 측정결과를 해석하는 방법에 따른 상대평가와 절대평가
④ 행동목표에 따른 인지적 평가와 정의적 평가

1) 최대 수행능력과 대표적 행동의 측정

평가는 측정의 본질에 따라 최대 수행능력과 대표적 행동의 측정으로 분류된다. 최대 수행능력의 측정은 개인의 능력을 측정하기 위하여 사용되는 절차이다. 이 절차는 개인

이 최선의 노력을 다하도록 동기가 주어졌을 때 '얼마나 성취할 수 있느냐' 하는 데 관심이 있다. 따라서 평가결과는 개인의 능력을 나타낸다. 적성검사나 성취도검사가 이 유형에 속한다. 적성검사는 미래 학습활동에서의 성공을 예측하기 위한 것이고, 성취도검사는 과거 학습활동에서의 성취의 정도를 측정하기 위한 것이다. 그러나 성취도검사는 경우에 따라서는 두 가지 목적에 다 사용할 수도 있으므로 그 차이는 어느 목적에 더 중점을 두느냐에 달려 있다. 즉, 학년 말에 성취도를 측정하기 위해서 시행한 수학시험의 결과는 새 학기 수학학습의 성공을 예측하기 위해서 사용될 수도 있다.

한편, 대표적 행동의 측정은 개인의 특정한 행동을 나타낼 수 있도록 설계된 것이다. 이 측정은 정상적인 상황에서 '어떻게 행동하느냐' 하는 데 관심이 있다. 따라서 평가의 결과는 '검사 대상자가 무엇을 할 수 있느냐'가 아니라 '어떻게 할 것이냐'를 제시한다. 평가에서는 수행능력과 대표적 행동을 구별하여야 한다. 자동차를 안전하게 운전할 수 있는 능력을 가진 사람이 불안하게 운전할 수도 있다. 수학에 상당한 적성을 가진 학생이 흥미를 전혀 보이지 않을 수도 있다. 대표적 행동의 측정은 학생의 행동을 평가하는 매우 중요한 분야인 동시에 어려움도 따른다. 이 분야는 검사도구 개발이 미흡하기 때문에 면접・질문지법・일화기록(逸話記錄)・평정척도 그리고 다양한 관찰기술이 사용되고 있다. 그러나 이 중 어느 한 가지 방법만으로는 대표적 행동을 충분히 평가할 수 없으므로 여러 가지 방법을 사용한 결과를 종합함으로써 비교적 정확한 평가를 할 수 있다.

2) 배치・형성・진단・총합평가

평가는 수업의 연계에 따라 학생의 출발점 행동(entry behavior)을 평가하는 배치평가(配置平價), 수업이 진행되는 동안 학생의 학습진도를 평가하는 형성평가(形成評價), 수업이 진행되는 동안 학생의 학습장애를 진단하고 분석하는 진단평가(診斷評價), 그리고 수업의 마지막 단계에 가서 학생의 성취도를 평가하는 총합평가(總合平價)로 분류될 수 있다.

출발점 행동을 확인하기 위한 배치평가는 학습자가 계획된 수업을 진행하기에 필요한 지식과 기능을 어느 정도 소유하고 있는가? 계획된 수업목표에 어느 정도 숙달되어 있는가? 학습자의 흥미・관심・학습습관・성격적 특성으로 보아 어떠한 교수・학습방법이 효과적인가? 등과 같은 질문에 초점을 둔다. 이와 같은 질문에 대한 정보를 얻기 위해서 준비도검사 · 적성검사 · 과정목표에 대한 사전검사 · 자기보고서 · 관찰법과 같은 다양한 기술이 사용된다. 배치평가는 각 학생이 최적한 성취도를 달성할 수 있도록 수업의 연계와 교수 · 학습방법을 결정하기 위한 것이다.

스크리븐(M. Scriven)은 교육평가의 기능에 따라서 형성평가와 총합평가를 구분하였다. 수업이 진행되는 동안에 학습진도를 탐지하기 위한 형성평가는 학습의 성공과 실패에 관해서 학생과 교사에게 계속적인 환류(feedback)를 하게 된다. 학생에게 환류는 성공적인 학습을 강화하고 교정을 필요로 하는 학습결손을 확인하게 해주며, 교사에게 환류는 수업을 일부 변경하거나 개인과 집단에 대한 보충학습을 위한 처방을 할 수 있는 정보를 제공해 준다. 따라서 형성평가는 수업의 각 단원(單元)과 장(章)을 위해서 특별히 준비된 검사에 의존한다. 이와 같은 검사는 주로 교사에 의해서 제작될 수 있으며, 관찰기술을 이용할 수도 있다. 형성평가는 교수 · 학습과정을 개선하는 데 목적이 있기 때문에 일반적으로 그 결과를 성적평가에는 넣지 않는다.

진단평가는 형성평가에 의해서 해결되지 않고, 계속 재현(再現)되는 학습장애에 관한 평가이다. 다양한 교수 · 학습방법이 적용되었는데도 계속 오류를 범하는 학생에 대해서는 좀 더 세밀한 진단이 요구된다. 의학에 비유한다면 형성평가는 학습문제에 대하여 단순히 구급처치(救急處置)를 하는 것이며, 진단평가는 구급처치에 의해서 치료되지 않는 문제의 근본적인 원인을 찾으려는 것이다. 따라서 진단평가는 더욱 세부적이고 종합적이다. 진단평가의 주된 목적은 학습문제의 원인을 파악하여 교정계획을 세우려는 데 있다.

한 단원이나 장의 수업이 끝난 후에 시행하게 되는 총합평가는 수업목표의 성취 정도를 측정하고 성적을 매기거나, 의도된 학습성과의 성취 정도를 알아내기 위한 것이다. 또한 총합평가는 전체적인 수업의 연계효과를 평가하여 다음에 그와 같은 수업절차를 적용할 것인가를 결정하는 데 목적이 있다. 총합평가에는 여러 가지 기술이 이용될 수 있으나, 주로 교사가 작성한 성취도 검사, 여러 가지 형태의 수행능력에 대한 평정, 그리고 작품평가를 포함한다. 총합평가는 성적을 매기는 데 목적이 있으나 수업목표의 타당성과 교수 · 학습의 효율성을 판단하는 정보를 제공하기도 한다.

3) 상대평가와 절대평가

평가절차는 측정결과를 해석하는 방법에 따라 상대평가와 절대평가로 구분될 수 있다. 어떤 학생의 점수를 규준집단(規準集團)의 득점분포와 비교해서 해석할 때 규준참조(規準參照)라고 하고, 명세화된 행동준거(行動準據)와 비교해서 해석할 때 준거참조(準據參照)라고 한다.

상대평가는 규준참조평가(norm-referenced evaluation)이다. 어떤 시험의 채점결과에서 얻은 원점수(raw score)를 표준점수 척도로 환산하여 이 표준점수 척도에 의거해서 평가하는 방법이다. 따라서 상대평가는 개인의 집단 속에서의 위치(학력 · 지능 · 적성 등)를 다른 사람과 비교해서 상대적으로 판단하는 평가이다. 즉, 평가의 기준이 그가 속한 집단이 된다는 것이다. 가장 대표적인 예는 1976년 이전에 생활기록부에 학력평가의 결과를 공식적으로 기재할 것을 요구하던 평가방법이다. 한 학년 또는 한 학급을 단위로 하여 성적이 좋은 순서에 따라, 수 10% · 우 20% · 미 40% · 양 20% · 가 10%로 평가하도록 하는 방법이다. 이와 같은 평가방법은 개인의 상대적 위치는 알려 주지만 그 개인이 설정된 교육목표를 어느 정도 달성하였는지는 제시해 주지 못한다.

예를 들면, A학교의 6학년의 한 학급 학생이 30명이며, 이들이 모두 우수한 학생이고 또한 등질적(等質的)인 학생이어서 점수가 90점에서 98점까지 분포되어 있더라도 수 3명, 우 6명, 미 12명, 양 6명, 가 3명으로 평가해야 한다. 반대로 B학교 6학년의 특정 학급의 학생이 30명인데 이들은 비교적 열등한 학생들로 구성되어 있어서 그 성적이 40점에서 50점까지 분포되어 있다 해도 수가 3명이 되는 것이다. 따라서 A학교의 수는 90점인데 B학교의 수는 50점이라고 하는 모순이 나타난다. 물론 이때의 원점수(原點數)는 설정된 교육목표에의 도달 정도를 의미하는 것으로 보아야 한다.

절대평가는 준거참조평가(criterion-referenced evaluation)이다. 즉, 준거지향평가로서 평가의 기준을 다른 사람과 비교하는 데 두지 않고 달성하려고 하는 수업목표 그 자체에 두는 평가방법이다. 이 기준은 교사가 임의로 정해서도 안 되고 집단의 규준점수에 예속되어서도 안 되며, 오직 학습자 개개인에게 성취시키려는 수업목표 그 자체에 두는 형태로 설정되어야 한다.

절대평가의 기준은 수업목표이므로 목표달성도를 평가할 수 있는 평가도구를 제작하고 이 도구에 따라 평가된 결과를 다른 사람과 비교하지 않고 그대로 기록하는 평가의 방법이다. 예를 들면, 수・우・미・양・가로 평가하고 '수'는 교육목표의 90% 이상 달성한 학생, '우'는 80~89% 달성한 학생 등으로 정한 경우, 어떤 학급의 전원이 90% 이상의 달성 정도를 나타내면 전원에게 '수'의 성적을 주는 평가방법이다.

우리나라에서는 1950~1976년까지 초・중등학교에서 상대평가를 실시해 왔으나 1976년 문교부 훈령 제286호로 절대평가로 전환하였다. 그러나 대학입시 내신성적은 상대평가의 방법을 쓰고 있다.

교육평가의 목적은 계획의 수립이나 의사결정(意思決定)에 필요한 정보를 제공하는 데 있으므로 요구되는 의사결정에 따라서 적절한 평가방법을 사용하여야 한다. 비교・변별(辨別)・선발과 같은 결정이 요구되는 경우에는 상대평가가 적합하고, 자격을 부여하거나 학습의 진도를 확인하기 위해서는 절대평가가 적절하다고 할 수 있다.

4) 인지적 평가와 정의적 평가

평가는 행동목표의 유형에 따라 인지적 평가와 정의적 평가로 분류된다. 행동(교육)목표의 영역은 인지적 영역・정의적 영역・심체적 영역 등 셋으로 나눈다. 이들 세 영역은 상호 연관성은 있으나, 개념구조상 구분해서 생각할 수 있다. 여기에서는 인지적 영역과 정의적 영역에 관해서만 다루기로 한다.

인지적 영역은 지식의 재생과 재인(再認), 그리고 지적 능력과 기능(技能)의 개발 등을 포함한다. 이 영역에서는 주로 '복합성(複合性)의 원칙(原則)', 즉 인지적 행동에 필요한 개념이나 개념 능력의 단순성・복합성의 차원에 따라 다음 여섯 가지 인지적 행동형으로 분류되고 있다. 즉, 지식・이해・응용・분석・종합・평가로 뒤로 갈수록 이른바 고등정신 과정이며, 앞의 것의 기초 위에서 뒤의 것이 형성될 수 있다고 본다.

정의적 영역은 감정・태도・가치에 있어서의 변화와 감상력・적응력의 개발 등과 관계가 있다. 이 영역의 목표는 가치를 체득하는 형태가 주로 '내면화(內面化)의 원칙(原則)'에 따라 가치를 감지하는 하위수준으로부터 가치를 내면화하는 최상위수준으로 이동한다고 가정하여, 위계적 순서에 따라 감수·반응·만족·가치화·조직화·인격화로 분류한다.

교사들은 이 두 영역의 중요성에 같은 입장을 취하고 있지는 않다. 그러나 대부분의 교사들이 정의적 목표에 관심을 갖고 있음에도 불구하고, 정의적 목표를 평가하는 데는 아직 익숙하지 못한 상태에 있다. 그 이유는 교사나 학부모들이 정의적 측면의 가치를 제대로 인정하지 않을 뿐만 아니라 많은 교사들이 인지적 목표를 성취하는 것이 곧 정의적 행동에 적절한 변화를 가져온다고 믿기 때문이다. 그리고 정의적 측면의 행동은 변화되기 어렵고 변화된다 하더라도 정확히 측정할 수 없기 때문에 학교에서 과소평가되고 있는 것이 역시 한 원인이 된다고 본다.

정의적 목표에 대한 평가를 개선하는 데 있어서 가장 중요한 것은 행동적인 관점에서 목표를 상세히 하는 보다 나은 기술을 발전시키는 일이다.

3. 평가도구의 기준

어떤 평가도구를 사용하여 평가하느냐는 평가결과에 큰 영향을 미친다. 잘못된 또는 좋지 못한 평가도구를 사용하는 경우는 개인이나 집단의 성질(性質)을 있는 그대로 알 수 없을 뿐만 아니라 믿을 수도 없다.

예를 들면, A·B 두 사람 중 A의 영어 실력이 월등히 좋은데도 불구하고 평가결과는 B가 높다면, 이러한 평가도구는 믿을 수가 없다. 따라서 평가도구의 제작 및 선정에 있어서 좋은 평가도구이어야 한다는 것이 필수조건이다.

좋은 평가도구를 판단하는 기준으로는 신뢰도(reliability)·타당도(validity)·객관도(objectivity)·실용도(utility) 등을 들 수 있다. 이 네 가지 기준이 모두 충족되면 좋은 평가도구라고 할 수 있다. 이 네 가지 기준 중 객관도와 실용도의 판단은 쉽게 이루어질 수 있으나, 신뢰도와 타당도를 따지는 일은 그렇게 간단하지 않다. 대부분의 경우 신뢰도와 타당도는 통계적 방법에 의하여 검증하지만 여기서는 그 개략적인 내용을 살펴본다.

1) 신뢰도

신뢰도(信賴度)란 검사가 측정대상이 되는 내용을 어느 정도 안정성을 가지고 일관성 있게 재고 있느냐 하는 것과 관련된 정확성을 말한다. 다시 말하면, 한 검사가 재려고 하는 측정대상을 어느 정도 정확하게 재고 있느냐에만 관심을 가지고 주로 측정과정에 작용하는 오차(誤差)만을 문제삼는 개념이다. 측정과정에 작용하는 오차의 종류는 다양하므로 그중에서 어느 것을 오차로 잡느냐에 따라 신뢰도를 산출하는 방법과 공식이 다르다. 그러나 신뢰도를 추정하기 위하여 개념적으로 규정하고 있는 측정오차는 하나뿐이다. 즉, 한 검사에서 검사 대상자의 득점(obtained score)에는 그가 정말 받을 수 있고 받아야 하는 진짜점수 또는 진점수(true score)와 받을 수 없고 받아서는 안 되는데도 불구하고 받게 된 점수, 즉 가짜점수 또는 오차점수(error score)가 섞여 있다고 본다. 이론적으로 신뢰도는 진점수의 변량(變量)에 대한 획득된 점수의 변량의 비로 정의된다.

신뢰도 계수를 산출하는 방식으로는 재검사 신뢰도, 동형검사 신뢰도, 반분 신뢰도, 문항내적합치 신뢰도 등이 있다.

재검사 신뢰도는 한 검사를 같은 집단을 대상으로 일정한 시간적 간격을 두고 두 번 실시하여 나온 점수를 기초로 상관계수(相關係數)를 산출하는 경우이고, 동형검사 신뢰도는 검사의 문항이 동질적으로 구성된 두 개의 동형검사를 제작하여 이를 같은 대상에 실시하여 나온 점수 사이의 상관계수를 산출하는 경우이며, 반분 신뢰도는 한 검사를 실시한 결과를 가지고 이 검사를 두 부분으로 나누어 독립된 검사로 취급하여 이들의 상관계수를 산출하는 경우로서 재검사 신뢰도가 부적당하거나 동형검사 신뢰도를 만들기 어려울 때 사용된다. 끝으로 문항내적합치 신뢰도는 검사의 문항 하나하나를 한 개의 검사 단위로 취급하고 그 문항 간의 합치성·동질성·일치성을 종합하여 신뢰도를 나타내는 방법이다.

신뢰도를 높이기 위해서는 첫째, 문항은 적절한 난이도(難易度)를 유지해야 한다. 너무 어렵거나 너무 쉬운 문항이 있으면 신뢰도는 낮아진다. 둘째, 문항은 공부를 잘하는 학생과 못하는 학생을 구분할 수 있도록 변별력(辨別力)을 높여야 한다. 셋째, 평가문항의 지시문이나 설명이 명확해야 한다. 넷째, 객관식 평가문항에서 답지가 비슷할 경우, 선택할 수 있는 답지가 많을수록 신뢰도는 높아진다. 끝으로 평가의 상황변인(狀況變人)으로서 시간이 충분히 주어져야 한다는 것이다. 따라서 신뢰도는 속도검사(speed test)에는 적용되지 않는다. 그리고 부정행위 및 부주의로 인한 오답이 없도록 평가자가 응답요령을 숙지시켜야 한다.

2) 타당도

타당도(妥當度)란 평가도구가 측정하려고 하는 대상의 내용 그 자체를 재고 있는가 하는 충실성(充實性)의 정도를 가리킨다. 타당도도 평가도구의 정확성과 관련된 문제이긴 하나, 검사의 신뢰도처럼 재려고 하는 것을 어떻게(how), 어느 정도 일관성 있게 측정하고 있느냐에 관심을 두는 것이 아니라, 무엇(what), 즉 측정하려고 하는 내용 자체를 얼마만큼 충실하게 재고 있느냐 하는 문제만을 다루고 있는 개념이다.

예를 들면, 베토벤의 '월광곡'에 대한 감상력을 잰다는 문항을 만들면서 '월광곡'의 악보(樂譜)에서 틀린 곳을 가려내도록 했다면, 그것은 감상력을 재고 있는 것이 아니라, 월광곡에 대한 지식을 재는 엉뚱한 결과를 가져오게 된다. 따라서 평가도구가 과연 측정하려고 하는 대상의 내용을 얼마만큼 충실하게 재고 있느냐 하는 것은 대단히 중요한 문제가 된다. 이론적으로 타당도는 검사목적에 타당한 변량에 대한 획득된 점수의 변량의 비로 정의된다.

검사가 신뢰로우면 타당한 변량이 증가할 수 있다. 그러나 오차변량이 적다고 하여 반드시 타당한 변량의 비율이 증가하는 것은 아니다. 검사의 타당도가 높기 위해서는 무엇보다도 먼저 신뢰도가 높아야 한다. 저울이 일관성이 없다고 하면 그 정확성을 기대할 수 없다. 그러나 측정치는 일관성이 있어도 정확성이 결여될 수도 있다. 또한 오차변량이 낮다고 하여 반드시 타당도가 높은 것도 아니다. 그러므로 낮은 오차변량은 높은 타당도의 필요조건이나 충분조건은 아니다. 또한 신뢰도도 타당도의 필요조건은 되나 충분조건은 아니다.

타당도의 종류로는 내용 타당도(content validity), 공인 타당도(concurrent validity), 구인 타당도(construct validity), 예언 타당도(predictive validity) 등이 있다

첫째, 내용(內容) 타당도는 논리적 타당도 혹은 교과 타당도라고도 하는데, 평가도구가

평가하려는 내용을 충실히 측정하고 있는 정도를 나타낸다. 내용분석 및 논리적 사고에 의하여 판단되기 때문에 수량적으로 표시되지 않으며 전문가에 의해 검토된 경우를 안면타당도(face validity)라고도 한다. 둘째, 공인(共因) 타당도는 해당 검사결과와 다른 준거점수 간의 상관관계를 통해서 현 검사의 타당도 수준을 나타내는 것이다. 예를 들어 적성검사에서 체육영역에 흥미가 높게 나타난 학생이 현재 체육과목에 어느 정도 열의와 학업성취를 보이느냐를 나타내는 것이다. 셋째, 구인(構因) 타당도는 인간의 특정한 행동을 반영하는 가상적 속성(분석력 · 종합력 · 지도성 등)의 개념구성에 이론적 가설을 세우고 이를 경험적 · 논리적으로 검증하는 경우이다. 예를 들어 교우관계 조사에서 '점수가 높은 사람은 친구가 많을 것이다'라는 추리를 규명하는 경우가 이에 해당한다. 끝으로 예언(預言) 타당도는 한 검사가 미래의 행동특성을 얼마나 정확하게 예언하고 있는지를 알아보는 것으로서, 대학입학수학능력시험의 성적이 높은 학생이 대학입학 후에도 우수한 성적을 보인다면 대학입학수학능력시험은 예언타당도가 높은 평가도구라고 볼 수 있다.

3) 객관도

객관도(客觀度)란 채점결과가 채점자들 간에 또는 시간의 흐름에 따라 어느 정도 일치하느냐 하는 정도를 말한다. 여러 채점자들이 자기의 편견 · 의견 · 감정을 완전히 제거하고 채점을 하게 되면 이는 완전히 객관적이라고 할 수 있다. 그러나 객관도란 정도의 문제이지 완전히 객관적이거나 또는 주관적인 검사는 거의 없다 해도 무방하다.

신뢰도가 평가도구 자체에 의해 결정되는 것이라면, 객관도는 채점자의 임의(任意)에 따라 결정되는 신뢰도라고 할 수 있다. 따라서 흔히 객관도를 채점자의 신뢰도(tester's reliability)라고 한다.

객관도를 높이기 위해서는 첫째, 검사문항 자체를 객관화해야 한다. 완전히 객관화된 문항의 채점은 기계에 의해서 가능하다. 종래의 대학입학학력고사의 채점이 컴퓨터에 의하여 이루어지는 것을 보아도 알 수 있다. 둘째, 검사자의 소양을 높여야 한다. 훈련받은 검사자들에 의한 채점은 논문형 검사인 경우에도 채점자 간에 차이가 별로 나타나지 않는다. 셋째, 다수인에 의한 채점결과를 평균하는 것이 좋다. 이 경우 극단적인 점수는 제외하는 수도 있다. 넷째, 반응 내용에만 충실한 채점을 해야 한다. 글씨 모양이나 평소의 학습태도 등과 같은 인상(印象)에 영향을 받지 않도록 조심해야 할 것이다.

4) 실용도

실용도(實用度)란 평가도구가 얼마나 경비와 시간과 노력을 적게 들이고도 소기의 목적을 달성할 수 있느냐의 정도를 말한다. 아무리 훌륭한 평가도구라도 그것이 경비와 시간과 노력의 소모를 지나치게 강요한다든지 실시나 채점에 있어서 너무나 복잡하고 까다롭다면 이러한 평가도구는 실용성이 없다.

실용도를 높이기 위해서는 첫째, 실시나 채점이 용이해야 한다. 실시조건이 너무 까다롭거나 복잡하지 않아야 하며, 채점방법이 간단하고 명료해야 한다. 둘째, 해석이 용이하고 활용성이 높아야 한다. 평가결과가 의미 있게 해석되고 활용되는 것이라야 한다. 셋째, 경비와 시간과 노력이 절약되어야 한다. 아무리 좋은 검사라 할지라도 비용이 너무 많이 들고 시간이 지나치게 소요되는 것이라면 실용도는 없는 평가도구이다.

4. 교육평가의 실제

교육평가의 실제를 이해하기 위해서는 교육평가가 어디에 쓰이며, 무엇에 쓰이는가를 알아보는 것이 필요하다. 교육평가의 용도는 넓고 다양하다. 교육평가가 단지 학생들의 성적을 매기는 것일 때도 있었다. 그러나 오늘날에 와서는 학생들을 이해하기 위해서 지능검사·적성검사·흥미검사 등 표준화(標準化) 검사를 사용해서 평가하고, 교수·학습효과를 높이기 위해서 배치평가·형성평가·진단평가를 하며 학기 말에 가서는 학생들의 성취도를 알아보기 위해 총합평가를 하고, 수업자료와 교육의 과정을 평가하기도 한다. 이와 같이 교육평가의 형태와 그 용도도 다양해졌다.

교육평가 가운데 개별 학생이 주어진 수업목표를 어느 정도 달성했는가를 알아보는 학업성취도 평가가 교사에게 가장 관심 있는 평가 형태이다. 따라서 이 절에서는 학생의 학업성취도 평가에 초점을 맞추어 살펴보기로 한다.

학업성취도 평가는 교사가 학생들이 수업목표 달성도를 결정하는 것을 돕기 위한 것이다. 목표달성 정도를 알아보는 데는 구술검사 · 필답검사(筆答檢查) · 작업검사 · 관찰법 · 면접법 · 질문지법 · 사회성 측정법 · 평정법 등이 있다. 이 중에서 가장 보편적으로 사용되는 것은 필답검사이다.

그러나 필답검사가 수업목표의 달성도를 측정하는 데 만능의 검사는 아니다. 지적(인지적) 영역의 행동(지식 · 이해 · 응용 · 분석 · 종합 · 평가)은 이 검사로 어느 정도 측정해 낼 수 있지만, 정의적 영역의 행동(감수 · 반응 · 만족 · 가치) 측정은 제한적일 수밖에 없다. 따라서 여기에서는 인지적 영역의 행동평가와 정의적 영역의 행동평가를 나누어 다루기로 한다.

1) 인지적 영역의 평가

인지적 영역의 평가는 학생들의 표현력 · 사고력 · 종합력 · 창의력 등 소위 인간의 고등정신기능을 측정하는 평가이다. 이에는 논문형(論文型) 검사와 객관형(客觀型) 검사가 있다.

(1) 논문형 검사

논문형 검사는 적은 수의 문제를 내고, 아는 바를 써라 · 설명하라 · 논의하라 · 요약하라 · 비교하라 · 비판하라 등의 형태로 문제가 주어지며 이에 대하여 자유롭게 기술하는 방법이다. 이 방식은 전통적 시험방법으로 옛날부터 사용되었던 것인데, 20세기 초의 측정운동이 대두되면서 주관적(主觀的)이라는 이유로 비난을 받았다. 그러나 그 후 평가운동이 일어나면서 다시 그 가치가 인정되고 있으며 근래에 와서는 전문가들의 연구로 좀 더 발전되었다.

논문형 검사의 예

1. **비교능력**: 우리나라 동해안과 서해안의 기후를 전체적으로 비교하라.
2. **관계의 이해**: 전기의 발명이 공업발전에 어떠한 영향을 주었는지를 기술하라.

3. **사태의 설명**: 인플레이션에 대해서 아는 바를 설명하라.
4. **요약능력**: 제6공화국 신헌법의 내용을 간단히 요약하라.
5. **사태의 분석**: 타인에게 신뢰를 받는 사람이 가지는 성격을 분석하라.
6. **지식·원리의 응용력**: 상대성의 원리를 설명하고, 이 원리가 적용되고 있는 것을 열거하라.
7. **평가·비판력**: 현행 학교제도의 개선점을 서술하라.
8. **가치관**: 한일 간(韓日間)의 정치 현안문제에 대하여 논술하라.

논문형 검사 작성상의 유의점

① 논문형 검사로 잴 수 있는 교육목표에 한하여 출제할 것
② 교육목표를 명확히 하고 이에 관련되는 정신작용을 고려하도록 문제를 작성할 것
③ 학생의 정도를 고려하여 이에 맞도록 자유도(自由度)를 규정할 것
④ 묻는 말을 분명히 나타내도록 문제를 출제할 것
⑤ 곤란도(困難度)를 조절하여 제한된 시간 내에 모든 문제를 답할 수 있도록 쉬운 것부터 배열할 것

논문형 검사의 장·단점

장점: ① 복잡한 고등정신기능을 측정하는 데 유용하다.
② 반응의 자유도가 높다.
③ 인성진단의 자료를 얻는 데 유용하다.
④ 학습태도를 개선해 주고 바람직한 학습방향을 제시해 준다.
⑤ 문항제작에 시간과 노력이 절약된다.

단점: ① 채점의 신뢰도·객관도가 부족하다.
② 문항의 표본이 제한된다(포괄도가 낮다).
③ 채점하는 데 시간과 노력이 많이 든다.

(2) 객관형 검사

객관형 검사는 여러 종류로 구분할 수 있는데 그중에 중요한 것으로는 진위형·선다형·완성형·단답형·배합형 등이 있다.

① 진위형

진위형(true-false type)은 어떤 문장의 진술이 맞는지 틀리는지를 판단하게 하는 형식으

로 옳은 진술에는 O, 틀린 진술에는 X 등의 기호로 표시하도록 한다.

진위형의 예

1. 상대평가는 준거참조평가이다. (   )
2. 타당도란 '무엇을 재고 있느냐'의 개념이다. (   )

진위형 문항 제작상의 유의점

① 반드시 진실이 아니면 거짓인 진술을 사용할 것
② 길고 복잡한 진술을 피할 것
③ 교과서에서 따온 것을 그대로 사용하지 말 것
④ 가급적 부정적인 문장을 피할 것
⑤ '절대로', '반드시', '결코' 등의 제약을 주는 말은 피할 것
⑥ 진실과 거짓의 문항은 거의 같은 수로 하며, 문항배열을 뒤섞어 놓을 것

진위형의 장·단점

장점: ① 문항을 많이 낼 수 있으므로 광범위한 능력을 잴 수 있다.
② 사실의 이해나 과학적인 판단력 측정에 적당하다.
③ 문항작성이 쉽다.

단점: ① 정답에 대한 우연적 적중률(的中率)이 객관식 검사 가운데 가장 높다.
② 문항구조가 간단하므로 문항의 초점이 불명확하게 되기 쉽다.
③ 고등정신기능을 측정하기가 어렵다.

② 선다형

선다형(multiple-choice type)은 한 문항에 답지를 둘 이상 마련하여 이것들 중에서 정답을 선택하게 하는 형식으로, 문항작성의 기술에 따라서 단순한 지식이나 기초능력에서부터 자료 해석력·판단력·추리력 등의 고등정신기능까지도 측정할 수 있다.

선다형의 예

1. 채점기준의 설정이 가장 어려운 문항형식은?
① 단답형 ② 완결형 ③ 논문형 ④ 배합형

2. 몇 번이고 되풀이해서 측정해도 같은 결과가 나오는 것을 무엇이라고 하는가?

① 타당도가 높다 ② 신뢰도가 높다

③ 객관도가 높다 ④ 실용도가 높다

선다형 문항 제작상의 유의점

① 문항은 의문형 또는 미완성 문장으로 하되 간단명료하게 쓸 것

② 문항과 답지는 의미상으로 잘 관련이 지어지도록 할 것

③ 답지에는 반드시 정답이나 최선답이 있도록 할 것

④ 답지에는 어려운 전문적인 용어를 쓰지 말 것

선다형의 장·단점

장점: ① 제작상의 기술에 따라서 고등정신기능까지도 측정할 수 있다.

② 답지가 많으므로 진위형보다 우연적 적중률이 낮다.

③ 채점이 객관적이며 쉬워서 결과처리를 신속·정확하게 할 수 있다.

④ 문항의 분량이 많아서 포괄도(包括度)가 높다.

단점: ① 동질적인 선택지(選擇肢)의 선정에 시간이 많이 걸린다.

② 표현력·작문력을 측정할 수가 없다.

③ 완성형

완성형(completion type)은 문장의 일부를 비워 놓고 괄호 속에 낱말이나 어구를 기입하게 해서 그 문장을 완성시키는 형식인데, 주로 기본적 지식이나 기억을 측정하는 데 쓰이며 세련되게 제작하면 고도의 이해력이나 판단력도 측정할 수 있다.

완성형의 예

1. 교육평가는 (　　)의 달성 여부를 다룬다.
2. (　　)를 채점자의 신뢰도라고도 부른다.

완성형 문항 제작상의 유의점

① 문장 속에 공란을 만들 때에는 제일 중요한 부분을 뺄 것

② 정답이 꼭 하나로 정해진 것을 사용할 것

③ 문장 속에 공란을 너무 많이 만들지 말 것
④ 공란을 가급적 같은 길이로 할 것

완성형의 장·단점

장점: ① 추측에 의한 답이 적어진다.
② 비교적 고도의 이해력이나 판단력을 측정할 수 있다.

단점: ① 단편적인 지식이나 기억력 위주의 측정에 그치기 쉽다.
② 추리력·종합력·표현력을 평가할 수 없다.

④ 단답형

단답형(short-answer type)은 질문에 대해서 간단한 대답을 하게 하는 형식으로 누가·언제·어디서·무엇을 등의 사실적 지식이나 간단한 기능을 알아내는 데 많이 사용된다.

단답형의 예

1. 절대평가에서 평가기준으로 삼는 것은 무엇인가? (　　)
2. 채점자들 간의 신뢰도란 무엇을 뜻하는가? (　　)

단답형 문항 제작상의 유의점

① 정답이 하나만 나오도록 질문을 명료하게 할 것
② 교과서에 나오는 문장을 그대로 인용하지 말 것
③ 정답에 맞도록 충분한 공란을 주고 채점하기 쉽도록 배열할 것
④ 모범답안 또는 채점기준을 문제와 동시에 작성할 것

단답형의 장·단점

장점: ① 추측만으로는 정답을 맞히기가 어렵다.
② 초점을 묻게 되므로 답을 명확히 쓸 수 있다.
③ 문항작성에 전문적인 기술이 필요 없으며 짧은 시간에 많은 문항을 낼 수 있다.

단점: ① 암기위주의 학습을 유도할 우려가 있다.
② 정답이 여러 개 나올 가능성이 있으므로 객관적인 채점이 곤란할 때가 있다.
③ 이해력·판단력·추리력·응용력 등을 측정하기가 힘들다.

⑤ 배합형

배합형(matching type)은 선택형의 복합형식으로 전제(前提)와 답지(答肢)를 많이 만들어 양쪽의 계열에서 서로 관계가 있는 것끼리 선을 그어 묶어 놓게 하는 방법으로, 좌우 또는 상하에 두 줄로 몇 개 사항을 배열하여 관계가 있는 것끼리 선을 긋게 하거나 번호를 표시하게 한다. 이것은 주로 사건과 연대, 책과 저자, 원인과 결과의 관계 등 지식과 이해를 측정하는 데 쓰인다.

배합형의 예

1. 서로 관계있는 것을 골라 (　　) 속에 번호를 기입하라.

① 동간척도	농구선수 백넘버 (　　)
② 명명척도	석차 (　　)
③ 비율척도	온도계 눈금 (　　)
④ 서열척도	CGS단위 (　　)
	중앙치 (　　)
	사분편차 (　　)

2.

① 표준화검사	예언 (　　)
② 형성 평가	몰가치성 (　　)
③ 적성검사	평균치의 차의 유의성 검증 (　　)
④ 교육측정	교사 자신이 제작한 도구 (　　)
	측정치의 안정성 (　　)
	규준점수 (　　)

배합형 문항 제작상의 유의점

① 양쪽의 계열이 서로 동질적(同質的)인 것으로 할 것
② 양쪽의 항목수를 서로 달리하여 한쪽이 2, 3개 더 많도록 할 것
③ 어떤 관계로 배합할 것인가를 명백히 지시할 것

배합형의 장·단점

장점: ① 제작기술 여하에 따라서는 여러 가지 고등정신기능을 측정할 수 있다.
② 짧은 시간에 중요한 인물과 사건 및 시대를 동시에 관련지어 생각하는 능력을 측정할 수 있다.

단점: ① 피상적 연상이나 기억위주의 검사가 되기 쉽다.
② 어떤 암시를 주지 않기 위한 동질적인 각 항목의 배열이 힘들다.

2) 정의적 영역의 평가

정의적 영역은 감정적 색조(色調)나 정서, 수용 또는 거부의 태도 등이 강조되는 목표를 말하며, 우리의 일상생활에서 감수 · 반응 · 만족 · 가치화 · 조직화 · 인격화 등에 관련되는 영역이다.

학력의 평가가 주로 인지적 영역의 평가라고 하면, 정의적 영역은 비지적(非知的) 영역의 평가이다. 우리나라의 각급학교 생활기록부에는 행동발달 상황이라고 하여 근면성 · 책임감 · 협동성 · 준법성 · 자주성 등과 같은 덕목(德目)이 나열되어 있다. 정의적 영역은 인지적인 영역에 비하여 평가의 대상과 방법이 불확실하며 따라서 신뢰도 · 타당도 · 객관도가 낮은 편이다. 그러나 전인교육(全人敎育)을 목표로 하고 있는 오늘날의 교육에 있어서 정의적 영역의 평가는 더욱 강조점을 두고 실시되어야 하며 또한 평가기술도 개발되어야 한다.

정의적 영역의 평가방법으로는 관찰법 · 면접법 · 질문지법 · 사회성 측정법 그리고 평정법 등이 있는데 그 각각을 간단히 설명하면 다음과 같다.

(1) 관찰법

관찰법(observation)은 시각과 청각 등 조사자의 감각을 통하여 직접적으로 조사대상자나 사물의 특성을 과학적으로 관찰하여 분석하는 방법이다. 관찰법의 특징은 직접성(直接性)과 현재성(現在性)에 있다. 지금 일어나고 있는 사태 또는 조사대상의 행동이나 언어가 다른 사람의 개입 없이 관찰자에게 직접 수집되어진다는 점이 다른 조사방법과 다른 점이다.

관찰법의 장점은 조사대상자의 자발적인 행동을 관찰할 수 있고, 현실적인 장면에서 폭넓은 행동을 볼 수 있으며, 값비싼 시설이나 도구가 필요없다는 것 등을 들 수 있다. 반면에 단점으로는 한 번 일어난 행동을 다시 관찰하기 위해서는 오랜 시간이 걸리고, 과거의 행동은 알 수가 없으며, 관찰자 자신의 편견이나 선입관 등이 작용할 가능성이 있다는 점이다. 관찰법을 사용할 때에 유의할 점은 조사대상자에게 관찰하고 있다는 의식을 주지 말아야 한다는 것이다. 즉, 관찰기록 방법, 관찰시간, 관찰장면의 선택에 대해서 사전에 신중한 계획을 세워야 한다.

(2) 면접법

면접법(interview)은 조사대상자와 이야기를 직접 나누면서 필요한 자료를 모으는 방법이다. 즉, 얼굴과 얼굴을 맞댄 접촉상황 하에서 조사대상자에게 직접 자료를 수집하는 방법이다. 그러나 최근에 와서 면접은 그 이상의 의미와 가치를 가진다고 믿어지고 있다. 그 이유는 면접이 단순히 상대방으로부터 어떤 정보나 자료를 얻기 위해서만 이루어지는 것이 아니라, 면접을 하는 과정에 치료적 가치를 발견할 수 있기 때문이다. 그러므로 단순히 정보를 얻기 위한 면접만이 아니라, 보통 면접상담(counseling interview)이라고 부르는 치료적인 면까지 이해하고 있어야 한다.

면접법(面接法)의 장점은 현재의 일뿐만 아니라 과거의 사실이나 장래의 희망까지도 파악할 수 있고, 면접 중의 태도나 표정을 통해서 상대방의 의중(意中)을 알아낼 수 있으며, 필요에 따라서 질문을 자유자재로 바꿀 수 있다는 점 등이다. 반면에 단점으로는 고도한 기술과 장기간의 훈련이 필요하며, 결과를 통계적으로 처리하여 해석하기가 어렵다는 점이다. 면접법을 사용할 때에 유의할 점은 면접 당사자 간에 친밀한 심리적 융합(rapport)이 되어 있어야 하고, 상대방에게 책임을 지우거나 힐책(詰責)을 하지 말 것이며, 면접자는 주로 잘 듣는 편이 되어야 한다는 것이다. 또 면접 후에는 필요한 요점을 기록하거나 정리해 두어야 하며, 면접 중에 알게 된 비밀을 지켜 주어야 한다.

(3) 질문지법

보통 회답자 자신이 설문을 읽고 회답을 직접 써 넣는 자기보고의 형식을 질문지법(questionnaire)이라고 한다. 다시 말하면 평가하고자 하는 문제에 대해서 일정한 방식 및 내용의 질문을 작성하여 조사대상자에게 제시하여 그들의 반응, 주된 태도와 의견 등을 알아보려는 것이 질문지법이다. 따라서 질문지법은 질문을 작성해서 조사대상자의 반응을 얻는 것이라고 할 수 있다. 20세기로 접어들면서 이 질문지법이 광범위하게 이용되고 있는데 그 이유는 교육문제 · 사회문제 · 인간문제를 연구하는 데 있어서 실험적 방법이나 관찰법 · 면접법만으로는 해결할 수 없는 문제가 많기 때문이다.

질문지법의 장점은 다른 조사방법으로는 측정할 수 없는 광범위한 문제에 대해서 많은 대상자를 단시일 내에 연구할 수 있다는 것이며, 반면에 단점으로는 질문을 통제할 수가 없으며, 자료를 엄격히 다룰 수 없기 때문에 자료에 대한 신뢰성이 적다는 점이다. 질문지법을 실시할 때 유의할 점은 질문하는 내용이 가급적 간단하고, 구체적이며, 객관적이어야 한다는 것이다. 또 해답을 암시하지 말고 특히 회답자가 생각하는 의견과 사실을 구별하여 처리하되 사실만을 보고하도록 연구하여야 한다.

(4) 사회성 측정법

인간은 복잡한 인간관계 속에서 생활하고 있다. 어떤 사람은 많은 사람들에 의하여 받아들여지고, 환영받는 반면에 어떤 사람은 많은 사람들이 싫어하고 멀리하려고 하기도 한다. 또 집단 내에서 비공식적인 여러 소집단이 형성되어 그 집단의 기능수행을 돕는 수도 있고 방해하는 수도 있다. 이와 같이 집단 내에서 개인의 사회적 위치 및 비공식적인 집단형성의 구조를 알아내는 방법을 사회성 측정법(sociometry)이라고 한다.

이 사회성 측정법을 발전시킨 사람은 모레노(J. L. Moreno)이다. 그는 1932년 미국 뉴욕시의 브루클린(Brooklyn)에 있는 공립학교의 유치원부터 8학년까지의 학생들에게 자기 옆에 앉기를 원하는 학생들을 선택하도록 요구하는 조사를 실시한 바 있었다. 그 결과, 어떤 학생은 많은 학생들에 의하여 선택되었으며, 어떤 학생은 전혀 선택되지 않았고, 또 어떤 학생들은 양자의 중간에 있었다. 이를 좀 더 자세히 분석해 본 결과 상호 선택뿐만 아니라 집단의 형성관계를 관찰할 수도 있었다. 모레노는 이와 같은 현상에 착안(着眼)하고, 이를 발전시켜 1943년 『누가 살아남을 것인가?』라는 저서를 발간한 바 있다. 이 책이 바로 사회성 측정법을 발전시키는 계기가 되었다.

사회성 측정법은 그 후 급속히 보급되어 여러 가지 교육현장 연구에 이용되어 왔다. 사회성 측정법의 장점은 문항작성이 쉬워서 교사는 누구나가 작성할 수 있으며, 검사시간이 극히 짧아서 5~6분에 실시할 수 있고, 그 결과의 응용범위 및 효과가 크다는 것이다. 반면에 단점으로는 인간관계나 집단의 구조는 항상 유동성(流動性)을 띠고 있는데도 불구하고 조사결과의 해석에 있어서 고정된 현실적 관계로 생각하기 쉽다는 점이다. 사회성 측정법을 사용할 때 유의할 점은 선택하는 집단의 범위가 명확해야 하고, 조사대상자에게 의미 있는 특정한 선택기준을 마련해야 하며, 무제한의 선택 또는 거부를 허용하되 지시문은 친절하고 구체적이어야 한다는 것이다.

(5) 평정법

평정법(rating method)은 관찰결과를 어떤 척도상의 유목(類目)이나 숫자에 의거해서 기록하고 정리하는 방법으로서, 교육평가의 모든 분야에서 널리 쓰이고 있는 방법 중의 하나이다. 평정법은 평가자의 주관이나 편견 또는 가치관의 차이 때문에 부정확하기 쉬운 관찰결과의 평가를 보다 엄밀하고 정확하게 평정해 낼 수 있으며, 다른 방법으로는 평가하기 어려운 복잡한 행동의 증거를 좀 더 세분해서 과학적으로 파악하고 평가할 수 있는 방법이다.

평정법은 검사 자체로는 재지 못하는 인간의 심리적 특성을 측정하고 수량화시키는 방법으로, 예를 들면, 학습태도나 정의적 영역 또는 심체적 영역의 문제들을 관찰이나 기타 행동평가 방법에 의해 측정하는 것이다. 이 같은 특성들을 측정하여 수량화시키기 위해서는 검사에서 요구되는 것보다 세련되고 과학적인 도구가 되어야 하는데 평정법은 이와 같은 도구의 일종으로 생각할 수 있다.

평정법의 장점은 여러 검사사태에 적용할 수 있고, 다양한 교육목표를 평가할 수 있으며, 평정 자체가 실제적·이론적 준거가 될 수 있다는 것이다. 반면에 단점으로는 평정이 주관적으로 이루어질 가능성이 없지 않으며, 평정의 타당도도 낮아질 우려가 있다는 점이다.

평정법을 실시하는 데 유의할 점은 평정자가 관찰의 착오에서 벗어나도록 노력해야 하고, 가능한 한 여러 평정자가 함께 평정하여 그 결과를 비교하여 객관도를 높여야 한다. 또 평정척(評定尺)을 사용할 때 평정척의 모든 평점 단계를 사용하고, 평정척에는 평정될 행동의 특성이 명백히 정의되어야 한다.

제 11 장 교육행정과 조직

1. 교육행정의 개념
2. 교육행정의 조직
3. 교육제도

1. 교육행정의 개념

1) 교육행정의 정의

교육행정에 대한 정의(定義)는 학자마다 다르게 내리고 있으나, 지금까지의 정의를 종합해 보면 다음 네 가지 입장으로 정리할 수 있다.

(1) 법규해석적 정의

법규해석적(法規解釋的) 정의에 입각한 교육행정은 교육행정을 '교육에 관한 행정'이라고 보는 입장이다. 즉, 국가의 통치작용을 삼권분립에 의해 입법 · 사법 · 행정으로 구분하고, 행정의 영역 중 교육에 관한 법을 집행하는 행정영역을 지칭한다.

이러한 정의의 교육행정은 교육법규를 해석하고, 교육정책을 집행하는 것에 중점을 두며, 행정작용에 있어서 권력적 · 강제적 요소를 강조한다. 이것은 곧 교육행정을 일반행정의 과정(過程) 속에 매몰시켜 교육행정의 전문성 · 독자성 · 특수성을 찾아볼 수 없었던 전통적인 교육행정이라고 할 수 있다.

법규해석적 정의에 의한 교육행정은 그 자체가 중앙집권적이고 관료통제적일 뿐만 아니라 교육의 성격마저도 결정짓게 된다. 교육행정뿐만 아니라 교육실천 면에 있어서도 입법부가 정한 법률이나 행정부의 명령과 지시에 따른 충실한 이행만이 최대 관심사가 된다. 자율적이고 창의적인 교육실천은 이단시(異端視)되고 법령위반이 되어 교육은 통제적인 틀 속에서 획일적으로 이루어진다.

(2) 조건정비적 정의

조건정비적(條件整備的) 정의에 입각한 교육행정은 교육행정을 '교육을 위한 행정'이라고 보는 입장이다. 법규해석적 교육행정이 '교육에 관한 행정', 즉 교육을 행정한다고 보는 입장이기 때문에 행정이 교육보다 우위(優位)에 있게 되고, 권력을 가지고 위에서 밑으로 통제하는 행정이라고 한다면, '교육을 위한 행정'은 교육이 잘 수행될 수 있도록 밑에서 위로 조성해 주고 지원해 주는 행정이라고 할 수 있다.

조건정비적 정의에 의한 교육행정은 지방분권적이고 자율적인 교육행정으로서 행정이 국가의 권력으로부터 출발하지 않고, 교육의 실제적 필요에 입각해서 기능적으로 수행되어진다. 말하자면 교육행정이 실제로 어떠한 작용을 하고 있는가 하는 사실인식에서 출발하여 교육행정의 본질을 파악하려는 입장이다. 이러한 교육행정은 행정 그 자체가 목적(目的)이 아닌 수단(手段)으로서 교육에 필요한 인적·물적 제반 조건을 정비·확립시켜 주는 보조적인 봉사활동인 것이다.

교육행정에 대한 이 입장의 대표적인 학자로 몰맨(A. B. Moehlman)과 리더(W. G. Reeder) 등을 들 수 있다. 몰맨은 교육행정의 과정은 교수(teaching)의 필요에 의해서 발생하는 것이기 때문에 교육행정은 교수의 목표를 달성하는 데 목적이 아니라 단지 수단으로 고려되어야 하며, 또 교육행정은 본질적으로 교육과정(educational process)의 기본목표들을 보다 효과적으로 실현하기 위한 봉사활동이라고 하였다. 리더도 교육행정은 그 자체로는 존재해야 할 하등의 이유가 없다는 것이다. 교육행정은 교수·학습활동을 통해서 교육목표를 달성하기 위한 수단으로 존재하는 것이지 그 자체에 어떤 목적이 있는 것은 아니라는 것이다. 그렇기 때문에 교육행정은 가르치는 교사와 배우는 학생을 돕기 위해서 있는 것이다. 따라서 교육행정의 효능(efficacy)도 그것이 교수·학습활동에 얼마나 기여하였느냐로 측정되어야 한다. 따라서 교육행정가는 교수·학습활동을 돕기 위한 봉사자로서의 역할을 해야 한다.

조건정비적 정의에 의한 교육행정을 해나갈 때는 교육의 성격도 달라진다. 이 경우 교육인적자원부는 권력기관에서 교육현장에 봉사해야 하는 봉사기관으로 자리하게 된다. 지방에도 지역주민의 의사(意思)를 반영하기 위한 교육위원회(敎育委員會)가 구성되고, 교육행정가는 감독자로부터 지도조언자로 바뀌고 교육현장도 감독과 통제에서 벗어나 자유롭게 민주교육을 해나갈 환경이 조성되어야 한다.

(3) 정책실현설

정책실현설(政策實現說)로 정의되는 교육행정은 교육행정을 '국가의 권력기관이 교육정책을 실현하는 과정'으로 보는 입장이다. 앞에서 설명한 조건정비적 입장은 교육행정을 주로 설정된 교육목표를 달성하기 위한 수단으로 보아 권력적인 요소를 덜 중요시하였다. 그러나 실제에 있어서 교육목표는 국가권력에 의해서 지지된 이념(理念)이기 때문에 교육행정이 권력의 행사 없이 교육목표를 달성한다는 것은 현실적으로 불가능한 일이다.

교육행정을 국가의 권력기관이 교육정책을 실현하는 과정으로 보는 교육행정은 권력을 행정의 성립 요소(要素)로 하고 있다는 점에서 사사로운 사기업(私企業) 행정과는 구별되며, 교육정책의 결정과 집행을 동시에 고려하고 있다는 점에서 단순한 수단적·봉사적 활동과도 구분된다. 따라서 교육정책의 결정과 교육행정의 집행은 상호 간에 밀접한 관련이 있다. 교육정책은 교육행정의 방향이나 목표를 제시하는 반면에 교육행정은 교육정책 수립과정에 유용한 정보를 제공하고 전문적 조언을 함은 물론 때로는 그 과정에 직접 참여하게도 된다.

이 입장은 정책을 결정하는 것은 입법(立法)이고 결정된 정책을 집행하는 것은 행정(行政)으로 보아, 입법과 행정을 분리시켰던 입법·행정 이원론(二元論)을 부정하고, 행정의 본질을 입법과 밀접히 관련시켜 파악하여 정책결정의 기능까지도 행정으로 보려는 입법·행정 일원론(一元論)의 입장이다. 따라서 정책실현설에 의한 교육행정은 국가의 권력기관이 교육목표를 달성하기 위한 계획을 세우고, 그 계획을 구체화하기 위한 실제 작용 또는 국가나 지방자치단체가 교육활동에 관한 목표를 수립하고, 목표달성을 위하여 지도·감독하는 데 따르는 일련의 봉사활동이라고 할 수 있다. 교육행정에 대한 이러한 입장은 교육의 사회성·공공성을 강조하는 한편 국가도 교육에 책임을 지는 것을 전제로 하는 것으로 교육행정 실제 작용에 가장 접근하고 있는 것이라 하겠다.

(4) 행정행위설

행정행위설(行政行爲說)로 정의되는 교육행정은 교육행정을 '교육조직의 공동 목표를 달성하기 위해 합리적 협동행위를 이룩하려는 작용'으로 보는 입장이다. 오늘날 행정학의 성격이 행정을 받는 대상, 즉 정부조직·기업체·학교·군대·교회·병원 등의 특수성보다는 이들 속에서 볼 수 있는 공통점을 강조함에 따라 교육행정도 타 분야의 행정과 마찬가지로 많은 사회과학자나 행동과학자들의 연구에 힘입어 교육행정 특유의 개념·법칙·이론 정립을 위한 체계적이고 과학적인 연구가 주류를 이루어 오고 있다. 교육행정에 대한 이러한 새로운 시각은 행정에 대한 다음과 같은 연구경향에 연유한다. ① 행정을 학문으로, 행정가를 전문가로 규정하려는 노력, ② 행정을 결정 · 행위 · 수행 · 인간관계 · 사회관계 등과 같은 현상으로 보려는 광범위한 연구, ③ 모형(模型)과 이론(理論)을 행정연구에 적용해 보려는 시도, ④ 행정을 내용과 과정의 두 차원으로 분석하고 구분하려는 경향, ⑤ 새로운 지식 · 정보 · 기술의 폭발, 인구현상, 이념적 갈등, 가치체계의 변화 등 행정에 있어서 새로운 관점을 통합하려는 모든 세력에 대한 인식, ⑥ 행정의 과학적 연구에 대한 학자와 연구자들의 높아진 관심 등이다.

캠벨(R. F. Campbell) 등은 교육행정이 타 분야의 행정과 마찬가지로 '행정' 앞의 명사인 '교육'을 강조한 나머지 정작 강조되어야 할 명사인 '행정'은 간과해 왔다고 지적하고, 교육행정을 이해하려면 행정학에 대한 이해가 반드시 필요하다고 하였다. 즉, 교육행정을 일반행정이나 기업행정 등과 다르게 보려는 편협한 관점을 버리고, 행정 앞의 한정사(adjectival qualifiers)와는 관계없이 행정은 행정 그 자체로서 과학적인 연구주제가 될 수 있다는 점을 강조한 것이다.

행정행위설은 교육행정을 협동적 집단행위로 보며 교육조직의 공동 목표를 달성하기 위한 합리적 협동행위라고 정의한다. 따라서 교육행정은 반드시 집단과 조직을 전제로 한다. 이러한 집단이나 조직은 폭도(mob)나 일반 군중과 같은 우연적 · 일시적인 집합(集合)이 아니라 정부조직 · 노동조합 · 기업체 · 학교 · 군대 · 교회 등과 같이 지속성을 지닌 조직을 말하며, 거기에는 반드시 달성하려고 하는 공동 목표를 상위목표로 하여 각양각색의 하위목표를 가진 구성원들로 이루어진다.

합리적 협동행위를 이룩하려는 작용이란 인간의 노력과 시간 그리고 비용을 가능한 한 최소로 들이면서 최대의 효과(조직목표 달성)를 올리기 위해 두 사람 이상의 힘을 합하고 조정하는 작용을 말한다. 이와 같은 해석은 모든 조직체에 다 적용할 수 있는 것으로, 이를 교육 또는 학교에 적용해 보면 교육행정이란 학교라는 조직의 교육목표를 달성하기 위한 합리적인 협동행위를 이룩하려는 작용이라 할 수 있다.

2) 교육행정의 성격

교육행정은 공동 목표 달성을 위한 합리적인 협동행위라는 점에 있어서, 그리고 교육행정이 주로 인사·재정·시설의 관리와 지도·감독을 한다는 점에 있어서 일반행정과 공통된 점도 많지만 교육행정 고유의 특수성 내지 독자성이 있음을 알아야 한다.

교육행정은 일반행정이 지니고 있는 성격과 교육행정만이 가지고 있는 특수성을 다 같이 공유하고 있다. 여기에서는 교육행정의 특수한 성격에 대해서 개괄적으로 논의하고자 한다.

(1) 교육행정의 조성적·봉사적 성격

공법학적(公法學的)으로 교육행정의 개념을 밝혀 볼 때, 교육행정은 공공행정에 속하지만 규제행정보다는 조성행정의 성격이 강하다. 즉, 교육행정은 규제행정이 소극적으로 사회 공공질서 유지를 목적으로 하는 것과는 달리 적극적으로 사회 공공복지를 증진시키는 것을 목적으로 하고 있다. 그렇기 때문에 교육행정은 권력의 행사에 의존하기보다는 정신적·물질적 봉사에 역점을 두고, 지도·조언을 수단으로 하는 행정이다.

또 조건정비적 정의에 입각한 교육행정이 인적·물적 제반 조건을 정비·확립시키는 것을 목표로 함을 볼 때, 교육을 위한 행정으로서 조성적·봉사적 성격을 강하게 지니고 있음을 알 수 있다. 미국의 교육행정은 지원적·조성적·봉사적 성격을 강하게 띠면서 발전해 왔는데, 이것은 교육 본래의 성격이 조성적이고 봉사적이기 때문이기도 하다.

(2) 교육행정의 수단적·기술적 성격

교육행정이 교육목표 달성을 위하여 필요한 인적·물적 제반 조건을 정비·확립하여 그 실천을 위한 것이라고 한다면 교육행정은 수단인 동시에 기술적인 성격을 갖추고 있어야 할 것이다. 교육행정이 행정을 위한 행정이 아니고 어디까지나 교육을 위한 행정, 교육의 능률화를 위한 행정이기 때문에 거기에 수단과 기술이 필요하게 됨은 당연한 일이다.

오늘날의 교육의 내용과 방법이 매우 복잡해지고 그 규모도 더욱 확대되고 있기 때문에 실제 교육행정을 수행해 나가는 데도 많은 기술적인 문제와 어려움에 부딪히게 된다. 그러므로 교육목표를 가장 효율적으로 달성하기 위해서는 능동적이고 신속한 기술이 필요하다. 그것은 교육행정 활동이 고정적이고 경직된 것이 아니라 유동적이고 발전적인 성격을 띠고 있다는 것을 의미한다.

(3) 교육행정의 민주적 · 중립적 성격

교육의 민주화는 필연적으로 교육행정의 민주화를 요구한다. 따라서 교육행정의 성격 가운데 민주적 성격은 가장 중요시되어야 한다. [교육기본법] 제 5 조에는 국가 및 지방자치단체는 교육의 자주성을 보장하여야 한다고 규정함으로써 교육행정의 민주적 성격을 밝히고 있다. 이것은 [헌법] 제 31 조 제4항에 교육의 자주성 · 전문성 · 정치적 중립성 및 대학의 자율성을 법률이 정하는 바에 의하여 보장하도록 규정한 것에 근거한 것이다. 즉, 교육은 자주성과 중립성을 보장받으면서 외부의 간섭 없이 그 전문성과 특수성에 비추어 독자적인 견지에서 교육 본래의 목적에 의거하여 운영 · 실시되어야 한다.

(4) 교육행정의 전문적 성격

사회가 복잡해짐에 따라 각 부분의 행정에는 고도의 전문성과 특수성이 요청되고 있다. 특히 교육은 그 자체가 전문성(專門性)을 갖고 있으므로 교육행정도 전문성을 전제로 행해져 왔고, 교육행정의 각 분야가 전문적이기 때문에 교육행정직은 전문적 교육과 특수한 훈련을 받은 전문가에 의해서 수행되어야 한다. 구체적으로는 교육감(敎育監)제도와 교육장 · 교장 · 교감 · 장학직 · 교육연구직 등이 교육경력을 필수 요건으로 하거나 교육전문직으로 되어 있음을 알 수 있다.

(5) 교육행정의 특수한 성격

위에서 논의한 교육행정의 성격들은 다른 부분의 행정에서도 그것과 유사한 것을 찾아볼 수 있을 것이다. 그러나 교육행정의 특수한 성격은 교육행정에서만 찾아볼 수 있는 것으로, 행정보다는 교육에 더 강조점을 둠으로써 교육행정이 다른 부분의 행정과는 구별되는 특수한 성격이 드러나게 된다.

교육행정의 특수한 성격으로는 첫째, 교육은 장기적 투자(投資)이며 그 성과를 평가하기도 지극히 어렵다는 점이다. 교육에 투입되는 돈은 긴 안목으로 보지 않는다면 긴요하거나 긴급하지도 않고 때로는 비생산적일 수도 있다. 국방비 · 치안유지비 · 방역비(防疫費) 등은 삭감할 수도 없고, 지출을 연기할 수도 없으며 지출을 하지 않을 수도 없는 특징을 지니고 있으나, 교육비는 일시적으로 지출을 연기하거나 정지하더라도 국가 재산이나 국민의 생명을 직접 좌우하거나 촌각을 다투는 문제는 발생하지 않기 때문에 비긴요성 · 비긴급성을 지닌다고 할 수 없다.

둘째, 교육행정의 특수성은 교육에 관여하는 사회집단의 특수성에 있다. 교사집단은 전공지식과 독특한 기능을 가진 전문직임을 특징으로 하며, 학생집단은 지적 · 신체적 · 정서적 · 사회적 발달에 있어서 아직 미숙한 성장세대의 전형(典型)이다. 또한 교육은 교육전문가와 비교육전문가의 참여의 한계가 분명하지 않을 정도로 전 사회의 관심사이다. 이와 같이 이질적인 사회집단들을 상대로 공동 목표를 달성하기 위하여 수많은 사람들의 노력을 조정해 나가는 일은 결코 수월하지 않다. 교육행정을 이해하는 데 있어서 이상과 같은 교육활동의 전문성과 교육활동에 관여하는 사람들의 특수성을 충분히 이해한다.

현대교육이 새로운 사회적 요구에 부응하기 위하여 변화하고 있는 것과 같이 교육행정 또한 크게 변모하고 있다. 이렇게 변화 · 발전하고 있는 현대 교육행정의 특징으로서 다음과 같은 여섯 가지를 들 수 있다.

첫째, 현대 교육행정은 행정력(行政力)의 강화를 뚜렷한 특징으로 하고 있다. 이는 현대 국가에서 행정력의 강화가 하나의 특징으로 나타나기 때문이다. 행정력을 강화한다는 것은 행정활동의 범위가 확대되고, 그 기능이 강화됨은 물론 권력 행사의 비중이 커짐을 의미한다.

둘째, 현대 교육행정은 그 직무의 전문화(專門化)를 특징으로 한다. 이는 교육행정의 업무가 세분화되고, 그 특수성이 인정됨에 따라 고도의 전문성을 요구하게 되었다는 것을 의미한다.

셋째, 현대 교육행정이 추구하는 특징의 하나는 합리화(合理化)의 촉진에 있다. 이것은 교육행정 활동에 있어서 경제성의 원리가 중요시되고, 효율적인 목표달성이 강조되고 있음을 의미한다.

넷째, 현대 교육행정은 민주적 운영을 그 특징으로 한다. 따라서 교육자치제가 실시되고 교육정책 수립과정에 그 지역 주민의 민주적 참여가 강조된다.

다섯째, 현대 교육행정은 중립화(中立化)를 하나의 특징으로 하고 있다. 교육행정의 중립화는 교육활동이 정치적·종교적으로 편파된 영향을 받지 않도록 보장하기 위한 것이다.

여섯째, 현대 교육행정은 학교교육뿐만 아니라 사회교육(社會敎育)에 대해서도 관심을 갖는 것을 특징으로 한다. 이는 평생교육(life-long education)이 강조되는 현대 교육사조(敎育思潮)와 그 맥락을 같이 하는 것으로 볼 수 있다.

이상과 같은 현대 교육행정의 특징은 직무가 세분화되고 행정활동이 전문화되어 가고 있다는 것을 나타내 주고 있다. 따라서 그러한 전문화된 직무를 수행하기 위한 적절한 교육과 이에 상응하는 준비가 필요한 실정이다.

3) 교육행정의 원리

교육행정의 개념과 성격으로 보아서 민주적 교육행정은 다음과 같은 몇 가지 기본원리에 입각하여 조직되고 운영되어야 할 것이다.

(1) 법제 면에서 본 기본원리

교육행정의 기본원리는 교육정책의 구체적 표현인 교육법규 면에서 찾아볼 수 있다. 그리고 법규란 본래 규범적인 것일 뿐만 아니라 비교적 안정성을 가지고 있기 때문에 이와 같은 기본원리를 찾기는 어려운 일이 아니다.

법제 면(法制面)에서 본 교육행정의 기본원리로서는 법치행정의 원리, 자주성 존중의 원리, 기회균등의 원리, 적도집권(適度集權)의 원리 등을 들 수 있다.

① 법치행정의 원리

법치행정(法治行政)의 원리는 일반행정의 원리로서도 강조되고 있다. 법치행정은 모든 행정이 법에 의거하고 법이 정하는 범위 내에서 이루어지는 것을 원칙으로 한다는 것이며, 본래는 입법과 행정을 분리시킴으로써 행정부의 전횡적 권리행사를 막으려는 데서 출발한 것이었다. 오늘날 행정의 개념이 입법과 행정을 엄격하게 구분하기가 어렵게 되고, 행정과정에 자유재량(自由裁量)의 여지가 크게 작용한다는 것도 부인하기 어렵지만, 행정이 법에 의하여 이루어지고 있는 것은 엄연한 사실이다.

교육행정은 [헌법]을 비롯하여 [교육기본법] · [초 · 중등교육법] · [고등교육법] · [교육공무원법] · [사립학교법] 등의 제 법률과 그것을 기초로 하는 대통령령 · 교육부령 및 훈령 등 각종 명령에 의거하여 집행되고 있다. 교육행정이 법치행정의 원리를 따른다는 것은 법에 의한 행정뿐만 아니라 행정이 교육관계법령의 제정이나 수정과정에 참여한다는 것도 의미한다. 법치행정의 원리야말로 법률주의에 의한 행정으로서 모든 민주국가에 있어서 행정의 생명이라고 할 수 있다.

② 자주성 존중의 원리

자주성(自主性) 존중의 원리는 문자 그대로 교육의 자주성과 독자성을 존중해야 한다는 원리이다. [교육기본법] 제6조에 "교육은 교육 본래의 목적에 따라 그 기능을 다하도록 운영되어야 하며, 어떠한 정치적 · 파당적 또는 개인적 편견의 전파를 위한 방편으로 이용되어서는 안 된다"고 규정되어 있고, 국 · 공립학교에서 특정한 종교교육(宗教教育)을 금지하고 있는 것도 교육의 자주성을 선언한 것이라 하겠다. 또한 교육자치제를 실시해 오는 것도 교육의 자주성과 정치적 중립성을 제도적으로 보장받기 위한 조치로서 자주성 존중의 원리가 지켜지고 있는 산 증거이다.

③ 기회균등의 원리

기회균등(機會均等)의 원리는 민주주의의 기본원리로서 특히 교육행정에 있어 가장 뚜렷하게 실현되고 있는 원리이다. [헌법] 제31조 제1항에 "모든 국민은 능력에 따라 균등하게 교육을 받을 권리를 가진다"고 하였으며, 이러한 교육에 관한 권리를 [교육기본법] 제3조에서는 "모든 국민은 평생에 걸쳐 학습하고, 능력과 적성에 따라 교육받을 권리를 가진다"고 하여 학습권(學習權)의 개념으로 구체화시켰다. 또 이 법 제4조에 "모든 국민은 성별, 종교, 신념, 인종, 사회적 신분, 경제적 지위 또는 신체적 조건 등을 이유로 교육에 있어서 차별을 받지 아니한다"고 하여 여러 가지 종별을 달리하는 학교를 설치할 것을 규정한 것 등은 그 구체적인 예라고 할 수 있다. 오늘날 취학 전 교육의 확대, 의무교육의 확충, 특수교육의 실시, 평생교육의 추진 등 제반 교육행정 시책은 모두 기회균등의 원리를 구현하려는 조치이다.

④ 적도집권의 원리

중앙집권과 지방분권 사이에 적도(適度)의 균형(optimal balance)을 발견하려는 것을 말한다. 지방분권이 지나칠 정도로 발전되었던 미국에서는 이제 중앙집권을 지향하는 현저한 노력을 하고 있으며, 전 세계적으로 본다면 중앙집권적 통제를 강화하려는 것이 일반적인 현상이다. 그러나 우리나라의 교육행정은 본래 고도의 중앙집권 체제하에서 발전하여 왔기 때문에 요즈음에는 지나친 중앙집권을 지양(止揚)하고 지방분권을 도모함으로써 양극간에 균형을 얻으려는 노력이 지속되고 있다. 대체로 집권주의는 현대사회에 있어서 행정의 능률을 올리는 데 필요한 보장이 되며, 분권주의는 민주주의적 권한의 위양(委讓)과 참여의 기회를 보장하는 지표가 된다고 할 수 있다. 따라서 적도의 균형을 취한다는 것은 현대 교육행정의 절실한 요청인 것이다.

(2) 운영 면에서 본 기본원리

실천적 활동으로서의 교육행정에 관한 규범이 되는 원리를 체계적으로 연구한 것으로는 미국의 교육행정학자 모트(P. R. Mort)의 저서가 가장 유명하다. 모트는 민주사회에 있어서 교육행정의 운영면에서 본 기본원리를 상세히 다루었는데, 그중 몇 가지를 제시하면 타당성의 원리 · 민주성의 원리 · 능률성의 원리 · 적응성의 원리 · 안정성의 원리 등을 들 수 있다.

① 타당성의 원리

타당성(妥當性)의 원리는 교육행정이 바람직한 교육계획을 세우고 그것을 운영해 나가는 데 있어서 보조(補助)활동이 되어야 하는 것을 의미한다. 본래 교육행정은 그 자체의 목적을 가지고 있다기보다 교육활동을 위하여 봉사하는 수단적 활동이며, 바람직한 교수・학습활동이 이루어지게 하여 효과적인 성과를 얻게 하는 데 그 목적이 있다. 따라서 교육행정은 항상 올바른 교육목표를 세우고 그 목표달성에 필요한 제반 조건을 정비・확립하여야 한다는 것이 곧 타당성의 원리이다.

② 민주성의 원리

민주성(民主性)의 원리는 교육행정을 수행하는 데 독단과 편견을 배제하고, 교육정책을 수립하는 데 광범위한 참여를 통하여 공정한 민의(民意)를 반영하며, 결정된 정책의 집행과정에 있어서도 권한의 위임을 통하여 전횡과 독단을 막는 것을 의미한다. 각종 교육기관 또는 교육행정 기관의 장은 그 기관을 운영하는 데 궁극적인 책임을 가지고 있음에도 불구하고, 여러 가지 위원회나 심의회 같은 것을 두어 시책의 결정과정에 있어서 중지(衆智)를 모으는 것이나, 직원회・협의회・연구회 등을 통하여 의사소통의 길을 열고 일방적인 명령이나 지시보다도 합의와 이해를 기초로 하여 사무를 처리해 나가는 것 등이 곧 민주성의 원리이다.

③ 능률성의 원리

능률성(能率性)의 원리는 합리적인 모든 활동에 있어서 공통적으로 강조되는 하나의 경제적 원리라고 할 수 있다. 교육활동에 있어서도 최소한의 노력・시간・비용을 투입하고 낭비를 극소화시킴으로써 최대한의 효과, 즉 교육목표를 달성하는 것이 교육행정의 주요 임무인 것이다. 교육행정에 있어서 능률성의 원리는 단기적 평가보다 장기적 평가에 의한 능률과 단순한 경제적 능률보다는 사회적(社會的) 능률을 더욱 강조하여야 한다. 또 이 원리는 민주성의 원리를 희생하면서까지 강조될 수 없는 것이며, 양자 사이에는 조화와 균형이 이루어져야 한다.

④ 적응성의 원리

적응이란 새롭게 발전되어 나가는 사태에 대하여 신축성 있게 대응해 나감으로써 조화적 관계와 능률적 성과를 계속 확보하여 나가는 것을 말한다. 교육활동이 사회변화를 고려하여 대처해 나가는 한편, 사회변화를 바람직한 방향으로 조절해 나가기 위해서는 교육행정상 적응성(適應性)의 원리가 큰 역할을 해야 한다는 것이다. 또한 적응성의 원리는 시간적인 변화에 적응해 나가는 면에 국한되는 것이 아니라, 공간적인 변화에 적응해 나가는 면도 고려해야 한다. 교육행정상 획일적 통제의 폐단을 시정하고, 구체적인 환경에 적응하는 조치를 강구할 필요성이 강조되는 것도 적응성의 원리에 입각한다고 하겠다.

⑤ 안정성의 원리

안정성(安定性)의 원리는 적응성의 원리에 대응 작용한다. 교육활동에 대하여 지속성·안정성을 주기 위해서는 전통을 계승하고, 그 안에 있는 좋은 부분을 강화·발전시켜야 하는 좋은 의미의 보수주의가 필요하다. 끊임없이 변화하는 가운데도 변하지 않고 이어져 나가야 하는 그 무엇이 있어야 한다는 것을 잊어서는 안 된다. 물론 시대와 장소에 따라서 적응과 안정에 대한 요청도 정도를 달리한다. 예를 들어 초·중등학교에서의 조기 영어교육 및 컴퓨터 교육방침 등 여러 가지 혁신적인 교육시책이 과감하게 실천되는 과정에서 적응성이 강조된 경우도 있고, 학제개편을 거론할 때마다 신중을 기해야 한다는 이유로 보류되는 경우와 같이 안정성이 존중되는 경우도 있다.

2. 교육행정의 조직

1) 중앙교육 행정조직

우리나라의 교육행정조직은 크게 중앙교육 행정조직과 지방교육 행정조직으로 나눌 수 있다. 중앙교육 행정조직은 지방교육 행정조직 및 단위학교 행정조직과 대조되는 개념으로서, 문자 그대로 중앙정부의 교육행정조직을 의미한다. 일반적으로 중앙교육 행정조직이라면 교육과학기술부의 조직에 국한하여 생각하기 쉬우나 넓은 뜻으로 대통령과 국무회의까지 포함시킬 수 있다.

행정조직이란 행정권(行政權)의 행사(行使)를 위한 조직이다. 우리나라에 있어서 행정권은 대통령을 수반(首班)으로 하는 정부에 부여되어 있고, 교육행정에 관한 행정권은 대통령을 정점으로 하여 국무회의를 거쳐 교육인적자원부에 이르는 행정체계(行政體系)를 통하여 행사되고 있다는 사실로 미루어 보아 대통령과 국무회의를 중앙교육 행정조직에 포함하는 것이 타당하다 할 것이다.

대통령은 정부의 수반으로서 교육행정을 포함한 모든 국가행정권의 정점에 위치하고 있다. 대통령의 교육행정에 관한 중요한 권한은 다음과 같다.

- 대통령령의 발포: 대통령은 법률에서 구체적으로 범위를 위임받은 사항과 법률을 집행하기 위하여 필요한 사항에 관하여 대통령령을 발포할 수 있다. 초·중등교육법 시행령을 위시하여 교육에 관한 법률의 여러 시행령이 이에 속한다.
- 주요 교육공무원 임면권: 대통령은 법률이 정하는 바에 따라 주요 교육공무원을 임면한다. 예를 들면, 교육인적자원부 장관·차관, 부교육감, 국립대학교의 총장·학장, 국·공립학교의 교장의 임면권이 이에 속한다.
- 국무회의 의장권: 대통령은 국무회의 의장으로서 주요 교육정책의 심의과정에 영향력을 행사한다.

그러나 중앙교육 행정조직의 핵심 부처가 교육과학기술부인 것은 말할 나위도 없다. 2001년 1월 29일 법률 제6400호로 개정된 [정부조직법]에 의해 교육부가 교육인적자원부로 명칭이 변경되고, 교육인적자원부 장관은 부총리로 승격되었다. 교육인적자원부는 2007년 5월 현재, 1차관보 2실 6국 3심의관 2단 35과(담당관) 13팀 정원 552명으로 구성되어 있는데, 그 기구표를 제시하면 **그림 11-1** 과 같다.

교육과학기술부 장관은 인적자원개발정책의 수립·총괄·조정, 학교교육·평생교육 및 학술에 관한 사무를 관장한다. 장관 밑에 장관정책보좌관 2인 및 장관비서관 1인을 둔다. 장관정책보좌관은 장관이 지시한 사항의 연구·검토, 정책과제와 관련된 전문가·이해관계자 및 일반 국민 등의 국정참여의 촉진과 의견수렴, 관계 부처 정책보좌업무 수행기관과의 업무 협조 등의 일을 수행한다. 장관정책보좌관은 계약직 공무원으로 보하고, 장관비서관은 고위공무원단에 속하는 일반직 공무원으로 보한다.

그림 11-1

교육과학기술부 기구표

차관보	실	국	관·단	과·팀	정 원
1	2	6	5	48	552

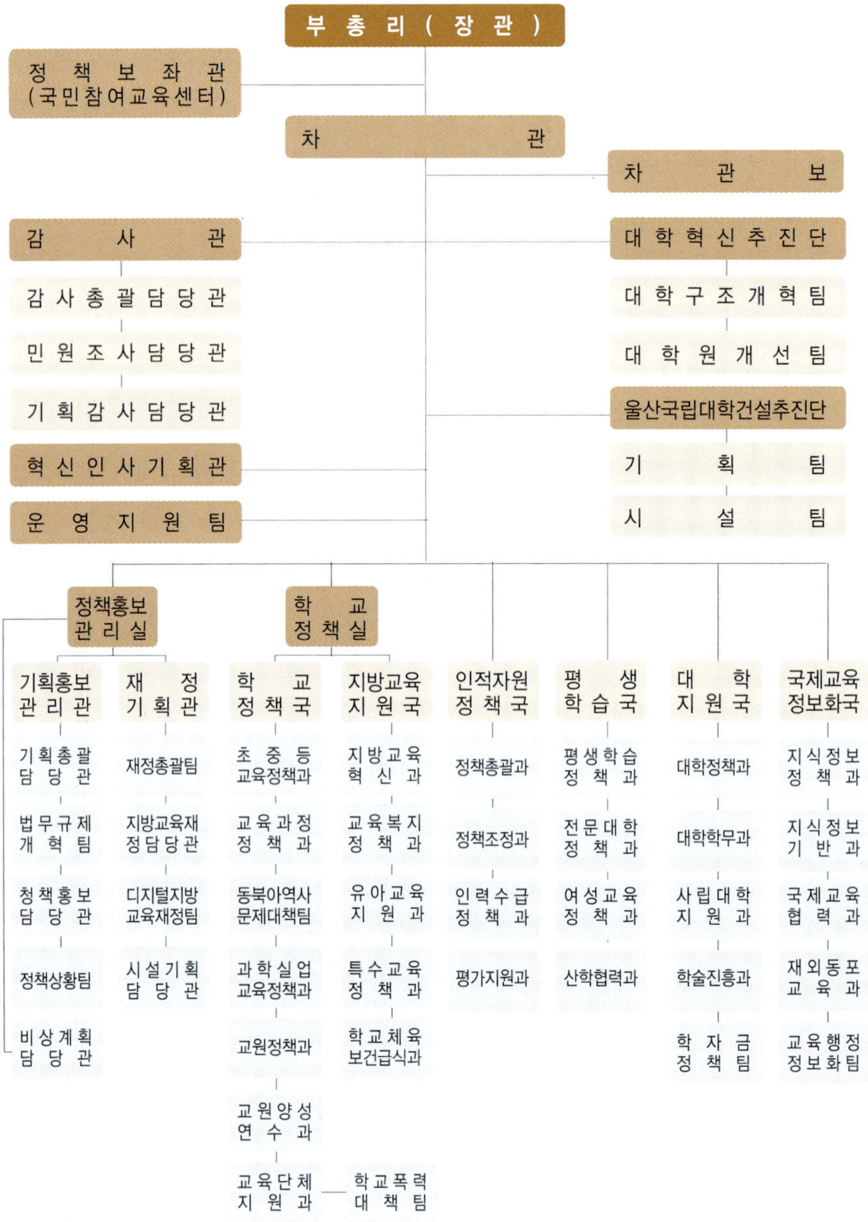

교육과학기술부 차관은 그 밑에 감사관 및 혁신인사기획관 각 1인을 둔다. 감사관은 교육인적자원부와 그 소속기관 및 산하단체에 대한 감사, 공직감찰 및 진정·비위사항의 조사·처리 등을 분장한다. 혁신인사기획관은 업무처리 절차의 개선, 조직문화의 혁신 등 부내 행정혁신업무의 총괄·지원, 진단 및 평가를 통한 조직과 정원의 관리 등 혁신·인사업무에 관한 사항을 관장한다. 감사관은 고위공무원단에 속하는 일반직 공무원으로, 혁신인사기획관은 3급 또는 4급으로 보한다.

차관보는 인적자원개발정책의 수립·총괄·조정업무 등 장관이 명하는 업무에 관하여 장관과 차관을 보좌한다. 차관보는 고위공무원단에 속하는 별정직 공무원으로 보한다.

운영지원팀장은 보안, 관인 및 관인대장의 관리, 문서의 분류·수발·보존 등 문서관리, 소속공무원의 연금·급여 및 복지후생에 관한 사항, 물품의 구매·조달 및 관리, 교육인적자원부 소관 국유재산의 관리, 자금의 운용·회계 및 결산, 그 밖에 부내 다른 실장·국장 및 담당관의 주관에 속하지 아니하는 사항을 분장하며, 운영지원팀장은 4급 또는 5급으로 보한다.

정책홍보관리실은 그 밑에 기획홍보관리관 및 재정기획관 각 1인을 둔다. 실장은 주요 업무계획과 법령, 홍보, 교육예산 편성 및 집행의 조정, 투자분석, 시설설비, 재정 등에 관한 업무를 담당하며, 기획홍보관리관은 업무계획과 법령 및 홍보 등의 사항에 관하여, 재정기획관은 예산 및 재정 등의 사항에 관하여 실장을 보좌한다. 실장 및 재정기획관은 고위공무원단에 속하는 일반직 또는 별정직 공무원으로 보한다.

학교정책실에는 학교정책국 및 지방교육지원국을 두되, 실장은 장학관으로 보하고, 학교정책국장은 고위공무원단에 속하는 일반직 공무원 또는 장학관으로, 지방교육지원국장은 고위공무원단에 속하는 일반직 공무원으로 보한다. 실장은 초·중등학교 교육에 관한 정책의 수립 및 개선, 교육과정 및 교과서 업무, 교원 관련 각종 정책, 지방교육자치제, 고교평준화, 각종 교육진흥정책 등을 담당한다. 학교정책국장은 초·중등교육 및 교육과정 관련 업무를, 지방교육지원국장은 지방교육자치제 및 교육제도 관련 업무를 분장한다.

인적자원정책국에 국장 1인을 두되, 국장은 고위공무원단에 속하는 일반직 공무원으로 보한다. 국장은 인적자원개발정책의 총괄·조정, 인적자원개발회의의 운영, 산·학·연 협조체계 활성화, 고등교육기관 학생 정원정책 방향 수립, 영재교육에 관한 기본정책 수립, 교육개혁추진 및 교육제도 개선에 관한 종합계획의 수립·조정, 학제의 운영 및 개편, 사교육비 경감대책의 수립·조정 등을 분장한다.

평생학습국에 국장 1인을 두되, 국장은 고위공무원단에 속하는 일반직 공무원으로 보한다. 국장은 평생교육 및 여성교육, 전문대학 교육 등에 관한 업무를 분장한다.

대학지원국에 국장 1인을 두되, 국장은 고위공무원단에 속하는 일반직 공무원으로 보한다. 국장은 대학교육에 관한 기본정책의 수립 및 대학교육 관련 업무를 분장한다.

국제교육정보화국에 국장 1인을 두되, 국장은 고위공무원단에 속하는 일반직 공무원으로 보한다. 국장은 국제교류 및 해외교육, 정보화 관련 업무를 분장한다.

교육과학기술부 직속기관으로 대한민국학술원, 국사편찬위원회, 국제교육진흥원, 국립특수교육원, 교원소청심사위원회 및 교육인적자원연수원 등이 있고, 소속단체로는 동북아역사재단, 사립학교교직원연금관리공단, 유네스코한국위원회, 한국교직원공제회, 한국대학교육협의회, 한국사학진흥재단, 한국학술진흥재단 및 한국학중앙연구원 등이 있다.

2) 지방교육 행정조직

우리나라의 지방교육 행정조직은 세계의 많은 민주주의 국가에 있어서의 지방교육 행정조직과 마찬가지로 교육자치제도(敎育自治制度)를 특징으로 하고 있다. 현행 우리나라 교육자치제도의 기본정신과 입장을 살펴보면 [헌법] 제31조 제4항에 "교육의 자주성·전문성·정치적 중립성"을 보장한다고 규정하고 있고, 교육자치제의 목적은 [교육기본법] 제6조 1항에 "교육은 교육 본래의 목적에 따라 그 기능을 다하도록 운영되어야 하며, 어떠한 정치적·파당적 또는 개인적 편견의 전파를 위한 방편으로 이용되어서는 안된다"고 명시되어 있으며, 따라서 이 법 제5조 1항에서는 "국가 및 지방자치단체는 교육의 자주성 및 전문성을 보장하여야 하며, 지역의 실정에 맞는 교육의 실시를 위한 시책을 수립·실시하여야 한다"고 명문화하고 있는 데서 찾아볼 수 있다. 또 [지방교육자치에관한법률] 제1조 역시 교육의 자주성·전문성·정치적 중립성을 인정하고 지역의 특수성을 신장한다는 것을 기본정신으로 하고 있음을 밝히고 있다.

교육자치제의 개념은 국가나 논자에 따라 조금씩 다르다. 그러나 교육자치제의 본질을 그대로 살리는 순수한 원형을 상정한다면 교육자치제는 다음과 같이 정의할 수 있다. 즉, 교육행정에 있어서 지방분권의 원칙 아래 교육에 관한 의결기관(議決機關)으로서의 교육위원회와 당해 교육위원회에서 의결된 교육정책을 집행하는 집행기관(執行機關)으로서의 교육감제를 두고, 민주적 통제와 전문적 지도 사이에 조화와 균형을 얻게 하며, 인사와 재정을 비롯하여 행정의 제도와 조직면에서 교육의 자주성을 보장하려는 것이 교육자치제이다. 따라서 교육자치제는 교육위원회와 교육감제의 운영에 의해서 실현되는 것이며, 교육행정 사무의 지방분권적 처리와 교육행정 요원의 전문화 등을 필수요건으로 하는 것이다.

현행 우리나라의 지방교육자치제는 위에서 정의한 순수한 원형과는 다른 점이 없지 않으나 이를 개관하면 다음과 같다.

현행 지방교육자치제는 심의·의결기관이었던 종전의 교육위원회를 시·도의회의 교육상임위원회로 전환하여 기관통합형(機關統合型)의 조직을 취하였으며, 시·도 단위의 광역지방자치제이다. 교육의 자주성 및 전문성과 지방교육의 특수성을 살리기 위하여 지방자치단체의 교육·과학·기술·체육 기타 학예에 관한 사무를 관장하는 기관으로서 서울특별시, 부산·대구·인천·광주·대전·울산광역시 및 각 도에 상임위원회로서의 집행기관인 교육감을 두고 있다.

1. 교육위원회는 시·도의회의 상임위원회로서 교육·학예에 관한 의안과 청원 등을 심사·의결한다. 이 교육위원회는 시·도의회 의원과 교육위원으로 구성하되, 교육위원이 과반수가 되도록 한다.
2. 교육위원은 시·도의회 의원의 피선거권이 있는 자로서 후보자 등록 신청 개시일로부터 과거 2년 동안 정당의 당원이 아닌 자이어야 한다. 교육위원은 시·도의회 의원의 지위와 권한을 가지며 임기는 4년으로 한다.
3. 교육위원은 주민의 보통·평등·직접·비밀선거에 따라 선출한다. 교육위원은 국회의원과 지방의회의원, 헌법재판소재판관과 각급 선관위원회위원, 국가공무원과 지방공무원, 정부 투자기관의 임·직원, 지방공사와 지방공단의 임·직원, 농업협동조합 등의 상근 임·직원과 이들 조합의 중앙회장이나 연합회장, 고등교육기관

을 제외한 사립학교 교원과 사학법인의 임·직원을 겸할 수 없다. 교육위원은 교육경력 또는 교육행정 경력이 10년 이상 있거나 양 경력을 합하여 10년 이상 있는 자이어야 한다.

4. 교육위원회는 당해 시·도의 교육·학예에 관한 사항 중 (1) 조례안, (2) 예산안 및 결산, (3) 특별부과금·사용료·수수료·분담금 및 가입금의 부과와 징수에 관한 사항, (4) 기채안, (5) 기금의 설치·운영에 관한 사항, (6) 중요 재산의 취득·처분에 관한 사항, (7) 공공시설의 설치·관리 및 처분에 관한 사항, (8) 법령과 조례에 규정된 것을 제외한 예산 외 의무부담이나 권리의 포기에 관한 사항, (9) 청원의 수리와 처리, (10) 외국 지방자치단체와의 교류·협력에 관한 사항, (11) 기타 법령과 시·도 조례에 따라 그 권한에 속하는 사항을 심사·의결한다. 교육위원회의 의결사항 중 (5)번에서 (11)번의 사항에 대하여 행한 교육위원회의 의결은 시·도의회 본회의의 의결로 본다. 교육위원회 위원장은 주민의 재정적 부담이나 의무부과에 관한 조례안과 지방자치단체의 일반회계와 관련되는 사항 중 하나에 해당하는 의안을 의결할 때에는 의결하기 전에 미리 시·도지사의 의견을 들어야 한다.
5. 교육감은 시·도의 교육·학예에 관한 사무의 집행기관으로서, 교육·학예에 관한 소관사무로 인한 소송이나 재산의 등기 등에 대하여 당해 시·도를 대표한다. 국가행정사무 중 시·도에 위임하여 시행하는 사무로서 교육·학예에 관한 사무는 교육감에게 위임하여 행한다.
6. 교육감의 자격과 선출은 당해 시·도지사의 피선거권이 있는 자로서 후보자 등록 신청 개시일로부터 과거 2년 동안 정당의 당원이 아닌 자이어야 하고, 후보자 등록 개시일을 기준으로 교육경력 또는 교육공무원으로서의 교육행정 경력이 5년 이상이거나 양 경력을 합하여 5년 이상인 자 중에서 주민의 보통·평등·직접·비밀 선거에 의해 선출한다. 교육감의 임기는 4년이며, 계속 재임은 3기에 한한다. 그러나 교육감의 자격요건에 당적을 불허한 것은 당연하나, 교육위원에게 교육경력 또는 교육행정 경력을 10년 이상으로 규정한데 비하여 집행기관으로서 고도의 전문성이 요구되는 교육감의 자격요건을 5년 경력으로 규정한 것은 문제시된다.
7. 교육감의 관장사무는 교육·학예에 관한 (1) 조례안의 작성 및 제출, (2) 예산안의

편성 및 제출, (3) 결산서의 작성 및 제출, (4) 교육규칙의 제정, (5) 학교 및 기타 교육기관의 설치 · 이전 및 폐지, (6) 교육과정의 운영, (7) 과학 · 기술교육의 진흥, (8) 평생교육 및 기타 교육 · 학예 진흥에 관한 상항 등 17가지나 된다. 그러나 [지방교육자치에관한법률]에서 열거된 사무는 예시적인 것으로서 교육 · 학예에 관한 모든 사무를 관장하는 것으로 보아야 한다.

8. 교육감의 권한은 교육 · 학예에 관한 모든 사무를 관장 · 집행하며, 법령 또는 조례의 범위 안에서 그 권한에 속하는 사무에 관하여 교육규칙을 제정 · 공포할 수 있다.
9. 교육 · 학예에 관하여 당해 지방자치단체를 대표하며, 소속 공무원을 지휘 · 감독하고 법령과 조례 · 교육규칙이 정하는 바에 의하여 그 임용 · 교육훈련 · 복무 · 징계 등에 관한 사항을 처리한다.
10. 시 · 도의회 또는 교육위원회의 의결이 법령이나 공익에 위반된다고 판단할 때에는 그 의결사항을 이송받은 날로부터 20일 이내에 이유를 붙여 재의(再議)를 요구할 수 있으며 교육위원회가 재의결한 사항이 여전히 법령에 위반된다고 판단될 때에는 재의결된 날로부터 20일 이내에 대법원에 제소할 수 있다.
11. 교육감의 소관사무 중 시 · 도의회 또는 교육위원회의 의결을 요구하는 사항에 대하여, 시 · 도의회 또는 교육위원회가 성립되지 아니한 때와 학생의 안전과 교육기관 등의 재산 보호를 위하여 긴급하게 필요한 사항으로서 시 · 도의회 또는 교육위원회가 소집될 시간적 여유가 없거나 의결이 지체되어 의결되지 아니한 때에는 선결처분을 하고 지체 없이 시 · 도의회 또는 교육위원회에 보고하여 승인을 얻는다.
12. 시 · 도에 부교육감을 두되, 부교육감은 국가공무원 중에서 당해 시 · 도 교육감이 추천하여 교육인적자원부 장관의 제청으로 국무총리를 거쳐 대통령이 임명한다. 부교육감은 교육감의 보조기관으로서 교육감을 보좌하며, 교육감이 사고가 있을 때에는 그 직무를 대리한다. 경기도와 같이 인구 800만 명 이상이고, 학생이 170만 명 이상인 시 · 도는 2인의 부교육감을 둔다.

지방교육 행정조직은 광역자치기관인 시 · 도 교육청과 하급 지방교육 행정기관인 시 · 군 · 자치구 교육청으로 분류된다. 시 · 도 교육청은 교육감을 정점으로 부교육감, 국장,

과장, 계장 등으로 이어지며, 당해 지방자치단체의 교육·학예에 관한 사무를 관장한다.

서울특별시와 광역시 및 도 교육청의 조직은 약간 다르다. 지방교육 행정기관의 기구와 정원기준 등에 관한 규정에 의하면, 교육감은 지역적 특성에 따라 다양한 교육행정의 수요에 탄력적으로 대응하기 위하여, 서울특별시·부산광역시·경기도 교육청의 경우 2개 과·담당관을, 대구·인천·광주·대전·울산광역시 및 도 교육청의 경우 1개 과·담당관의 범위 안에서 본청에 필요한 여유 기구를 설치·운영할 수 있도록 하고 있다.

서울특별시 교육청은 교육감의 직속기관으로 공보담당관, 부교육감의 직속기관으로 감사담당관 각 1인을 두며, 기획관리실(정책기획담당관, 예산법무담당관, 행정관리담당관, 혁신복지담당관), 교육정책국(초등교육정책과, 중등교육정책과, 교육과정정책과, 교원정책과), 평생교육국(직업진로교육과, 학교체육보건과, 평생학습진흥과, 과학교육활성화추진단), 교육지원국(학교운영지원과, 재무과, 교육시설과), 총무과의 조직을 갖추고 있다.

경기도 교육청은 2개의 청사를 가지고 있으며, 교육감이 있는 제 1 청사에 부교육감, 기획관리실, 교육국, 지원국을, 제 2 청사에는 제 2 부교육감과 교육국 및 기획관리국을 두고 있다. 교육감 밑에 공보담당관을, 부교육감과 제 2 부교육감 밑에 각각 감사담당관을 두고 있다. 부산을 비롯한 다른 시·도 교육청은 교육정책국(또는 교육국)과 기획관리국(제주특별자치도의 경우 교육행정국)의 조직을 갖추고 있다.

한편, 지역 교육청에는 교육장을 정점으로 하여 인구 50만 이상, 학생 7만 이상(인구수는 주민등록표상의 당해 연도 4월 1일 기준 인구를 말하고, 학생 수는 각급 학교의 당해 연도 4월 1일 기준 학생 수를 말하며, 인구수와 학생 수를 모두 충족하여야 한다)의 교육청은 2국, 6과·담당관 이내로 기구를 설치하고, 서울특별시 중부교육청, 부산광역시 남부교육청, 경상남도 마산교육청은 4과·담당관 이내로 기구를 설치하며, 나머지 교육청은 2과·담당관 이내로 기구를 설치한다.

지역 교육청은 시·도의 교육·학예에 관한 사무 가운데 공·사립의 초등학교, 중학교, 고등기술학교, 공민학교, 고등공민학교 및 유치원과 이와 준하는 각종 학교의 운영·관리에 관한 지도·감독과 기타 시·도의 교육규칙으로 정하는 사무를 위임받아 분장한다.

3. 교육제도

한 나라의 교육은 교육제도를 기초로 하여 교육정책을 따르는 교육행정에 의하여 운영된다. 교육제도는 정치제도 · 경제제도 · 종교제도 · 가족제도 등과 마찬가지로 기본적인 사회제도의 일부로서 비교적 안정된 조직과 형태를 가지고 있으며, 법제화됨으로써 한 나라의 교육정책을 가장 구체적으로 표현한 것이다. 다시 말하면 교육제도란 국민교육을 가장 유효적절하게 실시하기 위해서 마련된 교육행정 및 교육실시상의 법적 및 실제상의 기제(機制), 즉 기구제도의 일체라고 할 수 있다.

교육제도는 교육행정제도 · 학교교육제도 · 사회교육제도 등을 포함한다. 그러나 교육제도 가운데 가장 핵심이 되는 것은 역시 학교제도, 곧 학제(學制)임에 틀림없다. 따라서 학제는 교육의 중추(中樞)가 되는 제도이며, 교육의 제도적 보장은 학제를 통하여 이루어진다. 이러한 학제에는 세 가지 형태가 있다.

첫째 형태는 계층적인 차별 없이 국민이면 누구나 그 능력에 따라 초등교육 · 중등교육 · 고등교육을 받을 수 있도록 한 체제에 의해서 연결되어 있는 학제이다. 이 형태에 속하는 각 단계의 학교는 서로 밀접하게 연계되고, 모든 국민에게 평등하게 개방되는 것이 특징이다. 이런 형태의 학교체제를 단선형(單線型) 학교제도라고 한다. 단선형 학제는 모든 국민에게 개방된 단일체계 학교제도라는 점에서 민주적 학제라고 할 수 있으며, 우리나라 기본학제도 단선형을 취하고 있다.

둘째 형태는 일반 서민계층을 위한 초등교육의 학교계통과 상류계층이나 지배계층을 위한 중등교육 및 고등교육의 학교계통으로 구분하여 둘 이상의 학교체제를 동시에 유지하는 복선형(複線型) 학교제도이다. 이런 복선형 학제는 원칙적으로 학교체제 간에 이동(移動)이 불가능하고, 양쪽 계통의 학교 사이에는 같은 수준의 학교 혹은 같은 학년 사이에도 교육과정상 현저한 차이점이 있는 것이 특징이다. 이렇게 각 계층을 위한 학교 사이에 연결이 이루어지지 않고 또 전 국민에게 평등하게 개방되지도 않으며, 계층적인 성격을 띠었다고 해서 계층적 혹은 복선형 학제라고 한다. 일제시대 우리나라 학제나 오늘날에도 서구의 몇몇 나라에서 볼 수 있는 학교제도이다.

셋째 형태는 단선형과 복선형의 중간 형태로서 각국의 현실적인 학교제도를 설명하기 위한 학제의 한 유형으로 분기형(分岐型) 학교제도이다. 대체로 분기형은 복선형의 기초 학교 부분이 통일되고 그 위에 동격이 아닌 복수의 학교계통이 병존하는 학교제도이다. 분기형 학제는 영국과 독일을 비롯한 서구 몇몇 나라의 최근 학제에서 볼 수 있다.

그러나 어느 나라의 학교제도라 하더라도 순수한 단선형이나 순수한 복선형은 실제로 존재하는 것이 아니다. 단선형과 복선형의 구분은 상대적인 개념이며 학제의 구조나 성격을 이해하기 위한 유형일 따름이다.

1) 기본학제

[교육기본법] 제 2 조에서 우리나라 교육이념을 다음과 같이 규정하고 있다. "교육은 홍익인간(弘益人間)의 이념 아래 모든 국민으로 하여금 인격을 도야하고, 자주적 생활능력과 민주시민으로서 필요한 자질을 갖추게 하여 인간다운 삶을 영위하게 하고 민주국가의 발전과 인류공영(人類共營)의 이상을 실현하는 데 이바지하게 함을 목적으로 한다."

[교육기본법]은 이상과 같은 교육이념을 제시하고 다음과 같은 교육의 근간이 되는 교육기관의 종류와 계통을 규정하고 있다. 이 법 제 3 조와 제 4 조에서, "모든 국민은 성별, 종교, 신념, 사회적 신분, 경제적 지위 또는 신체적 조건 등을 이유로 교육에 있어서 차별을 받지 않고 평생에 걸쳐 학습하고, 능력과 적성에 따라 교육받을 권리를 가진다"고 전제한 다음, 6-3-3-4제의 일원적 기본학제를 규정하고 있다. 2007년 5월 현재 우리나라 기본학제를 제시하면 **그림 11-2** 와 같다.

기본학제로서 초등학교 · 중학교 · 고등학교 · 대학교로 연결되는 학교계통으로 세워졌으며, 그것은 6-3-3-4의 연계를 가진 계제(階梯)를 이루고 있다. 따라서 기본학제의 총 교육연한은 16년이다. 이 계제에 있어서 예외가 되는 것으로서 2년 내지 3년제의 전문대학과 예과 2년까지 합하여 6년간의 수업연한을 가진 의과대학 · 한의과대학 · 치과대학 및 수의과대학이 있다. 그리고 초등학교는 기초교육, 중 · 고등학교는 중간교육, 대학교는 종국(終局)교육을 하는 학교이다.

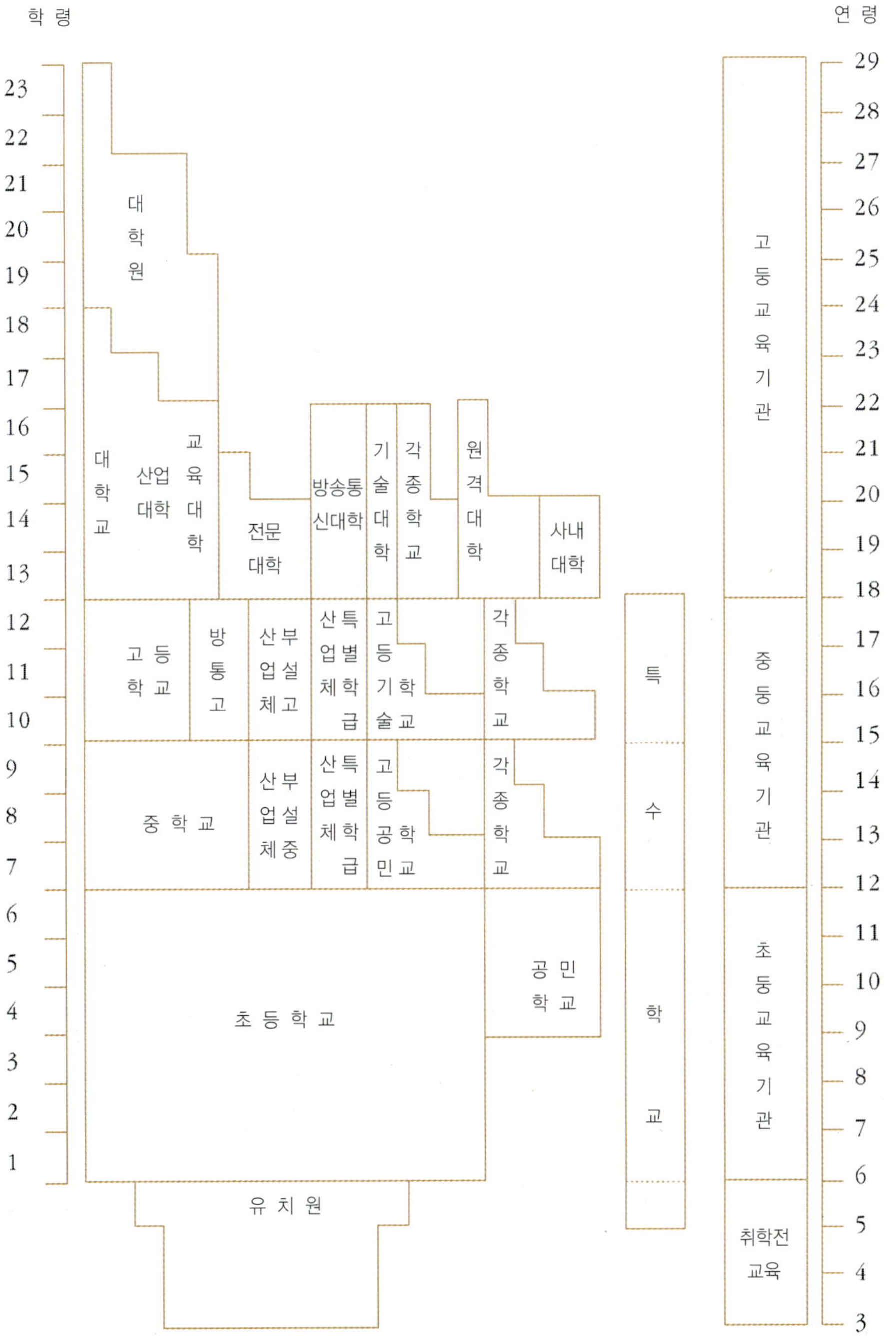
학 령
연 령
대학원
대학교
산업대학
교육대학
전문대학
방송통신대학
기술대학
각종학교
원격대학
사내대학
고등학교
방통고
산업체부설고
특별학급
고등기술학교
각종학교
중학교
산업체부설중
특별학급
고등공민학교
각종학교
초등학교
공민학교
유치원
특수학교
고등교육기관
중등교육기관
초등교육기관
취학전교육

그림 11-2

한국의 학제

(1) 취학전교육

취학전교육은 의무교육 기관인 초등학교에 입학하기 전에 유아들이 받는 교육을 의미한다. 이에 해당되는 교육기관으로는 유아원·유치원·어린이집 등이 있다. 그중에서 유아원(nursery school)은 유치원에 입학하기 이전의 어린이를 교육하는 기관이며, 유치원(kindergarten)은 [유아교육법]에 의거해서 설립된 학교제도의 일부로서 초등학교에 입학하기 이전의 만 3세 이상의 어린이를 대상으로 1년 내지 2년간의 유아교육을 실시한다. 어린이집(day care center)은 2 ~ 5세의 어린이들 중 취업여성의 자녀를 보호하는 기관으로 일차적으로 어린이의 보호기능을 담당하여 왔으나 최근에 와서는 교육기능도 수행하고 있다. 이러한 취학 전 교육기관 중에서 형식적인 학교교육의 성격을 가지고 있는 기관은 유치원이다. 유치원은 유아를 교육하고 유아에게 알맞은 교육환경을 제공하여 심신의 조화로운 발달을 조장하는 것을 목적으로 한다는 유치원 교육목적에 근거하여 실시해 오고 있다.

(2) 초등교육

형식교육으로서의 학교교육을 초등·중등·고등교육으로 구분하는 것은 세계적인 통례로 되어 있다. 초등교육은 국민의 기초교육을 의미하며, 우리나라의 [교육기본법] 제8조에서는 모든 국민이 6년의 초등교육 및 3년간의 중등 의무교육을 받을 권리가 있음을 밝히고 있다. 초등교육은 초등학교 교육으로 대변되는데, 종전의 국민학교라는 명칭이 일제 식민지 시대의 잔재를 내포하고 있다는 여론에 따라 1996학년도 3월부터 초등학교로 개칭된 바 있다. 초등학교는 국민생활에 필요한 기초적인 초등 보통교육을 하는 것을 목적으로 하며, [헌법] 제31조 제2항과 제3항 및 [교육기본법] 제8조 등에는 부모의 취학 이행에 관한 의무 및 의무교육의 무상제(無償制)에 대해 밝히고 있다. 초등교육은 [초·중등교육법] 제38조에 초등학교는 국민생활에 필요한 기초적인 초등교육을 하는 것을 목적으로 한다는 초등학교 교육목적에 근거하여 실시해 오고 있다.

(3) 중등교육

중등교육은 초등교육 이후에 실시되는 6년의 교육을 총칭한다. 중등교육은 3년의 중학교 교육과 3년의 고등학교 교육으로 구분된다. 중학교 교육은 초등학교 교육의 성과를 바탕으로 학생들의 학습과 일상생활에 필요한 기본능력과 민주시민으로서의 자질을 함양하는 데 중점을 두고 있다. [초·중등교육법] 제41조에 중학교는 초등학교에서 받은 교육의 기초 위에 중등교육을 하는 것을 목적으로 한다는 중학교 교육목적에 근거하여 실시해 오고 있다.

한편, 고등학교 교육은 중학교 교육의 성과를 바탕으로, 학생의 적성과 소질에 맞는 진로개척 능력과 세계시민으로서의 자질을 함양하는 데 중점을 두고 있다. [초·중등교육법] 제45조에 고등학교는 중학교에서 받은 교육의 기초 위에 중등교육 및 기초적인 전문교육을 하는 것을 목적으로 한다는 고등학교 교육목적에 근거하여 실시해 오고 있다. 고등학교는 중간학교로서의 고등보통교육과 종국학교로서의 전문교육을 실시하는 후기 중등교육기관의 이중적 성격을 갖는다. 이에 따라 고등학교에는 보통교육을 주로 하는 일반고등학교와 전문 실업교육을 주로 하는 농업·공업·상업·정보·수산 및 해운 등의 실업고등학교가 있으며, 이 둘의 기능을 모두 가지고 있는 종합고등학교가 있다.

(4) 고등교육

고등교육은 형식교육 제도에 있어서 초등·중등 다음에 실시되는 제3단계 교육을 총괄적으로 의미한다. 보다 구체적으로 표현하면 중등교육 이후에 실시되는 교육(post-secondary education)을 말하는데 그렇다고 모든 고등교육이 대학교육인 것은 아니다. 다만 고등교육의 핵심을 이루는 것이 대학교육이다. [고등교육법]상 고등교육기관에는 대학(대학원 및 대학원대학 포함), 교육대학, 전문대학, 산업대학, 방송통신대학, 기술대학, 대학과정의 각종학교 등이 있다. 이 중에서 기본학제에 포함되는 것은 대체로 대학, 교육대학, 전문대학이라고 할 수 있다.

[고등교육법] 제28조에 "대학은 인격을 도야하고, 국가와 인류사회의 발전에 필요한 학술의 심오한 이론과 그 응용방법을 교수·연구하며, 국가와 인류사회에 공헌함을 목적으로 한다."라고 되어 있다.

우리나라 대학교육의 이러한 목적은 전통적으로 연구활동 중심의 독일 대학 이념과 교수활동 중심의 영국 대학 이념, 그리고 사회봉사활동을 강조하는 미국 대학의 이념을 포괄하고 있다고 할 수 있다. 대학의 수업연한은 4년에서 6년이다. 대학원은 이 법 제2조에 규정된 독립적인 교육기관이 아니고 대학을 구성하는 기관으로서의 성격을 지니고 있는데, 대학원의 석·박사과정의 수업연한은 각각 2년 이상이다.

[고등교육법] 제41조에 교육대학은 '초등학교 교원을 양성함을 목적'으로 하며, 사범대학은 '중등학교 교원을 양성함을 목적으로 한다.' 다만 사범대학의 경우 교육대학과는 달리 독립적으로 설치되어 있는 경우는 없으며, 종합대학 내에 설치되어 있다. 교육대학은 현재 국가나 지방자치단체가 설립하도록 되어 있다. 교육대학 수업연한은 대학과 마찬가지로 4년이다.

[고등교육법] 제47조에 전문대학은 "사회 각 분야에 관한 전문적인 지식과 이론을 교수·연구하고 재능을 연마하여 국가 사회의 발전에 필요한 전문직업인을 양성함을 목적으로 한다." 전문대학의 수업연한은 2년 내지 3년이며, 전문대학 졸업자는 대학(산업대학 및 방송통신대학 포함)에 편입학할 수 있다.

2) 학제의 변화

1948년 대한민국 정부가 수립되고, [교육법]이 1949년 말에 제정·공포됨에 따라 최초의 공식적인 대한민국 학제가 수립되었다. 이 법에 의해 중학교 4년제와 고등학교 2~4년제가 병행 운영되었던 것이, 1950년 3월 고등학교는 3년제로 수정되고, 1951년 3월에는 4년제 중학교가 3년제로 바뀜에 따라 6-3-3-4제의 기본학제가 확정되어 오늘에 이르기까지 큰 변화 없이 기본적인 틀을 유지해 오고 있다.

6-3-3-4제의 학제는 전 세계적으로 가장 보편적인 제도이다. 흔히 미국의 학제를 그대로 도입하여 반세기 이상 고착화시켰기 때문에 우리 실정에 맞는 학제로 개편해야 한다는 견해가 있다. 그러나 미국의 경우도 지방의 특수성과 수용 학생수에 따라 6-3-3, 6-2-4, 8-4, 5-3-4, 7-5, 6-6, 4-4-4, 3-3-3-3 등 다양하다.

우리나라의 학제 개편 논의에서 대체로 합의된 것은 5-3-4제이다. 요즘 아동들의 발달수준으로 보아 초등학교 6학년생은 중학생에 더 가깝고, 6년간의 교육과정을 정선(精選)하여 가르치면 5년으로 단축하는 데 무리가 없으며, 고등학교를 4년제로 하여 진로

선택을 제대로 할 수 있도록 교육하자는 안이다. 그러나 이 제도는 실현 가능성이 여전히 약하다. 그래서 시대 사회의 변화에 따라 기본학제를 그대로 둔 채 부분적인 수정이나 보완이 있었다. 그 가운데 주요한 것은 다음과 같다.

- 1961년 8월 [교육법]이 개정되어 4월 1일에 시작되는 2학기제를 3월 1일부터 8월 말까지를 1학기로, 9월 1일부터 이듬해 2월 말까지를 2학기로 하는 현행 학기제가 확립되었다.
- 1961년 고등학교 수준의 사범학교를 2년제 교육대학으로 승격시켰고, 교육대학은 1981년부터 정규 4년제 대학으로 다시 승격되어 오늘에 이르고 있다.
- 1964년 중견 산업기술인의 양성을 목적으로 중학교 또는 고등학교에서 연결되는 5년제의 실업고등전문학교가 발족되었다가 1970년 폐지되고, 그 대신 2~3년제 초급대학 수준인 전문학교로 개편하였고, 다시 입학자격을 강화하고 학점제를 도입하는 등 대학으로서의 면모를 갖추어 1978년부터 전문대학으로 개편하여 오늘에 이르고 있다.
- 1968년 미취학이나 취업 청소년들의 진학기회를 확대하기 위해 국립 대학교에 방송통신대학을 설치할 수 있도록 하여 1972년부터 서울대학교 부설 한국방송통신대학이 2년제로 발족되었고, 1981년부터 정규 대학과정으로 승격 개편되었으며, 1982년부터는 서울대학교에서 분리 독립하여 수학연한 4년제로 해서 오늘에 이르고 있다.
- 체육특기자를 조기에 발굴하여 우수한 선수로 양성하기 위하여 체육중학교와 체육고등학교를 설치·운영하면서 오늘에 이르고 있다.
- 방송통신대학의 설립과 마찬가지 맥락에서 정규 고등학교에 진학하지 못한 청소년과 성인을 대상으로 1974년 서울과 부산의 공립 고등학교에 11개 방송통신고등학교가 부설되어 점차 전국적으로 확대 실시되어 오늘에 이르고 있다.
- 1982년부터 방송통신대학과 동일한 목적으로 개방대학이 발족하여 오늘날의 산업대학에 이르고 있다. 개방대학은 국민이 원하면, 언제, 어디서나, 원하는 교육을 받을 수 있도록 하자는 '열린 교육' 평생학습사회의 실현을 목적으로 개설되었다. 그러나 시간이 지남에 따라 원래의 의도와는 달리 여러 모로 일반대학화하고 있어 평생교육의 이념은 점차 희석되고 있는 실정이다.

- 1983년 경기도를 시작으로, 영재의 수학 기회를 제공하기 위해 과학고등학교를 설치하여 제주도를 제외한 전국 각 시 · 도에 개설되어 있다. 현재는 과학영재뿐만 아니라 외국어고등학교, 기존의 체육고등학교, 예술계 고등학교까지를 포함하여 특수목적 고등학교로 통칭하고 있다.
- 1990년에는 정규 대학에 진학하지 않고도 학위 취득시험에 합격하면 학사학위를 수여하는 독학에 의한 학위 취득제도를 시행하여 오늘에 이르고 있다.
- 최근 들어 특성화 고등학교, 자립형 고등학교, 대안학교, 학교 형태의 평생교육시설 등 다양한 학교가 설립 · 운영되고 있다. 고등교육 단계에서는 원격대학(사이버대학, 디지털대학)이라는 전자통신매체를 통해 학위취득이 가능한 대학이 개설되어 있으며, 학사학위 취득자를 입학요건으로 하는 전문대학원(기존의 특수대학원과 다른)이 새로이 등장하고 있다.

제 12 장 교사론

1. 교육과 교사
2. 교직과 교사

1. 교육과 교사

1) 교사의 중요성

교육의 질은 교사의 질을 능가하지 못한다(As is the teacher so is the school)는 말은 교육에 종사하고 있는 대부분의 사람들이 이구동성으로 주장해 왔다. 이는 교육에 있어서 핵심(核心)은 교사임을 단적으로 나타내는 것이다. 아무리 훌륭한 건물과 최신식 교육기자재를 갖추어 놓은 학교라고 해도 그것을 교육적으로 의미 있게 활용할 수 있는 유능한 교사가 없다면 좋은 교육이 이루어질 수 없다. 따라서 교사는 학교교육에서 가장 중심적인 위치를 차지하고 있으며 또 실제에 있어서 중요한 영향을 미치고 있는 사람이다.

오늘날은 교육환경이 크게 개선되고 교육이론도 많이 발전하였으며, 교육공학의 발전으로 교수·학습기자재도 매우 편리해졌다. 그러나 학교교육이 지식이나 기술을 가르치는 것만을 목적으로 하지 않고, 전인교육(全人敎育)을 목적으로 하는 이상 가장 중요한 교육의 요건은 역시 교사의 사람됨이라고 할 수 있다.

교사는 개별 학생이 주체적으로 자아실현을 하도록 도와주고, 사회의 지속적인 발전과 바람직한 개혁을 선도하며, 인류의 보편적인 번영과 복지를 모색하는 데 기여해 왔다. 교사는 교사로서의 전문적인 지식과 교수 행위를 정치적·경제적 차원에서 수단화하는 일을 꺼렸고, 언제나 묵묵히 어린이의 존귀한 영(靈)을 기르는 역사(役事)에 참여하고 있으면서 그 일 자체를 위안으로 삼아 왔다. 따라서 교사는 옛날부터 사회적으로 존경을 받아 왔고, 성직자와 같이 거룩한 직업인으로 간주되어 왔다.

교사는 누구나 할 수 있는 일을 하는 사람이 아니다. 사람의 심성(心性)을 올바르게 키우고, 사회와 국가를 번영으로 이끌며 인류를 구원할 수 있는 길이 교육의 길임을 깨닫는 자만이 교직의 길을 걸을 수 있기에 교사가 되는 것은 이미 천부적 자질의 결과요 하늘의 은총이다. 그래서 옛날부터 경사(經師)보다는 인사(人師)를 찾았고, 지리(地理)를 가르치면서 학생들로부터 지구를 빼앗는 지식전달의 기술인이 아니라, 주체적으로 우주 안에서 한국의 위치를 볼 수 있는 '지리의 눈'을 훈련시킨 김교신(金敎臣, 1901 ~ 1945) 같은 인격자가 교사의 본래 모습으로 강조되었다.

여기서 참고로 미국의 청교도 시인 헨리 밴 다이크(Henry Van Dyke, 1852 ~ 1933)의 '무명교사에게'라는 교사 예찬사(禮讚辭)를 소개한다.

> 나는 무명교사(無名教師)를 예찬하는 노래를 부르노라. 전투를 이기는 것은 위대한 장군(將軍)이로되, 전쟁에 승리를 가져오는 것은 무명의 병사(兵士)로다. 새로운 교육제도를 만드는 것은 이름 높은 교육자이로되, 젊은이를 올바르게 이끄는 것은 무명의 교사로다. 그가 사는 곳은 어두운 그늘, 역경(逆境)을 당하되 달게 받도다.
>
> 그를 위하여 부는 나팔 없고, 그를 태우고자 기다리는 황금마차 없으며, 금빛 찬란한 훈장이 그 가슴을 장식하지 않도다. 묵묵히 어둠의 전선(戰線)을 지키는 그 무지와 우매(愚昧)의 참호를 향하여 돌진하는 그이어니, 날마다 날마다 쉴 줄도 모르고 젊은이의 적인 악의 세력을 정복하고자 싸우며, 잠자고 있는 영혼을 일깨우도다. 게으른 자에게 생기(生氣)를 불어넣어 주고, 하고자 하는 자를 고무하며 방황하는 자에게 안정을 주도다. 그는 스스로 학문하는 즐거움을 젊은이에게 전해주며, 지극히 값진 정신적 보물을 젊은이들과 더불어 나누도다. 그가 켜는 수많은 촛불, 그 빛은 후일 그에게 되돌아와 그를 기쁘게 하나니, 이것이야말로 그가 받는 보상(報償)이로다. 지식은 책에서 배울 수 있으나 지식을 사랑하는 마음은 오직 따뜻한 인간적 접촉으로써만 얻을 수 있는 것이로다. 공화국을 두루 살피되 무명의 교사보다 예찬을 받아 마땅할 사람이 어디 있으랴! 민주사회의 귀족적 반열(班列)에 오를 자, 그밖에 누구일 것인고. 자신의 임금이요, 인류의 종복(從僕)인저!

2) 교사의 자질과 역할

좋은 교육이 이루어지기 위해서는 훌륭한 교사가 필요하다. 가령 교사는 훌륭한데 시설이 보잘것없는 학교와, 시설은 좋은데 교사가 그렇지 못한 학교 중 하나를 선택하라면 좋은 교육을 위해서는 전자를 택할 수밖에 없다. 왜냐하면 교육의 성패는 교사의 질에 달려 있다고 할 수밖에 없기 때문이다. 교사에 의해서 교수·학습지도의 방법과 능률이 결정될 뿐만 아니라 학교의 풍토와 학생들의 인지적·정의적·심체적 발달을 촉진하는 여러 가지 환경조건이 좌우된다. 그러면 좋은 교사는 어떤 자질을 구비해야 하는가? 교사가 수행해야 할 역할은 무엇이며 어떤 사람이 그와 같은 역할을 훌륭하게 수행할 수 있는가? 이러한 의문에 대해서 가능한 해답을 찾아보기로 한다.

(1) 교사의 자질

오늘날의 사회가 요청하는 교사는 지식이나 기능만을 가르치는 것이 아니라, 학생들이 전인(全人)으로서 성장·발달하는 것을 가능하게 하는 사람이어야 한다. 이런 의미에서 교사는 인간의 인간다움을 실현시키는 종합예술가라고 할 수 있다. 따라서 교사에게 여러 가지 자질(資質)이 요청되는 것은 지극히 당연한 일이다.

첫째, 교사는 교직으로부터 부름을 받았다는 이른바 소명의식(召命意識)이 필요하다. 이 점에 대하여 오천석(吳天錫, 1901 ~ 1987) 교수는 다음과 같이 서술하고 있다. "교사의 임무는 단순한 직업이나 노동이 아니라 그에게 소명감을 주는 비전(vision)과 헌신(commitment)에 의하여 인식되어야 한다. 비전과 헌신을 속성으로 하는 소명감에서 비롯되지 않은 교육은 산 교육이라 할 수 없다. 소명감이 있으면 교사는 산 스승이 될 수 있고, 어린이의 영(靈)의 성장을 돕는 참된 교육자가 될 수 있는 것이다." 이 글에서 볼 수 있듯이 교사에게 기본적으로 요청되는 것은 소명의식이며, 그 소명감이란 내일의 생명을 키운다는 비전·정열·충성을 다하는 헌신에 의해서 가능한 것이다.

오천석 교수는 계속하여 마음으로부터의 사랑·겸허·개방을 교사의 기본적인 자질로 제시하고 있다. 그가 말한 교사의 사랑은 가르침을 받는 자에 대한 사랑, 가르치는 일 자체에 대한 사랑, 진리(眞理)에 대한 사랑이다. 교사는 영원한 진리의 추구자요, 세계가 숨기고 있는 비밀의 발견자이다. 또 오천석은 교사는 사람 앞에 겸허하고 역사의 증언 앞에 겸허하며 진리 앞에 겸허한 사람이어야 하며, 참다운 겸허는 정신적 가치(價値)에 대한 겸허라고 강조한다. 한편 개방성에 대해서는 다음과 같이 서술하고 있다. "교사의 마음은 열려 있는 문이다.…" 우리가 동경하는 교사는 아집(我執)의 포로나 편견의 숭배자가 아니다. 마음의 문을 활짝 열되 새 것을 두려워하지 않고 받아들일 것은 받아들이고, 버릴 것은 버릴 줄 아는 독자적인 비판정신에 투철한 가치의 심판자이다. 그는 우물 안 개구리 같은 존재가 아니라 세상에 나와 인류의 문명을 조망(眺望)하고 자기의 갈 길을 스스로 결정하는 개척자인 것이다.

둘째, 교사는 깊은 이해심과 사랑과 봉사의 정신을 가져야 한다. 교사는 필연적으로 어떤 복잡한 인간관계의 망(網) 속에 들어가게 된다. 교사는 학생들을 사랑과 이해와 친절과 따뜻함으로 대해야 한다. 받는 사랑이 아니라 주는 사랑을, 한없이 베푸는 사랑을 해야 한다. 똑똑한 학생들을 칭찬하는 대신 지진아 · 문제아에 대한 동정과 책임감이 교사가 갖추어야 할 성품이며, 성서에서 말한 대로 잃어버린 한 마리 양을 찾아 헤매는 목자와 같은 성품을 지녀야 한다. 교사의 주는 사랑, 베푸는 사랑을 이해하기 위해서 참고로 성(聖) 프란시스(St. Francis)의 기도문을 소개한다.

> 어느 날 저녁 프란시스의 집에 문을 두드리는 사람이 있었다. 그가 나가 보았더니 한 험상궂은 나병환자가 서 있었다. 그는 자기가 추우니 잠시 방에서 몸을 녹이기를 간청했다. 프란시스는 그의 두 손을 꼭 잡고 방으로 안내했다. 그 환자는 다시 저녁을 함께 먹게 해달라고 했다. 두 사람은 같은 식탁에서 함께 저녁을 먹었다. 밤이 깊어지자 그 환자는 침대에서 재워 달라고 했다. 프란시스는 그렇게 하기를 허락했다. 그 환자는 다시 부탁하기를 자기가 너무나 추우니 프란시스에게 알몸으로 자기를 녹여 달라고 했다. 프란시스는 입었던 옷을 다 벗고 자신의 체온으로 그 나병환자를 녹여 주었다. 그 이튿날 프란시스가 일찍 일어나 보니 그 환자는 온데간데 없었다. 뿐만 아니라 왔다간 아무런 흔적조차 찾아볼 수 없었다. 프란시스는 곧 무릎을 꿇고 자기와 같이 미천(微賤)한 사람을 찾아와 주신 하나님께 감사기도를 올렸다. 이 기도가 저 유명한 성 프란시스의 기도문이다.

오 주여!
나를 평화의 도구(道具)로 써 주소서
미움이 있는 곳에 사랑을
상처(injury)가 있는 곳에 용서를
분쟁이 있는 곳에 화해를
의혹이 있는 곳에 믿음을
잘못이 있는 곳에 진리를
절망(despair)이 있는 곳에 희망을
어둠이 있는 곳에 광명을
슬픔이 있는 곳에 기쁨을 가져오는 자가 되게 하소서

위로받기보다는 위로하고
이해받기보다는 이해하며
사랑받기보다는 사랑하게 하여 주소서
우리는 줌으로써 받고
용서함으로써 용서받으며
자기를 버리고 죽음으로써
영원한 생명을 얻게 하소서.

인간이 인간을 가르치고 이끌고 인간성을 바로 형성하려면 이러한 깊은 사랑과 봉사의 정신이 필요한 것이다.

셋째, 교사는 인간을 존중하는 태도를 지녀야 한다. 교육은 인간을 존중하고 그 존엄성을 믿는 것으로부터 시작되어야 한다. 학생들이 아직 어리고 작다고 하여 경솔한 판단과 결정을 해서는 안 된다. 인간은 인간이기 때문에 존중해야 하고 또 사랑해야 한다.

어느 이름 모를 작가는 '작은 것들'이란 글을 썼다. "작은 말들은 듣기에 가장 달콤하다. 작은 자선(慈善)은 가장 멀리 날아간다. 작은 호수는 가장 충만하고 그리고 작은 농장은 제일 손질이 잘 되어 있다. 작은 책은 가장 많이 읽히고, 짧은 노래는 가장 많이 애창된다. 그리고 자연이 어떠한 것이든 특별히 드물고 아름다운 것으로 만들 때에는 그것을 조그맣게 만든다. 조그만 진주, 조그만 다이아몬드, 조그만 이슬, 아가(Agar)의 기도는 기도의 표본이다. 그런데 그것은 짧은 것이다. 그리고 호소의 분량은 작은 것에 지나지 않는다. 산상수훈(山上垂訓)은 짧은 것이다. 그리고 최후의 만찬은 1시간이었다. 인생은 작은 것으로 만들어졌다. 죽음은 그 모든 것이 꺼진 것이다. 낮은 작은 광선으로 만들어졌다. 그리고 밤은 작은 별들로 영광을 자랑한다."

우리는 흔히 성인과 어린이에 대한 태도를 달리하기 쉽다. 그러나 작은 일에 충실하지 못한 사람은 큰일에도 충실하지 못하다. 태양이 누구에게나 똑같은 빛을 내리는 것과 같이 인간을 수단(手段)으로 대할 것이 아니라 항상 목적(目的)으로 대해야 함은 바뀔 수 없는 진리이다.

넷째, 교사는 넓고 신성한 교육관을 가져야 한다. 직업을 생계의 수단으로 생각하는 사람도 있고, 자신의 직업을 즐기며 인생을 보내는 사람도 있다. 그러나 교육을 인간의 바른 성장 및 존엄성 실현을 위한 것으로 보고 교직(教職)을 이를 위한 최고의 수단으로 생각할 때, 바른 교육관이 확립된다. 올바른 교육관은 교직윤리의 확립에서부터 출발한다. 본래 사람은 자기에게 주어진 환경과 직업에 헌신함으로써 생의 즐거움을 얻고 인생의 참뜻을 발견하게 된다. 교사는 학생을 가르치는 일에서 헌신의 기쁨과 만족을 얻을 수 있어야 한다.

교사의 몸은 비록 과거에서부터 살아 왔으나 교사의 눈과 뜨거운 가슴은 언제나 현재와 미래를 응시해야 한다. 매일매일 새로워져야 한다. 가르치는 자는 곧 배우는 자이기 때문이다. 교사의 지속적인 학구열(學究熱)은 곧 학생들에게 영향을 미치게 되고 교사 자신에게는 신선한 지식을 더해 준다.

다섯째, 교사는 행동으로 옮기는 사람이 되어야 한다. 학행일치(學行一致)란 말이 있듯이 소양과 인간애를 갖추었으면 그것을 실제로 실천해야 한다. 안병욱(安秉煜) 교수는 이 점을 다음과 같이 강조한다. "남을 움직이려면 내가 먼저 움직여야 하고 남을 감동시키려면 내가 먼저 감격해야 한다. 마음속에서 우러나오는 말만이 정말 사람을 감동시킬 수 있다. 나의 정성은 학생들의 정성을 불러일으키고, 나의 정열은 학생들의 정열에 전파된다. 인간은 부르면 대답하는 존재다. 진정한 교육은 열(熱)과 성(誠)에서 이루어진다. 교육은 혼과 혼의 대화요, 인격과 인격의 만남이요, 정성과 정성의 호응이요, 정열과 정열의 만남이다." 이와 같이 교육의 목적은 현재 모르고 있는 것을 가르치는 것만이 아니라, 현재 행할 수 없는 것을 행할 수 있도록 지도하는 데에 있다. 다음의 일례는 교사의 언행이 얼마나 중요한가를 보여준다.

미국의 유명한 외과 의사에게 한 친구가 어떻게 하여 의사가 되었느냐고 물었다. 그는 이렇게 대답했다. "내가 고등학교에 다닐 무렵, 나는 처치하기 곤란할 정도로 난폭한 문제아이였다. 언제나 꾸지람의 대상이었고, 선생님과 친구들에게 골칫거리이었다. 내가 4학년이 되어서도 나의 품행은 나빴고 성적이 불량하여 퇴학 일보 직전에 있었다. 그때 내가 낙제하고 있던 과목을 담당하고 있던 선생님이 우연히 내 손을 보고 이렇게 말했다. '네 손은 참으로 훌륭하고 민감해 보인다. 그 손으로 너는 값있는 일을 할 수 있을 것이다.' 이 한 마디 말은 내 귀에 낭랑하게 울려오는 나팔소리와 같았다. 나는 학교를 졸업하고 외과 의사가 되기로 결심하였다. 그 선생님의 마지막 말은 나에게 하나의 도전이었고, 내가 곤경에 빠져 있을 때마다 내 머리에 되살아났다. 이것이 내가 외과 의사가 된 동기요, 나를 쓸모 있는 사람으로 만든 계기이다."

진심에서 우러나온 교사의 행동과 언어 하나하나는 이와 같이 놀랍고 폭발적인 힘을 발휘하는 것이다. 이것은 교사만이 지니는 특권이요, 신비스런 작용이다. 그래서 교사는 더욱더 자기 자신의 인격을 다듬는 자기성찰(自己省察)의 시간을 가져야 한다.

여섯째, 교사는 학생들에게 희망을 주는 사람이 되어야 한다. 교사의 얼굴에는 어두운 그림자나 실망이 없고 언제나 미래를 내다보는 희망이 깃들어 있어야 한다. 어린이가 잘못을 저질렀을 때 비관하는 얼굴이 아니라 바른 길을 가도록 격려하는 얼굴이어야 한다. 그의 얼굴은 오늘날 우리 사회의 부조리에 낙망하는 것이 아니라 앞날의 비전에 용기를 가지는 얼굴이요, 제 아무리 세상이 부패하여도 하나하나의 어린 생명을 바로 키움으로써 보다 좋은 사회를 만들려는 정열에 불타는 얼굴이어야 한다. 불의를 분쇄하기 위하여 돌격하는 얼굴, 부패를 도려내기 위하여 총칼을 빼든 전사(戰士)의 얼굴이어야 한다. 그는 실패의 눈물을 흘리는 자가 아니라 이를 박차고 다시 일어나는 굳은 신념의 소유자이어야 한다. 교사는 주위 환경에 흔들리지 않고 현실을 보다 낫게 개선·혁신시키려는 희망적인 생의 태도를 지녀야 한다. 교사는 비록 절망을 예감할 때에도 희망에 대한 밝은 전망을 할 수 있도록 주위 사람들을 불러일으켜 잠자는 영혼을 깨워야 한다.

여기 얼굴이 밝고 맑으며 자애(慈愛)와 이해와 동정과 관용과 인내와 정열로써 어린이의 생명을 키우며 미소를 짓고 있는 자가 있으니 그의 이름은 교사이다.

(2) 교사의 역할

교육이 성립하기 위해서는 반드시 가르치는 사람과 배우는 사람이 있어야 한다. 이때 교수·학습과정에서 교사와 학생과의 상호작용은 무엇보다도 중요하며 교육의 과정 중 가장 핵심적인 부분을 이룬다. 그러므로 교사는 그가 원하든 원하지 않든 간에 교육 성립의 전제조건으로서 대단히 중요하다. 따라서 여러 학자들이 교사의 역할에 대해서 연구했는데 여기서는 리들(E. Reedle)과 바텐버그(W. Wattenberg)의 견해를 살펴본다. 그들은 교사의 역할을 학생과의 심리적 관계를 중심으로 하여 14개 항목으로 나누어 제시하고 있다.

① 사회 대표자로서의 교사

학생이 사회화(社會化)되어 가는 과정에서 교사는 사회의 가치와 규범 그리고 생활양식을 대표하는 위치에 서게 된다. 학생의 여러 가지 행동에 대하여 인정할 것은 인정해 주고, 경우에 따라서는 질책도 하며 격려해 주는 일을 통하여 사회와 문화가 기대하는 바가 무엇인가를 보여주고, 교사 자신의 태도와 행동을 통하여 문화적 가치를 표현하게 된다. 따라서 교사가 무의식중에 하는 말과 행동 하나하나가 학생들의 사회화의 방향을 결정하는 데 중요한 영향을 미치게 된다.

② 판단자로서의 교사

교사가 학교상황에서 수행하는 많은 일 가운데는 학생에 관한 올바른 판단을 요구하는 일이 상당히 많다. 학생들의 성적을 매기는 일, 행동발달을 평가하고 기록하는 일, 급제와 낙제를 결정하는 일, 수상대상자를 결정하는 일, 처벌대상자에게 처벌규정을 적용하는 일 등에 있어서 교사는 판단자의 역할을 수행한다. 이러한 교사의 판단이 과연 적절한 것이냐 그렇지 못한 것이냐는 교사의 윤리(倫理)에 관한 문제이다. 교사의 판단은 학생의 자아개념 형성에 큰 영향을 주게 되고, 학생에 대한 강화체제의 중요한 부분이 되며 교수·학습과정에도 직접적인 영향을 미치게 된다.

③ 지식 자원으로서의 교사

학생들에게 필요한 지식을 가르친다는 것은 교사의 제일 중요한 임무이다. 따라서 교사에게는 살아 있는 교과서의 역할이 기대되고 있다. 교사의 지식 이해 정도가 학생들의 학업성취도와 밀접한 관련이 있는 점으로 보아 지식의 공급원(供給源)으로서 교사의 역할은 매우 중요하다.

④ 학습 조력자로서의 교사

교사의 역할은 단순한 지식의 전달에 그쳐서는 안 된다. 교수·학습과정에서 학생들이 스스로 중요한 지식을 이해하고 새로운 지식을 찾아내며, 배운 지식을 적용하여 새로운 문제를 해결할 수 있도록 교사는 유능한 조력자의 역할을 하여야 한다. 특정한 개념이나 원리를 학습자의 발달단계에 맞도록 설명하는 일, 학생의 학습방식에 맞는 학습과정을 마련해 주는 일, 학습에 있어서 개인이나 집단이 당면하게 되는 어려움을 극복하도록 도와주는 일 등은 전문적(專門的) 능력을 필요로 하는 일들이다.

⑤ 심판자로서의 교사

학급 내에서 학생들의 의견이 일치하지 않거나 갈등·대립하는 현상은 흔히 있게 마련이다. 이때 공정하게 시시비비를 가려낼 수 있는 유일한 권위자(權威者)는 교사이다. 이때 교사의 공정성과 타당성 여하에 따라서 학생들에게 비치는 교사의 권위는 크게 달라진다고 볼 수 있다.

⑥ 훈육자로서의 교사

학생집단의 질서를 유지하기 위해서는 적절한 훈육이 필요하다. 이는 행정지도자나 학부모, 심지어 학생 자신들의 요청이기도 하다. 교사의 훈육역할의 적부(適否)는 학교의 질서유지뿐만 아니라 학생들의 학업성취에도 적지 않은 영향을 준다.

⑦ 동일시 대상으로서의 교사

갈등이나 난관에 부딪쳤을 때 학생들이 쉽게 취하는 행동으로 동일시(identification) 현상을 들 수 있다. 학교에서 학생들의 중요한 동일시 대상은 교사이다. 따라서 교사의 여러 가지 행동특성은 학생들에 의해서 잘 모방된다. 교사의 말투·걸음걸이·필체·태도·가치관까지도 동일시의 대상이 될 수 있다.

⑧ 불안 제거자로서의 교사

성장과정에서 학생들은 여러 가지 불안을 경험하게 된다. 현실에 대한 이해 부족과 자신의 능력 부족에서 오는 불안은 자연히 성인의 도움을 필요로 하게 된다. 현실상황에 대한 적절한 설명, 학생들에게 불필요한 불안을 주지 않도록 상황을 통제하는 일 등은 교사가 수행해야 할 역할이다.

⑨ **자아 옹호자로서의 교사**

성장과정에 있는 학생들이 당면하게 되는 문제 중에는 자신감(自信感)을 잃는 일, 무력감을 느끼는 일, 열등감에 빠지는 일 등이 있다. 이때 교사는 학생들로 하여금 성취감을 맛보게 하고, 주위로부터 성공에 대한 인정을 받도록 해줌으로써 학생들의 자아를 옹호(擁護)해 주고 자신감을 갖도록 하는 역할을 담당해야 한다.

⑩ **집단 지도자로서의 교사**

학교교육은 개별적 접촉과 지도를 통해서도 이루어지지만, 대부분의 경우 집단적 상황에서 이루어진다. 그러므로 교사는 그것이 학급집단이든 그 밖의 소집단이든 집단의 사기(士氣)를 높이고 응집력(凝集力)을 향상시키기 위한 지도자로서의 역할을 담당하게 된다.

⑪ **부모 대행인으로서의 교사**

초등학교 저학년 아동은 특히 교사의 행동과 부모의 행동을 마찬가지로 여기는 경향이 있다. 어머니에게서 구해야 할 조언을 교사에게서 찾으려는 일도 있거니와 동서고금을 막론하고 교사들은 학생들을 대할 때 부모의 감정으로 대하는 경향이 짙다. 어린이 중에는 부모에게서 받을 수 없었던 만족을 교사에게서 구하는 경우가 많다. 이때 교사는 부모 대행인(in loco parentis)의 역할을 하게 된다.

⑫ **적대감정의 표적으로서의 교사**

성장과정에 있는 학생들은 일상생활에서 적지 않은 좌절감을 경험하게 된다. 성인문화의 표준을 학생들에게 제시하고 이에 순응할 것을 요구하는 사람이 성인이고 보면, 좌절감에서 폭발하게 되는 적대감정(敵對感情)의 대상은 자연히 성인일 수밖에 없다. 따라서 학교상황에서는 그 화살이 성인인 교사에게 향하게 된다. 이때 그들의 표적이 되어 주는 것은 그들의 정신건강을 위해서 대단히 유익한 일이다.

⑬ **친구로서의 교사**

학생들 중에는 교사를 하나의 다정한 친구로 대하기를 원하는 학생들이 있다. 교사가 학생들의 개인적 기쁨과 슬픈 감정을 같이 나눈다는 것은 매우 바람직한 일이다. 교사는 학생과의 관계에 있어서 교권(敎權)을 내세우는 형식적 관계만이 아니라 친구로서 언제나 마음속을 털어놓을 수 있는 비형식적 관계를 유지해야 한다.

⑭ 애정 상대자로서의 교사

교사에게 자기가 아끼는 물건을 선물하는 초등학교 1학년 어린이의 교사에 대한 애정으로부터 남교사에게 연정을 품고 고민하는 고등학교 여학생의 애정에 이르기까지 교사들은 학생의 애정 상대자가 되는 경우가 많다. 오늘날 사제관계를 정서적 친밀감이 결여된 단순한 역할관계(役割關係)로 지적하면서, 대량교육으로 인한 직업적 교사로서의 위치를 탓하는 사람들도 있다. 그러나 교육현장에는 '우리 선생님'으로 기억될 만큼 학생들로 하여금 존경과 친화감(親和感)을 느끼게 하는 교사들이 얼마든지 있으며, 선생님에게 애틋한 정을 갖고 있는 학생들도 많다. 이러한 사제 간의 정서적 유대관계는 교사의 동정적인 태도에서 기인한다기보다 교사의 역할수행 과정에서 비롯된 인간적인 감정인 것이다.

이제까지 학교상황에서의 교사의 역할을 논의하였다. 교사는 이 외에도 학급경영자로서의 역할, 학교직원으로서의 행정적 역할, 전문적 성장을 위한 학문적 역할, 학부모의 자녀 교육문제 상담자로서의 역할, 그리고 기타 교무분장에 따른 복합적인 역할을 수행하게 된다. 교사의 역할과 관련해 교사 또는 교사 지망생을 위해서 프랑크(G. Frank)의 교사의 기도를 참고로 소개하고자 한다.

> 오! 학문과 학생의 주님이시여, 저희들은 이 엄숙한 가르치는 사업에 실패한 자들입니다. 저희들의 부족을 부끄럽게 생각합니다. 저희들의 잘못으로 저희들 자신이 벌을 받을 뿐만 아니라 저희들의 과오 때문에 잘못 인도된 많은 사람들의 마음에 영원한 슬픔을 가지게 했습니다. 저희들은 다가올 내일을 위해 지침(指針)이 되어야 할 때 죽어 버린 어제를 파[賣]는 데 만족해 왔습니다. 저희들은 새로운 사상(思想)을 위한 호기심 이상으로 낡은 습관에 머물러왔습니다.
>
> 또 저희들의 대상인 학생보다도 저희들의 과목을 더 많이 생각했고 풍부한 삶의 예언자나 목자(牧者)가 되었어야 할 때 조그마한 정확성을 파는 행상인(行商人)이 되었

습니다. 저희들은 있어야 할 세계를 만드는 데 창의적인 협조자가 되도록 학생들을 도왔어야 할 때 오히려 학생들로 하여금 현실세계의 영리한 경쟁자가 되도록 가르쳐 왔습니다. 저희들의 학교를 발전하는 사회를 이끌어 갈 인재들을 키우는 교육의 장이 되게 하지 못하고 기성사회를 위한 훈련장으로 생각해 왔습니다. 저희들은 지혜(智慧)보다도 지식(知識)을 더 귀중한 것으로 생각했습니다.

저희들의 학생들에게 그들의 마음을 자유롭게 하기 위해 노력해야 했을 때 오히려 그들 마음에 굴레를 씌우는 것을 저희들의 일로 생각했습니다. 그것은 학생들과 함께 협조하여 매일 아침 신선하게 배워야 할 움직이는 현재를 이해하기보다는 움직이지 않는 과거에 대해서 학생들에게 가르치는 것이 더욱 용이했기 때문입니다. 저희들은 이러한 나태(懶怠)의 죄에서 해방되길 원합니다. 저희들로 하여금 과거를 아는 것이 중요하다는 것은 현재에 살기 위함이라는 것을 알게 하옵시고 옛 성전(聖殿)의 영광을 학생들의 머릿속에 넣어 주기보다는 현대식 대가람의 건축가를 만드는 데 흥미를 가지도록 도와주시옵소서.

학생의 기억이 보물상자가 되는 동시에 또한 도구가 되지 않으면 안 된다는 것을 깨닫도록 하여 주시옵고, 저희들로 하여금 '하지 마라'는 말보다 '하라'는 말을 더 자주 하도록 도와주시옵소서.

훈계(訓戒)가 점점 필요 없다는 것을 저희들 스스로 알게 하옵소서. 엄격한 의미에서는 아무에게도 그 무엇을 가르칠 수 없다는 것을 저희들이 깨닫게 해주시고 다만 저희들이 할 수 있는 일이란 그들이 스스로 배우게 도와주는 것밖에 없음을 알게 하옵소서.

특수한 방면의 결실을 맺게 하는 저희들의 자료가 소중하나 모든 사실은 그들이 다른 나머지 지식과 관련될 때 비로소 가치가 있다는 것을 알게 하여 주시옵소서, 결국 교육이라는 것은 현대세계를 살아가기 위한 탐험이라는 것을 알게 하여 주시고, 저희들로 하여금 마음의 교사인 동시에 영(靈)의 목자가 되게 하옵소서.

오! 교사의 주님이시여, 우리들이 하는 일의 거룩함을 깨닫게 하옵소서.

아멘!

2. 교직과 교사

1) 교직의 전문성

교사라는 직업이 어떠한 것인가를 알아보기 위해 우선 직업이란 무엇인가 하는 것부터 살펴볼 필요가 있다. 일반적으로 직업이란 단순 노동직이건 전문직이건 생계를 유지하기 위한 수단임에는 틀림없다. 그러나 직업은 생계수단 이외에도 직업에 종사하는 활동 자체가 중요한 삶의 과정으로서, 거기에서 자아를 발견하고 자아를 실현할 수 있는 것이기도 하다. 직업에는 어떤 직종이든 간에 그 나름대로의 사회적 책임이 있다. 그리고 직업은 일시적인 것이 아니고 계속적으로 수행하는 경제 및 사회활동으로서 육체적 혹은 정신적 노동을 수반한다. 이와 같이 직업은 생계수단 · 자아실현 · 사회적 책임 · 계속성 · 노동 등 다양한 속성(屬性)을 지니고 있다.

모든 직업은 위와 같은 속성을 공통적으로 지녔음에도 불구하고 직업의 종류와 사회적 지위 또는 전문성 정도에 따라 다양하게 분류된다. 한 직업의 사회적 지위는 사회와 시대의 상황에 따라 각기 달라질 수 있다.

흔히 직업을 전문직(profession)과 범속직(occupation)으로 구분한다. 전문직(專門職)으로는 의사나 법관 등을 들 수 있고, 범속직(凡俗職)에는 일반 근로자를 생각할 수 있다. 그러나 모든 직업이 전문직 아니면 범속직으로 양분되는 것은 아니다. 오히려 전문-범속의 한 연속선상에서 어떤 점을 차지하는가에 관한 상대적 평가로 그 위치가 결정되는 것이다.

전문직과 범속직을 구분하는 기준은 다음과 같다.

① 사회적 봉사기능: 전문직은 사회적 봉사기능을 갖는다.

② 고도한 지식 기술: 전문직은 그 직무수행에 고도의 지식과 기술을 필요로 한다.

③ 장기간의 교육: 전문직은 높은 수준의 지식과 기술을 필요로 하기 때문에 장기적인 직전교육(pre-service education)과 직후(職後)에도 계속적인 현직교육(in-service education)을 필요로 한다.

④ 엄격한 표준: 전문직은 초임자에게 엄격한 표준이 적용된다. 즉, 면허증 · 자격증 · 일정한 학위 등이 요구된다. 이 표준은 전문직 단체에 의하여 내적으로 통제 · 보

장 · 신장된다.

⑤ 자율권 행사에 따른 책임: 전문직은 광범위한 자율권을 행사하며, 그 행사와 판단에 대한 책임을 진다.

⑥ 전문직 단체: 전문직은 자율적인 전문직 단체를 가진다. 전문직 단체는 주로 그 전문직의 표준을 유지하고 향상하기 위한 자체 통제와 육성에 힘쓴다.

⑦ 직업윤리: 전문직은 그 자체의 직능을 수행하는 데 준수해야 할 직업윤리(職業倫理)를 갖고 있다.

이런 기준에 비추어 볼 때, 교직은 대체로 전문직의 특성을 지니고 있음을 알 수 있다. 교사는 가르치는 일을 하는 사람이지만 이를 위하여 그 준비과정에서 별도의 실습과정을 거치고 그것을 통하여 아무나 할 수 없는 전문성을 실현하며, 인간을 가르치는 일 자체에는 희생과 봉사, 엄격한 직업윤리가 요구되기 때문이다.

직업은 영어로 occupation과 vocation으로 구분하기도 한다. 전자는 '사람이 보수(報酬)를 받기 위해 정해 놓고 하는 일'이라 볼 수 있고, 후자는 독일어의 Beruf라는 말로 '하나님으로부터 소명(召命)을 받아 하는 일' 즉, 부르심을 받은 일이어서 영어로 calling(신의 부르심)이라고 할 수 있다.

그러나 어떤 직업이든지 그것이 단순한 노동(勞動)이 될 수도 있고 소명이 될 수도 있다. 일하는 사람이 자기가 하는 일에 대하여 어떠한 태도를 지니고 있는가가 중요하다. 노동과 소명을 구별하는 기준 가운데 가장 중요한 것은 비전(vision)이다. 한 그루의 나무를 심는 사람이 그 일을 함으로써 소정의 임금을 받는 것만을 목적으로 한다면, 그것은 단순한 노동에 지나지 않는다. 그러나 만일 그가 나무를 심음으로써 벌거벗은 산을 녹화(綠化)하여 우리 강토를 아름답게 하는 동시에 홍수의 피해를 막고 인명과 재산을 보호하겠다고 생각한다면, 비록 그 일이 얼핏 보면 하찮은 것 같지만 확실한 비전을 가진 애국운동이라고 할 수 있다. 마찬가지로 교직을 단순히 금전적 보수만을 위한 것으로 생각한다면 단순한 노동에 불과한 고역(苦役)이 될 것이다. 의무감에 못 이겨 맡겨진 하루의 일을 기계적으로 반복함으로써 생계의 수단을 삼는 데 그친다면, 교직은 분명히 고역이며, 교직생활은 봉급날만 기다리는 짜증난 일과의 연속이 될 것이다. 오천석 교수는 이렇게 말하고 있다. "교사가 고매(高邁)한 비전을 높이 들고, 우리가 맡은 어린 생명의 성장을 도움으로써 그의 잠재적 가능성을 계발하여 풍요한 생활을 영위하게 하고, 이를 통하여 나라와 겨레와 인류의 발전을 돕는 길이라는 신념을 가진다면, 분명 그의 일은 노동의 영역을 뛰어넘어 희열(喜悅)의 원천이 될 것이고 이 경우 그의 일과는 부담이 아니라 보람있는 성직(聖職)이 될 것이다."

교직을 성직으로 보는 이러한 견해에 의하면, 전문적 자질에 앞서 교사에게 기본적으로 요구되는 것은 교직으로 부름을 받았다는 소명의식이다. 교직이 단순한 노동이 아니라 소명이 되려면 가르치는 일에 대한 헌신이 필요하다. 소명이 요구하는 것은 기계적·형식적 동작이 아니며 시간 보내기가 아니다. 거기에는 일에 대한 정열과 성의가 있어야 하고, 자기의 몸과 마음을 쏟아 놓는 봉헌(奉獻)이 있어야 한다. 사람의 마음에 공명(共鳴)을 일으키는 감흥이 있어야 한다. 이러한 영감(靈感)이 없을 때 우리는 상대방의 심금을 울릴 수 없다. 교직은 단순한 직업이나 노동이 아니다. 그에게 소명감을 주는 것은 비전과 헌신이다. 비전과 헌신을 속성으로 하는 소명감에 움직이지 않는 교육은 산 교육이라고 할 수 없다. 소명감이 있으면 교사는 산 스승이 될 수 있고, 어린이의 영(靈)의 성장을 돕는 참된 교육자가 될 수 있는 것이다.

요컨대, 교직은 전문직이기 이전에 소명의식이 요구되는 직업이라는 점에서 일반직과는 물론 다른 전문직과도 구별되는 특수 전문직임을 알 수 있다. 결국 교직은 인간을 가르치고 기르는 성스러운 직업으로서 특별한 자질과 사명감을 가진 사람만이 종사해야 하는 전문직이다.

2) 교직의 자율성

전문직으로서의 교직은 교사의 자율적인 판단에 의하여 그 직무가 수행된다. 따라서 교직의 자율성이 보장되고 유지될 때 교권이 확립되는 것이다. 자율성(自律性)이란 외부적 요인이나 권위에 의한 강요나 지시를 받지 않고 자유롭게 자기의 행위를 결정하는 과정을 뜻한다. 교직의 자율성은 교사가 교직수행에 있어서 누릴 수 있는 자유를 의미한다. 이러한 자유가 모든 직종에 적용되는 것은 아니다. 일상적인 일을 정한 규칙에 따라 반복적으로 수행하는 직종에 있어서는 직업의 성격상 자율성을 인정할 수가 없다.

그러나 전문직은 고도의 지적인 배경을 필요로 하기 때문에 자율 없이는 그 직무를 수행할 수가 없다. 예를 들어 학생의 질문 처리방법은 학생의 개성이나 질문의 내용에 따라 달라져야 하며, 어떤 일정한 규칙에 의존할 수가 없다. 이런 경우는 교사가 전문적 식견을 바탕으로 하여 자율적으로 처리하도록 맡겨져야 한다. 어떤 의미에서 보면 교사는 교실 내에서 그 직무를 수행할 때 무한한 자유를 누리고 있는 셈이다. 무엇을 어떻게 가르칠 것인지를 결정하는 사람은 교육과학기술부 장관·교육감·교장이 아니라 바로 교사 자신이다. 따라서 전문직으로서 교직의 자율성이 얼마나 중요한가를 알 수 있다.

그런데 여기에서 문제되는 것은 교실 내에서 교사에게 부여된 자율권 행사의 한계이다. 교실 내에서 교사의 행동은 그 누구도 통제할 수 없고 또한 통제해서도 안 된다고 생각하는 것이 과연 교사의 자율성인지는 검토할 필요가 있다. 가령, 공립학교의 교사가 자기가 옳다고 생각하는 신념(信念)을 자율적으로 가르친다고 가정하자. 모르몬(Mormon)교 신자나 안식교도인 교사가 아무런 규제 없이 특정 종교의 교리(敎理)를 가르친다고 해보자. 교사 편에서 보면 자율성을 향유한다고 볼 수 있지만 그 영향을 받는 학생 편에서 보면 일방적으로 주입된 신념이나 교리에 조건화(條件化)됨으로써 다른 보편적 종교의 진리를 대할 기회를 잃게 된다. 결과적으로 학생은 자율적으로 교리를 선택할 수 있는 기회를 박탈당하게 되는 것이다. 이와 같은 사실은 가르치는 자유가 오히려 배우는 자유를 빼앗을 수 있다는 역리(逆理)를 제기하는 것이다. 이렇게 볼 때 교사의 자율권의 정도와 한계는 항상 그것이 학생의 자유와 복지의 증진에 공헌할 것인가 하는 상대적 관계에서 고려되어야 한다.

다음으로 생각해야 할 문제는 교사에 대한 국가와 사회의 통제에 관한 것이다. 즉, 학생의 자유와 복지의 증진에 관계된 것이면 무엇이든지 교실 내에서 가르쳐도 좋으냐 하는 문제이다. 국가와 사회에서 학생에게 가르쳐 주기를 바라는 것은 하나의 참고자료이고 실제로 무엇을 가르칠 것인지는 교사의 자율에 속하는가를 생각해 볼 필요가 있다. 이에 대하여 한마디로 말하면 국가나 사회의 요구와 반대되는 내용을 가르치는 것은 어떤 국가나 사회에서도 허용되지 않는다는 것이다. 왜냐하면 교육의 중요한 기능은 사회화 기능이기 때문에 그 내용은 항상 국가나 사회의 보편적 가치나 신념에 위배됨이 없어야 하는 것이다.

교직의 자율성이 최대한도로 확보되어야만 교사가 창의적으로 학생지도에 임할 수 있다. 그러나 여기에는 적어도 두 가지의 전제조건이 있다. 그 하나는 교직의 자율성이 학생의 자유와 복지 증진에 저해가 되어서는 안 되며, 다른 하나는 국가 사회라고 하는 큰 테두리 안에서 교직의 자율성이 확보되고 향상되어야 하는 것이다.

교직의 자율성에서 또 생각해야 할 문제는 교권(敎權)과 교직의 자율성과의 관계이다. 학교도 하나의 사회조직이기 때문에 그 속에는 위계질서가 있다. 그러나 다른 사회체제와는 달리 교사집단과 학생집단 간에는 현격한 차이가 있는 특수한 위계성(位階性)이 있다. 흔히 군사부일체(君師父一體)라고 하는 말로 교사와 학생 간의 현격한 위계차를 나타내기도 한다. 이와 같은 위계의 차는 여러 측면에서 볼 수 있다. 우선 신체적인 성숙 면에서 차가 있으며, 지적인 넓이와 깊이에 있어서 차가 있고, 도덕적 표준이나 행동에 있어서도 차가 있다. 따라서 교사는 학생에게 절대적인 영향을 미치는 존재이다.

교권의 문제는 이와 같은 위계성에서 발생한다. 교사와 학생이 신체적·지적·사회적·정서적 측면의 차가 큰 초등학교일수록 교권은 강하고, 상급학교에 이르면 점차로 약화되는 것을 보아도 교권이 교사와 학생 간의 위계성에서 발생하고 있음을 알 수 있다. 이와 같은 교사와 학생 간의 위계성은 현실적으로 또는 묵시적으로 학부모와 지역사회에도 전달된다. 즉, 교사와 학생 간의 위계성의 차가 크면 클수록 교권은 확립되고, 교사는 학부모와 지역사회인의 존경의 대상이 된다.

그런데 최근에 이르러 교권의 실추를 통탄하는 소리가 높아지고 있다. 이것은 교사와 학생 간의 위계적 격차가 작아졌음을 뜻한다. 신체적 측면의 격차는 예나 지금이나 다를 바 없으나 다른 측면, 예를 들면 지적·도덕적 측면에 있어서는 그 격차가 줄어든 것을 부인할 수 없다.

교권은 교사와 학생 간의 위계성의 차에서 발생하며, 만일 그 차가 소멸되어 교권이 실추된다면 교권침해의 현상이 빈번히 나타날 것은 너무나 자명한 일이다. 특히 교직은 전문직이기 때문에 자율성이 최대한도로 확보되어야 하나 교권이 떨어지면 자율성도 침해된다. 교권이 떨어지면 교사를 불신하게 되고 외부적 요인이나 권위에 의해 강요와 지시가 증대됨으로써 자율성은 극히 제한을 받게 된다. 그러므로 교권과 교직의 자율성은 동전의 표리(表裏)와도 같다. 교권이 확고해지면 이에 비례하여 교직의 자율성이 증대되고 교권이 실추되면 교직의 자율성에 많은 제한을 받게 된다.

3) 교직의 윤리와 교권

(1) 교직의 윤리

교직의 전문성을 논의하는 데 있어서 반드시 제기되는 것이 윤리(倫理)문제이다. 그것은 교직에서만이 아니라 다른 전문직에서도 요구되는 기본조건의 하나이다. 전문직 종사자는 일반직(범속직) 종사자보다 높은 직업윤리와 도덕수준을 사회로부터 요구받고 있다. 교직도 그러한 기대에서 예외일 수 없으며, 사실 오늘의 교사에 대한 사회적 비판의 대부분이 교직윤리에 관련된 문제들이다. '사도(師道)가 땅에 떨어졌다', '교사는 있어도 스승은 없다'는 등의 비판이 그 좋은 예라고 할 수 있다.

교사의 사회적 지위, 경제적 처우, 지적 수월성(秀越性) 등은 모두 중요하고 어느 것 하나도 소홀히 생각할 수 없는 것이지만, 이것들보다도 먼저 생각해야 할 것은 교사의 윤리문제이다. 왜냐하면 교사는 가르치는 사람이며, 가르친다는 것은 지식을 가르친다는 의미만이 아니라 사회적 · 도덕적인 면에서 모범을 보여야 한다는 의미를 포함하고 있기 때문이다. 단적으로 말하여 교사에게서 윤리와 도덕(道德)의 개념을 제외한다면 그것은 이미 교사라고 할 수 없다. 그것은 마치 종교인(宗敎人)에게서 윤리나 도덕의 개념을 뺄 수 없는 것과 같다. 이렇게 볼 때 교사의 윤리가 얼마나 중요한가를 알 수 있다.

교직윤리의 확립을 위하여 대한교육연합회(한국교원단체총연합회 전신)에서는 교사의 윤리에 관한 강령(綱領)을 두 차례에 걸쳐서 제정한 바 있다. 첫 번째는 1958년에 제정된 교원윤리강령(教員倫理綱領)이며, 두 번째는 1982년에 선포된 사도헌장(師道憲章)과 사도강령(師道綱領)이다. 이러한 윤리강령에서 일관하여 강조되고 있는 것은 교사와 학생과의 관계에서 교사는 애정을 가지고 공평하게 개성을 존중하며 성심껏 학생을 지도해야 한다는 점이다. 이미 사도강령에서 강조하고 있는 바와 같이 교직윤리에서 가장 강조되어야 할 것은 스승으로서 제자를 사랑하고 차별하지 않는 일이다.

(2) 교권과 교직의 전문성과의 관계

교권과 교직의 전문성도 밀접하게 관련되어 있다. 그러므로 교권을 확립하기 위해 교직의 전문성 신장이 필요하게 된다. 이 경우의 교권이라는 말이 주는 의미는 교사의 권위(權威)라는 개념으로 볼 수 있다. 그러나 교권을 교직의 자율성이라는 관점에서 해석하면 교사의 권리(權利)라는 의미로 이해된다. 이처럼 교권의 의미에는 두 가지의 뜻이 통합되어 있는 것을 알 수 있다.

사람에 따라서는 교권의 의미를 권리에 강조점을 두어 해석하는가 하면 또 다른 사람들은 권위라는 점을 부각시키기도 한다. 그러나 좀 더 깊이 생각해 보면 교권은 권위적인 면과 권리적인 면을 모두 포괄한다고 보아야 할 것이다.

교사가 그들에게 부여된 책임을 다하고자 할 때 가장 중요한 조건 중의 하나는 교권이 확립되어 있어야 한다는 것이다. 교사가 권위와 권리를 인정받지 못할 때 교육이 제대로 이루어질 수 없다는 것은 너무나 분명한 사실이다. 의사의 권위를 환자가 인정하지 않을 때 병의 치료가 어려운 것처럼 학생과 학부모가 교사의 권위를 인정하지 않는다면 교육의 효과를 제대로 기대할 수 없다. 이 점은 특히 지식교육보다 인간교육에서 더욱 두드러진다.

인간교육은 단순한 지식의 전달이 아니라 인격적인 접촉에 의해서 이루어지며, 교사가 학생들의 동일시(同一視) 대상이 될 수 있을 때 가능한 것이다. 이 경우 교사의 권위는 필수적인 조건이 된다. 학생들이 교사의 권위를 인정하고 동일시의 대상으로 삼아야 태도와 가치관에 영향을 미칠 수 있기 때문이다.

또한 교사는 국가 사회로부터 응분의 권리를 인정받아야 하며, 그러한 권리 중에는 자율권・생활권・신분보유권 등이 포함된다. 이러한 권리 또한 권위에 못지않게 중요한 요건이 된다. 교사의 자율권에 대해서는 앞서 교직의 자율성에서 설명하였거니와 그와 같은 자율성을 인정받지 못하고 침해당하면 교사는 한낱 근로자로 전락하게 된다.

교사의 생활권과 신분보유권 또한 소홀히 생각할 수 없는 것이다. 물론 동서고금을 막론하고 교사의 생활은 그들의 품위를 유지하는 데 적절하냐가 문제시되었을 뿐 부(富)를 탐(貪)하는 것과는 거리가 멀다고 생각되어 왔다. 사실 대부분의 교사는 청빈(淸貧)한 생활을 당연한 것으로 받아들여 조금도 흐트러짐이 없는 삶을 영위해 온 것도 사실이다.

그렇다고 해서 교사의 경제적 지위가 소홀히 되어도 좋다는 뜻은 아니다. 특히 오늘날에는 경제적 지위의 향상이 사회적 존경과 위신의 유지에 큰 영향을 미친다는 점을 감안한다면 교사의 처우개선과 경제적 지위 향상은 꾸준히 추구되어야 할 과제이다. 교사의 생활권 유지는 결과적으로 교권을 신장하는 길이 된다.

교사의 신분보장 역시 교권 확립에 있어서 중요한 조건의 하나이다. 우리나라의 국·공립 초·중등학교 교사는 국가공무원으로서 신분을 보장받고 있다. 사학(私學)의 경우도 국·공립학교의 교원에 관한 규정을 준용하고 있기 때문에 제도상으로는 교사의 신분이 보장되어 있다고 할 수 있다. 그러나 일부 사학에서는 실제적으로 신분보장이 되어 있지 않아 교권이 침해당하는 경우가 있으므로 앞으로 이에 대한 보완책이 확립되어야 할 것이다.

끝으로, 대한교육연합회(한국교원단체총연합회의 전신)가 1982년 5월 15일 스승의 날에 선포한 사도헌장과 사도강령을 적어 본다.

사 도 헌 장

오늘의 교육은 개인의 성장과 사회의 발전과 내일의 국운(國運)을 좌우한다. 우리는 국민교육의 수임자(受任者)로서 존경받는 스승이요, 신뢰받는 선도자임을 자각한다. 이에 긍지와 사명을 새로이 명심하고 스승의 길을 밝힌다.

Ⅰ. 우리는 제자를 사랑하고 개성을 존중하며, 한마음 한뜻으로 명랑한 학풍을 조성한다.

Ⅰ. 우리는 폭넓은 교양과 부단한 연찬(硏鑽)으로 교직의 전문성을 높여 국민의 사표(師表)가 된다.

Ⅰ. 우리는 원대하고 치밀한 교육계획의 수립과 성실한 실천으로 맡은 바 책임을 완수한다.

Ⅰ. 우리는 서로 협동하여 교육의 자주혁신과 교육자의 지위향상에 적극 노력한다.

Ⅰ. 우리는 가정교육·사회교육과의 유대를 강화하여 복지국가 건설에 공헌한다.

사 도 강 령

민주국가의 주인(主人)은 국민이므로 나라의 주인을 주인답게 길러내는 교육이 가장 중대한 국가적 과업이다.

우리는 겨레가 오랜 역사와 찬란한 문화를 계승·발전시키며 선진 제국과 어깨를 나란히 하여 인류복지 증진에 주도적으로 기여하려면, 무엇보다도 문화국민으로서의 의식개혁과 미래사회에 대비한 창의적이고 자주적인 인간육성에 힘을 기울여야 한다. 그러기 위하여 우리 교육자는 국가발전과 민족중흥의 선도자로서의 사명(使命)과 긍지(矜持)를 지니고, 교육을 통하여 국민 각자의 능력을 최대한으로 계발하여, 개인의 자아실현과 국력의 신장, 그리고 민족의 번영에 열과 성을 다하여야 한다.

또한 교육자의 품성과 언행이 학생의 성장·발달을 좌우할 뿐만 아니라 국민윤리 재건이 된다는 사실을 명심하고, 사랑과 봉사, 정직과 성실, 청렴과 품위, 준법과 질서에 바탕을 둔 사도확립에 우리 스스로 헌신하여야 한다.

이러한 우리의 뜻은 교직에 종사하는 모든 교육자가 공동체 의식을 가지고 노력하여야만 이루어질 수 있다는 것을 인식하고, 1982년 사도헌장 제정에 때맞추어 우리의 행동지표이었던 종전의 교원윤리강령을 사도강령으로 개정하고 이를 실천함으로써 국민의 사표가 될 것을 다짐한다.

제1장 스승과 제자

스승의 주된 임무는 제자로 하여금 고매(高邁)한 인격과 자주정신을 가지고 국가 사회에 봉사할 수 있는 유능한 국민을 육성하는 데 있다. 그러므로,

1. 우리는 제자를 사랑하고 그 인격을 존중한다.
2. 우리는 제자의 심신발달이나 가정의 환경에 따라 차별을 두지 아니하고 공정하게 지도한다.
3. 우리는 제자의 개성을 존중하며, 그들의 개인차와 욕구에 맞도록 지도한다.
4. 우리는 제자에게 직업의 존귀함을 깨닫게 하고, 그들의 능력에 알맞은 직업을 선택하도록 지도한다.
5. 우리는 제자 스스로가 원대한 이상을 세우고, 그 실현을 위하여 정진하도록 사제동행(師弟同行)한다.

제2장 스승의 자질

스승은 스승다워야 하며, 제자의 거울이 되고 국민의 사표(師表)가 되어야 한다. 그러므로,

1. 우리는 확고한 교직관과 긍지를 가지고 교직에 종사한다.
2. 우리는 언행이 건전하고 생활이 청렴하여 제자와 사회의 존경을 받도록 한다.
3. 우리는 단란한 가정을 이룩하고, 국법을 준수하여 사회의 모범이 된다.
4. 우리는 학부모의 경제적 · 사회적 지위를 이용하지 아니하며, 또 이에 좌우되지 아니한다.
5. 우리는 자기 향상을 위하여 전문적인 지식과 전문화된 기술을 계속 연마하는 데 주력한다.

제3장 스승의 책임

스승은 제자 교육에 열과 성을 다하여 맡은 바 책임을 다하여야 한다. 그러므로,

1. 우리는 사회의 일원(一員)으로서 모든 책임과 의무를 다한다.
2. 우리는 교재연구와 교육자료 개발에 만전을 기하여 수업에 최선을 다한다.
3. 우리는 생활지도의 중요성을 인식하여 제자들이 올바른 사람이 될 수 있도록 지도에 철저를 기한다.
4. 우리는 교육의 성과를 공정하게 평가하고, 이를 교육에 충분히 활용한다.
5. 우리는 제자와 성인들을 위한 정규교과 외 활동에 적극 참여한다.

제4장 교육자와 단체

교육자는 그 지위의 향상과 복지의 증진을 위하여 교직단체를 조직하고 적극 참여함으로써 단결된 힘을 발휘할 수 있다. 그러므로,

1. 우리는 교직단체 활동을 통하여 교육자의 처우와 근무조건의 개선을 꾸준히 추진한다.
2. 우리는 교직단체의 활동을 통하여 교육자의 자질향상과 교권의 확립에 박차를 가한다.
3. 우리는 편당적(偏黨的) · 편파적(偏頗的) 활동에 참가하지 아니하고, 교육을 그 방편으로 삼지 아니한다.
4. 교직단체는 국가의 주요 교육정책 결정에 참여하여 교육자의 여망과 주장을 충분히 반영시킨다.

5. 교직단체는 교육의 혁신과 국가의 발전을 위하여 다른 직능단체나 사회단체와 연대 협동한다.

제5장 스승과 사회

스승은 제자의 성장·발달을 돕기 위하여 학부모와 협력하며, 학교와 사회와의 상호작용의 원동력이 되고, 국가 발전의 선도자가 된다. 그러므로,

1. 우리는 학교의 방침과 제자의 발달상황을 가정에 알리고, 학부모의 정당한 의견을 학교교육에 반영시킨다.
2. 우리는 사회의 실정을 정확하게 파악하고, 지역사회의 성찰과 문화향상을 위하여 봉사한다.
3. 우리는 사회의 요구를 교육계획에 반영하여 학교의 교육활동을 사회에 널리 알린다.
4. 우리는 국민의 평생교육(平生敎育)을 위하여 광범위하게 협조하고 그 핵심이 된다.
5. 우리는 확고한 국가관과 건전한 가치관을 가지고 국민의식 개혁에 솔선수범하며, 국가 발전의 선도자가 된다.

참고문헌

교과서포럼(2008). **한국 근·현대사**. 서울: 도서출판 기파랑

김동훈(2001). **한국의 학벌, 또 하나의 카스트인가**. 서울: 책세상

김종서 외(1996). **최신 교육학개론(증보판)**. 서울: 교육과학사.

남궁용권(2000). **신교육학총론**. 서울: 양서원.

남정걸(2006). **교육행정 및 교육경영(제4개정판)**. 서울: 교육과학사

박성수(1982). **현대인의 심리와 카운슬링**. 서울: 한국방송사업단.

박인우(2006). "교육공학", 윤정일 외, **신교육의 이해**. 서울: 학지사.

봉미미(2007). "교육공학", 성태제 외, **최신교육학개론**. 서울: 학지사.

손인수(1987). **한국교육사(Ⅰ, Ⅱ)**. 서울: 문음사.

연문희(2000). "생활지도와 상담", 김인회 외. **살며 배우며 가르치며**. 서울: 학지사.

오기형 외(1984). **교육학개론**. 서울: 문음사.

오인탁(2001). **파이데이아: 고대 그리스의 교육사상**. 서울: 학지사.

오천석(1992). **스승**. 서울: 배영사

______(1964). **한국신교육사**. 서울: 현대교육총서출판사.

유승우 외(2010). **교육방법 및 교육공학**. 서울: 양서원.

윤재홍 역(2001). **실존철학과 교육학**. 서울: 기독언어문화사.

이기백(2005). **한국사신론**. 서울: 일조각.

이성호(1982). **교육과정: 개발전략과 절차**. 서울: 문음사.

이영덕(1968). **교육의 과정**. 서울: 배영사.

이형행(1983). **교육행정: 이론적 접근**. 서울: 문음사.

이형행 · 고 전(2006). **교육행정론(개정판)**. 서울: 양서원.

이홍우(1977). **교육과정탐구**. 서울: 박영사.

정범모(1986). **교육과 교육학**. 서울: 배영사.

______(1997). **인간의 자아실현**. 서울: 나남출판.

조 벽(2004). **나는 대한민국의 교사다**. 서울: 해냄.

황정규(1998). **학교학습과 교육평가(개정판)**. 서울: 교육과학사.

황정규 외(2004). **교육학개론**. 서울: 교육과학사.

Allport, G.(1961). *Pattern and Growth in Personality*. New York : Holt, Rinehart and Winston, Inc.

Amstrong, D. G. et. al.(1978). *Education : An Introduction*. New York : Macmillan Publishing Co., Inc.

Ausubel, D. P.(1963). *The Psychology of Meaningful Verbal Learning : An Introduction to School Learning*. New York : Grune & Stratton, Inc.

Bloom, B. S. et. al.(1956). *Texonomy of Education Objectives : the Classification of Educational Goals*. Handlbook I : Cognitive Domain. New York : David Mckay Co., Inc. 임의도 외 譯(1966). **교육목표분류학 : 인지적 영역**. 서울 : 배영사.

Bobbitt, F.(1918). *The Curriculum*. Boston : Houghton Mifflin.

Botkin, J. W. and Others(1979). *No Limits to Learning*. New York : Pergamon Press.

Brameld, T.(1958). *Philosophies of Education*. New York : Holt, Rinehart and Winston, Inc.

Brubacher, J. S.(1962). *Modern Philosophies of Education,* 4th ed. New York : McGraw-Hill Hook Co.

Bruner, J. S.(1960). *The Process of Education. Cambridge*, Mass. : Harvard University Press. 이홍우 譯(1973). **교육의 과정**. 서울 : 배영사.

Dewey, J.(1916). *Democracy and Education : An Introduction to the Philosophy of Education*. New York : Macmillan. 이홍우 譯(1987). **민주주의와 교육**. 서울 : 교육과학사.

Gagne, R. H.(1970). *The Conditions of Learning*, 2nd ed. New York : Holt, Rinehart and Winston, Inc.

Havighurst R. J.(1952). *Developmental Tasks and Education*. New York : Longmans Green. 김재은 譯(1963). **인간발달과 교육**. 서울 : 배영사.

Hilgard, E. R. and Bower. G. H.(1966). *Theories of Learning*, 3rd ed. New York : Appleton Century Crofts.

Hirst, P. H. and Peters, R. S.(1985). *The Logic of Education*. New York : Humanities Press.

Hutchins, R. M.(1953). *The Conflict in Education in a Democratic Society*. New York : Harper and Brothers.

Kant, I.(1971). *Education*. Ann Arbor, Mich. : The University of Michigan Press(4th Printing).

Kerr, Clark(1995). *The Uses of the University*, 4th ed. Cambridge, Mass. : Harvard University Press. 이형행 譯(2000). **대학의 효용**. 서울 : 학지사.

Kneller, G. F.(1971). F*oundations of Education*, 3rd ed. New York : John Wiley & Sons Inc.

______(1971). *Introduction to the Philosophy of Education*. New York : John Wiley & Sons, Inc. 정희숙 譯(1990). **교육철학이란 무엇인가**. 서울 : 서광사.

Krathwohl, D. R. et. al.(1964). *Taxonomy of Education Objectives : The Classification of Educational Goals. Handbook ll : Affective Domain*. New York : David Mckay Co., Inc. 임의도 외 譯(1967). **교육목표분류학 : 정의적 영역**. 서울 : 배영사.

Olsen, E. G. and Others(1954). *School and community*. Englewood Cliffs, N. J. : Prentice-Hall.

Ornstein, A. C. and Levine, D. U.(1981). *An Introduction to Foundations of Education*, 2nd ed. Boston. Houghton Mifflin Co.

Patterson, C. H.(1973). *Humanistic Education*. Englewood Cliffs, N. J. : Prentice-Hall, Inc. 장상호 譯(1980). **인간주의 교육**. 서울 : 박영사.

Peters, R. S.(1966). *Ethics and Education*. London : George Allen & Unwin Ltd. 이홍우 譯(1980). 윤리학과 교육. 서울 : 교육과학사.

Rogers, C.(1942). *Counseling and Psychotherapy*. Boston : Houghton Mifflin. 김기석 譯(1972). **상담과 심리치료**. 서울 : 중앙적성연구소.

Rosovsky, Henry(1990). *The University : An Owner's Manual*. New York : W. W. Norton&Company 이형행 譯(1996). **대학, 갈등과 선택**. 서울 : 삼성경제연구소.

Silberman, C. E.(1970). *Crisis in the Classroom*. New York : Random House..

Thwing, C. F.(1928). *The American and The German University*. New York : The Macmillan Co. 이형행 譯(1979). **대학과 학문**. 서울 : 연세대학교 출판부.

Tyler, R. W.(1939). *Basic Principles of Curriculum and Instruction*. Chicago : University of Chicago Press.

Wilds, E. H.(1984). *The Foundations of Modern Education*. New York : Holt, Rinehart and Winston, Inc. 이종수 譯(1962). **현대교육사조**. 서울 : 을유문화사.

찾아보기

인 명

내 용

ㄱ

ㅇ

ㅈ

저 자 소 개

이 형 행

연세대학교 문과대학 교육학과 졸업(文學士)
연세대학교 대학원 교육학과 졸업(文學碩士)
Utah State University Dept. of Educational Administration(M. Ed.)
State University of New York at Buffalo Dept. of Higher Education(Ph. D.)
Johns Hopkins University 1981. 9.~1982. 8. 초빙교수
University of Maryland 1993. 3.~1994. 2. 초빙교수
行政高等考試 試驗委員
延世大學校 教育科學大學 學長
延世大學校 教育研究所 所長
延世大學校 教育學科 教授
韓國教育學會 常任理事
韓國教育學會 選任理事
韓國教育學會, 學術賞審査委員會 委員長
韓國教育行政學研究會 會長
韓國高等教育學會 副會長
現在, 延世大學校 名譽教授

〈著書 및 譯書 · 共著〉

大學과 學問(譯書)
教育行政: 理論的 接近(著書)
新教育行政論(著書)
韓國高等教育改革의 課題와 展望(共著)
教育行政論-理論 · 法制 · 實際-(共著)
살며 배우며 가르치며(共著)
大學, 葛藤과 選擇(譯書)
大學의 效用(譯書)

教育學槪論

초　판　1쇄 발행 1988년 8월 16일
초　판 12쇄 발행 1998년 3월 10일
전정 1 판　1쇄 발행 2001년 8월 5일
전정 1 판 13쇄 발행 2006년 2월 10일
전정 2 판　1쇄 발행 2007년 8월 25일
전정 2 판　3쇄 발행 2009년 2월 20일
전정 3 판　1쇄 발행 2011년 1월 10일
전정 3 판　7쇄 발행 2021년 3월 20일

저　　자 | 이형행
발 행 인 | 박철용
발 행 처 | 양서원
주　　소 | 경기도 파주시 직지길 522 파주출판도시
전　　화 | 031-955-8000(代)
팩　　스 | 031-955-8005
홈페이지 | www.yswpub.co.kr
이 메 일 | yswgroup@naver.com
출판등록 | 1987년 11월 24일 제406-2003-037 호

ISBN 978-89-5964-686-9

정가 19,000원